教育部人文社会科学研究青年基金项目"群体智慧视野下政府开放数据开发利用管理研究"（项目编号：15YJCZH244）研究成果

群体智慧视域下政府数据开放的管理研究

周志峰 著

Management of Open Government Data:
A Study from the Perspective
of Collective Intelligence

WUHAN UNIVERSITY PRESS
武汉大学出版社

图书在版编目(CIP)数据

群体智慧视域下政府数据开放的管理研究/周志峰著.—武汉：武汉大学出版社,2020.4
ISBN 978-7-307-21276-3

Ⅰ.群… Ⅱ.周… Ⅲ.电子政务—数据管理—研究—中国
Ⅳ.D63-39

中国版本图书馆 CIP 数据核字(2019)第 257657 号

责任编辑:徐胡乡   责任校对:李孟潇   整体设计：马　佳

出版发行:**武汉大学出版社**　(430072　武昌　珞珈山)

(电子邮箱: cbs22@ whu.edu.cn　网址: www.wdp.com.cn)

印刷:北京虎彩文化传播有限公司

开本:720×1000　1/16　印张:23.75　字数:479 千字　插页:1

版次:2020 年 4 月第 1 版　2020 年 4 月第 1 次印刷

ISBN 978-7-307-21276-3　定价:60.00 元

前　　言

政府数据开放是国务院《促进大数据发展行动纲要》提出的"三大任务"和"十大工程"之首，也是大数据环境下建设开放政府、服务型政府和责任政府的必然要求。社会群体力量参与政府数据开放相关工作，激发和汇聚群体智慧，有助于推动和促进政府数据资源的开发和增值利用。应该如何认识和管理社会群体力量参与政府数据开放的相关活动，亟待基于科学的管理理论采取适合的管理方法、建立系统的管理框架。

群体智慧理论是一个创新的管理理论，对互联网环境下社会群体参与活动的管理具有指导作用。本研究遵循"提出问题—分析问题—解决问题"的研究路径，以群体智慧理论为基础，以 Malone 的群体智慧经典管理模型为蓝本，通过文献调研、网络调查以及问卷调查等方法，结合政府数据开放管理的实际，建立了群体参与政府数据开放的管理模型，从参与主体(Who)、参与内容(What)、技术保障(How)和激励机制(Why)四个方面探讨和阐述模型的实现。

第一，分析群体参与政府数据开放的主体。剖析群体参与的政府数据开放管理模型"Who"模块，通过对群体参与政府数据开放活动中利益相关者的分析，明晰群体参与的各类主体，阐述各参与主体在政府数据开放活动中的角色、职能和他们之间的关系，以及如何对他们进行协调管理。

第二，阐述群体参与政府数据开放的内容。分析群体参与的政府数据开放管理模型"What"模块，从政府数据开放的规划设计与实施操作两个层面进行梳理，分析群体参与主体如何发挥群体智慧。一方面，分析政府数据开放在规划设计层面包含哪些子模块、群体智慧在相应模块中如何实现；另一方面，在实施操作层面，采用数据生命周期理论厘清群体参与政府数据开放的阶段和环节，梳理群体参与的具体流程与内容，以及群体智慧在相应阶段和环节中的实现方式与途径。

第三，论述群体参与政府数据开放的技术保障。聚焦于群体参与的政府数据开放管理模型"How"模块，从数据、平台和服务三个层面分析支持群体智慧汇聚和发挥的技术，构建实现群体参与政府数据开放的技术保障概念系统；在数据层面、平台层面和服务层面分别侧重于关联数据、API、区块链、Web2.0 与移动互联网、人工智能等相关技术。

第四，构建群体参与政府数据开放的激励机制。围绕群体参与的政府数据开放管理模型"Why"模块，通过调查问卷获取和分析激励社会公众参与政府数据开放的各种因素；基于激励因素调查结果分析，设计了群体参与政府数据开放的激励机制。

本研究的意义和贡献主要包括以下三个方面：

第一，本研究引入群体智慧理论，以群体智慧视角探讨政府数据开放的管理问题，并进行了较为系统、全面的理论阐释和论述。因此，本研究是对目前公共管理和信息资源管理领域在政府数据开放的研究方面较多注重具体实务分析现状的有益补充，在一定程度上拓展了政府数据开放相关研究的理论视域。

第二，本研究针对群体参与政府数据开放的管理问题，应用 Malone 群体智慧管理模型建立了群体参与政府数据开放的管理模型，创新了政府数据开放的管理方法，既拓展了群体智慧理论的应用领域，又为群体参与政府数据开放活动的深入开展提供了理论支持与管理框架，同时也是对政府信息资源管理理论的发展和深化。

第三，本研究是对实施国家大数据战略的积极回应和贯彻落实，契合了政府数据开放的国际潮流。本研究进一步探索了政府数据开放的群体参与实现路径，为加强服务型政府建设提供了思路和途径，为推进政府信息资源的开发利用提供了路径与方法，为激发社会大众基于政府数据开展创新创业实践提供了支持与引导，为调动社会力量促进大数据以及"互联网 + 政务服务"发展战略提供了实施框架。本研究在群体参与的政府数据开放领域形成了系统、全面的研究内容，是国内外政府数据开放管理相关研究的有益补充，同时也能为完善大数据和数字经济环境下我国政府数据开放生态系统提供参考。

目　　录

0 绪 论

当今世界，无论是发达国家，还是新兴经济体，都将发展"大数据"战略作为实现经济社会发展与转型以及提升政府治理水平的契机。其中，政府数据开放是推进大数据战略实施的重要切入点。2015 年 8 月，国务院发布的《促进大数据发展行动纲要》将"政府数据开放共享，推动资源整合，提升治理能力"作为发展大数据战略的首要任务，同时将"政府数据资源共享开放工程"列为十大数据工程首位。显然，推进政府数据开放对实施国家大数据战略意义重大。近两年来，国务院出台《政务信息资源共享管理暂行办法》《关于加快推进"互联网+政务服务"工作的指导意见》《"十三五"国家信息化规划》《政务信息系统整合共享实施方案》等一系列文件，对促进政府数据资源开放做了深入的规划和部署。2017 年 12 月，习近平总书记在中共中央政治局就实施国家大数据战略进行的第二次集体学习会上强调"加快建设数字中国，构建以数据为关键要素的数字经济"；李克强总理主持召开国务院常务会议，明确提供公共数据是政府公共服务的重要内容。由此可见，我国政府高度关注和重视大数据战略的实施与政府数据的开放共享。

信息技术的发展为群体参与公共事务以及群体智慧的激发和汇聚提供了基础，推动社会的方方面面走向有效治理和可持续发展。在政府数据开放工作中，政府的主导地位不可动摇，但各种社会群体力量的积极参与，对汇聚群体智慧、实现数据资源优化有着不可或缺的作用。

0.1 选题背景

本研究将以群体智慧的视域审视政府数据开放的管理活动，分析社会群体力量如何参与政府数据开放，并贡献智慧、发挥效能。本研究的选题根植于我们这个时代方兴未艾的"大数据"浪潮，以及开放政府和开放数据运动的背景。

0.1.1 大数据和数字经济时代来临

进入 21 世纪以来，随着信息技术和互联网的高速发展，特别是云计算、物联网等技术引发各类数据爆炸性增长，人类社会已进入大数据时代。数据能够创造价值、推动创新，是未来发展"隐形的金矿"和"新的石油"，① 呈现出战略化、资产化和社会化等特征，现已成为推动数字经济发展的基本要素，将在统领经济社会发展中发挥核心作用。②

2008 年 9 月，国际顶尖学术期刊《自然》刊登"Big Data"专辑，首次提出"大数据"的概念；③ 2011 年 2 月，《科学》出版关于"数据处理"的专刊。④ 2011 年 5 月，麦肯锡全球研究院(McKinsey Global Institute，MGI) 发布名为《大数据：接下来创新、竞争和生产力的前沿领域》的研究报告，首次提出"大数据时代"来临，并认为"大数据正逐渐成为重要的生产要素，并渗透到各个行业和领域中；海量数据应用将促进生产力提升，并预示着新一波消费者盈余浪潮来临"。⑤ 此后，联合国(United Nations，UN)、世界经济论坛(World Economic Forum，WEF)纷纷关注信息时代海量数据对社会经济发展所带来的冲击。2012 年 5 月，联合国"全球脉冲"计划(Global Pulse) 发布白皮书《大数据开发：机遇与挑战》，阐述了大数据带来的机遇、挑战以及应用。⑥ 2011 年、2012 年达沃斯 WEF 将大数据作为专题讨论的主题之一，发布《大数据、大影响：国际发展新的可能性》⑦等报告；2014 年 4 月，WEF 以"大数据的回报与风险"为主题发布了《全球信息技术报告 2014》⑧。2017 年 5 月，《经济学人》封面文章认为"数据是数字时代的石油资源"，海量数据让互联网巨头拥有了"上帝之眼"。⑨

---

① 王辰越. 大数据：未来的新石油[J]. 中国经济周刊，2013(15)：62-63.
② 实施国家大数据战略 建设数字中国[EB/OL]. [2019-05-18]. http：//news. gmw. cn/2018-01/28/content_27478633. htm.
③ BIG DATA [EB/OL]. [2019-05-18]. http：//www. nature. com/news/specials/bigdata/index. html.
④ Special Issues 2011 > Dealing with Data [EB/OL]. [2019-05-18]. http：//www. sciencemag. org/site/special/data.
⑤ Big data：The Next Frontier for Innovation，Competition，and Productivity [EB/OL]. [2019-05-18]. http：//www. mckinsey. com/business-functions/digital-mckinsey/our-insights/big-data-the-next-frontier-for-innovation.
⑥ Big Data for Development：Challenges & Opportunities [EB/OL]. [2019-05-19]. http：//www. unglobalpulse. org/projects/BigDataforDevelopment.
⑦ Big Data，Big Impact：New Possibilities for International Development [EB/OL]. [2019-05-19]. https：//www. weforum. org/reports/big-data-big-impact-new-possibilities-international-development.
⑧ The Global Information Technology Report 2014 [EB/R]. [2019-05-19]. https：//www. weforum. org/reports/global-information-technology-report-2014.
⑨ The World's Most Valuable Resource is No Longer Oil，But Data [EB/OL]. [2019-05-19]. https：//www. economist. com/news/leaders/21721656-data-economy-demands-new-approach-antitrust-rules-worlds-most-valuable-resource.

在全球范围内,运用大数据推动经济发展、实现科技创新、完善社会治理、提升政府服务能力正成为趋势,很多国家陆续制定推动大数据发展和应用的战略性文件。

(1)在科研领域,大数据技术改变了科学研究的范式

科学研究正在进入大数据时代,各个学科和领域都面临着空前的数据泛滥(Data Deluge)问题,科学观察、调研、计算以及传感器设备等产生着复杂、海量的数据。①② 2007年1月,图灵奖得主吉姆·格雷(Jim Gray)发表"e-Science:科学方法的一次革命"演讲,提出数据密集型科学发现(Data-Intensive Scientific Discovery);之后,Toy Hey依据Jim Gray思想出版著作《第四范式:数据密集型科学发现》③。数据科学(Data Science)作为一门学科得到推进和发展,为科研开展提供了新的方法。④ 2013年,IEEE设立了数据科学与高级分析工作组(IEEE Task Force on Data Science and Advanced Analytics, TF-DSAA),并建立了欧洲数据科学协会(European Association for Data Science, EuADS);中国计算机学会(China Computer Federation, CCF)大数据专家委员会从2013年到2018年连续发布6版《大数据发展趋势预测》,⑤ 持续关注数据科学的兴起与发展。大数据技术的发展应用也为社会科学研究带来了新变化,使其不再"望数兴叹"。⑥

在实践领域,大数据基础设施的发展为基于数据的科研发展提供了条件。2015年,为加速构建大数据创新生态系统,美国计算机社区联盟(Computing Community Consortium, CCC)建立了4个大数据区域中心(Big Data Regional Hubs),支持和促进产学合作计划的开展。⑦ 2016年2月,CCC发表白皮书《加速科学:一项计算科学研究议程》,⑧ 提出通过推动认知工具的开发,发挥大数据对科学研究的变革性

---

① 张文静. 科学研究进入大数据时代[N]. 中国科学报,2014-07-11(18).

② 刘晓莹. 大数据时代下的新科研[N]. 科技日报,2014-11-06(005).

③ The Fourth Paradigm:Data-Intensive Scientific Discovery [EB/OL]. [2019-05-19]. http://www. microsoft. com/en-us/research/publication/fourth-paradigm-data-intensive-scientific-discovery.

④ 赵国栋,等. 大数据时代的历史机遇:产业变革与数据科学[M]. 北京:清华大学出版社,2013:286-288.

⑤ 大数据发展趋势预测报告[EB/R]. [2019-05-19]. http://download. csdn. net/meeting/speech_preview/523.

⑥ 孙建军. 大数据使社科研究不再"望数兴叹"[N]. 人民日报,2016-02-18(007).

⑦ Big Data Regional Hubs Industry-Academic Collaboration[EB/OL]. [2019-05-19]. http://cra. org/ccc/leadership-development/big-data-regional-hubs.

⑧ CCC White Paper-Accelerating Science:A Computing Research Agenda[EB/OL]. [2019-05-19]. http://cra. org/crn/2016/03/3501.

潜力。2017 年 1 月，中国科学院国家天文台与阿里云计算有限公司合作成立"天文大数据联合研究中心"，共同推进大数据时代的天文学科学研究工作。①

(2)在经济领域，大数据推进数字经济持续发展创新

大数据价值在经济领域体现得最为显著，已经成为数字经济发展的关键生产要素。维克托·迈尔-舍恩伯格(Viktor Mayer-Schönberger)和肯尼思·库克耶(Kenneth Cukier)出版著作《大数据时代：生活、工作与思维的大变革》②，指出大数据带来了思维变革、商业变革和管理变革，开启了一次重大的时代转型。2016 年 12 月，MGI 发布研究报告《分析时代：在数据驱动的世界里竞争》③，认为大数据分析正在改变商业模式和商业竞争的基础，形成经济发展的新模式和新业态。

在大数据等新一代信息技术的驱动下，经济领域新产业、新业态、新模式不断涌现，传统产业向数字化转型，促进了数字经济的崛起。2018 年 12 月，中国信息通信研究院发布的《G20 国家数字经济发展研究报告(2018 年)》④显示美国 2017 年数字经济总量达到 11.5 万亿美元(为当年 GDP 的 59.0%)，居全球之冠；中国、日本、德国、英国、法国的数字经济规模都已经突破 1 万亿美元。数据驱动的数字经济已成为 G20 国家 GDP 增长的核心动力，各国将发展数字经济作为重要战略选择。

目前，大数据在我国经济领域的应用正蓬勃发展，以数据为关键要素的数字经济成为经济增长新动能。全国首个大数据综合试验区贵州的"中国数谷"建设取得显著成效，⑤ 大数据产业正迅速聚集；京津冀、辽宁、河南等区域大数据产业生态逐步完善，雄安新区规划建设积极运用大数据战略思维，并在多个大数据应用领域与企业探讨合作。⑥ 2017 年 2 月，国家信息中心等发布的《中国大数据发展报告(2017)》⑦显示，2010 年以来我国大数据领域成功融资的创业企业数量逐年递增，

---

① 丁佳．天文大数据联合研究中心成立[N]．中国科学报，2017-01-23(001).

② [英]维克托·迈尔-舍恩伯格，肯尼思·库克耶．大数据时代：生活、工作与思维的大变革[M]．盛杨燕，周涛，译．杭州：浙江人民出版社，2013：1-60.

③ The Age of Analytics：Competing in a Data-Driven World [EB/R]．[2019-05-19]．https：//www.mckinsey.com/business-functions/mckinsey-analytics/our-insights/the-age-of-analytics-competing-in-a-data-driven-world.

④ G20 国家数字经济发展研究报告(2018 年)[EB/R]．[2019-05-19]．http：//www.caict.ac.cn/kxyj/qwfb/bps/201812/t20181218_190857.htm.

⑤ 瞿六琴．贵阳 2020 年基本建成"中国数谷"[N]．贵阳日报，2017-11-28(001).

⑥ 实施国家大数据战略 建设数字中国[EB/OL]．[2019-05-18]．http：//news.gmw.cn/2018-01/28/content_27478633.htm.

⑦ 国家信息中心发布《中国大数据发展报告(2017)》[EB/OL]．[2019-05-19]．http：//www.sic.gov.cn/News/79/7727.htm.

各地大数据产业蓬勃发展。2017 年 5 月，在中国国际大数据产业博览会上，科技部火炬中心和长城企业战略研究所发布的《2016 中国大数据独角兽企业发展报告》显示，我国大数据独角兽企业有 29 家，总估值达到 2109.5 亿美元。① 2019 年 4 月，中国信息通信研究院发布的《中国数字经济发展与就业白皮书（2019 年）》②显示，2018 年我国数字经济总量达到 31.3 万亿元，占 GDP 的比重达到 34.8%，数字经济已成为带动经济增长的核心动力。

（3）在政府治理领域，大数据技术促进开放政府和责任政府的建设

美国联邦政府将"大数据"概念全面引入公共行政领域。③ 2009 年，美国联邦政府在全球率先推出了数据开放门户 Data.gov，发布《开放政府指令》;④ 2012 年 3 月，发布《大数据研究和发展倡议》，正式启动"大数据发展计划"，增强收集海量数据、分析萃取信息的能力,⑤ 这一计划标志着大数据已经成为重要的时代特征。拥有数据的规模与活性以及解释与应用数据的能力将成为一个国家竞争力的体现。2012 年 5 月，美国联邦政府发布《数字政府战略》，致力于为公众提供更好的数字化服务，围绕数据进行的一系列措施在美国政府全面推进，大数据对政府治理的影响逐步显现。2014 年 5 月，白宫发布了名为《大数据：抓住机遇、坚守价值》的全球大数据白皮书,⑥ 鼓励通过数据开发利用推动社会发展。并且，2011 年 9 月至 2018 年 1 月，美国联邦政府已经相继发布和起草四版《开放政府国家行动计划》（National Action Plan for Open Government）,⑦ 在开放政府数据等方面推出一系列举措，使公众能够更便捷地获取政府数据资源。

我国政府和领导人也深刻认识到大数据在政府治理中的价值。国务院发布的《促进大数据发展行动纲要》强调"大数据成为提升政府治理能力的新途径"，"将推动政府管理理念和社会治理模式进步，加快建设与社会主义市场经济体制和中国特

---

① 中国独角兽企业有望引领全球大数据产业发展［EB/OL］. ［2019-05-19］. http：//www. gei. com. cn/schd/6664. jhtml.

② 中国数字经济发展与就业白皮书（2019 年）［EB/R］. ［2019-05-21］. http：//www. caict. ac. cn/kxyj/qwfb/bps/201904/t20190417_197904. htm.

③ 刘叶婷，唐斯斯. 大数据对政府治理的影响及挑战［J］. 电子政务，2014(6)：20-29.

④ Open Government Directive［EB/OL］. ［2019-05-19］. https：//obamawhitehouse. archives. gov/open/documents/open-government-directive.

⑤ Big Data is a Big Deal［EB/OL］. ［2019-05-19］. https：//obamawhitehouse. archives. gov/blog/2012/03/29/big-data-big-deal.

⑥ Big Data：Seizing Opportunities, Preserving Values ［EB/R］. ［2019-05-19］. https：//www. whitehouse. gov/sites/default/files/docs/big_data_privacy_report_may_1_2014. pdf.

⑦ U. S. Open Government Initiatives［EB/OL］. ［2019-05-20］. https：//open. usa. gov.

色社会主义事业发展相适应的法治政府、创新政府、廉洁政府和服务型政府,逐步实现政府治理能力现代化"。① 2017 年 12 月,习近平主持中共中央政治局就实施国家大数据战略进行第二次集体学习,提出"要运用大数据提升国家治理现代化水平。推进政府管理和社会治理模式创新,实现政府决策科学化、社会治理精准化、公共服务高效化"。②

0.1.2　开放数据的价值日益凸显

大数据时代打破"数据孤岛",形成开放的数据生态体系,促进数据资源的有效利用,驱动传统产业的数字化转型升级和数字经济持续发展创新,数据资源的自由流通是关键因素。③ 数据开放带来"透明化",从而节省了很多社会和市场行为的成本。同时,开放数据能够刺激创新活力和市场潜能,释放出巨大的经济价值,一方面,数据创新能够产生新的应用服务;另一方面,就像"互联网+"一样,开放数据与很多行业或者业务结合起来,会对它们进行改造,实现行业的创新和业务流程的升级。这一判断已经得到一些商业研究机构的认同。2013 年 10 月,MGI 发布研究报告《开放数据:用流动的信息解锁创新与性能》④,认为每年全球因开放数据释放的经济价值可达到 3 万亿到 5 万亿美元,包括开放数据带来的新财富和由于开放数据节省的消耗成本两方面。2014 年 6 月,澳大利亚咨询公司 Lateral Economics 发布报告《为商业开放:开放数据如何帮助 G20 国家实现经济增长》⑤,预测在未来 5 年,开放数据将为 G20 国家综合带来 13 万亿美元的经济增长,占到 GDP 增长目标的 55%。2015 年 12 月,欧洲最大管理咨询公司凯捷咨询(Capgemini Consulting)发布研究报告《通过开放数据创造价值》⑥,预测到 2020 年,欧盟国家开放数据带来的市场价值累计将达到 1138 亿至 1229 亿欧元。2015 年,英国开放

① 国务院关于印发促进大数据发展行动纲要的通知[EB/OL].[2019-05-20].http://www.gov.cn/zhengce/content/2015-09/05/content_10137.htm.

② 习近平主持中共中央政治局第二次集体学习[EB/OL].[2019-05-20].http://www.gov.cn/xinwen/2017-12/09/content_5245520.htm.

③ 荣王青.促进数字经济发展 大数据彰显大价值[N].人民邮电,2017-05-17(005).

④ Open Data:Unlocking Innovation and Performance with Liquid Information [EB/OL].[2019-05-20].http://www.mckinsey.com/business-functions/digital-mckinsey/our-insights/open-data-unlocking-innovation-and-performance-with-liquid-information.

⑤ Open for Business:How Open Data Can Help Achieve the G20 Growth [EB/OL].[2019-05-20].http://apo.org.au/files/Resource/open_for_business_how_open_data_can_help_achieve_the_g20_growth_target_2014.pdf.

⑥ Creating Value through Open Data [EB/R].[2019-05-20].https://www.europeandataportal.eu/sites/default/files/edp_creating_value_through_open_data_0.pdf.

数据研究所(Open Data Institute, ODI)发布研究报告《开放数据意味着商业价值：跨部门和区域的英国创新》①，调研并分析了英国 270 家开放数据相关的公司，发现年营业额超过 920 亿英镑，并能够提供超过 50 万人的就业岗位，这些显示了开放数据在商业领域潜在价值的规模。

数据开放的主体——政府部门将数据开放带来的经济价值作为制定开放政策和决策的重要依据。美国、英国、澳大利亚等国在政府制定开放政府计划中，都将开放数据的重要价值作为阐述内容。②③④ 美国联邦政府在发起"Project Open Data"项目时曾提出政府每年都会向公众发布气候和 GPS 数据，这些数据能够推动数百亿美元产业的发展。⑤ 加拿大政府鉴于开放数据能够带来巨大的商业潜能，成立了加拿大开放数据交易中心(Canadian Open Data Exchange, ODX)，以支持通过各类机构的合作促进开放数据的商业化。⑥

0.1.3 国际范围政府数据开放大幅推进

随着社会发展、政治文明的进步以及国家治理的现代化，世界上很多国家都致力于开放政府(open government)的实践探索，其核心理念是倡导政府向社会开放，向透明政府和责任型政府转型。2011 年 9 月，美国、英国、挪威、墨西哥、巴西、南非、印度尼西亚、菲律宾共同签署《开放政府宣言》⑦，成立开放政府合作伙伴联盟(Open Government Partnership, OGP)。截至 2019 年 5 月，开放政府合作伙伴已由最初的 8 个成员国发展为 99 个成员国/地区。

开放政府的理念和实践与大数据大环境相结合，推动了政府数据开放的兴起，是政府信息公开的发展与升级，在国际社会获得积极响应，OGP 专门成立开放数

---

① Open Data Means Business：UK Innovation across Sectors and Regions[EB/R]. [2019-05-20]. http：//theodi. org/open-data-means-business-uk-innovation-sectors-regions.

② U. S. Open Government Initiatives[EB/OL]. [2019-05-20]. https：//open. usa. gov.

③ UK Open Government National Action Plan 2016-18[EB/R]. [2019-05-20]. https：//www. gov. uk/government/publications/uk-open-government-national-action-plan-2016-18/uk-open-government-national-action-plan-2016-18.

④ Australia's first Open Government National Action Plan 2016-18[EB/R]. [2019-05-20]. https：//ogpau. pmc. gov. au/australias-first-open-government-national-action-plan-2016-18.

⑤ Open Data Policy—Managing Information as an Asset [EB/OL]. [2019-05-20]. https：//project-open-data. cio. gov.

⑥ Canada's Action Plan on Open Government 2014-16 [EB/OL]. [2019-05-20]. http：//open. canada. ca/en/content/canadas-action-plan-open-government-2014-16#ch4-2.

⑦ Open Government Declaration [EB/OL]. [2019-05-20]. https：//www. opengovpartnership. org/process/joining-ogp/open-government-declaration/.

据工作组(Open Data Working Group),推进成员国的政府数据开放。① 各国政府及各国际组织通过不同方式表达对政府数据开放理念与实践的认同。

美、英、加等发达国家将政府数据开放作为国家大数据战略的重要内容。美国政府发布《开放政府指令》《数字政府战略》《大数据研究和发展计划》等一系列文件,以发展大数据技术应用为契机,以政府数据的开放作为切入点,持续推进政府的开放。2014 年年底,加拿大政府推出了《加拿大开放政府行动计划 2014—2016》;2015 年年初,英国政府发布《英国开放数据路线图》。

美国联邦政府通过构建 Data. gov,向公众开放和提供政府数据。随之,英国、法国、德国等国家和地区政府纷纷走向数据开放,建设开放数据门户。2009 年至今,很多国家和地区都建设了政府数据开放门户,根据 Data. gov 统计,截至 2018 年 2 月,全世界国家层面的数据门户已有 52 个,美国州一级层面的政府数据门户有 40 个。政府数据开放门户信息详见附录 1。

2013 年 6 月,八国集团(Group of Eight,G8)首脑签署《开放数据宪章》②,做出两项承诺:一是在 2013 年年底前,制定开放数据行动方案;二是最迟在 2015 年年末,按照宪章及技术附件要求向公众开放可机读的政府数据资源。从参与开放数据运动的国家来看,既包括美国、英国、法国等发达国家,也包括印度、巴西、肯尼亚等发展中国家。联合国(UN)、经济合作与发展组织(OECD)、欧盟(EU)、世界银行(WB)等国际组织也加入开放数据运动,建立数据开放门户。

OECD 是政府数据开放的倡导者和推进者,实施了"开放政府数据项目"(OECD Open Government Data Project),对各国开放数据影响力进行评估,构建了"OECD 开放政府数据指数"(OECD OURdata Index on Open Government Data)。③ 2015—2018 年,OECD 连续四年召开政府数据开放专家组会议,OECD 秘书处希望各国分享其综合运用强制与自愿措施开放政府数据的案例与实践。④

实践证明,政府公共数据的开放及其增值利用对经济增长、创新、就业、政府自身建设都有很高的价值和作用。

---

① Open Data Working Group [EB/OL]. [2019-05-20]. https://www. opengovpartnership. org/about/working-groups/open-data.

② Open Data Charter [EB/OL]. [2019-05-21]. https://www. gov. uk/government/publications/open-data-charter.

③ Open Government Data [EB/OL]. [2019-05-21]. http://www. oecd. org/gov/digital-government/open-government-data. htm.

④ Expert Group Meeting on Open Government Data [EB/OL]. [2019-05-21]. http://www. oecd. org/gov/digital-government/open-government-data. htm.

0.1.4　我国政府数据开放水平有待提升

在我国政府数据开放实践中，不仅面向社会开放存在难度，即便在政府部门之间，数据的共享也存在各种"壁垒"。政府数据开放存在困难与障碍的主要原因有：一是有关数据开放的法律法规、政策制度以及技术标准不完善，相关支持与保障的环境不成熟；① 二是掌握和控制数据的政府部门"本位主义"思维，从自身利益与角度出发，把数据资源定位为部门"私产"；② 三是受到政务信息化发展模式的制约，数据管理以部门为中心，形成行政体制条块分割的"信息孤岛"。③ 以上种种现实阻力使我国推进政府数据开放存在较多困难，这从国际上各种关于数据开放的评价指标就可以体现出来。

（1）在《开放数据晴雨表（世界报告）》的排名连续下滑

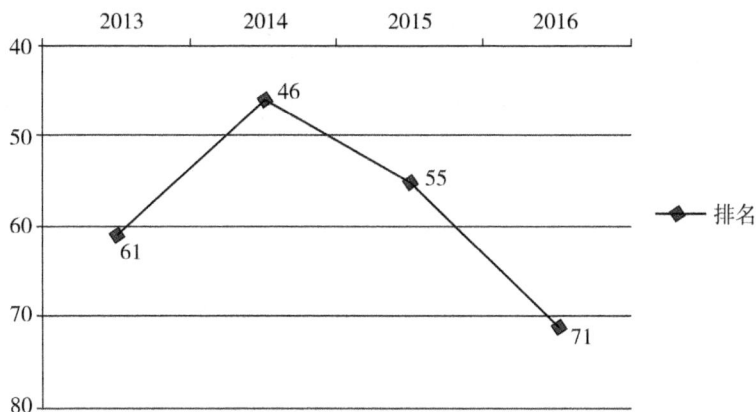

图 0-1　中国内地在《开放数据晴雨表（世界报告）》中的排名情况（2013—2016）
（本研究根据《开放数据晴雨表（世界报告）》数据绘制）

万维网基金会（World Wide Web Foundation，WF）发布的《开放数据晴雨表（世界报告）》（Open Data Barometer）从准备度（readiness）、执行度（implementation）以及影响力（impact）三个维度对所调查国家/地区开展实施政府数据开放项目的情况进行评估，并对国家/地区进行排名。2017 年 4 月，《开放数据晴雨表（世界报告）》

---

① 夏义堃. 国际比较视野下我国开放政府数据的现状、问题与对策[J]. 图书情报工作，2016，60(7)：34-40.

② 彭波. 如何打破"数据孤岛"[N]. 人民日报，2017-08-02(017).

③ 黄雪梅. 只有大格局才有大数据[N]. 福建日报，2015-09-10(005).

第四版发布,① 该报告按照各国政府遵循开放数据宪章开放数据原则(The Principles of the Open Data Charter)的情况, 对 115 个国家/地区进行排名。该报告数据显示, 我国数据开放的总得分为 20, 在全球 115 个国家/地区中位列 71 位(相比第三版, 后退了 16 位);英国排名第一(得分 100), 加拿大排名第二(得分 90), 法国排名第三(得分 85)。图 0-1 为中国大陆在"开放数据晴雨表"四个版本中的排名情况, 2014—2016 年连续下降。

(2)在"全球开放数据指数"的排名持续下降

开放知识网络(Open Knowledge Network)组织开展了"全球开放数据指数"(The Global Open Data Index, GODI)项目, 对各国/地区政府是否开放国家统计数据(national statistics)、政府预算(government budget)、立法(legislation)等 15 个关键性数据集进行评估(2013 年、2014 年为 10 个关键性数据集, 2015 年为 13 个关键性数据集)。2015 年 10 月, "全球开放数据指数"项目发布 2015 年全球各国/地区开放数据指数排名, 数据显示中国大陆在 122 个国家/地区中排名 93 位, 排名持续大幅度下降(2013 年排名 38, 2014 年排名 58), 如图 0-2 所示;在 2016 年的"全球开放数据指数"排名中, 中国大陆未列入参与排名的 94 个国家/地区中。②

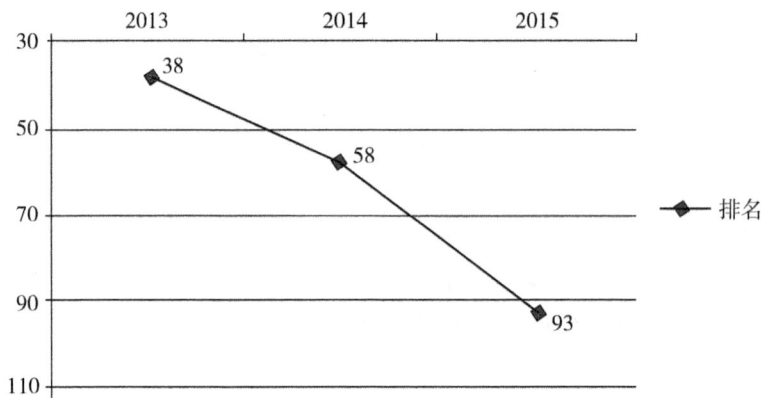

图 0-2 中国大陆在"全球开放数据指数"中的排名情况(2013—2015)
(本研究根据"开放数据指数"数据绘制)

① Open Data Barometer Global Report Fourth Edition[EB/OL]. [2019-05-22]. https://opendatabarometer.org/doc/4thEdition/ODB-4thEdition-GlobalReport.pdf.

② Tracking the State of Government Open Data[EB/OL]. [2019-05-22]. http://index.okfn.org.

（3）在其他排名体系中表现都不尽如人意

《2018 年联合国电子政务调查报告》①将政府数据开放作为重要的参考因素，中国的电子政务发展指数排名全球第 65 位，与我国的经济社会发展水平不相匹配。"世界正义工程"（World Justice Project）发布 2015"全球开放政府指数"（WJP Open Government Index 2015），②该指数主要从开放法律与政府数据（publicized laws and government data）、信息知情权（right to information）、公众参与（civic participation）、投诉机制（complaint mechanisms）4 个维度进行测量；中国大陆在参与排名的 102 个国家/地区中排名第 87 位。

日本早稻田大学（Waseda University）数字政府研究所与国际首席信息官协会（International Academy of CIO，IAC）联合发布《第 13 届（2017）国际数字政府评估排名研究报告》③，中国大陆地区数字政府得分 52.865，在参评的 65 个国家与地区中名列 44 位，处于中下水平。但同时，该研究报告也发现了我国大陆地区政府数字化发展和开放水平发展不均衡，诸如北京、上海、广州等地已经向公民推出了先进的电子服务和数据开放平台，远远领先于其他欠发达地区。

另外，数据门户建设状况也能反映数据开放程度。DataPortals.org 是世界上重要的开放数据门户目录网站，截至 2019 年 5 月，已收录全球 587 个各种类型的开放数据门户网站，其中有 4 个来自于中国大陆，皆为地方政府的数据开放门户。④

我国的研究机构也对国内政府数据的开放情况进行了调查分析。工业与信息化部赛迪研究院发布《赛迪预测——2014 年下半年信息化走势分析与判断》系列报告，⑤认为我国政府数据开放数量少、开放方式原始、民生服务等领域的数据开放进度较慢，总体开放程度明显落后于发达国家。

通过以上指标、排名等可以看出，我国政府数据开放的实践落后于发达国家，相关的理论研究也较为缺乏，是我国大数据发展战略的薄弱环节。当然，这些开放数据指标是遵循一般的开放数据原则制定出来的，有些指标内容不一定适合我国的

---

① 2018 UN E-Government Survey［EB/OL］.［2019-05-22］. https：//www. un. org/development/desa/publications/2018-un-e-government-survey. html.

② World Justice Project. Open Government Index 2015 Report［EB/R］.［2019-05-22］. http：//worldjusticeproject. org/sites/default/files/ogi_2015. pdf.

③ 2017 国际数字政府评估排名研究报告［EB/R］.［2019-05-22］. http：//www. echinagov. com/report/172527. htm.

④ A Comprehensive List of Open Data Portals from Around the World［EB/OL］.［2019-05-22］. http：//dataportals. org.

⑤ 中国信息化论坛发布信息化走势判断系列报告［EB/OL］.［2019-05-22］. http：//www. miit. gov. cn/n1146290/n1146402/n1146445/c3279785/content. html.

国情。在开放政府数据的同时，我们还应该重视数据领域的国家安全、国家利益以及隐私保护问题。我们也要看到，近年来我国在政府数据开放领域作出了不少努力。

0.1.5　我国政府数据开放工作迅速推进

虽然我国政府数据开放水平有待提升，但 2015 年以来，国家层面出台一系列政策文件，不断推进政府数据开放工作。2015 年 6 月，国务院办公厅颁布《关于运用大数据加强对市场主体服务和监管的若干意见》①，提出"进一步加大政府信息公开和数据开放力度"。2015 年 8 月 31 日，国务院印发《促进大数据发展行动纲要》②，指出"我国在大数据发展和应用方面已具备一定基础，拥有市场优势和发展潜力，但也存在政府数据开放不足……"2015 年 10 月，十八届五中全会公报发布，第一次将大数据写入党的全会决议，标志着大数据战略正式上升为国家战略。我国国民经济和社会发展第十三个五年规划纲要进一步提出"实施国家大数据战略，加快政府数据开放共享"。③ 2016 年 2 月，中共中央、国务院印发《关于全面推进政务公开工作的意见》，提出"推进政府数据开放"。④ 2016 年 4 月，国家发改委等十部门发布《推进"互联网+政务服务"开展信息惠民试点实施方案》，提出打破政务信息孤岛的具体措施，鼓励引导市场主体行为，引入社会力量，推广政企合作等新模式，合理开放利用数据资源。2016 年 7 月，《国家信息化发展战略纲要》⑤进一步提出要"构建统一规范、互联互通、安全可控的国家数据开放体系"。2016 年 9 月，国务院分别出台《政务信息资源共享管理暂行办法》⑥和《关于加快推进"互联网+政务服务"工作的指导意见》⑦，网上政务数据开放逐渐成为"提高政府服务效率和透明度、便利群众办事创业，进一步激发市场活力和社会创造力"的重要

---

①　国务院办公厅关于运用大数据加强对市场主体服务和监管的若干意见[EB/OL].［2019-05-22］. http：//www. gov. cn/zhengce/content/2015-07/01/content_9994. htm.

②　国务院关于印发促进大数据发展行动纲要的通知[EB/OL].［2019-05-22］. http：//www. gov. cn/zhengce/content/2015-09/05/content_10137. htm.

③　中华人民共和国国民经济和社会发展第十三个五年规划纲要[EB/OL].［2019-05-22］. http：//news. xinhuanet. com/politics/2016lh/2016-03/17/c_1118366322_8. htm.

④　中共中央办公厅 国务院办公厅印发《关于全面推进政务公开工作的意见》[EB/OL].［2019-05-22］. http：//www. gov. cn/zhengce/2016-02/17/content_5042791. htm.

⑤　中共中央办公厅　国务院办公厅印发《国家信息化发展战略纲要》[EB/OL].［2019-05-22］. http：//www. gov. cn/gongbao/content/2016/content_5100032. htm.

⑥　国务院关于印发政务信息资源共享管理暂行办法的通知[EB/OL].［2019-05-22］. http：//www. gov. cn/zhengce/content/2016-09/19/content_5109486. htm.

⑦　国务院关于加快推进"互联网+政务服务"工作的指导意见[EB/OL].［2019-05-22］. http：//www. gov. cn/zhengce/content/2016-09/29/content_5113369. htm.

内容。2016 年 12 月，国务院发布《"十三五"国家信息化规划》①，将"数据资源共享开放"列为优先行动。2017 年 5 月，国务院办公厅印发《政务信息系统整合共享实施方案》②，着手解决我国政务信息"各自为政、条块分割、烟囱林立、信息孤岛"等问题，其中政务数据共享开放是重要内容。

在地方政府层面，早在 2012 年 6 月和 12 月，上海市政府数据服务网和北京市政务数据资源网上线提供开放数据服务。截至 2019 年 5 月，中国大陆各级政府开放数据门户网站已超过 80 个，并且有持续增加的趋势，详见附录 1。同时，随着国家层面对政府数据开放工作的重视，地方政府也相应出台相关政策法规。以贵阳市为例，2017 年 4 月，其发布全国首部专门针对政府数据共享开放的地方法规《贵阳市政府数据共享开放条例》③；2018 年 1 月 1 日，实施了《贵阳市政府数据资源管理办法》④。接下来，在政府数据开放领域，自上而下的政策贯彻和自下而上的需求驱动将形成合力，共同推动我国政府数据的开放和开发利用。

0.1.6　激发群体智慧的社会环境逐渐形成

群体智慧得到激发需要有现实的社会环境作为基础。当前的技术和政策环境已经为社会公众展现和发挥"智慧"提供了条件。

从技术环境来看，通信技术和互联网迅猛发展，特别是移动互联网逐渐普及。根据联合国宽带促进可持续发展委员会(The Broadband Commission for Sustainable Development)发布的《2017 年全球宽带状况报告(第七版)》，全球已有近一半的人口联网，到 2017 年年底，发展中国家的互联网普及率将达到 41.3%；⑤ 中国互联网络信息中心(China Internet Network Information Center，CNNIC)发布的第 41 次《中国互联网络发展状况统计报告》显示，截至 2017 年 12 月，我国大陆地区的网民数量已经达到了 7.72 亿，互联网普及率达到 55.8%，移动网络用户数达 7.53 亿。⑥ 网络社会群体真正能够突破时空的限制进行互动交流、沟通分享，实现了人

---

① 国务院关于印发"十三五"国家信息化规划的通知[EB/OL].［2019-05-22］. http：//www. gov. cn/zhengce/content/2016-12/27/content_5153411. htm.

② 国务院办公厅关于印发政务信息系统整合共享实施方案的通知[EB/OL].［2019-05-22］. http：//www. gov. cn/zhengce/content/2017-05/18/content_5194971. htm.

③ 贵阳市政府数据共享开放条例[EB/OL].［2019-05-22］. http：//www. guiyang. gov. cn/zfxxgk/fgwj/bmwj/20181001/i1823722. html.

④ 贵阳市政府数据资源管理办法[N]. 贵阳日报，2017-12-02(003).

⑤ The State of Broadband 2017：Broadband Catalyzing Sustainable Development［EB/R］.［2019-05-22］. http：//www. broadbandcommission. org/publications/Pages/SOB-2017. aspx.

⑥ 第 41 次《中国互联网络发展状况统计报告》[EB/R].［2019-05-22］. http：//cnnic. cn/gywm/xwzx/rdxw/201801/t20180131_70188. htm.

与人之间按照文化、需求、兴趣等的自由聚合，带来社交的便捷性和普遍性，渗透到人们衣食住行的方方面面，社会公众的积极参与极大释放了社会群体的能量和价值。基于新技术的网络社会群体成为群体智慧形成和发挥作用的优良土壤。

从政策环境来看，政府通过倡议、政策制定等途径激发群体智慧的迸发，促进社会发展和创新。在我国，激发社会公众的智慧已经成为被倡导和鼓励的行为，这从国家领导人的讲话及政府发布的相关政策文件就可以明显看出。李克强总理在2014年夏季达沃斯论坛上提出"大众创业、万众创新"的号召；此后，他在首届世界互联网大会、国务院常务会议、政府工作报告以及各种重要场合中频频阐释这一关键词，希望激发民族的创新基因，形成"万众创新""人人创新"的新态势。《促进大数据发展行动纲要》也明确提出："通过应用创新开发竞赛、服务外包、社会众包等方式，鼓励企业和公众发掘利用开放数据资源，激发创新创业活力，促进创新链和产业链深度融合……打通科技创新和经济社会发展之间的通道，推动万众创新、开放创新和联动创新。"①由此可见，我国政府已经深刻认识到鼓励公众参与、激发群体智慧对促进社会创新潜能释放、推动经济社会发展的重要意义，并通过政策的制定和实施营造了相应的社会环境。

0.1.7　群体参与政府数据开放的协调管理机制亟需构建

在大数据时代，对数据资源进行管控是我们面临的一个突出问题。② 政府数据开放不是政府一方的"独角戏"，企业、非营利机构以及个人等主体在政府数据开放的需求征集、工具提供、应用创新、数据共享、资源传播等方面也都有发挥作用、实现价值的空间。群体参与政府数据开放能够更好解决数据开放的供需矛盾，提高数据的利用效率。各国政府数据开放实践皆以服务公众需求为导向，提倡和鼓励各种社会力量积极广泛参与，听取和采纳社会公众意见，吸引社会公众参与到政府数据开放的决策和执行中来。③

在我国政府数据开放实践中，由于数据所属部门之间的条块分割造成了"信息孤岛"和"数据烟囱"，面临着跨部门、跨区域的协调管理问题，需要加强政府数据开放的顶层设计和统筹规划，明确各部门数据共享的范围边界和使用方式等。④ 同样，群体参与政府数据开放涉及多样化的参与主体，各参与者的动机和利益诉求不

---

① 国务院关于印发促进大数据发展行动纲要的通知[EB/OL].[2019-05-22]. http://www.gov.cn/zhengce/content/2015-09/05/content_10137.htm.

② 黄长著.大数据时代需注重数据管控[N].人民日报，2015-10-21(007).

③ 中国行政管理学会课题组.我国政府数据开放顶层设计研究[J].中国行政管理，2016(11)：6-12.

④ 张璁.大数据，倒逼政务公开升级[N].人民日报，2015-11-18(017).

尽相同，需要加强政府数据开放的群体参与管理，提高企业、非营利机构、个人等多主体的参与积极性，汇聚各方的智慧推进数据的开放和开发利用。目前，在政府数据开放的协调管理机制的建设方面，更多关注点聚焦在协调拥有数据的政府部门之间的关系，以推动解决"信息孤岛"和"数据烟囱"难题；在群体参与政府数据开放方面，相关政策更多的表述还停留在鼓励公众积极参与的阶段，相应的协调管理机制还有待构建和加强。

综上所述，顺应大数据、数字经济以及政府开放的时代洪流，政府数据的开放已经成为必然。《促进大数据发展行动纲要》提出了"实现公共数据资源合理适度向社会开放，带动社会公众开展大数据增值性、公益性开发和创新应用，充分释放数据红利，激发大众创业、万众创新活力"，"开启大众创业、万众创新的创新驱动新格局"。① 无论是政府数据开放工作，还是将其与"大众创业、万众创新"的战略紧密结合，都是我们面临的新课题。显然，原有的政府信息资源管理理论、方法与模式已无法适应新情况。要保障和推进政府数据开放及开发利用的顺利开展，先要构建政府数据开放的新管理方法与模式。新的管理方法与模式需要从新的视野出发，充分考虑社会群体力量在政府数据开放工作中的角色定位，关注如何调动、协调、管理各种社会力量参与政府数据开放实践活动并激发形成群体智慧。

0.2 选题意义

针对如何对群体力量参与的政府数据开放活动进行协调管理问题，本研究引入群体智慧理论，该理论不仅是对政府信息资源管理理论的创新探索和群体智慧理论的拓展应用，也是对社会发展大趋势的积极回应和国家战略意图的贯彻落实，具有理论意义和现实价值。

0.2.1 理论意义

本研究对群体智慧、信息资源管理等基础理论进行了一定程度的创新和发展，具有以下理论意义。

(1)构建群体参与的政府数据开放管理模型

本研究将梳理群体智慧理论，以麻省理工学院 Malone 的群体智慧管理模型为蓝本，将群体智慧理论模型与政府数据开放的管理实际相结合，构建政府数据开放的群体智慧模型，探讨群体参与政府数据开放的参与主体、内容目标、管理流程、

---

① 国务院关于印发促进大数据发展行动纲要的通知[EB/OL]. [2019-05-22]. http：//www. gov. cn/zhengce/content/2015-09/05/content_10137. htm.

技术保障以及激励机制构建等，并进一步探索推进群体智慧在政府数据开放中发挥作用的实现路径，创新管理方法。该模型对群体参与政府数据开放的管理进行了系统性的阐述。

（2）拓展群体智慧理论的适用领域

本研究关注群体参与政府数据开放的管理问题，将群体智慧理论作为研究基础理论。群体智慧理论源于生物物种的启示，教育学、社会学、心理学、经济学等领域均对其开展了研究，将群体智慧理论应用于政府数据开放及其开发利用的管理中，与公共管理、信息资源管理领域的实践结合起来进行研究是一种新的尝试和探索，群体智慧理论的适用领域得到拓展。

（3）创新政府信息资源的管理理论

习近平在哲学社会科学工作座谈会上提出"哲学社会科学创新可大可小，揭示一条规律是创新，提出一种学说是创新，阐明一个道理是创新，创造一种解决问题的办法也是创新"，并指出"理论创新只能从问题开始"。本研究拟从群体参与政府数据开放出发，通过群体智慧理论和模型的应用，解决政府数据开放中的协调管理问题，是对信息资源管理理论的创新。

（4）突显理论指导在政府数据开放管理工作中的价值

本研究引入理论的论述和阐释，以群体智慧理论视角探讨政府数据开放的协调管理问题，可以拓展研究视域和深度，一定程度上改变目前信息资源管理和公共管理领域对政府数据开放的研究主要以论述具体实践为主的状况，也能为我国政府数据开放的管理实践提供理论基础。

（5）提升图书馆学在政府数据开放研究领域的显示度

在全球知名出版集团爱思唯尔公司（Elsevier）的研究分析工具"科学中的主题突出"（Topic Prominence in Science）中，"图书馆与信息管理"（Library and Information Management）领域 2012—2017 年排在第一位的研究主题为"电子政府、政府、电子政务采纳"（electronic government，government，e-government adoption），体现了图书馆学相关学科在电子政府等研究领域非常高的地位。同样，本研究以图书馆学为学科背景，能够提升图书馆学在政府数据开放研究领域的显示度。

0.2.2　现实价值

本研究基于群体智慧理论研究政府数据开放的协调管理问题，契合了国内外推进政府管理和社会治理模式创新、发展数字经济与共享经济等的需求，具体有以下实际应用价值。

（1）为群体参与政府数据开放的协调管理提供解决方案

引入社会群体力量参与，能够为政府数据开放活动带来动力和活力，促进数据的开发利用，但同时也会带来关于不同参与主体、不同参与行为的协调管理问题。如果这些协调管理问题得不到很好的解决，则不利于政府数据开放活动中群体智慧的激发和汇聚。应用群体智慧理论的视域审视群体参与政府数据开放活动，并构建群体参与政府数据开放的管理模型，可以通过科学、规范的方法为群体参与政府数据开放的协调管理问题带来解决方案。

（2）为加强服务型政府建设提供思路和途径

建设服务型、开放性政府是深化机构和行政体制改革的趋势和方向。党的十八大、十八届三中全会以及十九大都提出建设服务型政府的要求，并将此作为公共管理领域深化改革的重要举措之一。推动政府开放数据，既有利于在"透明政府"的基础上建设服务型政府，也能最大程度挖掘数据的价值，实现政府决策科学化、社会治理精准化、公共服务高效化，提升政府治理现代化水平。实践证明，开放数据服务已经成为政府信息资源管理创新的重要生长点之一。

群体智慧内涵契合了建设服务型政府的愿景，通过群体的广泛参与可以实现社会公众与政府的良性互动。将群体智慧理论应用于政府数据开放及其开发利用管理，为促进服务型政府建设开辟了新思路。

（3）为推进政府信息资源的开发利用提供路径与方法

政府信息资源的开发利用可以促进社会经济发展，有利于节约政府信息服务成本，提高政府公众影响力。作为政府信息资源重要组成部分的开放数据是未来电子政务发展的必然选择。目前我国政府数据开放迅速推进，国家层面的政府数据开放门户 Data. gov. cn 也将上线，为社会大众提供广泛的数据服务；在地方层面，北京、上海等地已经开始了政府数据开放门户的建设工作。

将群体智慧理论引入对政府数据开放的管理，可以推进政府开放数据服务工作向纵深发展，为政府信息资源的开发利用探索了新途径，以服务于数字经济发展和数字中国建设。

（4）为激发社会公众基于政府数据开展创新创业提供支持与引导

李克强总理提出顺应网络时代推动"大众创业、万众创新"的形势，构建面向大众的"众创空间"等创业创新服务平台，激发亿万群众创造活力。政府数据资源的开放可以激发社会大众的创新创业潜力。

本研究基于群体智慧理论，推进政府数据开放及其开发利用，契合了"网络时代推动大众创业、万众创新"的战略思维和举措，对创新创业实践的开展有着支持与引导作用。

(5)为调动社会力量促进大数据以及"互联网+政务服务"发展战略提供实施框架

2015年以来，为推进大数据在经济社会发展中的应用，我国出台《促进大数据发展行动纲要》《关于加快推进"互联网+政务服务"工作的指导意见》等一系列文件，重视社会力量参与。政府数据开放与开发利用是大数据战略和"互联网+政务服务"的重要内容。

群体智慧管理模型为社会群体力量参与政府数据开放及其开发利用的管理提供了实施框架，可以对其开展实施进行科学规划和管理。

0.3 研究进展

0.3.1 国内外政府开放数据研究进展

(1)国外政府开放数据研究进展

本研究以 Web of Science 核心合集为外文文献的数据来源，包括 Science Citation Index Expanded（SCIE）、Social Science Citation Index（SSCI）、Arts & Humanities Citation Index（A&HCI）、Conference Proceedings Citation Index-Science（CPCI-S）和 Conference Proceedings Citation Index-Social Science & Humanities（CPCI-SSH）等数据库。然后，以"government data""open data"等为主题词进行检索（检索更新时间：2018年3月5日），时间跨度设定为2005年1月1日至2017年12月31日，通过对检索反馈结果进行清洗和选择，获得政府数据开放主题的文献592条，其中期刊论文358篇，会议论文234篇。

如图0-3所示，从相关文献的年度分布来看，2005—2017年呈现出不断上升的趋势，2015年文献数量为79篇，2016年文献数量为139篇，2017年文献数量达到151篇（由于本研究检索的时间在2018年3月，Web of Science 数据库对2017年的文献收录可能不齐全）。由此看出，近年来政府数据开放相关的主题不断成为研究热点。文献涉及的学科主要有计算机科学、信息科学与图书馆学、商业与经济学、政府法律、工程学、公共管理、公共环境职业健康、环境科学生态学等。

图0-4显示，2005—2017年，国外政府数据开放相关研究的主题词出现较高的有：政府数据开放（open government data）、开放数据（open data）、电子政务（e-

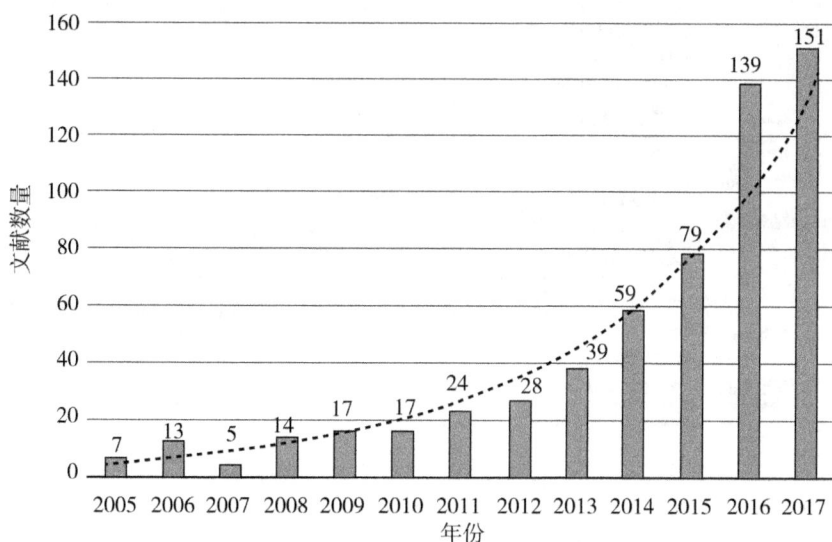

图 0-3　国外政府数据开放研究文献年度分布

government)、关联数据（linked data）、模式（model）、政策（policy）、透明化（transparency）、政府（government）、开放政府（open government）、政府数据（government data）、大数据（big data）、社会媒体（social media）、美国（United States）、服务（service）、系统（system）等。国外研究关于政府数据开放的主题非常广泛：在政府与公共管理层面，关注政府的透明化、电子政务、公共部门信息管理等；在开放数据的应用层面，商业、市场、消费者研究、智慧城市、健康与医疗、就业、人口、犯罪、移民等是涉及的主题；在开放数据的技术领域，大数据、元数据、本体、语义网、社会媒体、数据挖掘、Web2.0 等技术问题成为研究的对象。

　　图 0-5 显示，在政府数据开放领域，从 2005 年开始各年度都有被重点关注的主题，依次为：政策（policy）、模式（model）、电子政务（e-government）、政府（government）、障碍（barrier）、政府数据（government data）、透明化（transparency）、政府数据开放（open government data）、公共部门（public sector）、大数据（big data）、社会媒体（social media）、关联开放数据（linked open data）、信息技术（information technology）、数据质量（data quality）、框架（framework）等。2011 年国外政府数据开放主题成为研究热点。

　　除了论文之外，一些研究机构和学者还以研究报告等形式发布对政府数据开放的观点和成果。联合国经济和社会事务部（United Nations Department of Economic and Social Affairs，UNDESA）从 2003 年就开始定期发布关于世界范围内电子政务发

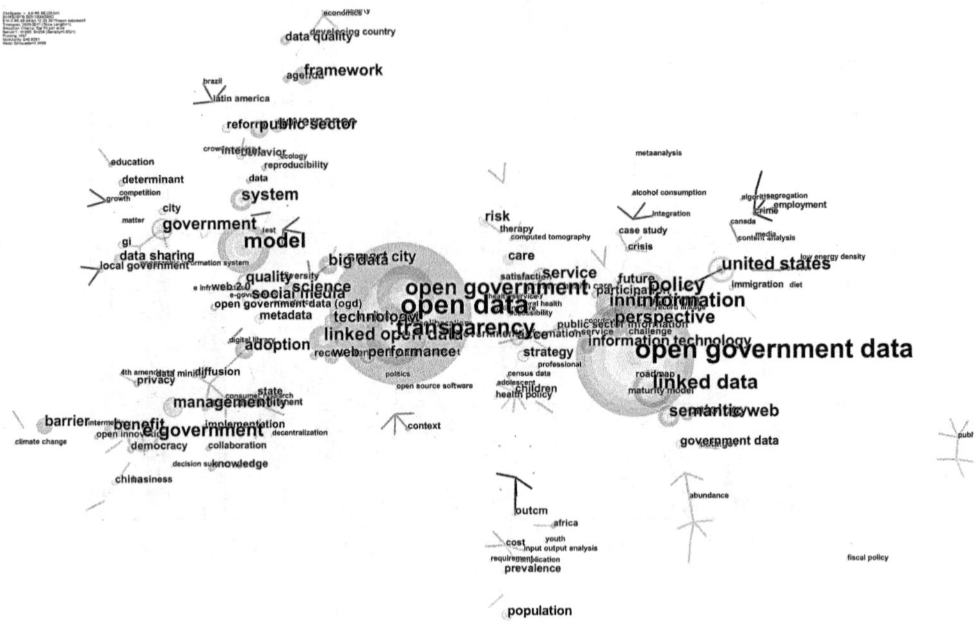

图 0-4　Web of Science 中政府数据开放相关研究的主题分布

展状况的研究报告，至今已经发布 9 期。① 从 2014 年《联合国电子政务调查报告——电子政务成就我们希望的未来》开始，报告增加了关于政府数据开放（Open Government Data，OGD）的内容，对政府数据开放的全球和地区趋势以及存在的机遇和挑战进行了调查和介绍，可见政府数据开放已成为全球电子政务发展的重要领域。②

经过文献检索和分析，目前国际上政府数据开放主题吸引了管理科学、信息系统、法律、政治与社会科学、图书情报学等诸多学科领域研究人员的关注，跨学科研究促进了政府数据开放技术与管理方法的不断演进。③ 下面将从七个方面对这些研究成果和观点进行分析。

---

① UN e-Government Surveys［EB/OL］.［2019-05-28］. https：//publicadministration. un. org/en/Research/UN-e-Government-Surveys.

② UN E-Government Survey 2014［EB/R］.［2019-05-28］. https：//publicadministration. un. org/egovkb/Portals/egovkb/Documents/un/2014-Survey/E-Gov_Complete_Survey-2014. pdf.

③ Charalabidis Y, Alexopoulos C, Loukis E. A Taxonomy of Open Government Data Research Areas and Topics［J］. Journal of Organizational Computing & Electronic Commerce, 2016, 26(1-2)：41-63.

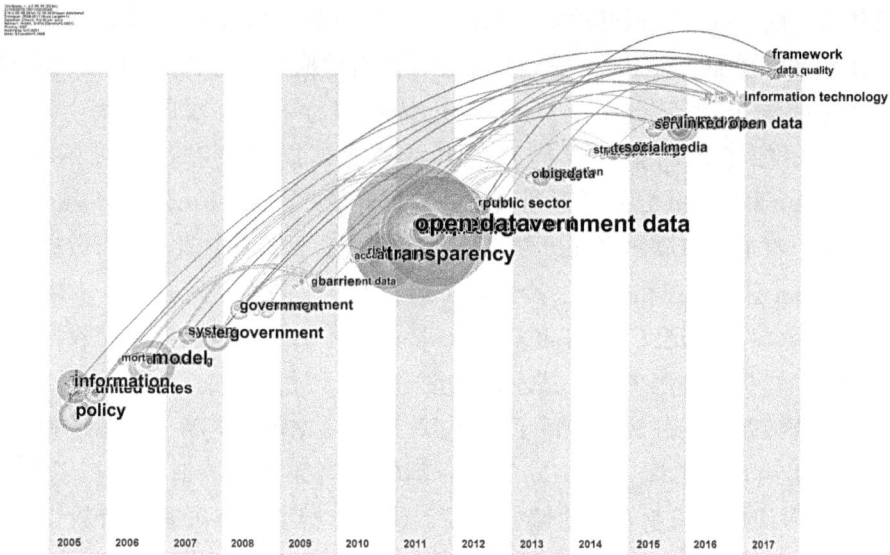

图 0-5　Web of Science 中政府数据开放相关研究主题的历时演进

①各国政府数据开放实践。

进入 21 世纪以来，随着社会、政治和技术的发展进步，世界各国开放政府实践探索进入一个新的阶段。特别是 2009 年以来，美国发布《开放政府指令》，在联合国的支持下开放政府合作联盟(Open Government Partnership，OGP)成立，以及美英等国政府开放数据门户、欧盟和世界银行等国际组织数据开放项目的推进，世界范围内研究政府数据开放的热潮兴起。政府数据开放兴起于美英等西方发达国家，因此，在相关主题文献中，以美国、英国、加拿大、澳大利亚等国政府数据开放作为研究对象的最多。Nahon 和 Peled 通过重点关注美国联邦政府机构数据的公布情况，以系统、定量的方法调研了开放政府数据状况。① Harvey 与 Tulloch 评估了美国的空间数据基础设施，对美国的地方政府数据共享问题进行了研究。② Palka 等收集了美英和新西兰的政府数据，分析了政府数据开放门户的数据集分类问题，将

① Nahon K，Peled A. Data Ships：An Empirical Examination of Open (Closed) Data[C]//2015 48th Hawaii International Conference on System Science，2015：2209-2220.

② Harvey F，Tulloch D. Local-government Data Sharing：Evaluating the Foundations of Spatial Data Infrastructures[J]. International Journal of Geographical Information Science，2006，20(20)：743-768.

分类方案分为战略层面和操作层面两个维度。①

近年来，随着政府数据开放实践的深入推进，以欧美之外国家或地区作为研究对象的文献有所增加。Breitman 等讨论了巴西政府数据开放现状。② Brito 等通过数据应用"我的国民大会"（Meu Congresso Nacional）和"累西腓市民"（Cidadão Recifense），介绍了巴西整合异构政府开放数据、提升政府透明度的经验。③ González-Zapata 和 Peled 分析了智利政府的数据开放。④ Shkabatur 和 Heeks 调查和分析了巴西、肯尼亚、摩尔多瓦、摩洛哥和菲律宾 5 个发展中国家政府数据开放情况。⑤ Alromaih 等⑥调查和分析了沙特阿拉伯、巴林、阿曼、阿联酋、卡塔尔、科威特 6 个海湾合作委员会（The Gulf Cooperation Council，GCC）国家政府数据开放情况，对数据门户提供的服务以及技术成熟度进行了评估。Marwah 等人对沙特阿拉伯电子政务开放数据的开放性进行了度量。⑦ Saxena 比较了伊朗、黎巴嫩和约旦政府数据开放实践开展情况。⑧ Bello 等对非洲的政府数据开放情况进行了研究。⑨ Afful-Dadzie 等从媒体从业人员的偏好出发，研究分析了非洲国家政府数据开放开

① Palka W，Jurisch M，et al. Classification Schemes for Open Government Data Provision[C]// 13th European Conference on eGovernment-ECEG 2013，2013：608-615.

② Breitman K，Salas P，Casanova M A，et al. Open Government Data in Brazil[J]. IEEE Intelligent Systems，2012，27(3)：45-49.

③ Brito K D S，Costa M A D S，et al. Experiences Integrating Heterogeneous Government Open Data Sources to Deliver Services and Promote Transparency in Brazil[C]// IEEE，Computer Software and Applications Conference，2014：606-607.

④ González-Zapata F，Peled A. The Influence of the Transparency Agenda on Open Government Data in Chile[C]// Conference for E-Democracy and Open Government，2016：172-179.

⑤ Shkabatur J，Heeks R. Sustaining the Open Government Data Movement Worldwide：Insights from Developing Countries [C]// Conference for E-Democracy and Open Governmen，2016：156-163.

⑥ Alromaih N，Albassam H，Al-Khalifa H. A Proposed Checklist for the Technical Maturity of Open Government Data：An Application on GCC Countries[C]// International Conference on Information Integration and Web-Based Applications and Services. ACM，2016：494-499.

⑦ Marwah W，Khader A. Measuring the Data Openness for the Open Data in Saudi Arabia e-Government—A Case Study[J]. International Journal of Advanced Computer Science & Applications，2016，7(12)：113-122.

⑧ Saxena S. Open Government Data（OGD）in Iran，Lebanon and Jordan：A Comparative Approach[J]. VINE Journal of Information and Knowledge Management Systems，2018(1)：47-61.

⑨ Bello O W，Akinwande V，Jolayemi O，et al. Open Data Portals in Africa：An Analysis of Open Government Data Initiatives[J]. African Journal of Library Archives & Information Science，2016，26(2)：97-106.

展情况。①

② 政府数据开放政策。

政府通过政策制定推进或者规范数据开放工作，政府数据开放政策也是公共政策的重要组成部分。相关领域学者将政策分析作为研究政府数据开放的重要切入点。Janssen 对欧洲公共部门信息再利用指令（The European Directive on Reuse of Public Sector Information）在当前政府数据开放中的影响和作用进行了分析，论述了各成员国在政府数据开放方面的政策和做法，提出对相关信息政策进行整合，以推进数据再利用。② Yannoukakou 与 Araka 阐述了知情权（Right to Information，RTI）运动与政府数据开放运动协同开展对于保障公众基本政治权利的意义。③

Bates 分析并讨论了英国政府数据开放政策与公共服务市场化、公共资产私有化的新自由主义目标等之间的关系。④ Zuiderwijk 和 Janssen 对荷兰的政府数据开放政策进行了比较分析，发现部分政府部门将制定实施数据开放政策作为提升政府透明度的重要举措，较多关注可能会带来的法律责任、数据信息滥用等风险，而不考虑政府是否真正做到透明。⑤

Chatfield 和 Reddick 认为政府数据开放与信息自由政策存在差别，因此可以被看作是一项政策创新；并借鉴创新扩散理论以及该理论在公共政策研究中的应用，对澳大利亚联邦以及州两个层面的政府数据开放政策扩散模式开展了研究。⑥

③ 政府数据开放的价值。

政府数据开放的价值是多方位的，不单单带来经济价值，还能提高决策的效率和透明度。推动实施政府数据开放，一方面是政府自身发展与进步的途径；另一方面也是促进政府与公民之间开展合作，以达到政府治理改善的重要方法。

OECD 将政府数据开放价值分成三类：一是经济价值，开放数据可以作为推动

---

① Afful-Dadzie E, Afful-Dadzie A. Open Government Data in Africa: A Preference Elicitation Analysis of Media Practitioners[J]. Government Information Quarterly, 2017, 34(2): 244-255.

② Janssen K. The Influence of the PSI Directive on Open Government Data: An Overview of Recent Developments[J]. Government Information Quarterly, 2011, 28(4): 446-456.

③ Yannoukakou A, Araka I. Access to Government Information: Right to Information and Open Government Data Synergy [J]. Procedia-Social and Behavioral Sciences, 2014(147): 332-340.

④ Bates J. The Strategic Importance of Information Policy for the Contemporary Neoliberal State: The Case of Open Government Data in the United Kingdom[J]. Government Information Quarterly, 2014, 31(3): 388-395.

⑤ Zuiderwijk A, Janssen M. Open Data Policies, Their Implementation and Impact: A Framework for Comparison[J]. Government Information Quarterly, 2014, 31(1): 17-29.

⑥ Chatfield A T, Reddick C G. The Role of Policy Entrepreneurs in Open Government Data Policy Innovation Diffusion: An Analysis of Australian Federal and State Governments[J]. Government Information Quarterly, 2018, 35(1): 123-134.

经济发展的因素，同时，开放数据所带来的经济效益要超过销售该数据所能获得的收益。二是政治价值，政府数据开放对建设透明政府、开放政府和责任政府具有重要意义。三是社会价值，政府数据开放能够推动公民生活质量的改善，将公民与政府之间的被动沟通模式转变为积极的公民参与。①

纽约州立大学奥尔巴尼分校(State University of New York at Albany)政府技术研究中心的 Teresa Harrison 等为帮助政府测量数据开放的公共价值，提供了分析框架(a public value framework)，包括政治价值、经济价值、社会价值、战略价值、生活质量、理想价值以及管理价值 7 个维度。②

Zimmermann 和 Pucihar 认识到政府数据开放为价值创造提供了条件，创业者可以通过数据再利用提供增值服务，形成新的商业模式，还通过 The Climate Corporation、Netcetera 和 Openwords 三个案例阐述了开放政府数据再利用促进了创新创业。③

Zeleti 等为探索政府数据开放的经济价值，基于开放数据商业模型(Open Data Business Models)开发了 6-value 商业模式框架，包括价值定位(value proposition)、价值增值过程(value adding process)、价值回报(value in return)、价值捕获(value capture)、价值管理(value management)以及价值网络(value network)。④

政府开放数据的价值在于被开发利用。Kuhn 介绍了美国旧金山市交通部门提供的公交实时位置数据，认为这些数据的开放和利用可以造福于公共交通供应商与用户。⑤ Shadbolt 等介绍了 EnAKTing 项目，通过从英国政府开放数据 Data. gov. uk 中提取价值，提供信息服务。⑥ Whitmore 研究了美国国防部的开放数据个案，发现所开放的数据能够用于对未来军事活动和战争行为的预测。⑦ Magalhaes 和 Roseira 分析了美国 178 家使用政府开放数据公司的数据，总结出 12 种模式，研究企业如

①　Annex B. Reaping the Benefits of Cloud Computing, Web 2.0 and Open Data: OECD Country Experiences[J]. Source OECD Science & Information Technology, 2010(14): 172-185.

②　Delivering Public Value through Open Government[EB/R]. [2019-05-30]. https://www. ctg. albany. edu/publications/issuebriefs/opengov_pubvalue. pdf.

③　Zimmermann H D, Pucihar A. Open Innovation, Open Data and New Business Models[C]// IDIMT-Interdisciplinary Information and Management Talks, 2015: 449-458.

④　Zeleti F A, Ojo A, Curry E. Exploring the Economic Value of Open Government Data[J]. Government Information Quarterly, 2016, 33(3): 535-551.

⑤　Kuhn K. Open Government Data and Public Transportation [J]. Journal of Public Transportation, 2011, 14(1): 83-97.

⑥　Shadbolt N, O′Hara K, Bernerslee T, et al. Linked Open Government Data: Lessons from Data. gov. uk[J]. Intelligent Systems IEEE, 2012, 27(3): 16-24.

⑦　Whitmore A. Using Open Government Data to Predict War: A Case Study of Data and Systems Challenges[J]. Government Information Quarterly, 2014, 31(4): 622-630.

何利用政府开放数据开展价值创造和商业模式创新。①

④ 政府开放数据的组织与整合。

政府开放数据是宝贵的信息资源，但数据格式与许可形式多样，而数据的原始性、未加工等特点造成其不易被处理、可视化和整合使用。政府开放数据的开发利用关键在于实现数据之间的互操作、挖掘数据的关联关系，因此相关技术研究重点关注数据的组织与互操作问题。

关联数据技术可将数据发布成为机器可读的格式（如 RDF），实现不同数据集之间的整合，为公共/私人部门基于数据创新服务提供可能性。Kalampokis 等通过英国大选的案例证明了关联数据技术应用于政府数据开放的适用性。② Galiotou 和 Fragkou 以希腊政府开放数据服务门户为例，研究如何将数据转化为关联数据。③ Fragkou 等则通过丰富希腊的电子政务知识互操作本体（Greek E-Gif），改进关联数据技术在希腊政府开放数据中的应用。④ Andersen 等应用 Web 语义技术将丹麦政府的数据发布成为关联数据。⑤ Scholz 等以奥地利政府数据门户 Data. gv. at 为例，通过关联数据技术解决开放政府数据面临的问题。⑥ Nisioiu 提出通过关联政府开放数据构建罗马尼亚政府开放数据生态系统。⑦

将原始数据实现语义表示，可以确保数据跨应用程序的共享与重用，也能进一步促进政府数据开放。Maali 等提出用 RDF Schema 词表作为数据目录之间的交换格式，并通过对美国、英国、澳大利亚、新西兰等国家 7 个数据目录的调查，设计

---

① Magalhaes G, Roseira C. Open Government Data and the Private Sector: An Empirical View on Business Models and Value Creation[J]. Government Information Quarterly, 2017.

② Kalampokis E, Tambouris E, Tarabanis K. Linked Open Government Data Analytics[C]// 12th Annual International IFIP Working Group 8.5 Electronic Government Conference (EGOV), 2013: 731-749.

③ Galiotou E, Fragkou P. Applying Linked Data Technologies to Greek Open Government Data: A Case Study [J]. Procedia-Social and Behavioral Sciences, 2013(73): 479-486.

④ Fragkou P, Galiotou E, Matsakas M. Enriching the e-GIF Ontology for an Improved Application of Linking Data Technologies to Greek Open Government Data [J]. Procedia-Social and Behavioral Sciences, 2014, 147(147): 167-174.

⑤ Andersen A B, Gür N, Hose K, et al. Publishing Danish Agricultural Government Data As Semantic Web Data[M]. Semantic Technology. Springer International Publishing, 2015: 178-186.

⑥ Scholz J, Grillmayer R, Mittlboeck M. ShareOGD—an Approach for Integrating Semantic Information in Open Government Data[M]. GI_Forum 2013-Creating the GISociety, 2013: 25-28.

⑦ Nisioiu C F. Methodology for Improving Romanian Linked Open Government Data Ecosystem[C]// Proceedings of International Academic Conferences. International Institute of Social and Economic Sciences, 2015: 586.

了词表，以实现政府数据目录之间的互操作。① Ribeiro 等分析了巴西社会保障部门在开放政府数据发布中的受控词表（controlled vocabulary）。② Alkhalifa 提出通过重用现有的本体（ontologies）将沙特政府的开放数据转化成 RDF 格式。③ Milić 等提出了数据集的关联关系（linked relations）构架，以及两个数据集之间关系的 RDF 模型。该架构可应用于构建开放数据门户，创建来源于不同公共部门和政府机构的数据集之间的关系，能作为 CKAN 系统的插件。④ Bulazel 等提出一种基于 Web URL 的命名方案，使得数据集能够明确命名和链接。⑤ 政府开放数据的异质性（heterogeneity）会阻碍数据检索、分析与整合，Heise 与 Naumann 开发了通用集群计算数据分析框架（stratosphere parallel data analysis framework）克服异质性。⑥

虽然关联数据能够高效、低成本解决开放数据的互操作问题，但关联数据是原始数据的转化版本，对用户来说，保证数据的原始性存在一定的挑战。针对数据的原始来源问题，Mccusker 等提出了应用书目记录的功能需求（Functional Requirements of Bibliographic Records，FRBR）模型，描述并可视化数据处理流程的历史，用户可以进行验证。⑦

⑤ 政府数据开放影响因素。

对政府机构来说，是否开放政府数据受到诸多因素的影响，开展相关研究有利于政府制定和推行开放政府数据计划。Yang 等从技术、组织、立法和政策以及环境几个方面分析了开放政府数据计划的影响因素，表明立法和政策是最重要的因

① Maali F, Cyganiak R, Peristeras V. Enabling Interoperability of Government Data Catalogues [C]// 9th IFIP WG 8. 5 International Conference, 2010：339-350.

② Ribeiro C J S, Pereira D V, Ribeiro C J S, et al. The Publication of Open Government Data：A Proposal for the Revision of Class in Social Security Regarding the Controlled Vocabulary of the Electronic Goverment[J]. Materials & Manufacturing Processes, 2008, 23(6)：624-625.

③ Alkhalifa H S. A Lightweight Approach to Semantify Saudi Open Government Data [C]// International Conference on Network-Based Information Systems, 2013：594-596.

④ Milić P, Veljković N, Stoimenov L. Linked Relations Architecture for Production and Consumption of Linksets in Open Government Data[C]// 14th IFIP WG 6. 11 Conference on e-Business, e-Services, and e-Society (I3E), 2015：281-290.

⑤ Bulazel A, Difranzo D, Erickson J S, et al. The Importance of Authoritative URI Design Schemes for Open Government Data[J]. International Journal of Public Administration in the Digital Age, 2016, 3(2)：1-18.

⑥ Heise A, Naumann F. Integrating Open Government Data with Stratosphere for More Transparency[J]. Web Semantics Science Services & Agents on the World Wide Web, 2012, 14(3)：45-56.

⑦ Mccusker J, Lebo T, Chang C, et al. Parallel Identities for Managing Open Government Data[J]. Intelligent Systems IEEE, 2012, 27(3)：55-62.

素，组织和环境的因素次之，技术因素则相对容易获得解决。① Wang Hui-Ju 与 Lo
Jin 在采纳理论基础上构建了研究模型，该模型集成了"技术-组织-环境"
（Technology-Organization-Environment，TOE）模型以及感知利益（perceived benefits）、
感知障碍（perceived barriers）、组织准备（organizational readiness）和外部压力
（external pressures）4 个采纳决策的核心因素。② Attard 等总结了影响政府机构加入
开放政府数据计划的因素，包括意识（awareness）、动机（motivation）、能力
（capacity）、预算拨款（budget provision）、技术支持（technical support）以及制度化
（institutionalisation）；影响数据真正开放的因素有法规冲突（conflicting regulations）、
隐私与数据保护（privacy and data protection）、版权许可（copyright and licensing）、
竞争（competition）以及责任（liability）。③

Wirtz 等对阻碍政府数据开放的感知障碍（perceived barriers）进行了讨论，应用
认知理论（cognitive theory）对公务员实施政府数据开放的基本要素进行了概念化和
归纳总结；经过分析，公务员的感知风险态度（perceived risk-based attitude）被认为
是最主要的障碍，其他主要的障碍包括感知法律障碍（perceived legal barrier）、感
知机构层级结构（perceived hierarchical structuring of authorities）、感知官僚决策文化
（perceived bureaucratic decision-making culture）以及感知组织透明度（perceived
organizational transparency）等。④ Wirtz 等探讨德国市民使用政府开放数据的决定因
素，发现易用性、有用性以及透明度、参与合作预期等因素明显影响民众使用政府
开放数据的意图，进而影响他们的口碑传播意愿。⑤

Albano 与 Reinhard 在巴西通过半结构式访谈的方法调查分析了人们对政府开
放数据用户与政府机构的看法。调查对象有政府机构人员、大学教授、记者、信息
技术开发人员、社会组织成员等，所问题项包括政府数据开放的预期效益、促进与
激励因素、阻碍与制约因素等。不同的调查对象所认为的影响政府数据开放的因素

---

① Yang T M, Jin L, Jing S. To open or not to open? Determinants of open government data[J].
Journal of Information Science, 2015, 41(5): 1-17.

② Wang H J, Jin L. Adoption of Open Government Data Among Government Agencies [J].
Government Information Quarterly, 2016, 33(1): 80-88.

③ Attard J, Orlandi F, Scerri S, et al. A Systematic Review of Open Government Data Initiatives
[J]. Government Information Quarterly, 2015, 32(4): 399-418.

④ Wirtz B W, Piehler R, Thomas M J, et al. Resistance of Public Personnel to Open
Government: A Cognitive Theory View of Implementation Barriers Towards Open Government Data[J].
Public Management Review, 2016(9): 1-30.

⑤ Wirtz B W, Weyerer J C, Rösch M. Open Government and Citizen Participation: An Empirical
Analysis of Citizen Expectancy towards Open Government Data [J]. International Review of
Administrative Sciences, 2017, 86 (1): 1-21.

是不一样的，对政府数据开放的预期也存在差异。该项调查分析能够帮助政府应对阻碍和抑制政府数据开放的因素，更有效率地推进数据开放计划。①

Ahmed 等针对马来西亚政府数据开放中的公民满意度提出了评估变量，研究发现 5 个关键因素可能对马来西亚公民的满意度产生影响。②

政府数据开放是系统性工程，Natalie Helbig 等从"环境"（context）和"动态"（dynamics）出发，审视政府数据开放中的各种复杂关系。"环境"因素主要是指政府数据开放的参与者以及所形成的利益关系，"动态"因素包括了政府数据开放的参与者、信息流、技术以及利益之间的多重关系等，这些因素推动数据的开放与再利用、利益相关者之间的合作，创造出公共价值。③ Gonzalez-Zapata 与 Heeks 以官僚的（bureaucratic）、政治的（political）、技术的（technological）和经济的（economic）视角分析政府数据开放不同相关利益者（包括政治家、政府官员、公共部门从业人员、国际组织、社会活动家、资金捐助者、ICT 供应商、学者等）。④ Dawes 等提出应用社会技术系统理论（Sociotechnical Systems Theory）为政府数据开放设计了初步的生态系统模型。⑤

⑥ 政府开放数据评估。

对政府数据开放的各个方面进行评估也是学者研究的重要内容，一般分成以下四个角度：一是政府数据开放计划实施情况评估；二是政府数据开放门户及基础设施评估；三是数据层面评估；四是评估框架。

为了评估公共机构在追求开放数据原则与实践上的成熟度与能力，Solar 等提出开放数据成熟度模型（Open Data Maturity Model，OD-MM），能够展示开放数据实

①　Albano C S, Reinhard N. Open Government Data: Facilitating and Motivating Factors for Coping with Potential Barriers in the Brazilian Context[C]// 13th Annual International IFIP Working Group 8.5 Electronic Government Conference, 2014: 181-193.

②　Ahmed M S, Mahmuddin M B, Mahat N I B, et al. The Factor Affecting Malaysian Citizens Satisfaction with Open Government Data[J]. Journal of Engineering & Applied Sciences, 2017, 12 (15): 3843-3846.

③　Helbig N C, Cresswell A M, Burke G B, et al. The Dynamics of Opening Government Data [R]. Center for Technology in Government University at Albany, SUNY, 2012.

④　Gonzalez-Zapata F, Heeks R. The Multiple Meanings of Open Government Data: Understanding Different Stakeholders and Their Perspectives[J]. Government Information Quarterly, 2015, 32(4): 441-452.

⑤　Dawes S S, Vidiasova L, Parkhimovich O. Planning and Designing Open Government Data Programs: An Ecosystem Approach[J]. Government Information Quarterly, 2016, 33(1): 15-27.

施进展路线图和所有劣势，该模型被试用于拉丁美洲国家的 10 个公共机构中。①
Carrasco 与 Sobrepere 在政府数据开放评估方面应用了 OECD 提出的整体分析方法，
全面分析开放政府数据计划的战略、实施、组织、沟通、互动及影响等，并对西班
牙的开放政府数据项目进行了评估。②

Sayogo 等采用网页内容分析法对 35 个国家的政府数据开放门户进行了评估，
提出一个了解政府数据开放计划状态的框架，以数据门户的数据内容、数据处理能
力、参与性以及参与能力判断开放政府数据门户网站所处的不同阶段。③ Martin 等
从功能、语义和内容三个方面分析了各国开放政府数据门户的质量，认为门户建设
缺乏统一的协调和质量标准，门户网站的质量受到各国互联网普及程度以及经济社
会发展水平的影响。④ Charalabidis 等提出将基于用户评分的价值模型评估方法应
用于对政府数据开放基础设施的评价，并在欧盟 ENGAGE 项目开发的政府开放数
据电子基础设施上进行了验证。⑤ Corrêa 等对巴西地方政府数据门户网站是否符合
开放政府数据原则情况进行了评估。⑥

Vetrò 等认为当前大多数评估集中在开放数据平台上，而不是集中在数据集上，
并且也缺少相应的理论框架，因此，他们建立了一个指标框架，用于测量开放政府数
据的质量，并且在意大利政府数据开放实践中进行了应用。⑦ Attard 等总结了数据质
量的评估指标，包括有用性（usability）、精确性（accuracy）、完整性（completeness）、

---

① Solar M, Daniels F, Lopez R, et al. A Model to Guide the Open Government Data Implementation in Public Agencies［J］. Journal of Universal Computerence, 2014, 20(11): 1564-1582.

② Carrasco C, Sobrepere X. Open Government Data: An Assessment of the Spanish Municipal Situation［J］. Social Science Computer Review, 2015, 33(5): 631-644.

③ Sayogo D S, Pardo T A, Cook M. A Framework for Benchmarking Open Government Data Efforts［C］// Hawaii International Conference on System Sciences, 2014: 1896-1905.

④ Martin A S, Rosario A H D, Perez M D C C. An International Analysis of the Quality of Open Government Data Portals［J］. Social Science Computer Review, 2015, 34(3): 298-311.

⑤ Charalabidis Y, Loukis E, Alexopoulos C. Evaluating Second Generation Open Government Data Infrastructures Using Value Models ［C］// Hawaii International Conference on System Sciences. IEEE Computer Society, 2014: 2114-2126.

⑥ Corrêa A S, Paula E C D, Corrêa P L P, et al. Transparency and Open Government Data: A Wide National Assessment of Data Openness in Brazilian Local Governments ［J］. Transforming Government People Process & Policy, 2017, 11(1): 58-78.

⑦ Vetrò A, Canova L, Torchiano M, et al. Open Data Quality Measurement Framework: Definition and Application to Open Government Data［J］. Government Information Quarterly, 2016, 33 (2): 325-337.

一致性（consistency）、时效性（timeliness）、可访问性（accessibility）和开放性（openness）。Attard 等还对评估框架指标进行了总结，认为一般包括数据（data）、门户（portal）、外部因素（external factors）、公共参与（public engagement）等模块。①Srimuang 等从政策、法律法规、组织、企业架构、能力增强、开放政府原则、技术基础设施、公民的创新和参与等层面评估了泰国的政府数据开放情况。②

⑦ 政府数据开放面临的挑战。

国外相关研究认为政府数据开放面临的挑战基本分为数据和管理两个层面：其一，在数据层面面临的挑战主要包括数据整合、数据保密、数据准确性、数据所有权、数据利用以及解读能力等；其二，在管理层面面临的挑战包括组织架构、责权结构、利益关系、组织文化以及人员意识等。③ Karr 对政府数据开放面临的挑战进行了总结：其一，非技术类数据用户面对数据的复杂性，难以理解相关数据应用；其二，如何平衡数据有用性与数据保密性之间的关系；其三，公民在利用数据时希望面向全部数据集，但政府数据集往往是分散的。④

Conradie 等研究分析了荷兰地方政府数据开放的案例，发现政府数据开放面临的挑战包括 4 点：其一，在缺乏相关背景信息的情况下，对数据的解读将会产生错误或偏差。其二，数据的开放免费在一定程度上将直接导致政府财政收入的减少。其三，垂直的数据管理使部门间数据共享并不普遍，数据所有权和数据位置也是不透明的，造成各部门对其他部门所掌握的数据并不完全了解。其四，政府数据开放并不是议会的优先处理事项，一方面是因为缺乏数据开放的意愿；另一方面是由于数据开放并不是众多数据专家的日常事务。⑤

政府数据开放面临的挑战还包括政府机构没有认识到数据对公众的价值。Janssen 通过对一些欧盟成员国的调研，指出政府机构对数据开放的兴趣不高，政府机构认为将公共部门信息指令上升到法律层面已经足够了，没有进一步提高政府

① Attard J, Orlandi F, Scerri S, et al. A Systematic Review of Open Government Data Initiatives[J]. Government Information Quarterly, 2015, 32(4)：399-418.

② Srimuang C, Cooharojananone N, Tanlamai U, et al. Open Government Data Assessment model：An indicator development in Thailand[C]// International Conference on Advanced Communication Technology. IEEE, 2017：341-347.

③ 徐慧娜，等. 国外政府数据开放研究综述：公共管理的视角[J]. 电子政务，2013(6)：2-7.

④ Chen H, et al. (eds). Digital Government：E-government Research, Case Studies, and Implementation[M]. Boston：Springer, 2008：503-529.

⑤ Conradie P, Choenni S. Exploring Process Barriers to Release Public Sector Information in Local Government[C]// Proceeding of ICEGOV 2012, Albany, NY, United States, 2012：5-13.

数据开放意识的必要，也无需推动开放数据再利用和形成相应的政府部门文化。①

政府数据开放计划在实施中会遇到诸多挑战。Attard 等认为主要涉及数据格式（data formats）、数据可发现性（data discoverability）、数据表示（data representation）、公众参与（public participation）等。② Desrochers 介绍了加拿大将政府开放数据发布成为关联数据所遇到的机遇与挑战。③

（2）国内政府开放数据研究进展

本研究将中国知网（CNKI）的中国学术期刊网络出版总库、中国博士学位论文全文数据库、中国优秀硕士学位论文全文数据库、中国重要会议论文全文数据库作为文献的来源，进而以"政府开放数据"和"政府数据开放"为检索词进行主题检索，时间跨度为 2005 年 1 月 1 日至 2017 年 12 月 31 日，并对获取的结果进行清洗，排除新闻报道和通讯类的文章，获得 536 条文献记录，其中期刊论文 465 篇、学位论文 68 篇、会议论文 3 篇（检索更新时间：2018 年 3 月 3 日）。

文献涉及的学科主要有：公共管理、信息经济、计算机科学、政治学、经济管理、图书情报学等。

文献的时间分布如图 0-6 所示，从 2011 年开始，相关研究文献开始增长，特别是 2014 年大幅度增长到 34 篇，2015 年增长到 72 篇，2016 年达到 158 篇，2017 年更是激增到 211 篇。政府数据开放的相关研究与社会实践紧密地结合在一起，2010 年后，国际范围内开放政府运动以及政府数据开放运动兴起，这些实践活动的开展直接影响到国内的相关研究；2013 年后，我国政府也开始进行政府数据开放方面的探索与实践，相关政策法规出台，围绕政府数据主题的研究成为热点。

利用 CiteSpace 对以上检索获取的文献进行可视化分析。图 0-7 显示，在 2005—2017 年政府数据开放主题领域的研究中，"电子政务"获得特别关注，体现出国内研究以服务于电子政务需求为导向；其他主题词出现的频次由高到低依次为政府数据、数据开放、政府数据开放、开放政府数据、大数据、政府信息公开、信息公开、门户网、数据中心、政府信息资源、关联数据等；对政府数据应用方向的关注主题主要有公共服务、电子治理、政府治理、治理能力、智慧城市、创新应用、信息服务、数据服务、信息再利用等；政府数据技术层面的研究主题包括关联

① Janssen K. The Influence of the PSI Directive on Open Government Data: An Overview of Recent Developments[J]. Government Information Quarterly, 2011, 28(4): 446-456.

② Attard J, Orlandi F, Scerri S, et al. A Systematic Review of Open Government Data Initiatives [J]. Government Information Quarterly, 2015, 32(4): 399-418.

③ Desrochers P. Recordkeeping and Linking Government Data in Canada[J]. Intelligent Systems IEEE, 2012, 27(3): 50-53.

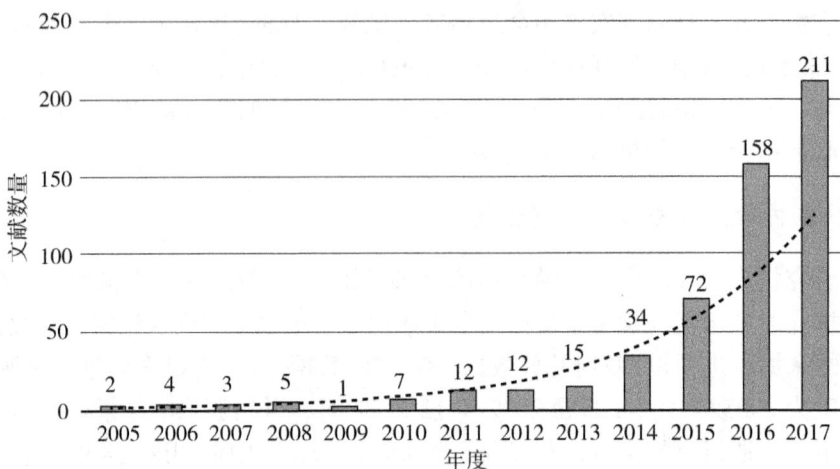

图 0-6　CNKI 中政府数据开放相关研究文献的时间分布（2005—2017）

数据、云计算、应用系统、数据管理、数据安全、语义网等；政府数据开放保障研究主题包括顶层设计、保障机制、信息孤岛、统筹管理等。

　　图 0-8 显示，十余年来，国内关于政府数据研究主要是在电子政务的框架内进行的，2005—2007 年，关注点在电子政务、政府数据、政府信息资源领域；2008—2009 年，相关研究进入低潮，2010 年后研究热点重新形成；2010 年的研究主题关注"关联数据"与"数据中心"，2011 年关注"信息公开"，将开放政府数据看作是政府信息公开领域新的发展方向；① "开放政府数据"和"政府数据开放"相关研究的热点开始于 2012 年，2013—2017 年，与"大数据""开放政府"等热点领域结合在一起，还关注"门户网站""顶层设计""电子治理""开放政策"等主题。研究主题的演进与社会发展状况以及技术环境变革紧密相关，也与国家战略和政策息息相关，由此也能看出政府数据开放主题的学术研究具有较强的社会需求导向。开放政府数据是近年来国内外电子政务和信息管理领域的热点研究方向。

　　通过研读以上文献，国内政府数据相关主题的研究主要集中在以下八个方面。

　　① 政府数据开放的概念。

　　开展政府数据开放相关研究的前提之一是对相应核心术语进行定义，随着研究的深入，国内学者在引进和介绍国外相关学者或机构组织概念的基础上，也逐渐提

---

　　①　赵润娣. 政府信息公开领域新发展：开放政府数据［J］. 情报理论与实践，2015（10）：116-121.

图 0-7　CNKI中政府数据开放相关研究的主题分布

出了自己的见解。

　　郑磊对"政府数据开放"和"政府信息公开"的概念进行了辨析，认为"政府信息公开"是"政府数据开放"法律层面的前提基础，而"政府数据开放"则是"政府信息公开"在大数据时代的延伸和拓展。①　黄璜等认为数据开放无论从概念、法律、价值还是管理上都是信息公开的一部分，提出在技术层面对信息和数据做出合理划分，制度上应致力于构建统一的政府数据资源管理体系。②

　　夏义堃、丁念对开放政府数据的概念、属性以及构成要素进行了分析，并阐述了政府数据开放与政府信息公开、公共信息利用、电子政务等相关概念的内在关联

　　①　郑磊．开放政府数据研究：概念辨析、关键因素及其互动关系［J］．中国行政管理，2015(11)：13-18.

　　②　黄璜，等．论政府数据开放与信息公开——对现有观点的反思与重构［J］．中国行政管理，2016(11)：13-18.

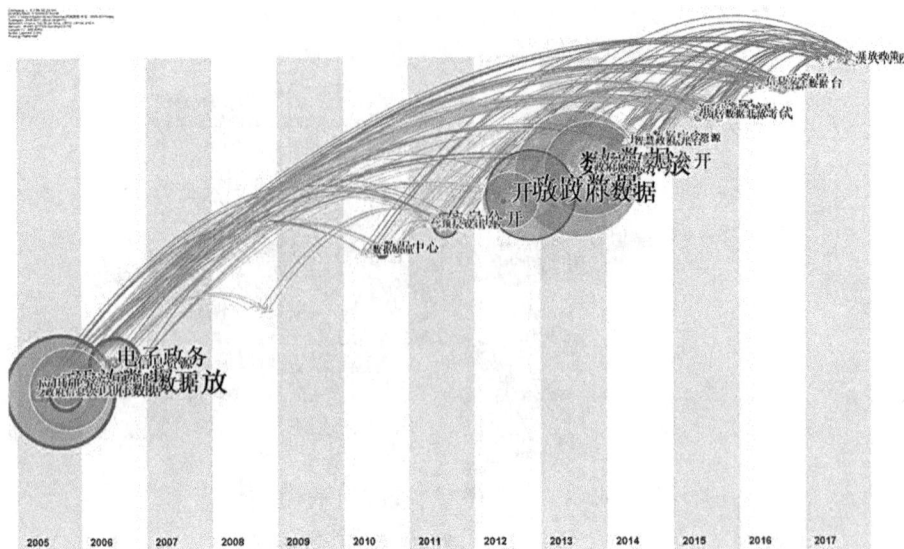

图 0-8　CNKI 中政府数据开放相关研究的主题历时演化趋势

与区别。①

　　陈尚龙从行政权力主体的义务证成和行政相对人的权利基础两个维度认识政府数据开放：其一，从行政权力主体维度看，政府数据开放属于政府的职能范畴，是现代政府的一项重要职责，也是服务型政府的题中应有之义；其二，从行政相对人维度看，政府数据开放是公民知情权在大数据时代的扩展和延伸。②

　　② 国外政府数据开放经验借鉴。

　　政府数据开放理念与实践皆来源于英美等发达国家，他们的经验对我国的研究与实践具有借鉴意义。徐慧娜等从公共管理的视角对国外政府数据开放相关成果进行了分析。③ 杨东谋等以美国、英国、加拿大、澳大利亚、新西兰、新加坡、欧盟等国家和地区为调研对象，分析了他们在政府数据开放方面的法令规范、分享方法、数据维度、推广方式、分享机制和实践经验等。④ 黄如花、陈闯探讨了美国政府数据开放共享的政府间合作、政企合作以及政民合作 3 种合作模式。⑤ 罗博分析

　　① 夏义堃，丁念. 开放政府数据的发展及其对政府信息活动的影响[J]. 情报理论与实践，2015(12)：1-6，19.
　　② 陈尚龙. 论政府数据开放的理论基础[J]. 理论与改革，2016(6)：104-107.
　　③ 徐慧娜，等. 国外政府数据开放研究综述：公共管理的视角[J]. 电子政务，2013(6)：2-7.
　　④ 杨东谋，等. 国际政府数据开放实施现况初探[J]. 电子政务，2013(6)：16-25.
　　⑤ 黄如花，陈闯. 美国政府数据开放共享的合作模式[J]. 图书情报工作，2016(19)：6-14.

了英国、美国、澳大利亚等国家以及开放数据联盟、世界银行等国际组织的数据开放计划，并提出我国应从数据需求导向、数据形式的多样性、数据应用、社会参与以及社交媒体融入5个方面推进政府数据开放计划。① 周文泓考察了加拿大政府数据开放实践，认为我国要在法律政策等制度层面进行顶层设计，开展政府、社会机构及公众等的多主体协作，实现数据开放的持续推进。② 崔洪铭、白文琳以纽约市政府数据开放计划为例，研究分析了政府信息公开对地理信息资源开发利用的影响，认识到通过政府信息公开能够推进地理信息资源的开发与利用，促进智慧城市的建设。③

英美等国的开放数据门户受到研究者重点关注，特别是 Data. gov。侯人华、徐少同以美国 Data. gov 为例，对其数据的特点、采集方式、管理策略、利用方式等进行分析。④ 陆健英等认为 Data. gov 具有数据量大、主题丰富、数据来源集中统一、建立了大量数据群、数据格式丰富、提供了较多的数据分析工具与应用程序等特点，但在数据质量、覆盖面、用户支持等方面存在不足。⑤ 周军杰调研了Data. gov 的功能，从管理与数据层面提出了我国政府数据开放应以需求为导向。⑥李燕等从数据资源、授权模式、数据管理、运行模式等方面介绍了英国的Data. gov. uk。⑦ 黄如花等调查和分析了美国 Data. gov 和英国 Data. gov. uk 的数据管理功能，澳大利亚 Data. gov. au 的元数据标准以及英美等国政府数据开放门户的元数据描述规范等。⑧⑨⑩

① 罗博. 国外开放政府数据计划：进展与启示[J]. 情报理论与实践，2014(12)：138-144.
② 周文泓. 加拿大联邦政府开放数据分析及其对我国的启示[J]. 图书情报知识，2015(2)：106-114.
③ 崔洪铭，白文琳. 政府信息公开对地理信息资源开发利用的影响——基于 NYC open data 计划的案例研究[J]. 图书情报知识，2014(3)：35-40.
④ 侯人华，徐少同. 美国政府开放数据的管理和利用分析——以 www. data. gov 为例[J]. 图书情报工作，2011(4)：119-122，14.
⑤ 陆健英，等. 美国的政府数据开放：历史、进展与启示[J]. 电子政务，2013(6)：26-32.
⑥ 周军杰. 需求导向的中国政府数据开放研究[J]. 电子政务，2014(12)：61-67.
⑦ 李燕，等. 英国政府数据开放的实践、经验与启示[J]. 情报科学，2016(8)：148-152.
⑧ 黄如花，王春迎. 英美政府数据开放平台数据管理功能的调查与分析[J]. 图书情报工作，2016，60(19)：24-30.
⑨ 黄如花，李楠. 澳大利亚开放政府数据的元数据标准——对 Data. gov. au 的调研与启示[J]. 图书馆杂志，2017，36(5)：87-97.
⑩ 黄如花，林焱. 国外开放政府数据描述规范的调查与分析[J]. 图书情报工作，2017，61(20)：37-52.

　　陈美分析了美国政府数据开放保障机制，认为保障机制包括信息自由保障和规制机制、持续完善政府网站建设、良好的合作机制、有效的政策执行机制以及高层领导重视等。① 洪京一介绍了 G8 开放数据宪章的内容以及英国、美国政府数据开放的政策与举措，认为政府数据开放是技术、政策以及文化三位一体的系统工程；技术方面的重点是发布机器可读的高价值数据，并推动其开发利用；政策方面要推动完善与政府数据开放相关的法律制度的制定；推进开放数据的过程中应注重政府与民间的合作。② 迪莉娅分析国外政府数据开放的特点，建议我国制定政府数据开放政策、国家数据安全和网络用户隐私保护专门的标准和法律，建立"一站式"的政府数据门户和有效的数据管理机制。③ 李永春、谢安介绍了澳大利亚政府数据开放的法律依据、主要内容和形式等。④ 程银桂、赖彤调研了新西兰政府数据开放的政策支持与法律保障情况。⑤ 张涵、王忠比较了美国、英国、澳大利亚等开展政府数据开放典型国家的相关政策、机制以及实施举措，提出我国应建立相应政策法规保障体系，建设政府数据开放统一门户，鼓励围绕开放数据大众创业，引导应用数据为社会民生服务。⑥ 黄如花等调研和分析了美国、英国、法国、加拿大、丹麦、巴西等国政府数据开放共享的政策法规，对我国相关实践开展具有借鉴价值。⑦⑧⑨⑩⑪⑫⑬

---

　　① 陈美．美国开放政府数据的保障机制研究[J]．情报杂志，2013(7)：148-153.

　　② 洪京一．从 G8 开放数据宪章看国外开放政府数据的新进展[J]．世界电信，2014(Z1)：55-60.

　　③ 迪莉娅．国外政府数据开放研究[J]．图书馆论坛，2014(9)：86-93.

　　④ 李永春，谢安．澳大利亚政府开放数据的演变及启示[J]．中国统计，2015(8)：28-29.

　　⑤ 程银桂，赖彤．新西兰政府数据开放的政策法规保障及对我国的启示[J]．图书情报工作，2016(19)：15-23.

　　⑥ 张涵，王忠．国外政府开放数据的比较研究[J]．情报杂志，2015(8)：142-146，15.

　　⑦ 蔡婧璇，黄如花．美国政府数据开放的政策法规保障及对我国的启示[J]．图书与情报，2017(1)：10-17.

　　⑧ 黄如花，李楠．美国开放政府数据中的个人隐私保护研究[J]．图书馆，2017(6)：19-24，76.

　　⑨ 黄如花，刘龙．英国政府数据开放的政策法规保障及对我国的启示[J]．图书与情报，2017(1)：1-9.

　　⑩ 黄如花，林焱．法国政府数据开放共享的政策法规保障及对我国的启示[J]．图书馆，2017(3)：1-6.

　　⑪ 胡逸芳，林焱．加拿大政府数据开放政策法规保障及对中国的启示[J]．电子政务，2017(5)：2-10.

　　⑫ 黄雨婷，黄如花．丹麦政府数据开放的政策法规保障及对我国的启示[J]．图书与情报，2017(1)：27-36.

　　⑬ 何乃东，黄如花．巴西政府数据开放的特点及对我国的启示[J]．图书与情报，2017(1)：37-44.

才世杰、夏义堃对美国、英国、加拿大等国关于政府数据开放战略的内容框架与实施体系进行了比较分析,从顶层设计、架构、制度以及战略实施4个层面总结了经验,并归纳了我国开放政府数据战略实施应借鉴的经验。① 丁念、夏义堃从多维度总结分析了印度、巴西、肯尼亚等发展中国家关于政府数据开放的战略举措、实施内容与效果等,将其作为我国政府数据开放工作开展的经验借鉴。② 张起对欧盟政府数据开放相关实践的顶层设计框架及机制进行了梳理,并分析了政府数据开放过程中遇到的相关问题和应对策略。③

③ 国内政府数据开放实践探索。

我国一些地方政府,如北京、上海、武汉、青岛等,已经开始进行数据开放的实践,建设了开放数据平台,一些学者以这些实践活动作为案例进行了分析。卫军朝、蔚海燕对上海市政府数据开放门户建设的环境与背景进行了阐述,在梳理国内外政府数据开放的实践经验基础上,为上海市政府开放数据平台建设发展提出了建议,主要包括:打造开放数据创新平台,开放政府数据平台的 API,应用语义网和关联数据技术,提供数据处理工具,形成公众参与模式,通过举办开放竞赛推进开放数据的应用等。④ 张毅菁提出在上海市政府数据服务网建设中,要从立法、数据开放范围与维度以及分享机制等方面进行推进,并且鼓励公众积极参与,激发全社会的创新能力。⑤ 顾铁军等调研了上海政府数据服务网以及 49 家上海市主要政府部门网络门户的数据,围绕上海市政府数据开放的实践情况以及存在的问题,提出加强制度建设,促进可持续发展的政府数据开放生态系统构建,推进完整且专业的政府数据开放体系形成。⑥ 黄思棉、张燕华以北京和上海的政府数据开放网站为例,针对存在的开放数据范围窄、更新周期长、含金量及利用率低等问题,提出促进平台建设的有关对策。⑦ 晴青、赵荣对北京市政府公开的数据从数据/元数据数

① 才世杰,夏义堃. 发达国家开放政府数据战略的比较分析[J]. 电子政务,2015(7):17-26.

② 丁念,夏义堃. 发展中国家开放政府数据战略的比较与启示[J]. 电子政务,2015(7):27-36.

③ 张起. 欧盟开放政府数据运动:理念、机制和问题应对[J]. 欧洲研究,2015(5):66-82,6.

④ 卫军朝,蔚海燕. 上海推进政府开放数据建设的路径及对策[J]. 科学发展,2014(11):80-88.

⑤ 张毅菁. 从信息公开到数据开放的全球实践——兼对上海建设"政府数据服务网"的启示[J]. 情报杂志,2014(10):175-178,18.

⑥ 顾铁军,等. 上海市政府从信息公开走向数据开放的可持续发展探究——基于 49 家政府部门网站和上海政府数据服务网的实践调研[J]. 电子政务,2015(9):14-21.

⑦ 黄思棉,张燕华. 当前中国政府数据开放平台建设存在的问题与对策研究——以北京、上海政府数据开放网站为例[J]. 中国管理信息化,2015(14):175-177.

量、分类增值利用能力等方面进行了梳理分析，提出在技术层面梳理数据、制定标准、完善数据，在管理层面注重需求、科学管理。① 黄如花等通过内容分析法分析了北京和上海政府数据开放政策的异同，从资源建设、数据组织与检索、数据服务等方面对我国 13 个地方性政府数据开放平台进行了调查分析。②③

黄思棉、秦凤微阐述了在大数据时代推动我国政府数据公开的动力，包括大数据技术的普及，透明政府理念的深化，提升政府综合治理能力的需求，信息服务产业的发展与创新期待；并从经济、行政体制、法律、数据质量等维度剖析了影响我国政府数据公开的相关阻碍因素。④ 王芳、陈锋探讨了大数据技术环境下政府数据开放利用过程中不同主体的深层利益关系，进而阐述了我国政府大数据的现状及其存在的问题。⑤

在我国政府数据开放领域，《政府信息公开条例》是最重要的支撑性立法，但其对政府数据的开发利用并没有起到预想的推动作用。肖卫兵对我国的《政府信息公开条例》制度设计方面的缺陷进行了分析，提出在大数据环境下需要通过修改政府信息定义、主动公开标准以及信息公开例外等规定，建立完善政府数据开放机制。⑥

周大铭对我国政府数据开放在法律法规、管理体制等方面的问题进行了分析，提出要从法律法规、标准规范、开放共享方式方法、开放数据管理、数据安全以及数据应用等方面加强我国政府数据开放的保障机制建设。⑦

潘永花提出了企业向政府开放数据服务，以微观数据支持宏观决策，并介绍了阿里巴巴尝试通过阿里大数据开发"阿里经济云图"服务的实践尝试。⑧

中国行政管理学会课题组对我国政府数据开放的顶层设计问题进行了分析，围绕政府数据开放的领导和协调机制、行政推进机制及制度建设、第三方参与等，提

① 晴青，赵荣. 北京市政府数据开放现状研究[J]. 情报杂志，2016，35(4)：177-182.

② 黄如花，苗淼. 北京和上海政府数据开放政策的异同[J]. 图书馆，2017(8)：20-26.

③ 黄如花，王春迎. 我国政府数据开放平台现状调查与分析[J]. 情报理论与实践，2016，39(7)：50-55.

④ 黄思棉，秦凤微. 大数据时代中国政府数据公开面临的阻碍与对策研究[J]. 法制与社会，2015(12)：149-151.

⑤ 王芳，陈锋. 国家治理进程中的政府大数据开放利用研究[J]. 中国行政管理，2015(11)：6-12.

⑥ 肖卫兵. 政府数据开放机制的建立和完善：结合《政府信息公开条例》谈起[J]. 理论探讨，2015(4)：154-157.

⑦ 周大铭. 我国政府数据开放现状和保障机制[J]. 大数据，2015(2)：19-30.

⑧ 潘永花. 数据开放与政府治理创新[J]. 大数据，2015(2)：31-37.

出了我国政府数据开放顶层设计的相关政策建议。①

张勇进对我国地方政府数据开放现状进行了调研，认为地方政府数据开放的推进机制需明确价值目标，上下联动，化解各方安全担忧，应用驱动，民生优先，实行统一平台集中开放，做好绩效评估。②

④ 国内政府数据开放障碍与挑战。

我国虽然已经在政府数据开放方面做出了探索和努力，但在"开放数据晴雨表""开放数据指数"等评价体系上却显示出数据开放进展不尽如人意，目前政府数据开放推进仍面临各种障碍。国务院总理李克强曾指出，政府数据"深藏闺中"是极大浪费，存在互不相连的"信息孤岛"和"数据烟囱"问题。③ 国家行政学院汪玉凯提出政府数据开放的障碍主要有官僚制的传统治理思维、科层结构形成的条块分割壁垒、部门利益、数据开放共享法律政策环境未形成、政务大数据运行缺乏整体协同等，并提出通过政府和市场两种力量破解数据开放的障碍。④

黄如花等运用关键性文献综述方法和主题分析方法，对中文学术数据库检索并筛选出的 42 篇文献进行分析，识别出 15 个障碍因素，表现为制度性障碍、数据完整性和质量障碍、用户参与障碍 3 个方面。其一，制度性障碍包括缺乏具体、统一的 OGD 政策，传统的官僚制与政府数据开放的冲突，风险规避文化给政府数据开放带来的阻力，缺乏对政府数据开放价值真正的理解，缺少跨部门的合作，将数据视为部门私有资产、利益和权力的来源。其二，数据完整性与质量障碍包括数据碎片，分散和重复，缺乏统一、明确的 OGD 结构和元数据标准，过于简化、过时和无效的数据，缺乏维护和及时更新。其三，用户参与障碍包括缺乏有效的数据资源检索和浏览服务，缺乏隐私保护机制，社会公众缺少政府数据开放意识，用户缺乏 OGD 使用的技能、能力和知识，忽视了用户的观点。⑤

陈丽冰认为组织文化障碍是影响我国政府数据开放顺利推进的重要因素，主要

---

① 中国行政管理学会课题组. 我国政府数据开放顶层设计研究[J]. 中国行政管理, 2016
(11)：6-12.

② 张勇进. 我国地方政府数据开放现状研究[J]. 中国行政管理, 2016(11)：19-23.

③ 李克强：推动政府信息共享、打破"信息孤岛"[2018-03-05]. [EB/OL]. http：//
news. cri. cn/20160526/85526ace-86cc-3d85-7d70-4407ffe73b86. html.

④ 大数据发展迈入新征程：我国亟须从数据大国向数据强国转变[2018-03-05]. [EB/
OL]. http：//jjckb. xinhuanet. com/2017-04/23/c_136230057. htm.

⑤ Ruhua Huang, Tong Lai, Lihong Zhou. Proposing a Framework of Barriers to Opening
Government Data in China: A Critical Literature Review[J]. Library Hi Tech, 2017, 35(3)：421-438.

包括行政分割导致人为壁垒、公务员体系缺乏积极动机、制度性的负激励现象等。①

由于政府数据开放牵涉多元利益相关主体，在协调管理层面也存在阻碍，陈婧分析了政府数据开放流程中数据创建、发布、获取、处理、反馈等环节及监管环境出现的障碍，认为构建政府开放数据利益相关主体协同机制是其对策。②

翁列恩、李幼芸提出我国政务大数据在开放共享中存在各种障碍，包括顶层设计不完善、相关法律法规滞后、涉及部门之间存在壁垒、数据供需脱节、公民隐私权面临侵犯风险等。③

张晓娟等以开放数据晴雨表为依据，发现整体而言，目前我国政府数据开放的执行度和影响力不够，造成数据集开放程度低，进而对政治、社会、经济的影响有限。④

缪瑞生、马海群认为严重阻碍我国政府开放数据发展的影响因素包括法律法规、数据资源整合、社会参与、政府管理机制等一系列问题。⑤

⑤ 政府数据开放制度构建。

沈亚平、许博雅提出政府数据开放的制度基础是对数据管理体制进行改革，建立具有综合协调能力的管理机构，进行相关机构的职能整合，建立政府首席信息官制度，形成政府数据开放管理框架与体系；提出通过构建统一的政府数据开放平台保障公众行使知情权，以此缩小政府与公众之间的信息鸿沟。⑥ 迪莉娅对国外政府数据开放许可适用进行了分析，进而探讨了我国建立政府数据开放许可制度的重要性和策略。⑦

黄如花、刘龙关注英国关于政府数据开放中个人隐私保护的制度设计，着重介绍英国国家档案馆制定的开放政府许可协议《英国政府许可框架》（UK Government Licensing Framework，UKGLF），以及英国有关个人隐私的保护机构——信息专员办

---

① 陈丽冰. 我国政府数据开放的推进障碍与对策[J]. 情报理论与实践，2017，40（4）：16-19，31.

② 陈婧. 协同机制对政府开放数据的影响分析[J]. 情报资料工作，2017（2）：43-47.

③ 翁列恩，李幼芸. 政务大数据的开放与共享：条件、障碍与基本准则研究[J]. 经济社会体制比较，2016（2）：113-122.

④ 张晓娟，孙成，向锦鹏. 基于开放数据晴雨表的我国政府数据开放提升路径分析[J]. 图书情报知识，2017（6）：60-72.

⑤ 缪瑞生，马海群. 我国政府开放数据现状问题及对策选择[J]. 图书馆理论与实践，2017（9）：16-20.

⑥ 沈亚平，许博雅. "大数据"时代政府数据开放制度建设路径研究[J]. 四川大学学报（哲学社会科学版），2014（5）：111-118.

⑦ 迪莉娅. 政府数据开放许可适用研究[J]. 图书馆，2014（6）：91-93，96.

公室(Information Commissioner's Office)。① 黄如花、李楠对国外政府数据开放许可协议(包括知识共享许可协议、开源软件许可协议和各国政府制定的许可协议)采用的情况进行调查与分析。②

岳丽欣、刘文云以控制论为理论基础,将政府数据开放保障机制作为社会系统进行研究,分析了政府数据开放保障机制的4个方面,包括政策法律建设、平台建设、执行与合作机制建设、监督与反馈机制建设。③

⑥ 政府数据开放的技术应用。

利用关联数据(linked data)技术发布政府数据,可以解决数据的互操作问题,不仅能提升数据的透明度,还能提高数据的利用率。吴玥、李占羽提出在政府数据发布上应用关联数据的标准,进而制定了国内进行政府数据发布的工作流程。④ 钱国富对关联数据应用于政府数据发布的优势、方法进行了梳理,提出开发规范的政府数据本体,增强数据的规范性和关联性,以便更加方便地被检索和利用。⑤ 丁楠等探索了在关联数据技术上如何对政府数据进行聚合,构建政府信息聚合模型,并通过实验将多个政府数据集以及外部数据源进行了集成。⑥ 袁远明等分析了关联政府开放数据技术体系的内容表达、创建与发布、互联、浏览与检索4个层面。⑦ 于梦月等设计了基于W3C正式推荐标准DCAT的描述数据集和数据资源核心元数据方案。⑧

赵龙文等提出基于关联数据的递进式政府数据开放模式,将政府数据开放分为数据开放、关联开放和深度开放三个阶段,给出四层结构的松耦合和开放性技术框架,包括数据描述发布、数据管理服务、语义互操作支持及社会化参与等。⑨

---

① 黄如花,刘龙. 英国政府数据开放中的个人隐私保护研究[J]. 图书馆建设,2016(12):47-52.

② 黄如花,李楠. 国外政府数据开放许可协议采用情况的调查与分析[J]. 图书情报工作,2016(13):5-12.

③ 岳丽欣,刘文云. 我国政府数据开放保障机制的建设研究[J]. 图书情报工作,2016(19):40-48,39.

④ 吴玥,李占羽. 基于关联数据开放政府数据[J]. 电脑知识与技术,2010(31):8688-8691.

⑤ 钱国富. 基于关联数据的政府数据发布[J]. 图书情报工作,2012(5):123-127.

⑥ 丁楠,等. 基于关联数据的政府信息聚合研究[J]. 情报理论与实践,2015(7):76-79,85.

⑦ 袁远明,等. 关联开放政府数据的研究与应用进展[J]. 电信科学,2012(9):69-73.

⑧ 于梦月,等. 我国地方政府开放数据的核心元数据研究[J]. 情报杂志,2016(12):98-104.

⑨ 赵龙文,等. 基于关联数据的政府数据开放实现方法研究[J]. 情报资料工作,2016(6):55-62.

　　顾磊、王艺设计了智慧城市政府数据开放平台总体框架，包含 3 个层面：一是数据中心和通信服务；二是数据服务，即提供数据申请、数据发布、数据交换和数据分析服务；三是服务门户，即提供数据目录、开放浏览检索和下载服务，进一步开放统一格式的数据接口 API，基于数据的智能应用和个性化的用户交流以及定制功能等。并阐述了政府数据开放涉及的 4 种主要核心技术，包含关联数据技术、元数据管理技术、社交网络技术、数据的可视化技术。① 姚乐等通过对国内外相关案例的调研和分析，基于政府数据开放构建了智慧城市建设总体框架，并阐述了推进政府数据开放与智慧城市整合的策略。②

　　⑦ 政府数据开放门户建设。

　　门户网站是政府数据开放的主要载体，我国学者一方面调研国外成熟数据门户的建设情况；另一方面探索国内数据门户的构建。刘祖斌调研分析了 Data. gov 数据源的描述和分类情况，进而阐述了政府数据网站建设的实施步骤和原则。③ 周志峰、黄如花比较分析了美国、英国、加拿大、澳大利亚以及新加坡等国家政府数据开放门户的数据管理、检索与用户参与等功能。④ 黄如花、王春迎从数据的对象、组织、检索、开发利用、分享反馈等方面调研了英美政府数据开放平台，提出我国的政府数据开放平台建设可以以 CKAN 为基础搭建，完善数据标准与规范、增强数据检索功能、鼓励数据的开发利用、嵌入社交媒体。⑤ 司莉、李鑫提出数据组织是政府数据网站实现高效管理与利用的基础，并考察了美国和英国的政府数据网站，对它们的数据组织方法、检索功能进行了分析。⑥ 吴钢和曾丽莹从资源现状、组织和检索、服务方式等角度对美国、英国、澳大利亚、加拿大以及国内的北京市、上海市等政府开放数据平台发展现状进行了调研分析。⑦

　　杨瑞仙等选取了我国 7 个有代表性的地方政府数据开放平台，对其数据开放情

---

　　① 顾磊，王艺. 基于政府数据开放的智慧城市构建[J]. 电信科学，2014(11)：38-43.

　　② 姚乐，等. 政府开放数据与智慧城市建设的战略整合初探[J]. 图书情报工作，2013(13)：12-17，48.

　　③ 刘祖斌. 政府数据门户网站及其数据集的建设研究[J]. 信息化建设，2011(4)：24-26.

　　④ 周志峰，黄如花. 国外政府开放数据门户服务功能探析[J]. 情报杂志，2013(3)：144-147，16.

　　⑤ 黄如花，王春迎. 英美政府数据开放平台数据管理功能的调查与分析[J]. 图书情报工作，2016，60(19)：24-30.

　　⑥ 司莉，李鑫. 英美政府数据门户网站科学数据组织与查询研究[J]. 图书馆论坛，2014(10)：110-114.

　　⑦ 吴钢，曾丽莹. 国内外政府开放数据平台建设比较研究[J]. 情报资料工作，2016(6)：75-79.

况进行分析。① 陈涛、李明阳以武汉市政府数据开放平台为调研对象，分析了其建设的政策环境、目标与内容及其面临的问题与挑战，进而从数据开放的范围、质量、协调力度以及用户需求等方面提出了应对策略。②

钱晓红、胡芒谷认为政府开放数据平台建设是打造开放透明政府、创造价值、推动创新、开展社会活动等的需要，通过考察美国、欧盟、英国以及我国开放数据平台的建设状况，构建基于数据集开放的政府数据开放平台。③ 李盼等基于 Drupal 设计并建立了政府开放数据平台。④

侯人华对 17 个处于不同发展阶段的政府数据公共服务平台进行了调研，总结出 3 种政府数据服务模式，即自助-集成服务模式、参与-开放服务模式、合作-创新服务模式，并分析它们的特征、机理以及实现路径等。⑤ 周志峰从智慧城市建设的视角，探讨政府开放数据门户的内容构建、服务功能设计以及建设策略等。⑥

⑧ 政府数据开放的评价。

政府数据开放的健康、可持续开展需有一整套科学、完整的评估体系。国内学者通过对国外评价体系的借鉴，逐步探索形成相关评价指标体系。杨孟辉和唐斯斯等介绍和分析了全球开放数据晴雨表(Open Data Barometer)项目的指标与方法。⑦⑧ 夏义堃比较分析了联合国电子政务调查报告中的开放政府数据考察指标、世界银行(World Bank)的开放数据准备度、经合组织(OECD)的开放政府数据指数、万维网基金会(World Wide Web Foundation)的全球开放数据晴雨表、开放知识基金会(Open Knowledge Foundation)的全球开放数据指数、欧盟开放数据评估项目等，提出我国开展科学的开放政府数据评估需要借鉴相关经验，如依托第三方机构评估、

---

① 杨瑞仙，等. 我国政府数据开放平台建设现状与发展对策研究[J]. 情报理论与实践，2016(6)：27-31.

② 陈涛，李明阳. 数据开放平台建设策略研究——以武汉市政府数据开放平台建设为例[J]. 电子政务，2015(7)：46-52.

③ 钱晓红，胡芒谷. 政府开放数据平台的构建及技术特征[J]. 图书情报知识，2014(3)：124-129.

④ 李盼，等. 基于 Drupal 的政府开放数据平台构建[J]. 现代情报，2016(8)：37-43.

⑤ 侯人华. 政府数据公共服务模式研究[J]. 情报杂志，2014(7)：180-182，17.

⑥ 周志峰. 智慧城市视域下的政府开放数据门户构建[J]. 浙江工贸职业技术学院学报，2015(1)：32-37.

⑦ 杨孟辉，刘华. 开放政府数据评价方法研究[J]. 情报资料工作，2015(6)：40-45.

⑧ 唐斯斯，刘叶婷. 全球政府数据开放"印象"——解读《全球数据开放晴雨表报告》[J]. 中国外资，2014(9)：28-31.

以数据开放为核心、注重评估方法的整体优化、信息采集和结果处理强调信度与效度。①

马海群等认为可以多维度、多层面地对政府开放数据质量进行评价，包括数据质量评价、数据平台或者网站的评估等，主要研究内容有：一是以用户满意度为研究视角，构建了评价政府开放数据质量的指标体系，进而应用模糊综合评价法和层次分析法建立关于政府开放数据质量评价的用户满意度模型。② 二是构建了六维度的政府数据开放门户服务质量测量模型，通过结构方程模型方法形成了政府数据开放门户服务质量评价的指标体系，并明确了权重分配。③ 三是验证在政府数据开放门户评价中应用神经网络方法的可行性。研究步骤包括：首先，确定政府数据开放门户评价指标体系；其次，选取美国 20 个具有代表性的政府数据开放门户为样本进行指标数据获取以及专家评分；最后，利用神经网络的 BP 算法得到总体的评价结论。④ 四是研究分析了"开放数据晴雨表"的评估对象、评估方法、评估框架以及指标体系等。⑤ 五是以 DEA 分析法，对我国 8 个具有代表性的政府开放数据网站效率进行了评价。⑥ 六是以北京市和上海市的数据开放平台为样本，引入技术接受模型(Technology Acceptance Model，TAM)，通过 12 个观察指标比较了开放的数据以及用户对数据的利用。⑦

郑磊、高丰基于"开放数据晴雨表"和"开放数据指数"，结合我国政府数据开放的实际情况构建了评估体系，该评估体系分成基础、数据和平台 3 个层面，总共包括 13 个维度；并应用该评估体系对我国北京市、上海市、武汉市等 8 个区域的政府数据开放门户样本开展了评估。评估结果显示，我国政府数据开放的相关实践活动存在 6 个方面的不足和问题：其一，开放的数据量少，且蕴含的价值较低，机器可读的数据比例偏低；其二，开放的多为静态数据；其三，数据授权协议较为含

① 夏义堃. 国际组织开放政府数据评估方法的比较与分析[J]. 图书情报工作，2015(19)：75-83.

② 王今，马海群. 政府开放数据质量的用户满意度评价研究[J]. 现代情报，2016(9)：4-9.

③ 马海群，唐守利. 基于结构方程的政府开放数据网站服务质量评价研究[J]. 现代情报，2016(9)：10-15，33.

④ 邹纯龙，马海群. 基于神经网络的政府开放数据网站评价研究——以美国 20 个政府开放数据网站为例[J]. 现代情报，2016(9)：16-21.

⑤ 姜鑫，马海群. 开放政府数据评估方法与实践研究——基于《全球开放数据晴雨表报告》的解读[J]. 现代情报，2016(9)：22-23，26.

⑥ 马海群，王今. 基于 DEA 的政府开放数据网站效率评价[J]. 数字图书馆论坛，2016(6)：2-7.

⑦ 张子良，马海群. 我国政府数据开放平台利用效果比较研究[J]. 数字图书馆论坛，2016(6)：8-15.

糊；其四，数据的获取渠道不便捷；其五，高质量的数据应用不多；其六，没有建立便捷、及时且有效的互动交流渠道。① 郑磊、关文雯梳理了 11 个国内外典型的政府数据开放评估项目，分析其评估框架、指标和方法，并初步构建起系统全面的评估体系框架，该评估体系包括 5 个维度：基础、平台、数据、使用以及效果。② 徐慧娜、郑磊以纽约与上海的政府数据开放平台为样本，应用 TAM 对政府数据开放利用进行了研究，构建了数据有用性和易用性的 13 个指标，分析了两个政府开放数据平台的有用性、易用性以及用户数据利用效果。③ 2017 年 5 月 27 日，在 2017 数博会上，复旦大学数字与移动治理实验室和提升政府治理能力大数据应用技术国家工程实验室联合发布了国内第一份针对地方政府数据开放平台评估的权威性、系统化报告——《2017 中国地方政府数据开放平台报告》，公布了中国"开放数林指数"。④ 之后，2017 年 12 月 15 日，在 2017 年中国大数据产业年会上，复旦大学数字与移动治理实验室等又发布了最新的中国开放数林指数以及《中国地方政府数据开放平台报告｜平台体验》，从数据和平台两个层面构建了我国地方政府数据开放平台的评估体系。⑤

（3）国内主要涉及政府数据开放主题的课题立项

通过查阅和分析 2014—2017 年全国哲学社会科学规划办公室、教育部社会科学司、国家自然科学基金委员会资助的科研项目，发现已经有一批与政府数据开放相关的项目立项，这反映了该主题契合了社会发展的需求，已经逐渐成为研究热点。这些项目涉及政府数据开放研究的诸多层面，包括技术实现、质量保障、制度设计、服务模式、政策法规、开发利用等。具体见附录 4。

（4）国内外政府数据开放研究述评

近年来，政府数据开放领域成为研究热点，通过以上对相关主题文献的梳理和分析，总体来看，国内外相关研究还处于发展阶段，虽然文献数量上逐年递增，但

① 郑磊，高丰．中国开放政府数据平台研究：框架、现状与建议［J］．电子政务，2015（7）：8-16．

② 郑磊，关文雯．开放政府数据评估框架、指标与方法研究［J］．图书情报工作，2016（18）：43-55．

③ 徐慧娜，郑磊．面向用户利用的开放政府数据平台：纽约与上海比较研究［J］．电子政务，2015（7）：37-45．

④ 《2017 年中国地方政府数据开放平台报告》发布［EB/OL］．［2019-05-30］．http：//www.sh.chinanews.com.cn/shms/2017-05-27/23722.shtml．

⑤ 中国地方政府数据开放平台报告｜平台体验［EB/R］．［2019-05-30］．http：//www.dmg.fudan.edu.cn/wp-content/uploads/2017 中国地方政府数据开放平台报告-平台体验．pdf．

具有系统性的成熟理论还未形成。

从成果的时间分布来看，国内外相关研究总体都呈现上升的趋势，该领域是不断发展的研究热点，持续吸引学者加入到研究队伍中。国内的研究受国家政策的影响较大，国务院发布《促进大数据发展行动纲要》，国内政府数据开放共享工作提上日程，引发相关研究成果成倍增长。

从研究的机构来看，国外的相关研究成果大部分来自于高校等学术机构，来自于政府部门、智库等机构的较少；国内的研究成果主要来自于高校、政府信息管理机构等。

从研究团队来看，国内学术界在政府数据开放研究领域已经形成了具有一定影响力的研究团队，这些研究团队皆获得国家层面的基金资助。主要研究团队和基金项目包括：①武汉大学黄如花团队，获得国家社会科学基金重大项目"面向国家大数据战略的政府数据开放共享对策研究"（编号：15ZDC025）资助；②复旦大学郑磊团队，获得国家自然科学基金面上项目"大数据背景下开放政府数据的因素与机理研究：系统动力学建模与政策仿真"（编号：71473048）资助；③黑龙江大学马海群团队，获得国家社会科学基金重点项目"开放数据与数据安全的政策协同研究"（编号：15ATQ008）资助；④武汉大学夏义堃团队，获得国家自然科学基金"开放数据下公共信息资源再利用体系的重构研究"（编号：71373195）资助。

从主题来看，国内外的相关研究主题分布较为广泛，不同学科的研究人员皆从自身的学科角度出发进行研究。例如：公共管理领域研究相应的管理模式与公共政策，法学领域关注数据开放的法理基础与法律保障问题，图书情报领域则以数据的组织管理、质量控制等问题为研究切入点，信息技术领域主要从基础设施、数据处理技术方面进行探索。但总体来说，国内外相关研究在跨学科思维方面都存在不足。

从研究的理论基础来看，国内外相关研究已经出现了以信息生命周期、信息生态等理论为基础的文献，但系统性仍不够。在研究成果中，通过文献调查与分析，有关政府数据开放实践经验阐述类的文献比例较高，缺乏成熟理论的指导。同时，相关研究成果也有待总结凝练。

从研究内容来看，国外的相关研究多关注政府数据开放的概念、价值、政策策略、技术应用、影响因素、评价评估等，主要以各国政府实践与经验的介绍和分析为主，其中以美国、英国、澳大利亚等国政府为调研对象的文献较多。国内的相关研究主要以英美等西方发达国家的政府数据开放实践为例，从战略规划、政策安排、法律法规制定，到数据门户的建设、数据组织管理、数据服务、数据开发等，进行了全方位的调研和分析，为国内相关工作开展提供借鉴参考和对策建议。随着国内在政府数据开放工作方面探索的深入开展，相关研究文献对国内的实践情况也进行了全方位的调研。

从研究方法来看，国内外相关研究主要是以经验类的定性研究为主，通过对政府数据开放的相关案例进行分析，提出政策建议或者操作性的方法和对策。在政府数据开放相关主题的研究中，定量研究和实证研究缺乏，接下来该领域需要重点关注。

0.3.2　国内外群体智慧研究进展

（1）国外群体智慧研究进展

关于"群体智慧"的英文表述，包括以下几种形式："Collective Intelligence""Crowds Intelligence""Group Intelligence""Swarm Intelligence""General Intelligence""Collective Wisdom""Crowds Wisdom"等。一般而言，在社会科学领域研究中常用"Collective Intelligence"和"Group Intelligence"；而在自然科学领域的研究中常用"Swarm Intelligence"。

本研究以 Web of Science 核心合集为外文文献的数据来源，包括了 SCIE、SSCI、A&HCI、CPCI-S 和 CPCI-SSH 等数据库。然后，以"Collective Intelligence""Swarm Intelligence""Crowds Intelligence"为主题词进行检索（检索更新时间：2018年3月5日），时间限定为 2017 年 12 月 31 日之前。

检索获得文献 5542 条，涉及的学科领域（按照 Web of Science 的学科分类）有：计算机科学、运筹学与管理科学、信息科学与图书馆学、自动化控制系统、行为科学、教育学、经济学、生态学、应用数学、心理学等。由于本研究主题关注的是"群体智慧"在管理学领域的研究成果，因此，需要从管理学的视角对检索结果进行筛选，获得 688 篇文献，涉及的学科有：管理科学、运筹学、教育学、心理学、信息科学与图书馆学、行为科学、经济学等。

利用 Citespace 对这些文献进行可视化的分析，得到图 0-9。

如图 0-9 所示，在国内涉及群体智慧的相关研究文献中，关键词出现频次从高到低主要包括：系统、算法、模型、优化、Web2.0、知识管理、众包（crowdsourcing）、合作参与、开放创新、社会网络等。通过图 0-9 可以看出不同主题之间的关联程度，与群体智慧主题关联度较高的有：知识管理、Web2.0 等。

文献的时间分布如图 0-10 所示，相关研究开始于 20 世纪 60—70 年代，进入 21 世纪以来，特别是 2007 年之后，研究成果数量增幅较大。20 世纪 70 年代有 3 篇文献，2 篇是对群体智慧的测量，[1][2] 1 篇是对群体智慧的认识与解析。[3]

① Muller P. Collective Intelligence Tests and Educational Selection-Neuchatel Experiences 12 Years Later [J]. Psychologie, 1970, 29(1-2)：194-202.

② Hrabal V L. Preliminary Standardization of Vanuv Collective Intelligence Test for Prague Population ZDS [J]. Ceskoslovenska Psychologie, 1970, 14(3)：267-268.

③ Shimbel A. Collective Intelligence [J]. General Systems, 1975(20)：205-208.

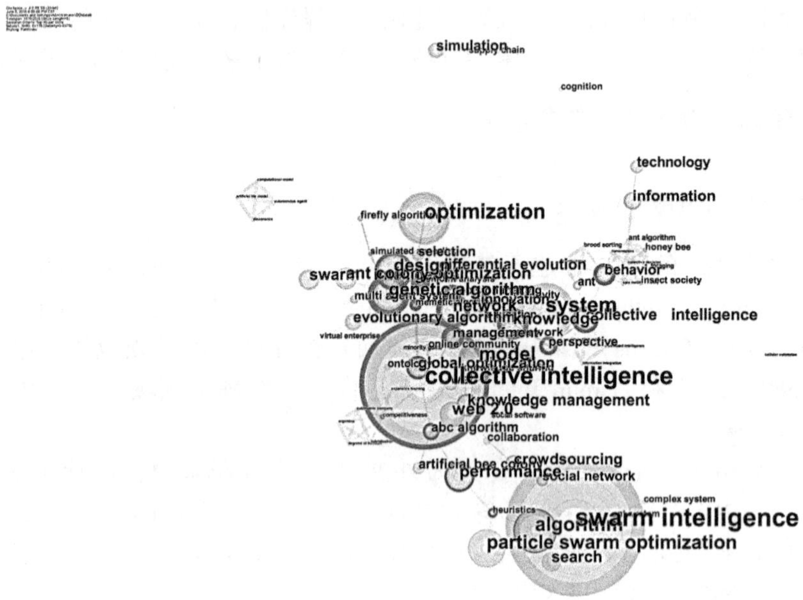

图 0-9　Web of Science 中在管理学领域"群体智慧"相关研究的主题分布

接下来，通过对相关文献的深入研读，发现国外关于群体智慧在管理学领域的研究角度主要有以下六个：一是对群体智慧的认知、概念分析以及价值判断；二是群体智慧的产生与实现；三是群体智慧的技术支持；四是群体智慧在实践中的应用；五是群体智慧实现的影响因素分析；六是群体智慧的质量保障等。

关于对"群体智慧"认知、概念以及价值判断层面研究成果的梳理与分析，本研究将会在第 1 章"相关概念阐释与理论基础"中进行专门的阐述。

① 群体智慧的产生与实现。

群体中的智慧通过何种方法得到激发，以何种途径得以实现，是很多相关研究学者关注的重点。Baker 认为通过知识共享激发分布式思维是实现群体智慧的保证和前提。① Victor Odumuyiwa 等提出以用户为中心的协同信息检索方法，创建有利于知识共享的环境，重视与用户的交互，能够促进激发和产生群体智慧。②

伴随着互联网的发展，学者们发现群体智慧在网络环境中更能得到激发。Web

---

① Baker B. The Distributed Mind, Achieving High Performance through the Collective Intelligence of Knowledge Work Teams [J]. Quality Progress, 1998, 31(11)：129.

② Odumuyiwa V, David A. A User Centered Approach to Collaborative Information Retrieval[C]// International Symposium on Collaborative Technologies and Systems, 2009：494-501.

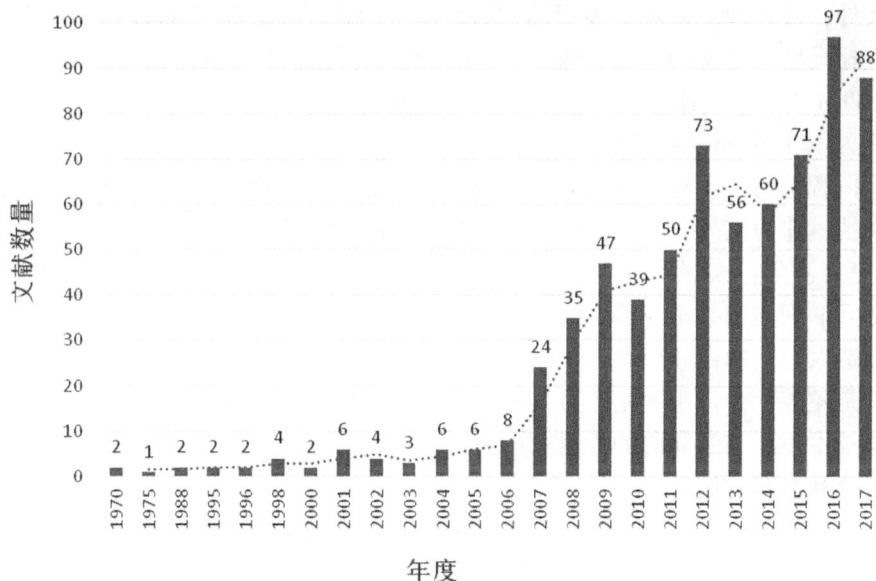

图 0-10　国外群体智慧管理学领域研究文献年度分布

2.0 技术的全球易用性使更多的人在网络智能空间进行协同创新。① Dawn Gregg 分析了 Web2.0 的网络环境特征，认为群体智慧的运行模式与 Web2.0 有着诸多类似的地方。② Everett Stiles 等对网络开源社区(open source communities)中参与人员的动机进行了研究，认识到群体智慧实现来源于不同个人基于不同目标的集体创造。③

　　社交网络、维基等网络社区是群体智慧产生和汇聚的平台。Mačiulienė 与 Skaržauskienė 以利用创新的社会媒体技术鼓励群体决策、创新创业精神和合作的在线社区为对象，并通过访谈和定性内容分析，研究了网络社区群体智慧是怎么产生的，以获取结果信息对群体智慧潜在指数(CI Potential Index)的方法框架进行重新

---

① Flew T. New media: An introduction[M]. Melbourne: Oxford University Press, 2008: 9-28.

② Gregg D G. Designing for Collective Intelligence[J]. Communications of the Acm, 2010, 53 (4): 134-138.

③ Stiles E, Cui X. Workings of Collective Intelligence within Open Source Communities[C]// Advances in Social Computing, Third International Conference on Social Computing, Behavioral Modeling, and Prediction, SBP 2010, Bethesda, MD, USA, March 30-31, 2010. Proceedings, 2010: 282-289.

设计和改造。①

此外，麻省理工学院群体智慧研究中心（MIT Center for Collective Intelligence）的教授托马斯·马龙（Thomas Malone）设计了群体智慧的实现模型，将群体智慧分解为"What""Who""How""Why"四个主要模块。②

② 群体智慧的技术支持。

群体智慧的实现建立在相应的物质条件基础上，有意识地激发群体智慧更需要以相关技术作为支持。加拿大经济学家 Don Tapscott 和英国学者 Anthony D. Williams 在《维基经济学：大规模协作如何改变一切》中认为，群体智慧是众多个体通过相互协作而涌现出的共享或群体的智慧，而开放、对等、共享以及全球行动的环境有助于创造大规模的群体智慧。③ 从群体智慧及其理论的发展历史可以看出，人们对其认识是随着社会进步和生产力发展而变化的。群体智慧被广泛地应用，主要得益于信息技术发展和互联网的普遍应用，特别是 Web2.0 相关技术应用的出现，大大降低了公众参与的成本。

John B. Smith 也认为通信技术与互联网的应用激发了大众对群体智慧的认知，并阐释了计算机支持下的协同工作（CSCW）理论，将信息系统理论应用于群体的协作行为，实现群体智慧的产生和涌现。④ Leimeister 认为 Web2.0 技术与应用的易用性特征使得用户可以很便捷地参与到网络活动中，生成网络内容，进行用户之间的交互。⑤

国外学者在群体智慧实现技术的研究方面，主要关注算法与系统设计、网页设计技术以及平台发展动力来源的发展等方面。Hsiang Hui Lek 等认为群体智慧激发的关键是如何实现人与计算机的互联，于是在技术层面设计了数字生态系统与群体智慧平台，以此挖掘专家智能的潜能。⑥ Lykourentzou 等设计了一个进行群体智慧

① Mačiulienė M, Skaržauskienė A. Emergence of Collective Intelligence in Online Communities [J]. Journal of Business Research, 2016, 69(5): 1718-1724.

② Malone T W, Laubacher R, Dellarocas C. The Collective Intelligence Genome [J]. IEEE Engineering Management Review, 2010, 38(3): 38-52.

③ Tapscott D, Williams A D. Wikinomics: How Mass Collaboration Changes Everything [M]. London: Portfolio Hardcover, 2008: 23-30.

④ Smith J B. Collective Intelligence in Computer-Based Collaboration [M]. New Jersey: Lawrence Erlbaum Associates, 1994: 1-8.

⑤ Leimeister J M. Collective intelligence [J]. Business & Information System Engineering, 2010, 2(4): 245-248.

⑥ Lek H H, Poo D C C, Agarwal N K. Knowledge Community (K-Comm): Towards a Digital Ecosystem with Collective Intelligence [C]// Digital Ecosystems and Technologies, 2009. DEST '09. 3rd IEEE International Conference on. IEEE, 2009: 211-216.

自我管理的平台系统——CorpWiki，将机器学习智能和个体智慧相结合，发挥群体智慧作用，提高平台发布信息的质量。①

③ 群体智慧在实践中的应用。

在 IT 领域，群体智慧的优势得到充分发挥，应用典范包括 Google、Wikipedia、Linux、Youtube、MySpace、Threadless 等。国外很多学者也对群体智慧在社会管理、环境治理、教育、政府治理、电子商务、市场预测以及疾病诊断等领域的应用开展了研究。

Livingstone 认为全世界最大的百科全书和最广泛的 Wiki 应用——Wikipedia 是在线群体智慧的实例。②

Amanda Coe 等提出基于虚拟网络平台激发群体智慧，以促进形成以社区为基础的电子化治理模式。③ Mačiulienė 与 Skaržauskienė 研究了以使用创新的社会技术，鼓励群体决策、创造力以及创业与合作为特征的在线社区中的群体智慧行为。④

Dawn Gregg 在特殊教育领域应用了群体智慧，通过构建基于网络的群体智慧应用系统 DDtrac，特殊教育从业者可以在教育任务和社会交往中通过 DDtrac 系统收集关于学生表现的数据或分享相关的见解，还可以用于评估学生以及促进做出决策。⑤ Wood 与 Friedel 以南澳大利亚大学设计开发的在线教学与学习同行评审系统为例，研究在线教学与学习领域的群体智慧应用。⑥

Daren Brabham 认为公众参与是城市规划的重要问题，提出基于网络媒介将城市规划项目的相关议案通过众包(crowdsourcing)的模式委托给民众，通过网络媒介发挥民众的群体智慧，解决公众参与城市规划的挑战。⑦

---

① Lykourentzou I, Papadaki K, Vergados D J, et al. CorpWiki: A Self-regulating Wiki to Promote Corporate Collective Intelligence through Expert Peer Matching [J]. Information Sciences, 2010, 180(1): 18-38.

② Livingstone R M. Models for Understanding Collective Intelligence on Wikipedia [J]. Social Science Computer Review, 2016, 34(4): 497-508.

③ Coe A, Paquet G, Roy J. E-governance and Smart Communities-A Social Learning Challenge [J]. Social Science Computer Review, 2001, 19(1): 80-93.

④ Mačiulienė M, Skaržauskienė A. Emergence of Collective Intelligence in Online Communities [J]. Journal of Business Research, 2015, 69(5): 1718-1724.

⑤ Gregg D G. Developing a Collective Intelligence Application for Special Education[J]. Decision Support Systems, 2009, 47(4): 455-465.

⑥ Wood D, Friedel M. Peer Review of Online Learning and Teaching: Harnessing Collective Intelligence to Address Emerging Challenges[J]. Australasian Journal of Educational Technology, 2009, 25(1): 60-79.

⑦ Brabham D C. Crowdsourcing the Public Participation Process for Planning Projects [J]. Planning Theory, 2009, 8(3): 242-262.

Täuscher 认为数字技术的发展为企业将业务外包给独立贡献者群体提供了可能性, 利用集体智慧开辟了一系列新的商业机会; 设计了基于群体的商业模式 (Crowd-based Business Models, CBBMs), 并提出相应的管理策略。①

在网络环境下, 群体智慧的典型形式, 如论坛、维基和博客等, 为全球知识共享带来前所未有的发展。面对人类所面临的既复杂又有争议的挑战, 如气候变化问题, Luca Landoli 等设计了基于网络的群体参与气候变化防控及治理平台, 借此平台公众可以参与到气候变化诱因的发现活动中, 也能设计相应的治理方案, 或在线对众多方案进行投票遴选。②

在电子商务及市场预测领域, 群体智慧的应用取得较大的成果。Kenneth Arrow 等认为在经济发展预测上, 群体智慧的方法胜过传统方式。Peter Leitner 和 Thomas Grechenig 通过调研网络在线零售与电子商务, 发现在社交商务或社交购物环境中, 买家或者访客可以参与产品的评价和推荐、发布愿望清单, 能够大幅提升客户的满意度。Khasfariyati Razikin 等提出将社会标签应用于电子商务系统中, 通过标签的添加在消费者之间形成信息资源共享, 从而为定位和发现新兴资源提供了一种新的方式。社会标签的汇聚本质上也是一种群体智慧的集聚。③

在大学的知识管理方面, 群体智慧理论方法也得到应用。Secundo 等以群体智慧的视角为大学内部智力资本的管理提供了新的框架, 将大学整体看作是一个群体智慧的系统, 并以 Malone 的群体智慧管理模型的 4 个模块 (What、Who、How、Why) 为理论框架, 对大学智力资本进行管理。④

在政府治理中, 群体智慧思想与公众参与政府、公众与政府合作的理念相契合, 也有其用武之地。Taewoo Nam 探讨了韩国朴槿惠政府在实施"政府 3.0 计划" (Government 3.0 Initiative) 中, 群体智慧发挥的作用与弱点。⑤

在医学的疾病诊断中, 群体智慧应用也很有意义。Hernández-Chan 等通过构建

---

① Täuscher K. Leveraging Collective Intelligence: How to Design and Manage Crowd-based Business Models[J]. Business Horizons, 2017, 60(2): 237-245.

② Landoli L, Klein M, Zollo G. Can We Exploit Collective Intelligence for Collaborative Deliberation? The Case of the Climate Change Collaboratorium . MIT Sloan Research Paper No. 4675-08. Available at SSRN: http: //dx. doi. org/10. 2139/ssrn. 1084069.

③ Razikin K, Goh D H L, Chua A Y K, et al. Can Social Tags Help You Find What You Want? [C]// Proceedings of the 12t h European Conference on Digit al Libraries (ECDL 2008). Berlin: Springer, 2008: 50-61.

④ Secundo G, Dumay J, Schiuma G, et al. Managing Intellectual Capital through a Collective Intelligence Approach[J]. Journal of Intellectual Capital, 2016, 17(2): 298-319.

⑤ Nam T. Government-Driven Participation and Collective Intelligence: A Case of the Government 3.0 Initiative in Korea[J]. Information, 2016, 7(4): 55.

疾病知识库,并与医生专家进行一致性比较实验,发现群体智慧可以增加医生的共识,医生可以收集更多的信息和知识,进行动态更新和协作。①

④ 群体智慧形成的影响因素。

群体智慧的实现受到各种因素的影响。Surowiecki 认为一个"聪明"的群体形成需要满足 4 个基本条件:一是群体成员观点的多样性;二是群体成员的见解具有独立性;三是群体的决策权处于分散状态;四是具有良好的信息整合机制。②Woolley 等提出了"集体智商",为群体智慧影响因素的研究提供了新的思路和理论基础。③

Malone 等研究和挖掘了群体智慧的内在影响因素,进而提出群体目标、参与人员、参与动机以及群体成员的组织结构是决定群体智慧水平的关键因素。④

Gholami 等以 Wiki 和社交网络为例,对 Web2.0 技术应用特征如何影响群体智慧形成进行了研究。将终端用户视角的影响因素分为网站导航性、灵活性、实用性以及用户偏好 4 个方面,并通过回归模型进行分析。结论认为,在高水平群体智慧形成中,用户偏好、导航性、实用性、灵活性 4 个影响因素作用依次递减。⑤

Kittur 等统计分析维基百科的条目、页面编辑、版本等数据,研究了群体智慧平台发展中的动力源问题,发现作为知识协作系统的群体智慧平台,其发展早期推动力主要来源于少数"精英用户",而随着时间推移,数量占多数的"普通用户"逐渐承担了主要的工作量。群体智慧平台的影响因素主要集中在技术方面,随着信息技术的进步,群体智慧平台将在系统设计、算法和网页设计上产生越来越多的改进,不断促进群体智慧优越性的发挥。⑥

群体智慧的产生还表现出复杂性,群体并不是在所有的情况下都能表现出高智慧。Barlow 与 Dennis 研究了虚拟组织以计算机为媒介(computer-mediated

---

① Hernández-Chan G S, Ceh-Varela E E, Sanchez-Cervantes J L, et al. Collective Intelligence in Medical Diagnosis Systems: A Case Study[J]. Computers in Biology & Medicine, 2016(74): 45-53.

② [美]詹姆斯·索罗维基. 群体的智慧:如何做出最聪明的决策[M]. 王宝泉,译. 北京:中信出版社,2010:35-67.

③ Woolley A W, Chabris C F, Pentland A, et al. Evidence for a Collective Intelligence Factor in the Performance of Human Groups[J]. Science, 2010, 330(330): 686-688.

④ Malone T W, Laubacher R, Dellarocas C. The Collective Intelligence Genome[J]. MIT SLOAN Management Review, 2010, 51(3), 21-31.

⑤ Gholami B, Safavi R. Harnessing Collective Intelligence: Wiki and Social Network from End-user Perspective [C]// International Conference on E-Education, E-Business, E-Management and E-Learning. IEEE Computer Society, 2010: 242-246.

⑥ Kittur A, Chi E, Pendleton B A, et al. Power of the Few vs. Wisdom of the Crowd: Wikipedia and the Rise of the Bourgeoisie[J]. World Wild Web, 2007, 1(2): 1-9.

communication)进行头脑风暴(brainstorming)、决策(decision)、协商(negotiation)、复杂任务(complex task)等行为，发现群体智慧并非所有群体固有的，并且在缺乏视觉线索的虚拟组织中表现得更为复杂；研究还发现，最好的群体并不一定是群体成员智力最高的群体。①

Mann 和 Helbing 研究了群体智慧的激励问题，指出群体成员间的多样性是群体智慧出现的关键条件，并通过演化博弈理论模型(Evolutionary Game-theoretic Model)对群体预测进行分析，发现激励在维持有用多样性方面发挥作用，但基于市场的激励制度会产生羊群效应(herding effects)，抑制群体智慧的产生。因此，应该对那些在多数意见错误时表现出准确性的人进行激励。②

⑤ 群体智慧的质量保障。

群体智慧的质量控制是其发挥效能的关键，一些学者通过从不同角度分析群体智慧存在的局限性以及质量的影响因素，进而分析如何保障群体智慧的质量。群体智慧的质量与效能发挥受到群体中观点多样性以及个体是否具有独立性等因素的影响，群体的从众等社会心理会破坏群体智慧的有效性。③ Stefan Krause 等通过实验方法验证了保障群体的多样性是提高群体智慧潜在收益的必要条件之一。④

Aniket Kittur 等认为群体智慧高质量的发挥建立在一定群体协作的基础之上，并通过对 Wikipedia 的案例研究，发现应用合适的协作技术可以提升所产生信息的质量。⑤

Das 等认为群体构建的信息源在信息质量和可靠性方面存在漏洞；并以维基百科(Wikipedia)作为群体构建信息源的例子，探讨了从"编辑"(editors)被选举为"管理员"(administrator)，其行为的变化以及对 Wikipedia 内容信息的影响；提出通过增加有影响力选民(influential voters)的权重，可以提升当选"管理员"的质量和水

① Barlow J B, Dennis A R. Not As Smart As We Think: A Study of Collective Intelligence in Virtual Groups[J]. Journal of Management Information Systems, 2016, 33(3): 684-712.

② Mann R P, Helbing D. Optimal Incentives for Collective Intelligence[J]. Proceedings of the National Academy of Sciences of the United States of America, 2017, 114(20): 5077-5082.

③ Lorenz J, Rauhut H, Schweitzer F, et al. How Social Influence Can Undermine the Wisdom of Crowd Effect[J]. Proceedings of the National Academy of Sciences of the United States of America, 2011, 108(22): 9020-9025.

④ Krause S, James R, Faria J J, et al. Swarm Intelligence in Humans: Diversity Can Trump Ability[J]. Animal Behaviour, 2011, 81(5): 941-948.

⑤ Kittur A, Lee B, Kraut R E. Coordination in Collective Intelligence: The Role of Team Structure and Task Interdependence[C]// International Conference on Human Factors in Computing Systems, CHI 2009, Boston, Ma, Usa, April, 2009: 1495-1504.

平，以保证 Wikipedia 引以为荣的拥有"中立的观点"(neutral point of view)。①

Gregg 提出对开放式创新、社会协作、众包等群体智慧实现模式来说，知识产权、政策支持、群体参与程度等因素对群体智慧质量的提升具有重要作用。②

(2)国内群体智慧研究进展

在国内研究文献中，"群体智慧"也被表述为"集体智慧""群集智能""群体智能""社会智能"等。

本研究将中国知网(CNKI)的中国学术期刊网络出版总库、中国博士学位论文全文数据库、中国优秀硕士学位论文全文数据库、中国重要会议论文全文数据库作为文献数据的来源，以"群体智慧""集体智慧""群集智能""社会智能""群体智能"等作为检索词进行主题检索，时间限定为 2017 年 12 月 31 日之前，获得 7397 条文献记录(检索更新时间为 2018 年 3 月 3 日)。

由于"群体智慧"相关主题所覆盖的学科与研究方向非常广泛，特别是"社会智能""群体智能""集群智能"等主题的研究主要涉及的学科是计算机与人工智能、自动化控制系统等领域。而在本研究中，我们关注的是"群体智慧"在管理学领域的理论发展与实践应用情况。因此，还需要对上述检索获取的结果记录进行学科领域的限定。此外，在汉语言语境中，一些文献主题中的"集体智慧"或"群体智慧"所表达的只是其字面含义，而非"群体智慧"理论的研究和应用范畴，如《集体智慧的结晶：邓小平理论的重要特征》《论孔子思想是孔门集体智慧的结晶》等文献，此类文献需要通过人工识别的方式进行剔除。

经过文献检索和数据清洗，剔除了与本研究主题不相符的文献记录以及新闻报道类等非研究性的文献，获得期刊论文 104 篇、博硕士论文 21 篇、会议论文 4 篇，这些文献都是群体智慧主题在管理领域的研究成果。

利用 CiteSpace 对这些文献进行可视化的分析，得到图 0-11。

如图 0-11 所示，在国内管理学领域涉及群体智慧的相关研究文献中，关键词出现的频次从高到低主要包括：群体智慧、集体智慧、Web2.0、互联网、协同进化、社交媒体、知识管理、知识共享、虚拟学习社区、知识建构、维基百科、开放学习资源、大规模协作、虚拟社区、协同学习、社会网络分析等。能够看出不同主题之间的关联程度，与群体智慧主题关联度较高的有：群体参与、有效学习、社交

① Das S, Lavoie A, Magdon-Ismail M. Manipulation Among the Arbiters of Collective Intelligence: How Wikipedia Administrators Mold Public Opinion[C]// ACM International Conference on Conference on Information & Knowledge Management. ACM, 2013: 1097-1106.

② Gregg D G. Designing for Collective Intelligence[J]. Communications of the Acm, 2010, 53(4): 134-138.

媒体、维基百科、虚拟学习社区、虚拟社区、知识构建、开放学习资源等。由此可见，国内关于群体智慧的研究主要和信息与网络技术的发展紧密结合在一起，重点关注知识管理与共享、学习资源、Web2.0 等主题。

图 0-12 所示为管理学领域群体智慧相关研究的主题历时演化趋势，国内相关研究热点出现在 2008 年。从时间发展顺序来看，1998—2002 年关于群体智慧只是一些零星的研究，主题主要涉及知识结构、团队决策等；2003 年之后，热点主题依次有：知识管理、信息技术、虚拟学习社区、Web2.0、开放学习资源、知识共享、社会网络分析、协作学习、MOOC、维基百科、交互式群决策等。

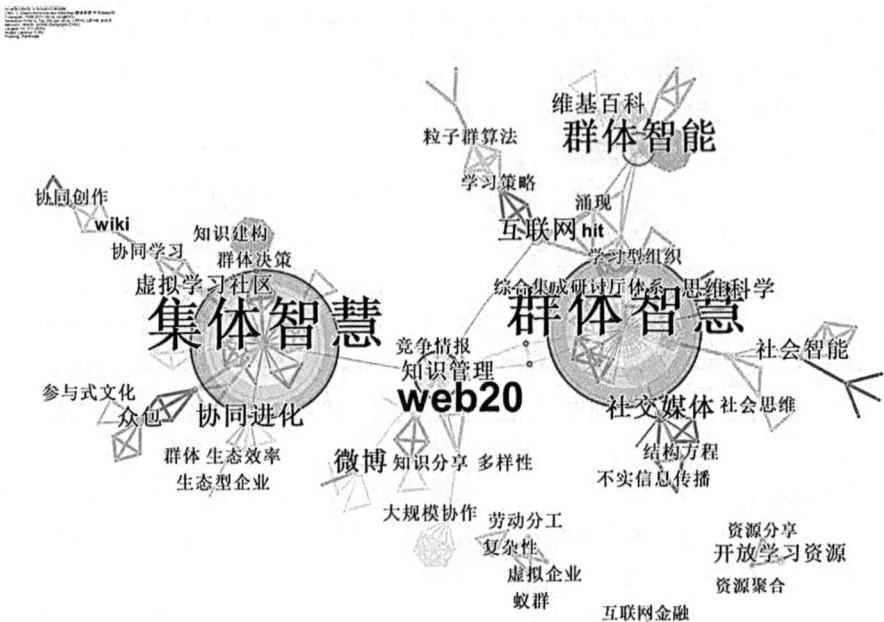

图 0-11　CNKI 中管理学领域"群体智慧"相关研究的主题分布

通过进一步研读和分析文献，发现国内在管理学领域关于群体智慧的研究可以分为 6 个方向：借鉴与引进国外群体智慧理论，对相关概念以及理论进行介绍；对群体智慧的体现形式与作用进行研究；将群体智慧理论应用于各种管理领域的研究；对群体智慧实现的技术以及机制进行研究；构建群体智慧管理模型的研究；对国内群体智慧相关研究进行总结和梳理等。

① 群体智慧理论的引进与介绍。

对群体智慧的研究开始于西方国家，我国的一些学者将这些研究成果引进介绍到国内。特别是美国杂志《纽约客》(*The New Yorker*) 特约撰稿人詹姆斯·索罗维基

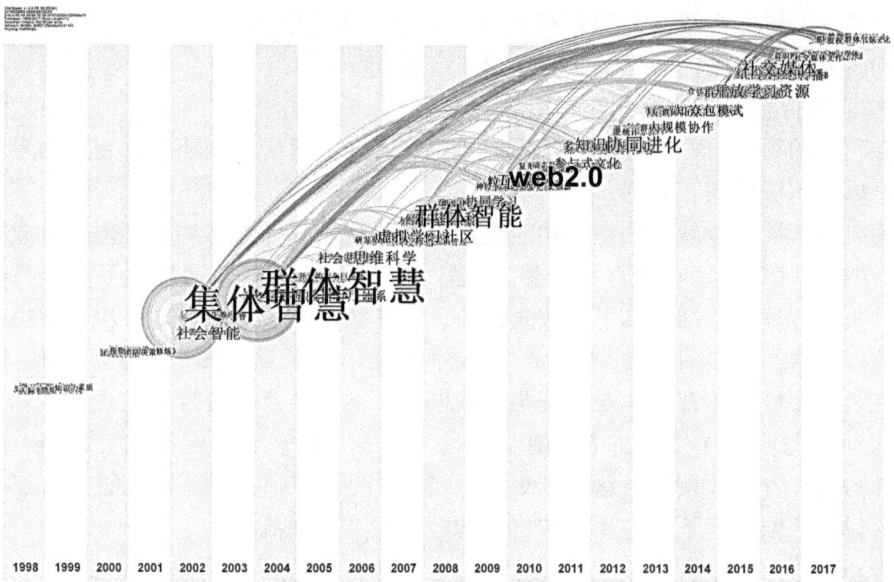

图 0-12　CNKI 中管理学领域"群体智慧"相关研究的主题历时演化趋势

（James Surowiecki）著作《群体的智慧：如何做出最聪明的决策》的出版，其通过众多的案例，以较为通俗的形式阐述了群体智慧的思想，认为群体智慧是互联网时代应对复杂决策问题的一种高效决策模式。① 该书的畅销和广泛传播促进了大众对"群体智慧"的关注和理解。

　　方陵生通过蚂蚁、蜜蜂、鸟类等动物的群体行为，对群体智慧以及相关理论进行了介绍。② 蔡萌生、陈绍军对国外群体智慧思潮的演进发展进行了梳理，提出群体是否会产生群体智慧受到诸如群体规模、成员构成异质性、退出机制、凝聚力、信息技术、群体冲突、群体理性等因素的影响。③ 刘钒等将"Collective Intelligence""Swarm Intelligence"翻译为"群集智能"，在考察其概念和发展过程的基础上，通过研究发展过程、特点、应用领域以及度量评价等角度总结了国外相关主题研究。④

----

① ［美］詹姆斯·索罗维基. 群体的智慧：如何做出最聪明的决策［M］. 王宝泉，译. 北京：中信出版社，2010：35-67.

② 方陵生. 蜂群理论与群体智慧［J］. 世界科学，2007(11)：37-39.

③ 蔡萌生，陈绍军. 反思社会学视域下群体智慧影响因素研究［J］. 学术界，2012(4)：23-30，271.

④ 刘钒，钟书华. 国外"群集智能"研究述评［J］. 自然辩证法研究，2012，28(7)：114-117，61.

在下文中，无论是群体智慧管理模型构建，还是群体智慧理论应用于管理实践研究，相关文献皆先介绍引进国外相关研究成果。通过引进国外关于"群体智慧"的概念和研究成果，国内的相关研究获得了启示。

② 群体智慧的体现形式与作用。

在不同的领域，群体智慧的呈现形式各有不同，但研究表明群体智慧的影响和作用总体是积极的和正面的。

王凯成从社会性软件的主要功能视角，将互联网集体智慧的表现形式分成搜索引擎、博客、QQ群、在线百科4类。① 庄子匀等研究了互联网环境下商业与教育领域的集体智慧，总结归纳了开放式创新、集体知识库、专家发现、决策支持与专家预测以及协作式索引5种类型。② 张剑平等从学习工具和知识来源的视角出发，认为在教育领域集体智慧主要表现为互联网上广博的数字化资源，表现形式划分为以下四种类型：集体知识库（如维基百科Wiki）、开放式学习平台（如Coursera、Blackboard）、开放式网络社区（如知乎网、微信）和用户行为数据库（如ALEKS）。③ 李艳探讨互联网环境下众包模式中群体智慧的生产与发展。④

宋新平等对竞争情报领域的群体智慧现象和行为进行了研究，对Web2.0环境下市场营销员工参与竞争情报的现状进行了调研，论述了群体智慧对创新竞争情报组织管理的意义。⑤⑥

陈晓红等以"众包"为协作方式的开源软件项目为例，探讨在基于群体智慧的"分布式创新"工作模式下影响知识共享的核心要素与机制，并提出以"开源"为核心的分布式创新模式。⑦

吴湛微、禹卫华在分析国外"大数据社会福祉"（big data for social good）案例基础上，总结了开放大数据、大数据决策、大数据沟通和大数据群体智慧4种大数据

---

① 王凯成. 互联网环境下集体智慧形式探究及用户参与度分析——以各高校教育技术专业学生为例[J]. 软件导刊（教育技术），2011(4)：51-54.

② 庄子匀，等. 网络集体智慧研究述评[J]. 情报杂志，2014(5)：31-37.

③ 张剑平，等. 集体智慧视野下的非正式学习及其环境模型构建[J]. 远程教育杂志，2016(6)：3-10.

④ 李艳. 互联网环境下的群体智慧——众包型网站发展研究[D]. 武汉：华中师范大学，2017.

⑤ 宋新平，等. Web2.0环境下全员参与竞争情报的行为研究进展[J]. 情报杂志，2015(11)：69-73，104.

⑥ 宋新平，等. 市场营销员工参与市场营销竞争情报现状调查——Web 2.0下全员情报模式视角[J]. 情报理论与实践，2016(3)：36-41.

⑦ 陈晓红，等. 分布式创新、知识共享与开源软件项目绩效的关系研究[J]. 科学学研究，2016(2)：228-235，24.

社会治理的基本模式，并提出了群体智慧的利用对推进大数据社会治理至关重要。① 杨新杰提出公民参与公共政策的制定可以发挥集体智慧，实现公民参与公共政策监督。②

葛涛等通过调查问卷和结构方程模型的方法探讨了在社交媒体中群体智慧影响不实信息传播的因素，发现群体批判性思维、反驳举证、异质性以及众包作用都具有抑制不实信息传播的作用。③ 金德环、李岩分析了投资者在社交媒体中的交流互动信息，从群体智慧角度审视了社交媒体的价值发现功能。④

舒杭等构建了微群教学模式，并阐述了该教学模式中群体智慧生成的动态过程。⑤ 刘禹、陈玲提出基于网络实现大规模群体协作学习，推动群体知识的建构，共同达成学习目标，进而形成建立在群体共识上的社会认知网络学习形式。⑥

李存金、王俊鹏以阿波罗登月计划为例，运用系统思想、群体决策理论解析了阿波罗登月计划方案形成的群体智慧集成过程，并通过原理及角色扮演法对阿波罗登月计划方案形成的群体智慧集成机理进行了模拟实验。⑦

③ 群体智慧的应用领域。

国内学者对群体智慧的意义基本是持肯定态度，认识到在很多领域群体智慧发挥的积极作用，并将其应用于不同领域中。

张赛男将群体智慧应用于学习资源的整合，认为学习者的主动参与对资源分享与聚合产生影响，提出应用大众分类、协同编辑、共同评价、合作共建等方法可以充分激发集体智慧，进而全方位促进开放学习资源的分享与聚合，并设计了基于集体智慧的开放学习资源聚合与分享框架。⑧

① 吴湛微，禹卫华. 大数据如何改善社会治理：国外"大数据社会福祉"运动的案例分析和借鉴[J]. 中国行政管理，2016(1)：118-121.
② 杨新杰. 政府公共政策制定中的公民有序政治参与问题[J]. 学术交流，2013(S1)：5-6.
③ 葛涛，等. 群体智慧影响社交媒体不实信息传播的因素分析[J]. 情报杂志，2015(7)：148-152.
④ 金德环，李岩. 群体智慧：同伴观点与价值发现——来自社交媒体的经验证据[J]. 经济管理，2017，39(12)：157-173.
⑤ 舒杭，王帆，蔡英歌. 面向群体智慧的新型微群教学模式的构建[J]. 现代教育技术，2015(8)：19-25.
⑥ 刘禹，陈玲. 基于网络的大规模协作学习研究[J]. 远程教育杂志，2013(2)：44-48.
⑦ 李存金，王俊鹏. 重大航天工程设计方案形成的群体智慧集成机理分析——以阿波罗登月计划为例[J]. 中国管理科学，2013(S1)：103-109.
⑧ 张赛男. 基于集体智慧的开放学习资源聚合与分享研究[D]. 长春：东北师范大学，2014.

潘雪莲等将群体智慧理论应用于图书馆信息服务中，构建了图书推荐系统。①
陈廉芳提出了在互联网生态环境下图书馆推动用户参与、激发群体智慧的对策。②
陈锐等提出众筹出版模式是在群体智慧下出版价值的选择和决策。③

黄新平从集体智慧的视域分析了政府社交媒体文件档案化管理问题，分别阐述
了政府社交媒体文件档案化管理的实施主体(新媒体运营商、政府机构、档案部
门)、实施流程(采集、管理、归档保存等)以及实施策略。④

杨疏影研究了股权众筹平台的交流渠道监管问题，提出依托群体智慧理论构建
开放性融资平台和交流渠道，能够促进理性的集体行动。⑤

④ 群体智慧管理模型构建。

国内学者在引进和介绍群体智慧理论的基础上，主张将相关理论与具体的管理
实践相结合，构建群体参与的管理模型。在非遗档案管理实践中，基于群体智慧的
管理模型构建得到较多的探索。周耀林和程齐凯将 Malone 群体智慧模型应用于我
国非遗档案管理工作，并确认了管理主体与客体、动力机制、实施与协同机制等模
块。⑥ 周耀林等还在 Malone 群体智慧模型基础上，构建了基于群体智慧的刺绣传
承 SMART 模型。⑦ 戴旸依据 Malone 群体智慧模型，从主体、流程、技术和机制 4
方面论述了群体参与非遗档案管理模型的实现方法。⑧

在企业管理中，群体智慧管理模型构建主要关注企业的协同进化问题。张喜文
等将群体智慧引入企业管理中，构建了由生态战略、生态动作和生态文化构成的
"三位一体"生态型企业协同进化管理框架模型，模型有企业生态观、企业资源能
力和企业动作能力 3 个内部影响因素以及外部环境、合作者、利益相关者、竞争者

① 潘雪莲，等.基于集体智慧的图书推荐服务的需求调查[J].新世纪图书馆，2013(3)：
29-32，36.
② 陈廉芳.互联网思维下图书馆推动用户参与的探索[J].图书馆工作与研究，2015
(12)：48-52.
③ 陈锐.众筹对出版营销方式的影响[J].中国出版，2015(2)：54-56.
④ 黄新平.基于集体智慧的政府社交媒体文件档案化管理研究[J].北京档案，2016
(11)：12-15.
⑤ 杨疏影.股权众筹平台的交流渠道监管——基于群体智慧理论[J].财经问题研究，
2017(10)：57-62.
⑥ 周耀林，程齐凯.论基于群体智慧的非物质文化遗产档案管理体制的创新[J].信息资
源管理学报，2011(2)：59-66.
⑦ 周耀林，等.论中国刺绣技艺的保护与传承——基于群体智慧的 SMART 模型[J].武
汉大学学报(人文科学版)，2016(2)：100-112.
⑧ 戴旸.基于群体智慧的非物质文化遗产档案管理研究[D].武汉：武汉大学，2013.

4 个外部影响因素。①② 聂规划等设计了支持企业协同进化的集体智慧平台框架模型，利用技术支持平台聚合来自企业内外的个人智慧形成集体智慧，实现信息挖掘、知识共享和智慧聚合。③

在教育领域，张剑平等提出基于集体智慧的非正式学习环境模型，将现实、虚拟及虚实融合环境有机融合，其中在虚拟环境层面，群体知识库、开放式学习平台、网络社区及用户行为数据库 4 种集体智慧呈现形式为主要构成部分。④

此外，网络环境下群体智慧管理模型的研究也得到学者关注。员巧云与 Peter A. Gloor 提出在 Web2.0 网络环境下，将群体智慧理论应用于组织建立新的知识创新模式，构建了网络知识创新螺旋转化模型——SE-IE-CI 模型，认为 SE-IE-CI 模型也是网络环境下群体智慧的涌现。⑤ 苏寒与胡笑旋针对 Web2.0 网络环境下的复杂问题决策，提出了基于群体智慧的解决模型，并构建该模式的流程框架，建立了支持群体智慧采集和利用的信息聚合平台的架构模型。⑥ 庄子匀等提出了一个关于群体智慧质量、影响因素和有用性之间的关联，以及群体智慧服务类型与语言的调节作用的研究模型，并基于中英文维基百科和百度知道，通过调查问卷和结构方程的方法进行了验证。⑦

⑤ 群体智慧的实现技术与机制。

群体智慧的理论思想和理念需要通过技术途径与运行机制才能在管理实践中得以实现。在网络环境下，群体智慧以 Web2.0 的各种实现技术与工具为依托，得到进一步的发展和应用，其价值与能量获得了激发和释放。

王春玲以 Wikipedia 为例，提出利用 Web2.0 平台实现知识的共享与协作，促进高质量群体智慧的形成。⑧

黄晓斌、周珍妮认为，在 Web2.0 环境下，群体智慧的实现在信息质量、知识

---

① 张喜文，等. 基于集体智慧的生态型企业协同进化管理[J]. 中国石油大学学报(社会科学版)，2011(2)：19-22.

② 张喜文. 基于集体智慧的生态型企业协同进化研究[D]. 武汉：武汉理工大学，2011.

③ 聂规划，等. 支持企业协同进化的集体智慧平台设计[J]. 当代经济，2011(7)：48-49.

④ 张剑平，等. 集体智慧视野下的非正式学习及其环境模型构建[J]. 远程教育杂志，2016(6)：3-10.

⑤ 员巧云，Peter A G. Web2.0 环境下网络知识创新螺旋转化模型 SE-IE-CI 研究[J]. 中国图书馆学报，2013(2)：63-70.

⑥ 苏寒，胡笑旋. 基于群体智慧的复杂问题决策模式[J]. 中国管理科学，2012(S2)：783-789.

⑦ 庄子匀，等. 网络集体智慧研究述评[J]. 情报杂志，2014(5)：31-37.

⑧ 王春玲. Wikipedia 中认知冲突对协同知识创新的影响规律研究[D]. 大连：大连理工大学，2012.

产权与价值分配、群体决策效率等方面存在问题，提出完善群体智慧的实现机制的对策，包括：通过六项思考帽规范思维过程，以群体弱纽带提高网络真实性，通过同行评审提升信息质量、群体组成的规范化，构建有效的监管和激励机制，改进资源共享平台等。①

马玲娜认为社会化标注是网络环境下集体智慧的典型类型，将标签推荐应用到系统的开发中，设计了 PopularTags、ItemPopularTags、UserPopularTags、TagBase SIM 4 种标签推荐算法。②

赵芳、李林红探讨了社会问题群体智慧挖掘思路，以滇池流域可持续发展问题为例，应用链接结构分析算法从复杂网络认知系统中提取深层次群体智慧。③

宋刚等从维基在政府政务中的应用出发，认为通过应用新型公众参与技术的政务维基构建开放政府知识管理平台，能够促进群体智慧和力量的激发和汇聚，提升公共治理效率，塑造公共价值，并介绍了"我爱北京"城管政务维基系统。④⑤

⑥ 对群体智慧研究的总结和梳理。

国内学者还梳理和评价了国内外关于群体智慧的相关研究。戴旸、周磊对国外关于群体智慧的探索和研究进行了全面梳理，认为相关研究仍处于发展阶段，相应成果主要集中于效能实现、价值评估、技术支持、质量控制和实际应用 5 个主题领域，并提出国内群体智慧研究应注重实证研究和作用机制研究。⑥

刘海鑫、刘人境对国内外关于群体智慧优越性、影响因素以及应用的研究成果进行了梳理与提炼，从个体智慧贡献、群体智慧形成、群体智慧平台发展以及群体智慧应用等方面构建了群体智慧的理论研究框架。⑦

庄子匀等从理论、行为、质量以及应用 4 个方面梳理了基于网络环境的群体智慧研究成果，并提出了网络群体智慧研究的发展方向，包括网络群体智慧质量影响因素、创意型群体智慧网站的外在动因及其激励机制、社区文化与民族文化、群体

---

① 黄晓斌，周珍妮 . Web2. 0 环境下群体智慧的实现问题[J]. 图书情报知识，2011(6)：113-119.

② 马玲娜 . 基于集体智慧的标签推荐系统的设计与开发[D]. 西安：陕西师范大学，2013.

③ 赵芳，李林红 . 群体智慧在复杂网络认知系统中的涌现——以滇池流域可持续发展为例[J]. 科技进步与对策，2010(10)：20-23.

④ 宋刚，等 . 从政务维基到维基政府：创新 2. 0 视野下的合作民主[J]. 中国行政管理，2014(10)：60-63.

⑤ 宋刚，等 . 基于创新 2. 0 的城管政务维基系统研究与实现[J]. 电子政务，2014(4)：98-103.

⑥ 戴旸，周磊 . 国外"群体智慧"研究述评[J]. 图书情报知识，2014(2)：120-127.

⑦ 刘海鑫，刘人境 . 集体智慧的内涵及研究综述[J]. 管理学报，2013(2)：305-312.

协调等。①

(3)国内外管理学领域群体智慧研究述评

国外在管理学领域对群体智慧的研究，不管是对群体智慧理论自身的探讨，还是对其应用于不同管理实践领域的分析，涉及的角度和层面较为全面，形成了较为系统的研究成果。特别是在实践应用的研究中，应用领域涉及网络信息管理、教育学习、商业管理、公共管理等，充分体现了群体智慧理论在管理实践领域具有较强的适用性和实用性。

从研究方法上看，国外的相关研究用到了定量与质性研究的多种方法，包括定量分析、访谈、问卷调查等。

国内在管理学领域对群体智慧的研究起步于20世纪90年代末，进入21世纪后逐渐展开，与国外研究相比，一方面成果数量较少；另一方面在研究方法及研究深度上均存在一定不足，研究内容很大比例为理论引进、概念辨析及应用阐述。

从研究涵盖的学科领域来看，国内群体智慧在管理学领域的相关研究涉及了经济学、图书情报学、档案学、新闻传播学、教育技术学、公共管理学等，但在各个学科领域都没有得到全面系统与深入的研究，在理论方面创新不足。

从研究主题来看，国内相关研究主要集中在群体智慧的影响与作用、应用领域、技术实现、模型构建等方面。研究的主题分布与国外相似，但由于还处于理论的引进与借鉴阶段，因此研究深度和成熟度有待提升。

从研究方法来看，国内相关研究主要以定性研究方法为主，阐述与介绍性的成果占较高比例，相对而言，实证和定量的研究较少。当然，近年来国内学者开始尝试将国外的相关理论、模型与国内实践领域相结合，进行理论的创新和实践应用。

国内群体智慧理论研究与政府公共管理、政府数据开放、政府信息公开、政府2.0、政府创新等主题已经开始结合起来，形成了一定的研究成果，如公民参与公共政策的制定、汇聚群体智慧的政务维基、政府社交媒体应用等，但仍未形成深入的、系统性的研究。此外，国内在群体智慧管理模型构建、技术实现方面已经开展了一定程度的研究和探索，并与管理实践进行了紧密结合，为笔者进行群体智慧应用于政府数据开放的研究提供了参考。

0.3.3 群体智慧应用于政府数据开放的研究述评

伴随着政府数据开放实践的深入开展，国内外学者对相关主题的研究持续升温。政府数据开放是一项激发、汇聚社会群体力量开发数据资源的实践活动；而群

---

① 庄子匀，等. 网络集体智慧质量的影响因素研究——基于英文维基、中文维基和百度知道的交叉实证[J]. 情报理论与实践，2014(7)：38-43.

体智慧理论与方法则是一种管理理念与框架，对群体的参与行为进行科学的管理，其目标是实现群体智慧的激发。因此，将群体智慧理论应用于政府数据开放管理的相关问题分析，是一个值得深入探索的研究方向。

在政府公共事务管理、政府信息资源管理研究领域，国内外学者已经研究了公众参与政府的公共事务①、政府与社会化媒体②、政治众包③等主题。Charalabidis 和 Loukis 认为随着互联网的普及与发展，以政府网站为典型形式的"第一代"电子参与已经跟不上公众参与的需求，Web2.0 的应用和发展使公众在政府政策制定中具有更多的话语权，公众的意愿、意见建议成为政府开展决策的重要参考依据。④颜海等选取了《国际电子政府研究杂志》(International Journal of Electronic Government Research)、《电子政府电子杂志》(Electronic Journal of e-Government)和《政府信息季刊》(Government Information Quarterly) 3 种外文期刊 5 年来刊载的学术论文，通过关键词的词频分析，发现在电子政府的研究中，"公众参与""开放政府数据"等是发展趋势。⑤

在政府数据开放研究领域，Alexopoulos 等认为政府通过互联网向公众开放数据，用户既是数据的消费者，也是生产者。⑥ Sieber 与 Johnson 从政府与公众关系的角度提出了政府数据开放的 4 种模式：一是政府单向提供数据，通过政府传统的数据门户向用户发布数据；二是政府作为"数据活动家"(data activist)，支持数据的创造性重用，旨在直接从数据中提取或创造价值，例如举行应用程序开发竞赛等；三是数据可能来自于公众的众包(crowdsourcing)范式，并不一定来自于政府；四是参与模式，开放数据成为公众与政府之间的一个明确管道，公众对数据开放的贡献是动态的，政府可以响应数据需求方的要求。这 4 种模式是非互斥的和非连续

---

① Nam T. Suggesting frameworks of citizen-sourcing via Government 2.0 [J]. Government Information Quarterly, 2012, 29(1): 12-20.

② Bonsónabbc E. Local e-government 2.0: Social media and corporate transparency in municipalities[J]. Government Information Quarterly, 2012, 29(2): 123-132.

③ Firestone J, Hadders H. Re-Inventing Democracy With a Complex Adaptive Political Crowdsourcing Platform: The Interactive Voter Choice System [C]// 12th European Conference on eGovernment (ECEG), Barcelona, Spain, June, 2012: 219-226.

④ Loukis E, Charalabidis Y. Participative Public Policy Making Through Multiple Social Media Platforms Utilization[J]. International Journal of Electronic Government Research, 2012, 8(8): 78-97.

⑤ 颜海，等. 国际电子政务研究进展——基于三种外文期刊近五年刊文的统计分析[J]. 电子政务, 2015(8): 105-112.

⑥ Alexopoulos C, Zuiderwijk A, Charapabidis Y, et al. Designing a Second Generation of Open Data Platforms: Integrating Open Data and Social Media [C]//2014 International Conference on Electronic Government, Berlin: Springer, 2014: 230-241.

的，前两种模式侧重于政府将现有内部数据开放给潜在用户，提供了一种从政府到利益相关者或开发者的信息定向传递，很少或没有数据或信息返回，而后两种模式则体现出公众的参与。① Kalampokis 等建立了数据开放的四阶段模型：第一阶段为政府数据聚合；第二阶段为政府数据整合；第三阶段为政府数据和非政府官方数据的整合；第四阶段为政府数据、非政府官方数据和社会数据的整合。② Kalampokis 等还提出了"两阶段"方法，在数据层应用关联数据模式将不同来源的数据进行了集成，以支持基于社会和政府开放数据的参与式决策，一方面使公众在不经意间为决策做出贡献；另一方面可以让决策者针对具体的决策了解和预测公众的意见与反应。③

由此可见，国内外政府数据开放相关研究成果已经提出在实践中要鼓励公众参与，这些与引入和汇聚群体智慧的基本内涵是一致的。但现有研究成果在阐述群体智慧应用方面更多只是停留在观点表述的层面，研究深度还不够，未形成系统性的研究框架。在各国政府数据开放的实践中，很多的数据开放平台也设置了公众参与的功能，从技术的层面为公众参与，以及群体智慧的激发和汇聚提供了可能。因此，虽然目前还未有系统化关于群体智慧理论应用于政府数据开放管理的研究成果和实践案例，但相关的研究文献和实践探索为本书深入研究提供了重要的参考和借鉴。

0.3.4　现有研究不足以及进一步探索空间

从以上的综述和述评可以看出，总体而言，国内外对政府数据开放的研究已经具有一定的规模，并逐渐丰富和成熟，正在形成指导实践开展的理论体系，但现有研究在一些具体领域仍存在不足，有待进一步探索。

（1）现有研究不足

政府数据开放工作虽然已经深入推进，但面临的障碍和挑战仍然很多，具体见"国外政府开放数据研究进展"部分关于"政府数据开放面临的挑战"，以及"国内政府开放数据研究进展"部分关于"国内政府数据开放障碍与挑战"的阐述。政府数据开放在管理方面面临的主要挑战之一是如何进行部门之间、不同利益相关者之间的

---

① Sieber R E, Johnson P A. Civic Open Data at a Crossroads: Dominant Models and Current Challenges[J]. Government Information Quarterly, 2015, 32(3): 308-315.

② Kalampokis E, Tambouris E, Tarabanis K. A Classification Scheme for Open Government Data: Towards Linking Decentralized Data[J]. International Journal of Web Engineering & Technology, 2011, 6(3): 266-285.

③ Kalampokis E, Hausenblas M, Tarabanis K. Combining Social and Government Open Data for Participatory Decision-Making[C]// Ifip Wg 85 International Conference, 2011: 36-47.

协调管理，国内外研究人员做了不同程度和角度的分析，其中也包括对社会群体参与的协调管理。

　　从社会群体参与的角度来看，各个参与主体贡献了热情和智慧，政府数据开放工作在一定程度上得到推进；随之，如何对社会群体中的不同利益相关者进行协调，如何对不同社会群体的参与活动进行管理，如何激励各个社会群体更好地参与政府数据开放，如何通过群体参与激发群体智慧促进数据的开发利用，等等，如上一系列的问题亟需得到研究分析，以获得合适的解决方案和对策。现有的研究成果大多论述公众参与政府数据开放的价值、意义和作用，较少涉及社会群体参与政府数据开放的协调管理问题。

　　(2)进一步探索空间

　　国内外政府数据开放实践和相关研究成果为本研究提供了丰富的参考资料，具有借鉴与启发价值。如前所述，社会群体参与政府数据开放工作面临着如何进行协调和管理问题，如何厘清社会群体参与政府数据开放中的各种关系，从而形成可以指导实践活动的方法，为本研究提供了进一步探索的空间。

　　群体参与政府数据开放活动，通过群体智慧的激发、汇聚实现了价值再造。那么，群体参与以及群体智慧成为开展研究与分析的切入点。群体智慧理论对互联网环境下社会群体参与活动的管理具有指导作用，而国内外在群体智慧领域已经积累了丰富的研究成果，为本研究提供了参考和借鉴。本研究拟将群体智慧理论应用到群体参与政府数据开放的研究中，探索构建群体参与政府数据开放的管理体系和框架。

0.4　研究思路与主要内容

　　本研究针对群体参与政府数据开放的协调管理问题，将在国内外相关文献调研、网络调研、实践调查和调查问卷的基础上，以群体智慧理论为指导，借鉴Malone的群体智慧管理模型，构建群体参与的政府数据开放管理模型，并从参与主体、参与内容、技术保障和激励机制四个方面探讨模型的实现。本研究遵循"提出问题—分析问题—解决问题"的研究路径，从9个章节展开系统研究，主要框架和技术路线如图0-13所示。

　　第0章是绪论。主要论述本研究的选题背景与研究意义，通过文献调研与分析了解国内外政府数据开放与群体智慧等主题的研究进展，阐述本研究的主要思路，确定主要的研究方法，明确本研究的结构、创新点等。

　　第1章是核心概念的界定与理论基础的阐述。对政府数据开放相关的概念与内涵进行界定，明确本书的研究对象；对群体智慧等本书开展研究的基础理论概念、内涵以及特征进行阐述，为后续研究的展开打下基础。

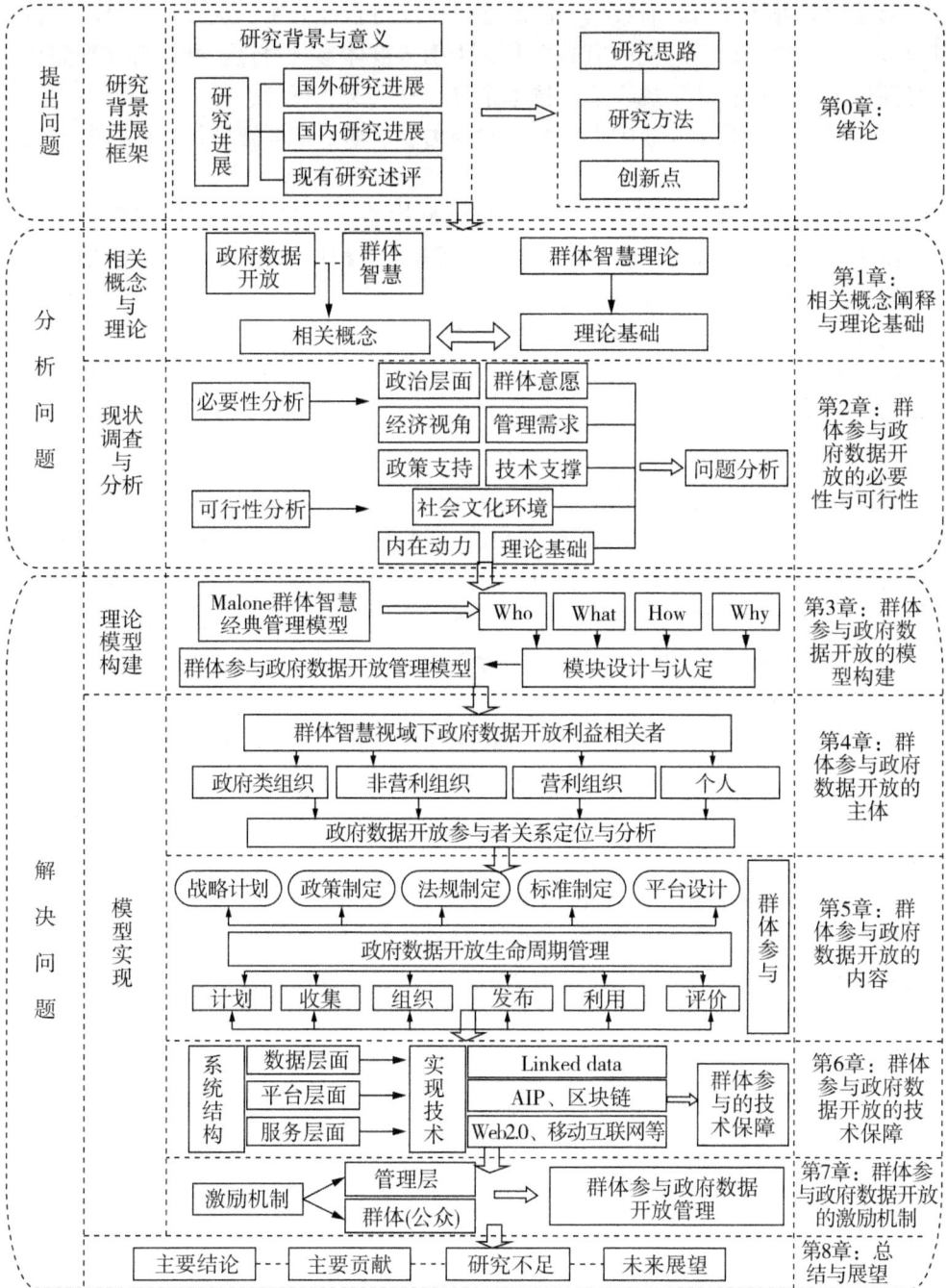

图 0-13 本研究技术路线图

　　第2章是群体参与政府数据开放的必要性与可行性分析。从政治、经济、群体意愿以及管理的层面，对在政府数据开放中引入群体参与力量、激发群体智慧作用的必要性进行论述；从法规政策、技术条件、社会文化环境、内在动力以及理论基础等方面对在政府数据开放中引入群体参与力量、激发群体智慧作用的可行性进行论述。

　　第3章是群体参与政府数据开放管理模型构建。以 Malone 的群体智慧经典管理模型为蓝本，结合政府数据开放管理具体情况，设计了群体参与的政府数据开放管理模型，对模型的四个模块进行认定和解释。

　　第4章是群体参与政府数据开放的主体分析。对群体参与的政府数据开放管理模型中的"Who"模块进行研究，通过对政府数据开放活动利益相关者的分析，明确群体参与的主体，并对主体在政府数据开放活动中的角色以及他们之间的关系进行阐述。

　　第5章是群体参与政府数据开放内容分析。对群体参与的政府数据开放管理模型"What"模块进行研究，从政府数据开放的规划设计层面与实施操作层面进行梳理，分析参与主体如何发挥群体智慧；分析政府数据开放在规划设计层面包含哪些子模块，讨论群体智慧在相应模块中的实现；在实施操作层面，应用数据生命周期理论厘清政府数据开放的环节和阶段，分析具体的流程与内容，讨论群体智慧在相应流程和环节中的实现。

　　第6章是群体参与政府数据开放的技术保障分析。对群体参与的政府数据开放管理模型"How"模块进行研究，从数据、平台和服务三个层面分析了支持和保障群体智慧发挥的技术，设计了群体参与政府数据开放管理的概念系统；在数据层面主要是关联数据技术，在平台层面主要是 API 技术、区块链技术，在服务层面主要是 Web2.0、移动互联网、人工智能等相关技术。

　　第7章是群体参与政府数据开放的激励机制分析。对群体参与的政府数据开放管理模型"Why"模块进行研究，在调查问卷的基础上探讨和设计了群体参与政府数据开放的激励机制。

　　第8章是总结与展望。总结本研究的主要结论与贡献，对研究存在的不足进行分析，并分析造成研究缺陷的主客观原因，对未来的相关研究进行展望。

0.5　研究方法

　　本研究将采用以下研究方法：

　　(1) 文献调研法

　　通过检索国内外文献数据库，结合网络搜索引擎，较为全面地搜集群体智慧、政府数据开放相关主题的文献资料，然后进行阅读分析，把握相关主题的研究前沿与动态，为本研究提供支撑材料。

（2）网络调查法

本书研究的对象为政府开放数据，它是以数字化的形式呈现在网络门户中，因此网络调查法是重要的方法之一。通过访问国内外政府开放数据门户，调查这些数据门户实现群体参与功能的情况，收集国内外政府数据开放相关计划的实践信息。网络调查能够直接获得国内外政府数据开放的第一手信息，为本研究的论点阐述提供完整、权威和丰富的论据。

（3）问卷调查法

面向不同类型的社会公众，对激励群体参与政府数据开放的因素进行了问卷调查，并进行因子分析、方差分析、相关性分析等定量研究；面向相关领域的研究人员和实践者，围绕关于政府数据开放相关利益者在数据开放中的参与程度、权力与利益情况进行调查评分。通过问卷调查以及数据分析，形成了本研究的定量分析部分。

（4）比较研究法

一方面，基于文献调研、网络调查等方法，将国内外的相关研究进行比较，发现国内相关研究的特征与不足。另一方面，对国内外的政府数据开放实践进行横向的比较，例如：在群体参与政府数据开放的内容模块阐述中，对国内外政府数据开放门户在数据开放的计划、收集、组织、发布、利用、评价等环节的实践开展情况进行了比较；比较了国内外政府开放数据门户利用 Web2.0 技术增强群体参与与交互功能情况。通过对国内外研究与实践的比较分析，可以借鉴和吸收国际上先进成果与经验，以促进国内政府数据开放实践开展。

（5）案例分析法

在本研究的各个阶段和环节，选取国内外政府数据开放相关的典型案例进行阐述，以支撑论点。例如：在群体参与政府数据开放内容模块，重点分析了纽约市 NYC BigApps 竞赛、美国政府挑战平台 Challenge.gov 以及上海开放数据创新应用大赛（SODA）等；在技术保障模块，介绍美国、英国政府开放数据门户的应用案例，重点分析了英国国家测绘局开放数据门户的关联数据、API 接口的应用实践，以技术的实践应用阐述技术如何推动群体参与，达到汇聚群体智慧的效果。

0.6　创新点

本研究具有以下创新点：

（1）构建了群体参与政府数据开放的管理模型

应用 Malone 群体智慧管理模型建立了群体参与政府数据开放的管理模型，是群体智慧理论在政府数据开放管理领域中的应用，系统性地研究了群体参与下政府数据开放的协调与管理问题。本研究将 Malone 群体智慧管理模型与政府数据开放的管理实践相结合，一方面拓展了群体智慧理论的应用领域；另一方面为群体参与政府数据开放活动的深入开展提供了理论支持与管理框架，同时也丰富了政府信息资源管理的理论内涵。

（2）提出了群体参与政府数据开放的管理实现机制

从主体、内容、技术保障与激励机制四大模块研究了群体参与政府数据开放的协调与管理问题，形成了较为系统、全面的实现机制，丰富了国内外关于政府数据开放管理的相关研究，对促进政府数据开放的实践开展具有现实指导意义，有助于完善大数据和数字经济环境下我国政府数据开放的生态系统，并进一步推进政府数据的开放及其开发利用。

（3）从规划设计和实施操作两个层面研究了群体参与政府数据开放的内容

将群体参与政府数据开放的内容分成两部分：一是从宏观和中观的视角，群体参与对政府数据开放活动的规划设计；二是从微观的角度，群体参与到具体的政府数据开放生命周期过程中。聚焦群体智慧激发和汇聚，提出了群体参与政府数据开放的生命周期，将其划分为 6 个逻辑上相互关联的阶段和环节：数据计划、数据收集、数据组织、数据发布、数据利用、数据评价。一方面可以对群体参与下的政府数据开放进行科学的管理；另一方面也对数据生命周期理论进行了补充和发展。

1 相关概念阐释与理论基础

将群体智慧理论应用于群体参与政府数据开放的管理中，需要先对政府数据开放的相关核心概念进行界定，还要对群体智慧理论的内涵进行阐述。

1.1 核心概念界定与辨析

政府部门在履行职责的过程中产生、采集和存储了海量的数据资源，这些资源不仅与公众的生产生活息息相关，并且具有较高的开发价值。①② 本研究最核心的概念是"政府数据开放"，该概念是在"开放数据"和"开放政府"两个概念相互融合的基础上发展而来的。③ 此外，在政府数据开放研究中，与之相关的还有政务公开、政府信息公开、政府数据开放共享、政府数据共享、开放关联政府数据、政府大数据等概念。这些概念之间存在较大的关联，但其内涵和外延各有不同，并且有些概念还未有统一的定义。因此，有必要对这些概念进行界定和辨析，从而厘清政府数据开放的内涵和外延，为本研究的开展奠定基础。

1.1.1 政府数据开放

（1）开放数据

在《现代汉语词典》中，"开放"的含义是"解除封锁、禁令、限制等"。④ 顾名思义，开放数据（open data）是指解除了限制，能够公开获取和利用的数据资源。关于数据、信息、知识等的开放，并不是新鲜的命题，开放的理念和哲学思想在社会

---

① 中国地方政府数据开放平台报告 2017［EB/R］.［2019-06-01］. http：//www. dmg. fudan. edu. cn/wp-content/uploads/中国地方政府数据开放平台报告 . pdf.

② 韩丽平 . 信息"孤岛"变身发光"宝藏"［N］. 黑龙江日报，2017-06-21（05）.

③ Marijn Janssen, Yannis Charalabidis, Anneke Zuiderwijk. Benefits, Adoption Barriers and Myths of Open Data and Open Government［J］. Information Systems Management，2012，29（4）：258-268.

④ 中国社会科学院语言研究所词典编辑室 . 现代汉语词典（第 6 版）［M］. 北京：商务印书馆，2013：718.

进步和科学发展中不断得到孕育和催生，如科学社会学的创始人默顿
(R. K. Merton)在其科学治理思想中提出"科学是公众的知识而不是私人的知识"。①
近20年来，随着信息技术发展和互联网的兴起，开放理念逐渐深入人心，各种开
放运动方兴未艾，如开放存取(open access)、开放知识(open knowledge)、开放数
据(open data)、开放源代码(open source)等。

目前，关于"开放数据"的概念，美国联邦政府②、加拿大政府③、欧盟出版办
公室(Publications Office of the European Union)④、英国开放数据研究所(Open Data
Institute, ODI)⑤等诸多政府机构、社会组织从自身的角度进行了解释。本研究认
为开放知识基金会(Open Knowledge Foundation, OKFN)关于开放数据的定义更加
全面，即"开放数据可以被任何人自由利用、再利用和再分发，至多只需署名和
以相同方式共享"。⑥ 同时，OKFN还提出了开放数据的三大核心要素：一是数
据具有可访问性与可获取性(availability and access)，不能封闭在掌握者手中，能
够被公众通过互联网以便捷的方式完整地获取与访问；二是数据可再利用与重新
分配(reuse and redistribution)，以机器可读的格式(machine-readable)呈现，并遵
循允许再利用和再分配的许可协议，供公众和第三方机构进行挖掘和创新，释放
数据的价值潜力；三是数据具有访问与获取的普遍参与性(universal
participation)，具有公共性和非排他性，每一个人都能够对其进行使用、再利用
和再分配，不允许有任何限制个人或团体以任何形式使用数据的协议。此外，八
国集团(Group 8)在《开放数据宪章》(Open Data Charter)中，制定了开放数据五
大基本原则：使开放数据成为默认的规范(open data by default)、注重数据质量
与数量(quality and quantity)、所有人公平使用(usable by all)、发布数据以提升
治理能力(releasing data for improved governance)和发布数据以促进创新(releasing
data for innovation)。⑦

① 默顿. 十七世纪英格兰的科学、技术与社会[M]. 北京：商务印书馆，2000：273.
② The United States Government. U. S. Open Data Action Plan [EB/R]. [2019-06-01]. https：//obamawhitehouse. archives. gov/sites/default/files/microsites/ostp/us _ open _ data _ action _ plan. pdf.
③ What is Open Data? [EB/OL]. [2019-06-01]. http：//open. canada. ca/en/open-data-principles.
④ European Union Open Data Portal[EB/OL]. [2019-06-01]. http：//open-data. europa. eu/en/about.
⑤ What is open data? [EB/OL]. [2019-06-01]. http：//theodi. org/what-is-open-data.
⑥ What is Open? [EB/OL]. [2019-06-01]. https：//okfn. org/opendata.
⑦ Open Data Charter Released at the G8 Summit [EB/OL]. [2019-06-01]. https：//opensource. com/government/13/7/open-data-charter-g8.

（2）开放政府

开放政府（Open Government）是一种治理理念，倡导通过信息公开、政府与公众之间的互动和对话，以及与企业和非营利性社会组织之间的合作，提升政府治理能力。① 开放政府包含一系列制度安排，如信息公开、数据开放、咨询协商、公民参与、协作治理等。② 马克思提出："只有当国家与社会不再构成对抗关系，只有当政府开放，人民群众广泛参与国家事务时，全体国家成员同国家的关系就是同他们的现实事务的关系。"③

开放政府理念滥觞于 1766 年瑞典《出版自由法》确立的行政信息公开制度，④ 之后在"知情权运动"（right to know campaign）、电子政务发展中得到不断推进。⑤⑥ 随着大数据时代的来临，新技术为政府开放提供了支持，同时也对政府开放程度提出了更高要求。在开放政府实践探索方面，美国一直处于世界领先水平。2009 年 1 月，美国联邦政府签署《透明和开放政府备忘录》（Memorandum on Transparency and Open Government），号召建设一个更加透明、易于参与的协作型政府，认为开放政府是"前所未有的透明政府，是得到公众信任、积极参与和协作的开放系统，开放是民主的基石，能提高政府效率和保障决策的有效性"；总统行政办公室（Executive Office of the President）等发布《开放政府指令》，⑦ 提出构成开放政府的三原则：一是透明（transparency），向公众公开政府做什么的信息；二是参与（participation），允许公众贡献智慧，为政府制定政策提供信息；三是协作（collaboration），鼓励在联邦与各级政府之间，以及政府与企业之间形成协作与合作关系。澳大利亚政府也提出开放政府的三原则：一是告知（informing），增强公民获取信息的权利；二是密切合作（engaging），提倡政府部门在政策传达和服务提供方面与公众合作；三是公众参与（participating），政府部门要形成更多的协商和参

---

① 王本刚，马海群. 开放政府理论分析框架：概念、政策与治理[J]. 情报资料工作，2015，36(6)：35-39.

② 张成福. 开放政府论[J]. 中国人民大学学报，2014(3)：79-89.

③ 马克思，恩格斯. 马克思恩格斯全集（2 版）第 3 卷[M]. 北京：人民出版社，2002：146.

④ 夏书章. 行政管理学[M]. 广州：中山大学出版社，2008：216.

⑤ 奚洁人. 科学发展观百科辞典[M]. 上海：上海辞书出版社，2007：205.

⑥ 王万华. 知情权与政府信息公开制度研究[M]. 北京：中国政法大学出版社，2013：2-55.

⑦ Open Government Directive[EB/OL]. [2019-06-01]. https：//obamawhitehouse. archives. gov/open/documents/open-government-directive.

与机制。① 开放政府建设在全球得到认同，2011 年 9 月，英美等八国联合签署《开放政府声明》(Open Government Declaration)，成立开放政府合作伙伴联盟(Open Government Partnership, OGP)，截至 2019 年 6 月 1 日，该联盟已有 99 个参与成员。②

(3)政府数据开放

八国集团(Group of Eight, G8)发布的《开放数据宪章》认为政府是开放数据的主体之一，政府数据是最具开放价值的资源。③ 美国《开放政府计划》也提出"开放数据是创新者、公众获取政府数据资源的有效途径"。④ 进而，"开放数据"和"开放政府"不断融合发展形成了开放政府数据的概念。Gonzalez-Zapata 等总结了开放政府、开放数据的概念内涵和外延，研究了开放、政府、数据之间的关系，图 1-1 较为形象地表达了政府数据开放的概念。⑤ 开放知识基金会(Open Knowledge Foundation, OKFN)将政府数据开放定义为"数据由政府或受政府委托的实体进行生产，数据进行开放使任何人能够自由使用、再利用和再分发"。⑥

同时，需要特别强调的是，本书中的"政府数据开放"是一个更为广义的概念，"开放"并不是单一的行为，而是围绕"开放"展开的一系列行为和活动的总称，如政府数据开放政策法规的制定、政府数据开放标准的制定、政府数据开放门户的建设、政府开放数据生命周期管理等行为和活动，其目标是为了政府开放数据能够被任何人自由使用、再利用和再分发，可以得到充分的开发利用。

1.1.2　政务公开与政府信息公开

(1)政务公开

我国发布的相关文件中，对政务公开的原则、目标、内容以及工作方法等都有

---

① Declaration of Open Government [EB/OL]. [2019-06-01]. http：//www. finance. gov. au/blog/2010/07/16/declaration-open-government.

② Participating Countries [EB/OL]. [2019-06-01]. http：//www. opengovpartnership. org/countries.

③ G8 Open Data Charter and Technical Annex [EB/OL]. [2019-06-01]. https：//www. gov. uk/government/publications/open-data-charter/g8-open-data-charter-and-technical-annex.

④ Open Government Initiative[EB/OL]. [2019-06-01]. https：//www. state. gov/open.

⑤ Gonzalez-Zapata F, Heeks R. The Multiple Meanings of Open Government Data：Understanding Different Stakeholders and Their Perspectives[J]. Government Information Quarterly, 2015, 32(4)：441-452.

⑥ What is Open Government Data[EB/OL]. [2019-06-01]. http：//opengovernmentdata. org.

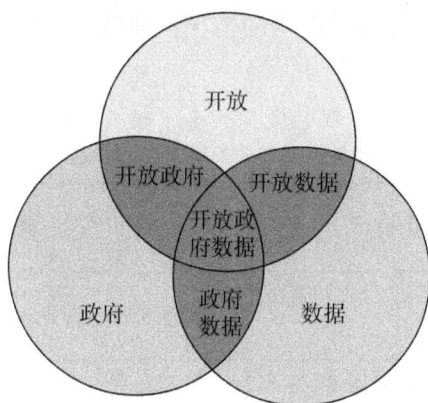

图 1-1　开放、政府、数据之间的概念结构

详细的表述。2000 年 12 月，《关于在全国乡镇政权机关全面推行政务公开制度的通知》(中办发〔2000〕25 号)发布，开始在国家政权机关的基层组织推行政务公开制度。① 2005 年 3 月，《关于进一步推行政务公开的意见》(中办发〔2005〕12 号)指出，"按照法律法规和有关政策规定，对各类行政管理和公共服务事项，除涉及国家秘密和依法受到保护的商业秘密、个人隐私之外，都要如实公开"。②

2016 年 2 月，《关于全面推进政务公开工作的意见》(中办发〔2016〕8 号)提出，"推进政府数据开放。按照促进大数据发展行动纲要的要求，实施政府数据资源清单管理，加快建设国家政府数据统一开放平台，制定开放目录和数据采集标准，稳步推进政府数据共享开放"。③ 由此可见，我国已将政府数据开放纳入到政务公开的工作框架之中。

(2)政府信息公开

政府信息公开是政府管理现代化和信息化发展过程中出现的概念，它与国外的开放政府信息(Open Government Information，OGI)相对应。相较于政务公开，政府

---

①　中共中央办公厅、国务院办公厅关于在全国乡镇政权机关全面推行政务公开制度的通知[EB/OL]. [2019-06-01]. http：//www. gov. cn/gongbao/content/2001/content_60849. htm.

②　中共中央办公厅 国务院办公厅关于进一步推行政务公开的意见[EB/OL]. [2019-06-01]. http：//www. gov. cn/zwgk/2005-07/04/content_17953. htm.

③　中共中央办公厅 国务院办公厅印发《关于全面推进政务公开工作的意见》[EB/OL]. [2019-06-01]. http：//www. gov. cn/zhengce/2016-02/17/content_5042791. htm.

信息公开的概念提出较晚。白清礼辨析了政务公开与政府信息公开的概念，发现政府机关、学界都存在将二者等同混用的情况，他认为这两个概念有 5 个方面的不同，详见表 1-1。①

表 1-1   **政务公开与政府信息公开比较**

比较项 ＼ 术语	政务公开	政府信息公开
历史背景	起源于改革开放后农村基层的村务公开	产生于现代信息公开的国家化背景
规范性质	规范依据是党和国家的方针政策	依据是我国立法颁布的《政府信息公开条例》和各省市相应的政府信息公开条例
目的	目的是反腐倡廉、促进民主政治发展	除了提高政府透明度外，还有保障公民依法获取政府信息的权力和使政府信息服务群众的生产、生活活动
公开内容	政务活动的主体、过程和结果等	政府在履行职责过程中获取的，以一定形式记录和保存的信息，它的范围比政务公开要广泛很多
理论基础	主要是人民主权理论、行政学理论等	除了人民主权理论、行政学理论外，还包括知情权、政府信息资源管理等理论

在国外，政府信息公开的概念可以追溯至美国 1966 年颁布的《信息自由法》（Freedom of Information Act），最新的是 2016 年版本。② 该法案规定了政府信息公开的内容、主体、方法等核心框架，确立了政府应主动公开和回应公众关心的公共信息的理念，影响深远。

随着政府信息化的持续发展，我国于 2007 年正式颁布了《政府信息公开条例》，其目的是"保障公民、法人和其他组织依法获取政府信息，提高政府工作透明度，促进依法行政，充分发挥政府信息对人民群众生产、生活和经济社会活动的服务作用"。③ 政府信息公开主要有两种形式，一是政府主动地通过文件、

---

① 白清礼. 政务公开与政府信息公开之辨析[J]. 图书馆工作与研究，2012(8)：61-64.

② The Freedom of Information Act, 5 U. S. C. § 552[EB/OL]. [2019-06-01]. https：//www. justice. gov/oip/freedom-information-act-5-usc-552.

③ 中华人民共和国政府信息公开条例[EB/OL]. [2019-06-01]. http：//www. gov. cn/xxgk/pub/govpublic/tiaoli. html.

网络等渠道以公告、告示、通告等形式公开政府信息；二是被动地公开信息，应申请者申请，向申请人依法提供所申请信息的查询、阅读、复制、下载等形式的信息。①

由此可见，政府数据开放与政府信息公开的发展关系密切，但二者也存在差别。虽然二者都是面向公众，但政府信息公开是将信息对公众进行公示，侧重于政府透明度建设，而政府数据开放是将数据在平台上供用户利用，注重政府数据的管理、供给和利用。郑磊辨析了政府数据开放、政府信息公开的联系与区别，认为政府数据开放有 8 个基本特点：完整、一手、及时、可获取、可机读、非歧视性、非私有、免于授权。②

1.1.3　政府数据开放共享与政府数据共享

（1）政府数据开放共享

2015 年国务院印发的《促进大数据发展行动纲要》中明确提出了"政府数据开放共享"这一概念，带有鲜明的中国特色，是在我国政府信息化水平不断提高和公众对政府数据需求日益增加的大背景下提出的。该概念是在借鉴了政府数据开放这一概念的基础上，融入了政府数据共享的理念而产生的。正如纲要所提及，"推动政府信息系统和公共数据互联开放共享，加快政府信息平台整合，能够消除信息孤岛，增强政府公信力，服务公众企业"。

通过对纲要和国务院相关文件的梳理，政府数据开放共享的定义为：共享、开放、整合政府机构在履行职责过程中所生产、采集和存储的数据，改善政务服务，以便公众自由地使用、开发政府数据资源。其中，政府机构是政府数据的责任主体，其服务对象包括企业、科研工作者和公众在内的广大用户。我国政府数据开放范围较为广泛，通常指排除涉及国家安全、商业机密以及个人隐私之外的所有数据资源。我国政府数据共享包括跨部门间的数据共享、跨地域的数据共享、中央和地方的数据共享等。此外，广义上的政府数据开放共享还包括其衍生的一系列政务服务，目前对该概念的范围边界还难以界定。

与政府数据开放相关的概念还有"互联网+政务服务""政务大数据""政务信息

---

① 应松年，陈天本. 政府信息公开法律制度研究［J］. 国家行政学院学报，2002（4）：59-64.

② 郑磊. 政府数据开放研究：概念辨析、关键因素及其互动关系［J］. 中国行政管理，2015（11）：13-18.

资源共享"等，这些概念一方面是伴随着政府数据开放和政府数据共享而产生的；另一方面是党中央和国务院的具体政策的实施，这些概念与政府数据开放共享有继承性和关联性。例如，"互联网+政务服务"是指通过政府间的数据共享，以简政放权、放管结合、便利群众办事创业。从总体上看，政府数据开放共享的概念内涵和外延均较大，而且有较多衍生概念，它仍是一个发展中的概念，需要不断地丰富和完善。

（2）政府数据共享

"政府数据共享"的概念与政府数据开放共享有着共同起源。数据共享是指不同计算机、网络、数据库等环境下产生的不同类型、格式的数据之间的交换、融合与供给。政府数据共享是不同级别、不同地域的政府机构所产生的不同类型、不同格式的数据交换和融合。

美国联邦政府问责办公室（US Government Accountability Office，GAO）认为政府数据共享是政府不同部门或不同级别的政府部门间共享和使用数据，目的是消除政府内部的信息壁垒、使用数据、进行数据分析和使政府数据资源达到平衡状态。[1] 英国政府指出政府数据共享应遵循 3 个原则：一是强化管理机构为用户提供数据检索和统计数据的供应能力；二是预防欺诈并帮助公众管理他们与政府的债务；三是保证政府在正确的时间为正确的人提供正确的服务。[2]

在国内，国务院印发的《政务信息资源共享管理暂行办法》指出了政务信息资源共享主要是"政务信息系统互联和公共数据共享"。[3] 国家科技基础条件平台中心将科学数据的开放共享作为其重要的业务之一，并指出"以共享为特征的运行机制是其制度体系的内核，在数据资源的规划和建设中始终要体现共建共享的精神"。[4]

目前，政府数据共享的研究相对较少，较多借鉴了科学数据共享领域的内容。政府数据共享对于政府数据开放具有基础性的保障作用，是亟待解决的难点问题，可以预见未来会不断出现政府数据共享研究的课题和成果。

---

[1] Government Data Sharing Community of Practice [EB/OL]. [2019-06-01]. http：//www. gao. gov/aac/gds_community_of_practice/overview.

[2] Digital Economy Act，part 5：data sharing codes and regulations [EB/OL]. [2019-06-01]. https：//www. gov. uk/government/consultations/digital-economy-act-part-5-data-sharing-codes-and-regulations.

[3] 国务院关于印发政务信息资源共享管理暂行办法的通知 [EB/OL]. [2019-06-02]. http：//www. gov. cn/zhengce/content/2016-09/19/content_5109486. htm.

[4] 国家科技基础条件平台建设战略研究组. 国家科技基础条件平台建设战略研究报告 [M]. 上海：上海科技文献出版社，2006：27-28.

1.1.4 关联开放政府数据

关联数据技术应用于开放政府数据形成了"关联开放政府数据"(Linked Open Government Data,LOGD)的概念。① Attard 等系统分析了 2009—2014 年与政府数据开放相关的英文文献,辨析了开放数据(open data)、公共数据(public data)、政府数据开放(open government data)、电子政府(e-government)、关联数据(linked data)这几个概念的异同点,对"关联开放政府数据"的概念进行了解析,如图 1-2 所示。②

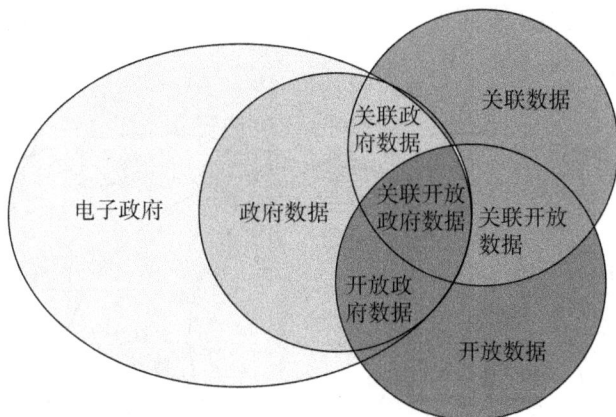

图 1-2 电子政府、政府数据、关联数据、开放数据的关系

1.1.5 政府大数据

政府承担着社会资源主要分配和管理者的角色,因而也掌控着大部分社会运行数据。我国从 1993 年开始实施"三金工程",电子政务建设获得显著的成效,同时也产生了海量的数字化数据资源。从产生数据的来源来看,政府数据可以划分为以下 5 种类型:其一,在政府各个部门的内部管理中产生的数据;其二,政府在履行社会管理及提供公共服务等职能过程中,实时生成的数据;其三,由政府相关职能部门所采集的社会管理数据;其四,政府以业务外包或政府采购方式所获得的数

---

① Ding L,Peristeras V,Hausenblas M. Linked Open Government Data[J]. IEEE Intelligent Systems,2012,27(3):11-15.

② Attard J,Orlandi F,Scerri S,et al. A Systematic Review of Open Government Data Initiatives [J]. Government Information Quarterly,2015,32(4):399-418.

据；其五，互联网上的公开数据。①②③ 除了第一类外，其他都具有大数据的特征，可以看作是政府所拥有的大数据。政府开放数据是政府大数据的组成部分，是对政府大数据进行开发利用的方式和目标；而同时，政府大数据是政府开放数据的基础和来源。

随着大数据技术的发展，政府数据开放与大数据进行融合，衍生出"开放政府大数据"（big open government data）的概念。曾在白宫政府数据开放项目任职的技术专家 Gurin 研究了大数据、开放数据、政府数据开放的关系，分析了这三种数据交叉产生的 6 种类型的数据，图 1-3 表明大数据与开放数据交叉产生的是从科学研究、社会媒体和其他非政府机构获得的大规模数据集；开放政府与开放数据交叉产生从中央、地方政府机构获得的公共数据；大数据、开放政府、开放数据交叉产生的则是大规模公共政府数据。④

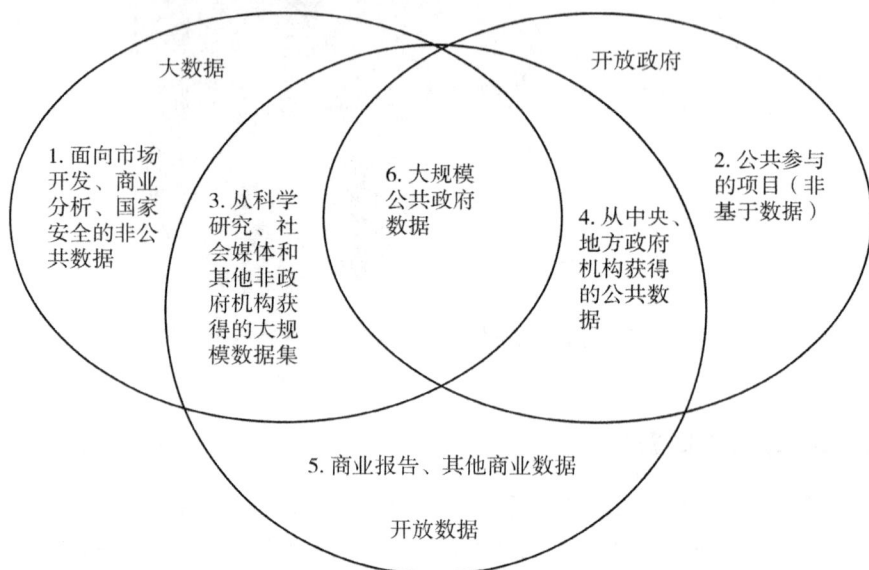

图 1-3　大数据、开放数据、政府数据开放的关系与衍生概念

---

① 王芳，赖茂生 . 我国电子政务发展现状与对策研究［J］. 电子政务，2009（8）：51-57.

② 王芳 . 政府信息共享障碍及一个微观解释［J］. 情报科学，2006，24（2）：194-199，221.

③ 徐继华，冯启娜，陈贞汝 . 智慧政府：大数据治国时代的来临［M］. 北京：中信出版社，2014：20-21.

④ Gurin J. Open Data Now: The Secret to Hot Startups, Smart Investing, Savvy Marketing, and Fast Innovation［M］. McGraw Hill Education, 2014.

国内学者也对政府大数据开放的概念进行了研究。Bertot 和郑磊等认为"大数据往往建立在开放数据的基础上，大数据政策对大数据应用的创新和研究、政府开放和透明度及其他领域产生深远影响"。① 杨孟辉总结了国内外对政府数据开放相关概念的解释，并研究了该概念与政府信息资源开发利用、大数据、智慧城市等相关概念之间的关系。②

1.2 群体智慧理论

1.2.1 群体与群体智慧

本研究主要的理论基础是群体智慧理论。顾名思义，群体智慧（Collective Intelligence）是指群体在合作与竞争中产生的、拥有的并呈现出来的智慧。那么，我们要对群体智慧进行深层次的理解，就需要进一步认识"群体"和"智慧"两个词语的内涵。

从字面上看，群体是与个体相对的概念，泛指本质上有共同点的个体组成的整体。在文字表述上，与"群体"内涵相似的词还有"集体""社群"等；英文表述主要有 collective、group、swarm、crowd 等。关于"群体"的概念，有着多种解释，没有统一的定义，国内外学者多从社会学、社会心理学以及管理学的角度给出了各自的解释。

1931 年，美国管理学家、行为科学的奠基人乔治·埃尔顿·梅奥（George Elton Mayo）提出：群体是由人们自发形成的，成员的地位角色以及权利义务皆不明确；无固定编制群体的功能主要是满足公众某种生活方面的需要，带有明显的感情色彩；③ 1955 年，美国社会学家希勒里（George A. Jr. Hillery）提出："群体是在一定时间内相互交往着的一群人"；④ 1971 年，美国群体动力学家马文·肖（Marvin Shaw）在《群体动力：小群体行为心理学》中提出，群体由两个或更多相互作用和相互影响的个体所组成。⑤ 我国著名社会学家郑杭生提出："群体有广义和狭义之分，广义群体泛指一切通过持续交往形成的生活共同体，狭义群体仅指具有共同利益和频

① John Carlo Bertot，郑磊，徐慧娜，等. 大数据与开放数据的政策框架：问题、政策与建议[J]. 电子政务，2014(1)：6-14.

② 杨孟辉. 开放政府数据：概念、实践与评价[M]. 北京：清华大学出版社，2017：1-10.

③ 秦志华，蒋诚潇. 组织行为学[M]. 大连：东北财经大学出版社，2013：137.

④ Hillery G A. Definitions of community：Areas of Agreement[J]. Rural Sociology，1955，20(2)：111-123.

⑤ Shaw M E. Group Dynamics，The Psychology of Small Group Behavior[M]. McGraw-Hill，1971：4.

繁互动的人群"。①

由以上各种解释可知，关于"群体"的定义都大体相似，其本质是人类社会的一种客观存在，它是构成社会组织的基本单位，群体的行为是人类社会组织活动的主要形式。群体的特征主要表现为以下几个方面：一是具有共同的目标与利益（group aim and interest），这是群体内相互协作与配合的组织保证；二是具有群体意识（group consciousness），成员间进行必要的交流与沟通，建立起相互依存的关系与情感；三是群体成员之间能够密切协作和配合，即群体内部要有群体分工（group devision），形成一定的组织结构；四是群体要满足各成员的归属感需要，在心理上有依存关系和共同感。

《现代汉语词典》将"智慧"定义为"辨析判断、发明创造的能力"。② "智慧"的英文表述有 intelligence、wisdom 等。

"群体智慧"（Collective Intelligence）又称为"集体智慧"，英文表述的形式有Collective Intelligence、Wisdom of Crowds、Swarm Intelligence、Crowds Intelligence、group intelligence 等。詹姆斯·索罗维基认为：集体智慧广泛地说，即是有能力共同做出比任何个人甚或专家都明智的决定；换言之，集体智慧就是广泛搜集群众每个人的意见、观念与建议，再汇整出共同的答案或解决方案，而这个答案实际就是群众预测的平均结果。在大自然中，有许多小昆虫的生活行为也都可视为集体智慧的一种表现；澳洲国防科学技术委员会的科学家们，通过研究发现，大多数的昆虫天生便多才多艺，并且对环境具有极强的适应性，而且这些昆虫往往都是集体活动，遇到状况时，便采用"集体智慧"来解决问题，如蚂蚁搬家、蜜蜂筑巢等都是集体智慧的展现。③

1.2.2　群体智慧的认知过程

（1）国外关于群体智慧认知的发展过程

从 19 世纪的欧洲开始，关于群体智慧的理论探索就已经开始。最初，"群体""群体智慧"都是被作为怀疑或否定的对象。在"群体能否产生智慧""人类历史到底是由社会精英推动的，还是由每个人类个体共同推动的"等争论中，"群体"总是处于失败一方，当时绝大部分的学者更相信社会精英是推进历史发展的动力，其中，

---

① 郑杭生. 社会学概论新修[M]. 北京：中国人民大学出版社，1994：189.

② 中国社会科学院语言研究所词典编辑室. 现代汉语词典(第6版)[M]. 北京：商务印书馆，2013：1681.

③ [美]詹姆斯·索罗维基. 找答案？问大家就对了![M]. 杭州：杭州蓝狮子文化创意有限公司，2013：1-10.

典型代表是苏格兰学者查尔斯·麦凯(Charles Mackay)以及法国社会学家古斯塔夫·勒庞(Gustave Le Bon)。

1841年，查尔斯·麦凯在其著作《大癫狂：非同寻常的大众幻想与群体性疯狂》中并不赞同"群体无所不知"的观点，并认为人类历史上诸多群体行为都是"大众躁狂症"和"集体愚蠢"的行为。① 1895年，古斯塔夫·勒庞出版著作《乌合之众：大众心理研究》，② 在书中他对群体的愚蠢提出最严厉的批评，斥其为"乌合之众"，认为汇聚起来的是愚蠢而不是天生的智慧。

1877年，恩格斯(Friedrich Von Engels)应威廉·白拉克(Wilhelm Bracke)的请求为《人民历书》写了马克思传略，文中他通过对历史考察，提出了在之前人类社会发展过程中生产力低下，"历史的进步，整个说来只是极少数特权者的事，广大群众则不得不为自己谋取微薄的生活资料，而且还必须为特权者不断增殖财富"。③由此可见，马克思主义的唯物史观也承认在社会生产力发展的一定阶段，群体的力量并不是社会发展主要的推动力，进而可以引申出"群体智慧"的发挥也是受到社会历史条件的影响。

进入20世纪，随着社会生产力的发展，以及人类社会治理民主程度的提高，公众参与社会活动程度的提升，"群体"的积极、正面作用呈现出来，学者对"群体"以及"群体智慧"的认识进入新的阶段，已经有学者通过实验、实证的方法，更加理性地认识人类社会中的"群体"行为。

英国科学家弗朗西斯·伽尔顿(Francis Galton)在1884年伦敦国际博览会期间发起了"人体测量实验室"，通过实验认为"大多数人生性愚钝，冥顽不化，这几乎无法让人相信"。然而，到了1907年，伽尔顿通过观察分析"猜重比赛赢大奖"认识群体，并将"猜重比赛"与民主国家的投票行为进行类比，发现普利茅斯参加竞猜牛体重的这个群体(787份竞猜数据)的群体智慧(关于牛体重的平均猜测值)基本堪称完美(与事实体重只差1磅)，于是他认为"群体对于民主判断的准确性要比预想可信得多"。这一研究体现了人们关于群体智慧的认识出现了转向，在此之后也得到不断的反思。④

20世纪40—60年代，随着经济学、管理学、行为科学、计算机科学等学科领域的交叉，有学者探索人类活动中的决策行为，诞生了系统的决策理论，其中以美

---

① Mackay C. Extraordinary Popular Delusions and Madness of Crowds[M]. New York：Farrar Straus and Giroux，1841：18-30.

② Bon G L. The Crowds：A Study of the Popular Mind[M]. New York：Dover Publication，2002：5-10.

③ 马克思，恩格斯. 马克思恩格斯全集(第19卷)[M]. 北京：人民出版社，1963：123.

④ Galton F. Vox Populi[J]. Nature，1907(75)：450-451.

国著名经济学家、管理学家赫伯特·亚历山大·西蒙（Herbert Alexander Simon）为主要代表人物。他出版多部著作，如《管理行为》《组织》《管理决策的新科学》等，提出在实践中作为管理者或决策者的人是"有限理性"的"管理人"，处于完全理性与非理性的区间中，其掌握的知识、信息、经验和能力都是有限的，不可能也不企望达到绝对的最优解，而只以找到满意解为满足。① 在决策方式上，他主张群体决策，认为群体参加决策的优点是群体成员不会同时犯同样的错误，可以避免决策的失误。② 显而易见，在决策理论中包含了对"群体智慧"的认知。

从20世纪六七十年代开始，"群体智慧"的理论研究逐渐在广度和深度上得到拓展，经济学、心理学、生物学、教育学、计算机科学等学科领域都涉及对群体智慧现象和行为的探索（相关内容可见文献综述"0.3.2 国内外群体智慧研究进展"部分）。

2004年，美国作家詹姆斯·索罗维基出版著作《群体的智慧：如何做出最聪明的决策》，提出"古斯塔夫·勒庞真的落伍了"，"我们应该停止对精英的追捧，向群体请教，机遇蕴藏在群体之中"；③ 还认为群体智慧是一种新的管理理论和管理模式。

在网络时代来临之前，"群体智慧"一直活跃在生物学、社会学、计算机科学、大众行为学等领域。随着互联网的推广，特别是 Web 2.0 技术与理念的崛起，社会化媒体的普及，群体智慧在社交网络服务、众包、分享、评论和推荐等方面也得到了广泛应用。

（2）国内关于群体智慧认知的发展过程

在中国，人们很早就认识到群体的作用和意义。战国时期思想家荀子在《荀子·王制》中提道："人，力不若牛，走不若马，而牛马为用，何也？曰：人能群，彼不能群也。"④荀子认为群体是个体必须依赖的环境，"能群"是人类能够克服自然界而维持生存的基本本领；并且这种"能群"并不是简单的个体聚集，而是有"智慧"的汇集。西汉扬雄在《法言·重黎》中写道："汉屈群策，群策屈群力。"⑤三国

---

① ［美］赫伯特·A. 西蒙. 管理行为（原书第4版）［M］. 詹正茂，译. 北京：机械工业出版社，2007：82-87.

② ［美］詹姆斯·G. 马奇，赫伯特·A. 西蒙. 组织（原书第2版）［M］. 邵冲，译. 北京：机械工业出版社，2008：75-99.

③ ［美］詹姆斯·索罗维基. 群体的智慧：如何做出世界上最聪明的决策［M］. 王宝泉，译. 北京：中信出版社，2010：6-8.

④ （周）荀况撰；廖名春，邹新明校点. 荀子［M］. 沈阳：辽宁教育出版社，1997：32-39.

⑤ （西汉）扬雄. 法言［M］. 北京：中华书局，1985：30.

时期，诸葛亮在《教与军师长史参军属》中提出"夫参署者，集众思，广忠益也"。①
以上是成语典故"群策群力"和"集思广益"的来源，其基本思想就是集中群众的智慧，广泛吸取有益意见，可以达到好的效果。在中国民间俗语中，比如"众人拾柴火焰高""三个臭皮匠赛过诸葛亮""如人心齐，泰山移"等，体现了人们在长期生产生活中对"群体智慧"的认知。由此可见，无论庙堂还是民间，在中国文化传统中一直对群体智慧持推崇的态度。

但长期以来，对群体智慧仅停留在认知层面上，没有进行系统、深入的研究。20世纪七八十年代，国内才真正开始从科学的层面研究"群体智慧"，当时主要是受到西方相关研究的影响。但是，我国关于"群体智慧"的相关研究和认识则按照"社会思维——群体智慧——社会智能"的路径发展，代表人物为钱学森和戴汝为。20世纪80年代，钱学森开始提出"大成智慧学"(theory of metasynthetic wisdom)。②1994年，钱学敏介绍了"大成智慧学"，阐述大成智慧工程的实质是激活群体智慧；③ 1999年，彭纪南介绍了钱学森提出的"综合集成法"(meta-synthesis)，其基本内涵是"将群众和各方面专家的经验、智慧集成起来"。④ 戴汝为长期探索人类智慧发展道路，于2006年提出"社会智能科学"，认为群体思维将会形成新的认知能力，经过循环往复，群体智慧会得到激发。⑤

在国内文献中，较早涉及群体智慧研究的还有湖北省社科院的杜云波，1992年其在论文《组织智力简论》中提出了"组织智力"的概念，认为"组织智力是指一个社会组织所表现出来的整体智力"，除包括组织中每个个人智力的总和外，还应包含各种情报系统和"人—机"系统，且可突破人脑器官等的制约无限发展。⑥

章长城提出"集体智慧的开发与共享已成为决定各类组织生存、发展与竞争的关键"，认为群体激智是在管理过程中通过有效激励实现群体智慧的开发，对管理实践的发展能够起到推进作用，也能提升组织的创新水平和应变能力。⑦

1.2.3　群体智慧的内涵

在关于"群体智慧"的探索与研究中，研究人员根据各自的理解和需要做出了

① （三国）诸葛亮.诸葛亮集[M].北京：中华书局，1975：60.
② 钱学敏.钱学森的"大成智慧学"[N].北京日报，2004-04-12.
③ 钱学敏.钱学森关于现代科学技术体系的构想及其"大成智慧学"[J].中国社会科学院研究生院学报，1994(5)：1-10.
④ 彭纪南.系统思维方式与综合集成方法[J].华南理工大学学报(社会科学版)，1999(1)：43-47.
⑤ 戴汝为.社会智能科学[M].上海：上海交通大学出版社，2007：163.
⑥ 杜云波.组织智力简论[J].江汉论坛，1992(5)：45-48.
⑦ 章长城.群体激智的理论基础及其建构[J].科技进步与对策，2002，19(9)：70-71.

概念和内涵的界定。在现有的研究成果中，关于"群体智慧"的概念，具有代表性的观点如下。

表 1-2 列举了 6 位国外学者提出的"群体智慧"定义。

表 1-2　　　　　　　　　国外学者关于"群体智慧"的主要定义

编号	时间	学者	定义	文献来源
1	1964	Wechsler	群体中的个体具有一致的行动目的，并进行合理的思考，能够高效处理周边环境的稳定或全局的能力	专著①
2	1995	George Pór	通过分化与整合、竞争与协作的创新机制，人类社区朝更高的秩序复杂性以及和谐方向演化的能力	专著②
3	2001	Howard Bloom	集体在创造、创新和发明上共同合作的一种能力	专著③
4	2006	Thomas W. Malone	由于个体组成的群体共同完成的事情看起来会更加的"聪明"	专著④
5	2008	Don Tapscott, Anthony D. Williams	集体智慧是众多个体通过相互协作而涌现出的共享或群体的智慧	专著⑤
6	2010	Leimeister	集体拥有的认识、学习、理解和适应环境的能力	期刊论文⑥

表 1-3 列举了 6 位国内学者提出的"群体智慧"定义。

---

① Wechsler D. Die Messung Der Intelligenz Erwachsener[M]. Bern-Stuttgart：Huber，1964：20-50.

② 邱章乐，程跃. 智慧信息[M]. 北京：光明日报出版社，2014：386.

③ Bloom H. Global Brain：The Evolution of Mass Mind from the Big Bang to the 21st Century[M]. New Jersey：Wiley，2000：42-50.

④ Atlee T，Benkler Y，Homer-Dixon T，et al. Collective Intelligence：Creating a Prosperous World at Peace[M]. Oakton：Earth Intelligence Network，2008：1-4.

⑤ Tapscott D，Williams A D. Wikinomics：How Mass Collaboration Changes Everything[M]. London：Portfolio Hardcover，2008：23-30.

⑥ Leimeister J M. Collective Intelligence[J]. Business & Information System Engineering，2010，2(4)：245-248.

表 1-3   国内学者关于"群体智慧"的主要定义

编号	时间	学者	定义	文献来源
1	2008	卢志国	群体智慧是群体在创造、创新与发明上共同合作的一种能力	期刊论文①
2	2011	黄晓斌等	由组成群体的个人贡献出自己的知识、技能、经验，通过个体间的协作、灵感互动、相互启迪等共享机制，产生的优于任何个人的智慧	期刊论文②
3	2011	周耀林等	又称作集体智慧，可以理解为共享的或者群体的智能，它可能在细菌、动物群体、人类社会、计算机网络中出现，表现为集体协作的创作方式、协商一致的决策方式等群体合作方式	期刊论文③
4	2013	戴旸	众多个体在共同目标和信念的驱使下，通过个体的认知、个体间的协作与合作，依托一定的平台，以群体为单位，开展的信息获取、问题认识、群体决策和群体预测等方面的行为，进而产生超越个体或是个体总和的智慧与能量	学位论文④
5	2013	苏寒等	群体之间、个体之间以及群体和个体之间通过多次相互协作、竞争和其他的机制，将自己的知识、技能等转化成共享的智慧。这种智慧优于个体及团队的智慧可以去解决复杂的大规模问题	学位论文⑤
6	2015	舒杭等	将微群中的群体智慧定义为：微群成员为达成共同的学习任务，通过微群发帖、回复等形式，在进行协作、思考、解决问题、达成共识的过程中所表现出的一种群体性智慧或能力	期刊论文⑥

---

① 卢志国，马国栋，任树怀．论信息共享环境下虚拟学习社区的构建[J].情报杂志，2008(8)：130-132.

② 黄晓斌，周珍妮．Web2.0环境下群体智慧的实现问题[J].图书情报知识，2011(6)：113-119.

③ 周耀林，程齐凯．论基于群体智慧的非物质文化遗产档案管理体制的创新[J].信息资源管理学报，2011(2)：59-66.

④ 戴旸．基于群体智慧的非物质文化遗产档案管理研究[D].武汉：武汉大学，2013：53.

⑤ 苏寒．Web 2.0 环境下的群体智慧及其在决策中的研究[D].合肥：合肥工业大学，2013：10-11.

⑥ 舒杭，王帆，蔡英歌．面向群体智慧的新型微群教学模式的构建[J].现代教育技术，2015(8)：19-25.

国内外的学者从不同的研究领域和视角对"群体智慧"进行了概念阐释，虽然很多表述都大相径庭，但还是存在相同之处。

(1)群体的形成需以共同的目标和信念为基础，群体智慧的产生则依托于群体的行为。

(2)群体智慧可以体现在信息获取、问题认知、群体决策和群体预测等方面，对这些行为能够产生积极的影响。

(3)群体智慧的优越之处在于产生"1+1>2"的效果。

在吸取以上各种概念表述的基础上，我们将群体智慧定义为：众多不同类型的个体在共同目标和信念的驱动下，在一定的环境下，依托于相应的平台，通过个体的参与与互动，产生认知、合作和协作等行为，实现信息的获取、问题认知、群体决策、群体预测等，在这个过程中，这个群体能够产生超越个体本身或个体总和的智慧和能量。

到目前为止，群体智慧还未有一个广泛认可的定义，这反映出其内涵的丰富，从不同的学科和领域视角都能找到群体智慧的体现形式以及解释角度。从管理学的视角看，从认识的层面展开，群体智慧首先是一种管理理念，倡导公众的参与；但它并不仅仅停留于理念的层面，而是有具体的操作方法，因此它也是一种管理的方法和手段；同时，群体智慧还是管理的目标，即实现群体智慧的激发。

1.2.4　群体智慧实现的基本条件

群体并不必然会产生超越个人或者专家的智慧，要想激发群体涌现智慧，其组织结构和特征需要符合一定的条件。在分析相关文献的基础上，本研究凝练总结了群体智慧实现的五个条件，下面分别从群体的组成特征、组织结构、管理机制等方面进行阐述。

(1)群体组成的多样性

群体中成员类型的多样性是群体智慧产生的基本条件，我们可以从三个方面进行理解：一是群体成员类型多种多样，所产生的观点、思路和建议也会百花齐放，进而涌现出智慧的火花；二是众多不同类型的个体针对同一问题做出判断，对这些数据进行汇总和平均，可以在很大程度上抵消误差和失误率，提高整体判断的准确性和科学性；三是不断有新的成员加入群体，有利于群体智慧的产生。

在英国科学家弗朗西斯·伽尔顿(Francis Galton)观察和分析的"猜重比赛赢大奖"案例中，参与比赛的成员来自各行各业，而最终的平均猜测值与标准值几乎一样，群体的判断堪称完美。①

---

① Galton F. Vox Populi[J]. Nature，1907(75)：450-451.

（2）群体成员的独立性

群体成员的独立性与其多样性密切相关。成员的多样性能够确保各自做出的判断具有独立性。美国哥伦比亚大学商学院学者曾通过"猜糖果数量"的实验证明"人群中涌现出的群体智慧远远超过了个人智慧"。该实验发现，参与者之间不能在提交答案之前互相沟通交流，以确保各自的独立性，否则"群体智慧"的光环就会消失，准确率大幅降低。原因在于群体中的个体在相互的交流过程中会出现"意见领袖"（opinion leaders），其意见和判断会引导和说服其他人，形成较为统一的认识和判断，进而个人的独立判断就会逐渐演变成被意见领袖"洗脑"。①

可见，群体智慧发挥作用的重要前提是保持群体中每一位个体的独立性，最大可能避免群体中的"意见领袖"或具有较强话语权的人对其他人产生影响，进而确保群体中均衡的话语转换能力。

（3）群体结构的去中心化

詹姆斯·索罗维基认为"去中心化是群体智慧的秘诀"。② 从组织结构层面来看，科层制的集权化管理体制不易产生群体智慧，而具有自组织（self-organization）功能与特征的去中心化（decentralization）机制则能激发群体智慧的涌现。在互联网开源社区（open source community）中，去中心化的组织结构并没有妨碍不同成员围绕目标进行合作和协作，且能够更好地释放参与者的活力。③ 如果将这种认识扩展到对整个互联网的评价也是不为过的。

（4）群体管理的集中性

采用集中化的集权管理机制与采取去中心化的分权管理机制并不是不可调和的两极，在当今正常运行的组织中，往往采用两者的中间形式。④ 在一个去中心化的组织中，成员的群体智慧能够得到充分释放，在对提出的"智慧"成果进行选择和

① Krause J, Ruxton G D, Krause S. Swarm Intelligence in Animals and Humans[J]. Trends in Ecology & Evolution, 2010(25): 28-34.

② Katsikopoulos K V, King A J. Swarm Intelligence in Animal Groups: When Can a Collective Out-Perform an Expert? [J]. 2010, 11(5): 1-5.

③ Everett Stiles, Xiaohui Cui. Workings of Collective Intelligence within Open Source Communities[C]// International Conference on Social Computing, Behavioral Modeling, and Prediction. Springer-Verlag, 2010: 282-289.

④ ［美］凯文·凯利. 失控：全人类的最终命运和结局[M]. 东西文库，译. 北京：新星出版社，2011：10-18.

采纳时，管理层集中性的手段与方法就变得十分必要。①

即使在开放的、去中心化的 Web2.0 网络社区中，从管理者的角度出发，对参与者产生的较为分散的信息进行协调、汇总、筛选等，也是群体智慧发挥作用的重要环节。②

(5)群体构成的连接性

具有独立性的个体成员在群体智慧生成机制中，能够一起作出决策和行动，参与者群策群力，产生群体智慧优于个体以及简单的个体之和的效果。③ 在这个过程中，个体成员要知道，自己和他人都是群体中的成员，个体与群体之间存在连接关系。④

在网络时代，组织的边界不断被打破，内部员工、外部员工、外部专家、外部用户等各种资源将不断地重新组合、形成合力，群体智慧将得到更大程度的发挥。⑤ 海尔公司搭建了用户交互平台，⑥ 在产品的研发、设计以及制造过程中，不断通过与用户的交互和沟通，吸取广大用户的智慧，这也正是将有着密切连接的群体智慧激发和汇聚的过程。

1.2.5　群体智慧的主要类型

群体智慧实质上是存在于人类社会中的一种客观现象，就像蚂蚁、蜂群的活动也体现出自然界的群体智慧。通过对大量案例的研究分析，詹姆斯·索罗维基认为群体智慧的问题主要分为三类，即认知问题、协作问题与合作问题。⑦ 按照他的思路，群体智慧大体可以分成群体认知、群体协作和群体合作三大类，具体如图 1-4 所示。表 1-4 按照三类群体智慧列举了部分典型案例。

① ［美］凯文·凯利. 必然［M］. 周峰，董理，金阳，译. 北京：电子工业出版社，2016：153-185.
② 戴旸. 基于群体智慧的非物质文化遗产档案管理研究［D］. 武汉：武汉大学，2012：54-57.
③ ［美］詹姆斯·索罗维基. 群体的智慧：如何做出世界上最聪明的决策［M］. 王宝泉，译. 北京：中信出版社，2010：1-26.
④ ［美］兰·费雪. 完美的群体：如何掌控群体智慧的力量［M］. 邓逗逗，译. 杭州：浙江人民出版社，2013：117-146.
⑤ 九州. 如何在互联网时代激发群体智慧？［J］. 中外管理，2016(4)：88-89.
⑥ HOPE-开放创新平台［EB/OL］. ［2019-06-12］. http：//hope. haier. com.
⑦ ［美］詹姆斯·索罗维基. 群体的智慧：如何做出世界上最聪明的决策［M］. 王宝泉，译. 北京：中信出版社，2010：8-9.

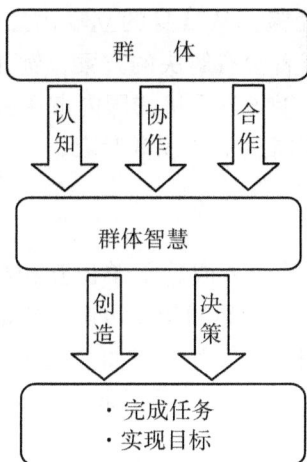

图 1-4　群体智慧主要类型与生成过程简图
(本研究绘制)

表 1-4　　　　　　　　　　**部分群体智慧典型案例及其类型分类**

序号	案　　例	类型
1	Intrade：经济时政博彩网站，对事件进行预测、下注	群体认知
2	eBird：构建鸟类资料库(http：//ebird.org)	群体认知
3	豆瓣书签：用户添加网页书签，对信息进行分享	群体认知
4	Linux：开源的操作系统软件	群体协作
5	Wikipedia：基于维基(Wiki)技术的全球性多语言百科全书	群体协作
6	Threadless：汇集消费者设计创意与方案，并征集建议的网站	群体协作
7	Youtube：视频分享社交网站	群体协作
8	我的星巴克点子：通过社会化媒体征集建议	群体合作
9	IBM 头脑风暴：基于网络的献计献策活动	群体合作
10	Digg.com：文字投票评论类网站(http：//digg.com)	群体合作

(1)群体认知

认知(cognition)是指"通过思维活动认识、了解"。① 群体认知是指针对某一问

① 中国社会科学院语言研究所词典编辑室. 现代汉语词典(第 6 版)[M]. 北京：商务印书馆，2013：1096.

题，个体基于自身的知识与经验，从自身的立场出发做出的判断与决策。一般来说，这些认知性的问题已有或者会有解决的方案，例如，"2018 年俄罗斯世界杯足球赛的冠军会是哪国？""2017 年华为手机的国内市场占有率会排在第几？"通过群体认知进行预测，往往准确性要高过个体或者专家。

(2) 群体协作

协作(collaboration)是指"若干人或若干单位互相配合来完成任务"。① 群体协作行为有着共同的目标，以个体之间的相互协调为前提，个体通过分散的形式提供智慧，并且汇集成为实现目标的合力。例如，维基百科的编写；开源操作系统 Linux 的不断完善；众包(crowdsourcing)商业模式的发展。群体协作是群体智慧最常见的表现形式。

(3) 群体合作

合作(cooperation)是指"相互配合做某事或共同完成某项任务"。② "合作"行为与"协作"行为字面意思相似，但也存在显著的差别。群体合作同样需要激发成员的共同努力，贡献出智慧，但形式更为宽松，目标方向未必明确。例如：围绕某一项目或者方案，通过网络平台进行"头脑风暴"，通过意见的征集，形成更加完善的发展方案。

1.2.6　群体参与与群体智慧的关系

本研究以群体智慧的视域研究群体参与政府数据开放的管理问题，在论述中，"群体参与"是重要的关键词，因此先需要阐明"群体参与"与"群体智慧"之间的关系。群体智慧是一个相对较为抽象的概念，它是一种倡导公众参与的管理理念和理论，也是一种管理的方法和手段，还是实现群体智慧激发的管理目标；而群体参与则是在管理活动中所要面对的行为，是管理的对象，也是实现管理目标的途径。

(1) 群体参与是群体智慧产生的途径

根据"群体智慧"的定义，群体中不同类型个体在共同目标和信念的驱动下，通过参与与互动，产生认知、协作和合作等行为，进而形成群体智慧。由此可见，参与行为是群体智慧产生的前提条件。当然，群体的参与并不必然形成群体智慧，

---

① 中国社会科学院语言研究所词典编辑室.现代汉语词典(第6版)[M].北京：商务印书馆，2013：1440.

② 中国社会科学院语言研究所词典编辑室.现代汉语词典(第6版)[M].北京：商务印书馆，2013：523.

只有那些符合群体智慧实现基本条件的参与行为才能形成群体智慧。

（2）群体智慧是群体参与实现的目标

对于一个组织而言，在管理实践中鼓励群体参与行为，其基本意图是以此产生超越个体本身或个体总和的"智慧"，更好地实现组织目标。具体到政府数据开放的管理活动，作为"管理层"的政府机构鼓励群体参与行为，进而形成群体智慧，实现政府开放数据开发利用的目标。

2 群体参与政府数据开放的必要性与可行性

在政府数据开放中，社会群体力量的广泛参与是否是实现其目标的必要条件和重要因素？群体智慧能否有条件得到充分的激发，推进政府数据更好地开放共享与开发利用？开展本研究必须先回答这两个问题。本章遵循的思路是通过阐述群体参与的必要性构建本研究深入开展的逻辑基础，进而论述群体参与的可行性，确定研究进行的现实保障。

2.1 群体参与政府数据开放的必要性

必要性是指达到一定目标所需要的条件和因素。政府推进数据开放，其目标一方面是满足公众的知情权；另一方面是为了实现数据的开发利用。为实现这个目标，社会力量在其中都扮演着重要的角色，群体的参与不可或缺，群体智慧是否得到激发和汇聚是政府数据开放活动成败的关键。聚焦内外部环境因素，以下将从政治、经济、群体意愿以及管理四个角度阐述在政府数据开放中群体参与的必要性。各因素之间的具体关系如图 2-1 所示。

2.1.1 政治层面：推进透明责任政府建设

政府数据开放具有政治性和公共性的特征，因此，分析群体参与政府数据开放的必要性，可先从政治层面着手。

新公共管理理论的政府再造运动(Reinventing Government)核心思想是公共部门将社会公众看作是客户，认为所提供公共服务的主要受益人是公众。[①] 在公共服务活动中，公众扮演的主要角色是"消费者"，但同时主动参与公共管理将有助于促进行政效率和公共服务质量的提高，进而提升公众对公共部门的信任度及满意度。

在世界范围内，各地政府已经认识到公众参与对公共管理和行政事务的必要性和重要性，特别是在做出重大或者涉及面较广的公共政策时，注重和鼓励公众的参与，汇集和吸纳不同群体提出和反馈的建议意见。政治和公共管理活动中的公众参与是政治民主化、行政民主化发展的需要，也是构建民主政治体制的重要内容。简

---

① 许法根 . 公共行政学[M]. 杭州：浙江大学出版社，2008：18-22.

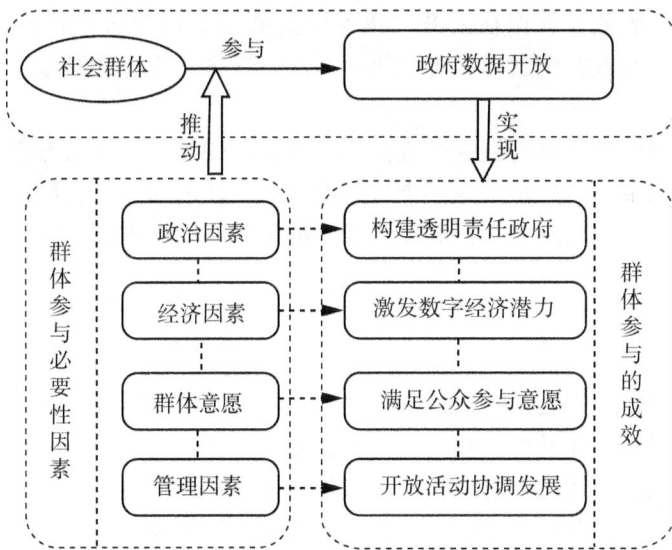

图 2-1 群体参与政府数据开放的必要性分析
（本研究绘制）

而言之，在公共行政中公众参与程序的发展是当代政治发展的需要和总趋势之一。①

政府在制定公共政策时，可以在机制上保障公众的全程参与，将公众的参与权嵌入到行政决策权利结构中，对行政决策权利结构进行重构。在我国现阶段，经济社会处于转型期，政府通过构建透明公开、广泛参与以及有效互动的平台，使公共决策能够充分吸纳相关公众的利益诉求，一方面是防止社会冲突和对抗的必然要求；另一方面也是政治体制改革与决策民主化的发展趋势。② 杭州市自 2007 年起，出台了《关于进一步完善全市经济和社会发展重大事项行政决策规则和程序的通知》《杭州市人民政府重大行政事项实施开放式决策程序规定》《杭州市人民政府重大行政决策程序规则》等一系列文件，推行"开放式决策"，在行政决策前，广泛征求意见，决策中扩大参与与互动，决策后加强反馈与评估。③

政府数据开放活动虽然是以数据资源为对象的信息管理行为，但其与公共行政

---

① 李学余. 论公共政策制定中公众参与的必要性[J]. 广东行政学院学报，2004(6)：23-26，35.

② 周盛，陈国权. 建立开放式决策机制研究[C]. 2014 年政府法制研究，2014：61.

③ 张祝平，等. 杭州蓝皮书：2014 年杭州发展报告（社会卷）[M]. 杭州：杭州出版社，2014：82-83.

决策一样，所面向的是广大公众，涉及不同社会群体，本质上也是公共行政行为，具有公共属性。因此，就像在公共政策制定过程中，需要公众广泛、全程参与一样，在政府数据开放的全过程，也应该通过制度安排，充分的激励、吸引社会群体参与其中。

鼓励社会群体参与政府数据开放活动，将群体的参与权嵌入数据开放的生命周期中，激发和汇聚群体智慧，能够推进数据开放活动的开展，更好地发挥和挖掘数据的经济和社会效益与潜力。在制度上设计群体参与政府数据开放并不仅仅是技术层面的需求，而是主要从政治层面进行的考量。

(1) 群体参与政府数据开放有助于推进民主政治的深入发展

在大数据时代，无论是政治活动还是政府的公共行政行为，都可以体现为数据流。如何在数据层面促进民主政治的发展，是大数据环境下政治学和公共行政学领域需要研究和探索的课题。那么，推进政治民主化和行政民主化的发展，在数据层面就需要实施开放，并鼓励和吸引不同利益诉求的群体参与全过程，实现政治的透明化。

(2) 群体参与政府数据开放有助于提升政府公信力

政府部门在履行行政管理职能的过程中往往会遭遇公众的不信任和不支持。在很多情况下，公众对政府公信力的怀疑，其实质是由信息不对称造成的，公众不了解政府公共行政的程序和内容，更无法充分参与其中，进而由误解导致质疑。政府数据开放保障了公众的知情权，减少了政府与公众之间的信息不对称，参与机制的设置更是搭建了公众表达意见建议的平台，为公众与政府之间形成良性交互提供了条件：一方面，有助于政府树立开放、亲民的形象；另一方面有助于社会群体表达切身利益诉求，强化了政府与公众之间的互动联系。

(3) 群体参与政府数据开放有助于建设服务型政府

能够代表公众利益、提供公共服务、接受公众监督、承担公共责任的政府被称为服务型政府，① 以民主、法治、责任、透明、便捷以及人文关怀等价值为基础。② 实施政府数据开放，并同时建立激励和吸引社会群体参与其中的机制，契合了建设服务型政府的基本要求。原因在于，服务型政府以提供公共产品和公共服务为己任，而开放的政府数据和相关服务就是大数据时代公众所需要的公共产品和服

---

① 李堂军，等 . 服务型政府效率评价体系与应用研究［M］. 济南：山东大学出版社，2015：34-36.

② 艾琳，王刚 . 重塑面向公众的政务服务［M］. 北京：社会科学文献出版社，2015：152.

务。服务型政府还是公共利益的鲜明代表，为公众表达观点与诉求、提出意见与建议、发挥智慧与力量等提供了公开、正当的途径和渠道，让公众参与的作用在公共管理与政策决策中得到真正的体现。从这方面来说，政府数据开放为公众提供了参与和表达诉求的机会，在数据管理与服务方面践行了服务型政府的要求。

2.1.2 经济视角：激发数字经济发展活力

政府数据开放与政府信息公开的主要差别在于前者是以开发利用和价值增值为主要导向。那么，在对其实施情况的评估中，市场和商业价值的实现占有很大的权重。因此，从经济视角分析群体参与政府数据开放的必要性意义重大。

随着大数据时代的来临，数据释放出巨大的经济和商业价值，成为推动数字经济发展的基本要素，大数据产业成为促进经济发展的新引擎和推动经济转型发展的新动力。根据国际咨询公司麦肯锡(McKinsey)的预测，到 2020 年，美国大数据产业可产生 3800 亿~6900 亿美元的价值，并创造 170 万个就业机会，从而能够带动 GDP 提升 2%~4%。① 欧盟委员会(European Commission)预测，到 2020 年，大数据可创造 9570 亿欧元的价值。② 2014 年，澳大利亚咨询公司 Lateral Economics 经过研究分析，发现未来五年在 G20 各经济体中，开放数据开发利用将提供总额为 13 万亿美元的增长。③

在中国，随着《促进大数据发展行动纲要》的深入推进和实施，大数据产业得到迅速的发展。《中国大数据发展调查报告(2018)》④经过调查研究，显示 2017 年中国大数据产业总体规模达到 4700 亿元人民币，并预测 2018—2020 年增速将保持在 30%以上。调查还显示，将近三分之二的受访企业已设立数据分析部门，近四成的受访企业不同程度地应用了大数据。企业应用大数据最直接和最明显的效益是促进了运营效率的提升，并且带来决策的智能化。

根据美国、英国等率先推行政府数据开放共享政策国家的实践经验，大数据产业的发展建立在开放数据的基础上，其中最重要的是政府数据的开放，在催生和激发数据产业发展方面起到至关重要的作用。在政府数据开放活动中，群体参与对数据经济价值的挖掘、市场与商业层面的开发等不可或缺。

---

① 吴韶鸿. 大数据逐步深入发展 下一步制定战略统筹规划[J]. 世界电信，2015(Z1)：111-116.

② 中国国际经济交流中心大数据战略课题组. 发达国家如何布局大数据战略[J]. 中国经济报告，2018(1)：87-89.

③ Open for Business：How Open Data Can Help Achieve the G20 Growth [EB/OL]. [2018-12-12]. https：//apo. org. au/node/40141.

④ 中国大数据发展调查报告(2018)[EB/R]. [2018-12-12]. http：//www. caict. ac. cn/kxyj/qwfb/ztbg/201804/t20180426_158558. htm.

(1)有助于促进数据的开发利用，形成"开放数据+"的产业生态，实现商业与市场价值

政府向社会公众开放所掌握的并且经过脱敏处理的数据，数据主题主要涉及交通、地理信息、农业、气候、金融、教育、能源、医疗、政府投资等领域，但这些数据开放之后并不必然产生经济价值，原始数据本身并没有显著的商业价值，开放的原始数据需要通过参与开发主体(如相关公司)将其应用到相应的产业环境中去，才能发挥数据的作用，实现自身价值的增值，产生巨大的商业价值。

在创新2.0的互联网环境下，产生了"互联网+"新业态。"互联网+"并不是其与相关行业的简单相加，而是借助信息技术和互联网的平台，使得互联网与传统行业进行深度融合，创造和形成新的产业生态。类比"互联网+"的概念，在大数据环境下，针对开放数据的开放来说，也可以有"开放数据+"的概念，通过开放数据与各个行业的深度融合，带来新的发展。

在美国，政府颁布了开放数据政策，指出企业参与开放数据的开发利用，将推动和促进商业的发展，为市场生产出前所未有的产品和服务。据统计分析，美国拥有数千亿美元的开放数据市场，包括900亿美元的GPS数据，300亿美元的气象数据，3000亿~4500亿美元的健康与医疗数据等。① 同时，需要认识到政府开放的仅是原始数据集，具有低价值密度的特征，只有经过相关专业公司对开放的原始数据进清洗、挖掘及呈现等方面的处理，才能真正形成商业价值。美国拥有诸多建立在开放数据基础上的企业，具有代表性的有：开发利用气候数据的Climate公司，The Weather Channel公司以及Zillow公司；开发利用GPS数据的Garmin公司等。这些企业通过对政府开放的数据进行增值开发，进而满足了市场需求，实现了商业价值，目前他们的总市值已超过100亿美元。以Climate公司为例，他们在政府开放的气象数据和土地数据基础上，构建了相应的计算机模型，进而指导农民优化种植的安排和流程，为相应的决策提供支持；该公司预期能够实现农民收入增长20%到30%，并为美国农业每年贡献5000亿美元的税收。② 由此可见，企业参与到政府数据的开发利用中，与相关产业紧密结合，催生了新的业态，丰富了经济与市场环境，推进了数字经济的发展。

---

① ［美］乔尔·古林. 开放数据：如何从无处不在的免费数据中发掘创意和商机［M］. 张尚轩，译. 北京：中信出版社，2015：19-39.

② 孟山都公司旗下的天气大数据公司推出新Climate Pro(TM)平台［EB/OL］.［2018-12-25］. http：//www. prnasia. com/story/117616-1. shtml.

（2）群体参与政府数据开放有助于促成数据的创新性开发

数据产生价值可以分成三个层次：数据的利用、再利用和创新性的利用；其中，最高层次的是在数据开发利用中注入创新元素。群体参与通过对数据资源的创新性应用，为市场带来新的产品和服务。

政府开放数据的创新性应用不能仅仅依赖于数据的管理者——政府相关部门，更应该挖掘社会力量和智慧，通过商业和市场进行选择。在这个过程中，政府部门所承担的更应该是管理、监督和引导职能。

2009 年以来，很多国家和地区围绕政府开放数据的开发利用举行了创新创业大赛，鼓励公众创新性的使用数据，挖掘开放数据中的价值金矿，以此激发群体智慧与创新创业活力。例如：在 NYC BigApps 历届竞赛中，一些项目脱颖而出，获得了风险投资，并发展成为公司，如 2010 年的获奖项目 MyCityWay①，先后获得了 FirstMark 资本、IA Ventures 风投以及宝马公司的投资；获得 2011 年最佳移动应用程序奖的 Embark N Y C②，是一个关于轨道交通中的应用项目，2012 年获得了 BMW 的投资，并于 2013 年被苹果公司（Apple）收购。

在美国、英国、澳大利亚等国家政府开放数据门户上，也汇聚了一批由具有创新创业精神的开发者提交的基于政府开放数据开发的信息应用。这些应用程序 APP、网站等信息应用拥有一定数量的用户，具有商业价值。例如，在美国联邦政府的 Data. gov 上，汇聚了 79 个信息应用；③ 在英国的 Data. gov. uk 上，汇聚了开发者提供的 212 个应用；④ 澳大利亚，提供了 42 个数据应用案例。⑤

近年来，我国政府提出了"大众创业、万众创新"战略，通过创新创业推进经济社会的转型和发展，而无论是创新还是创业，其主体皆是"大众"和"万众"。那么，基于政府开放数据进行创新和创业，鼓励和吸引各类群体的参与是首要前提，接下来才能发挥群体智慧。上海开放数据创新应用大赛（SODA）⑥是国内有着较大影响力的政府开放数据竞赛，到目前为止，三届 SODA 竞赛吸引了众多信息技术爱好者参与其中，产生了很多富有创意和商业价值的作品。

在政府数据开放中引入群体参与，激发群体智慧的力量，是推动政府数据在经

---

① MyCityWay［EB/OL］.［2018-12-25］. https：//www. crunchbase. com/organization/my-city-way.

② Embark N Y C［EB/OL］.［2018-12-25］. http：//letsembark. com.

③ Applications［EB/OL］.［2018-12-25］. https：//www. data. gov/applications.

④ Latest apps［EB/OL］.［2018-12-25］. https：//data. gov. uk/apps.

⑤ Use Cases［EB/OL］.［2018-12-25］. http：//data. gov. au/showcase.

⑥ 上海开放数据创新应用大赛 Shanghai Open Data Apps［EB/OL］.［2018-12-25］. http：//shanghai. sodachallenges. com/.

济活动、市场行为中发挥更好作用的必然要求。关于对政府数据开发利用产生的经济和市场价值的分析，本研究将在第 5 章再做进一步的论述。

2.1.3　群体意愿：公众发挥智慧的重要途径

政府数据开放所面向的是所有社会群体，群体是否有参与意愿是讨论群体参与必要性的关键问题。关于群体参与意愿，可从政治、经济两个角度进行分析。

（1）从政治的角度分析

从世界范围来看，政治的民主化、现代化促进了公众主体意识的觉醒，推动着公共管理活动与公共政策制定向社会化方向转变。从我国社会发展来看，随着社会主义市场经济体制的建设和深入推进，在政治和公共行政管理方面也必然走向更加民主化和法制化。政治活动与公共行政活动的直接对象是社会公众，因此，随着政治民主化的推进，公众的主体意识也随之增强，不再满足于作为公共管理和公共行政的被动客体而存在，而是强烈的要求表达自身的意愿与诉求，使得政府出台的公共政策能够体现和代表自身的利益，提供的公共产品能够最大化满足自己的需求。此外，从法律的角度来说，随着社会和政府法制化进程的推进，公众产生强烈的权利和义务对等的意识。[1] 在遵循法律和规章的同时，也要通过合法的途径维护和获得相关权益，通过参与公共政策制定和公共管理活动，彰显自身的权利。

当代民主发展的特征是行政民主化特征凸显，体现在公民（公众）在参与政府行政方面获得了更多的平等权利。[2] 行政民主化使得政府与公众之间的关系发生了显著的变化，其中包括行政向公众公开，通过各种方式让公众表达意见。

政府数据开放是政府履行行政权力的一种具体形式，即将其掌握和控制的数据资源向公众开放，提供数据服务，并遵循"开放为原则，不开放为例外"的原则。[3]那么，社会公众在参与政府数据开放方面具有积极的主动性。

（2）从经济的角度分析

本研究在上节已经阐述了从经济的视角，群体参与政府数据开放活动的必要性，开发利用能够带来数据的增值和创新性的利用，从而获得社会范畴的经济效益。那么，从参与者本身来说，能够从参与数据的开放和开发利用中预期到经济收

---

[1]　郭念东，李金兆．政府门户网站建设理论与实务［M］．成都：四川科学技术出版社，2008：40-41.

[2]　肖华孝．变革中的行政体制改革研究［M］．北京：中国发展出版社，2013：38-40.

[3]　电子政务理事会．中国电子政务年鉴（2013）［M］．北京：社会科学文献出版社，2014：665.

益，是其参与的重要动因。

因此，从参与群体本身的意愿来说，群体参与政府数据开放活动，不仅能够满足公众参与公共事务的需求，也能满足群体追求经济效益和物质利益的需求，并且客观上也通过激发群体智慧，促进了数据的开发利用和增值，具有必要性。

2.1.4 管理需求：促进政府数据开放协调发展

从政府数据开放管理者来看，群体参与能够提升数据资源的质量，也能更好实现数据供给与用户需求之间的匹配，实现数据开放系统的良性、协调发展。

(1)有助于提升开放数据的质量

通过群体参与，组织机构、社会公众等主体积极、广泛、深入地参与到政府数据开放过程中，在利用数据的过程中，发现数据本身和数据管理中存在的错误和问题，并及时给予反馈，使得管理者能够以较小的成本完成对数据质量的监控和错误数据的纠正；此外，通过对用户关于数据与服务的评论和评价信息等的分析，能够了解数据及服务的基本情况，并以此作为开放策略调整的参考。因此，群体的参与能够有效提高政府开放数据的质量和服务水平。

(2)有助于实现数据供给与用户需求的匹配

政府在提供公共产品和公共服务的过程中，由于市场机制的缺位，可能会出现有效需求不足的问题。① 数据开放本质上是政府供给的公共产品与服务，以开发利用为导向，以实现数据价值的增值为直接目的。然而，数据的开放与开发利用存在一对基本矛盾，就是数据供给与需求之间的匹配问题。在数据的开放中也可能会出现有效供给不足的问题，即政府开放的数据虽然在数量上已经达到一定的规模，但数据的内容与结构和用户开发利用的需求匹配度不高。一般来说，数据开放的管理者并不能全面了解和掌握市场对数据的需求以及用户的偏好，要解决好数据供给与需求矛盾问题，需要在数据开放的生命周期过程中进行动态的调整，实现两者的动态平衡。群体参与数据的开放活动，从数据规划阶段就开始提供需求建议，在数据开放利用阶段，群体通过自己的行为表达需求。

(3)有助于形成数据开放良性信息生态系统

政府数据开放形成了一个信息生态系统，具有复杂性、动态性、开放性等特

---

① 孙学玉．企业型政府论［M］．北京：社会科学文献出版社，2013：296-299.

征。① 群体参与数据开放过程，通过"创造""决策""投票"等群体智慧实现行为，贡献智慧，形成合力，实现系统整体的最优化。

2.2　群体参与政府数据开放的可行性

政府数据开放不仅是信息资源的管理活动，也是提供公共服务和公共产品的公共管理活动，其实施运行依托于具体的社会环境。群体参与政府数据开放，并形成群体智慧，同样需要现实基础。以下将从政策、技术、社会氛围、参与主体动力以及理论基础五个方面阐述在政府数据开放中群体参与的可行性。基本思路如图 2-2 所示。

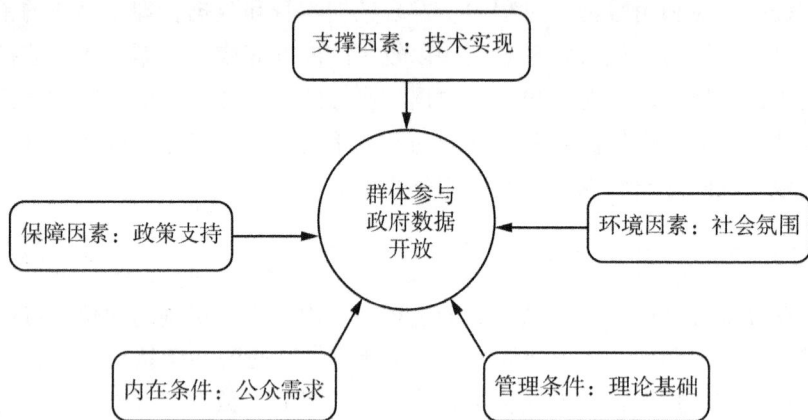

图 2-2　群体参与政府数据开放的可行性

2.2.1　政策支持

政府数据的开放以数据开发利用为直接导向，与群体参与存在着天然的关联，但这种联系是理论上的、逻辑层面的，并不意味着两者之间不经制度的设计安排就能"无缝对接"。实践证明，促成两者的结合少不了政策的推进。近年来，世界各国政府制定的相关政策成为实现政府数据开放必不可少的保障。

在全球范围内，美国是政府数据开放积极的倡导者与实践者，在其发布的政策中也体现了激励社会公众力量的参与。2009 年 1 月，时任美国总统奥巴马上任伊

_____

① 靖继鹏，马费成，张向先. 情报科学理论［M］. 北京：科学出版社，2009：10-11.

始便签署了《透明与开放的政府备忘录》，提出可以通过各级政府之间、政府部门之间、政府与私人机构之间的合作提高政府的工作效率，并充分应用社交媒体等新技术手段与公众互动交流，建设一个更加透明、易于公众参与的协作型政府。①2011 年 9 月，美国、英国、挪威、墨西哥、巴西、南非、印度尼西亚、菲律宾共同签署《开放政府宣言》，成立开放政府合作伙伴联盟(Open Government Partnership，OGP)②，倡议对政府公共数据进行开放，同时还要支持公众的参与。2013 年 6 月，八国集团(G8)签署了《开放数据宪章》③，该宪章确立了以创新为目的的数据开放原则，承诺通过奖励和指导，鼓励推进数据用户开展创新。

美国在开放政府建设方面一直走在世界的前列，政府数据的开放是开放政府战略的重要组成部分，关于开放政府的相关政策对数据开放也有着影响。2011 年以来，美国联邦政府已经发布 4 份开放政府的行动计划。2011 年 9 月，美国政府发布《开放政府国家行动计划 2011—2013》④，认为民众的创造力是美国最大的财富，将致力于扩大公众参与政府的机会；在实践方面，培育政府数据开放门户 Data. gov 的网络社区，将特定主题的数据与数据的生产者、用户形成连接。2013 年 12 月，发布第二份《开放政府国家行动计划 2013—2015》⑤，提出了通过合作和开发利用美国公众的智慧来促进创新的开展，例如，建设 Challenge. gov 网站，通过众包(crowdsourcing)的方式解决公共问题；建立在利用开放数据基础上的公众参与式科学研究计划——公众科学(Citizen Science)。2015 年 11 月，颁布第三份《开放政府国家行动计划 2015—2017》⑥，要求加强政府与创新者的合作，开发高价值的数据集和可视化的工具；在数据开放方面，建立用户友好的用户反馈机制。2019 年 2 月，颁布第四份《开放政府国家行动计划 2019—2021》，将数据作为战略资产，要求制定全面的联邦数据战略；提出在联邦政府机构中设立首席数据官(Chief Data

---

① President's Memorandum on Transparency and Open Government-Interagency Collaboration [EB/OL]. [2018-12-26]. https：//www. whitehouse. gov/sites/whitehouse. gov/files/omb/memoranda/2009/m09-12. pdf.

② Open Government Declaration[EB/OL]. [2018-12-26]. https：//www. opengovpartnership. org/process/joining-ogp/open-government-declaration/.

③ G8 Open Data Charter [EB/OL]. [2018-12-26]. https：//www. gov. uk/government/uploads/system/uploads/attachment_data/file/207772/Open_Data_Charter. pdf.

④ Open Government National Action Plan[EB/OL]. [2018-12-27]. https：//obamawhitehouse. archives. gov/sites/default/files/us_national_action_plan_final_2. pdf.

⑤ The Second Open Government National Action Plan [EB/OL]. [2018-12-27]. https：//obamawhitehouse. archives. gov/sites/default/files/docs/us_national_action_plan_6p. pdf.

⑥ The Third Open Government National Action Plan [EB/OL]. [2018-12-27]. https：//obamawhitehouse. archives. gov/sites/default/files/microsites/ostp/final_us_open_government_national_action_plan_3_0. pdf.

Officers）；利用开放数据推动创新以改善公共卫生。①

英国是开放政府合作伙伴联盟（OGP）的发起国，相关事宜由内阁办公室大臣负责，开展了一系列的数据开放行动。2011 年以来，英国政府出台了 3 版关于开放政府的国家行动计划。2011 年 9 月，英国发布了第一版《英国开放政府国家行动计划 2011—2013》②，提出在数据开放与利用中实施众包和公众参与。2013 年 6 月，英国政府发布《英国开放政府国家行动计划 2013—2015》③，提出要赋予公众权利，改变政府与公众之间的关系，其中也包括了对数据的重用和开发。2016 年 5 月，英国政府发布《英国开放政府国家行动计划（2016—2018）》④，通过政府开放数据门户，继续推动开放数据社区（Open Data Communities）项目，并提出让数据用户参与开放数据的未来。

在我国，各级政府部门在制定关于政府数据开放共享相关政策时，也体现了群体的参与，倡导和鼓励引入企业、公众等的力量，激发群体智慧，共同促进数据的开放共享和开发利用。《促进大数据发展行动纲要》明确提出："通过应用创新开发竞赛、服务外包、社会众包、助推计划、补助奖励、应用培训等方式，鼓励企业和公众发掘利用开放数据资源，激发创新创业活力，促进创新链和产业链深度融合……打通科技创新和经济社会发展之间的通道，推动万众创新、开放创新和联动创新。"⑤2016 年 4 月，国家发展改革委、财政部、教育部等 10 个部门发布《推进"互联网+政务服务"开展信息惠民试点实施方案》，提出"引导市场主体行为，引入社会力量，推广政府购买服务、政企合作等新模式，合理开放利用数据资源"。⑥

2017 年 5 月，贵阳市开始实施《贵阳市政府数据共享开放条例》⑦，该条例是全国第一个规范和促进政府数据共享开放的地方性法规。条例中多处涉及鼓励和要

① Fourth National Action Plan for Open Government （2019-2021）［EB/OL］.［2019-05-20］. https：//open. usa. gov/assets/files/NAP4-fourth-open-government-national-action-plan. pdf.

② UK Open Government National Action Plan 2011 to 2013［EB/OL］.［2018-12-27］. https：// www. gov. uk/government/publications/uk-open-government-national-action-plan-2011-to-2013.

③ Open Government Partnership UK National Action Plan 2013 to 2015［EB/OL］.［2018-12-27］. https：//www. gov. uk/government/consultations/open-government-partnership-uk-national-action-plan-2013/open-government-partnership-uk-national-action-plan-2013-to-2015.

④ UK Open Government National Action Plan 2016-18［EB/OL］.［2018-12-27］. https：// www. gov. uk/government/publications/uk-open-government-national-action-plan-2016-18.

⑤ 国务院关于印发促进大数据发展行动纲要的通知［EB/OL］.［2018-12-27］. http：// www. gov. cn/zhengce/content/2015-09/05/content_10137. htm.

⑥ 推进"互联网+政务服务"开展信息惠民试点实施方案［EB/OL］.［2018-12-27］. http：// www. ndrc. gov. cn/zcfb/zcfbqt/201604/t20160426_799767. html.

⑦ 贵阳市政府数据共享开放条例［EB/OL］.［2018-12-27］. http：//xxgk. gygov. gov. cn/ xxgk/jcms_files/jcms1/web1/site/art/2017/4/10/art_87_207941. html.

求企业、公众等群体参与数据开放共享的内容，如：

第二十二条　县级以上人民政府应当建立政府与社会公众互动工作机制，通过开放平台、政府网站、移动数据服务门户等渠道，收集社会公众对政府数据开放的意见，定期进行分析，改进政府数据开放工作，提高政府数据开放服务能力。

第二十三条　行政机关应当通过政府购买服务、专项资金扶持和数据应用竞赛等方式，鼓励和支持公民、法人和其他组织利用政府数据创新产品、技术和服务，推动政府数据开放工作，提升政府数据应用水平。

县级以上人民政府可以采取项目资助、政策扶持等措施，引导基础好、有实力的企业利用政府数据进行示范应用，带动各类社会力量对包括政府数据在内的数据资源进行增值开发利用。

综上所述，政府出台的相关政策为群体参与数据开放提供了制度保障。在国内外政府已发布的相关政策、战略规划中，有些对数据的管理者提出要求，在制度的设计、数据开放平台的构建中，体现群体参与的机制；有些对数据的用户进行了激励，倡议公众参与到数据开放中，激发开发利用开放数据的热情。

2.2.2　技术支撑

群体参与政府数据开放活动建立在一定的技术基础之上，这些技术是一系列相关信息技术和网络技术的集合。早在 20 世纪初，研究人员就意识到群体智慧的优势，但在当时群体智慧并未给人类社会带来变革，主要原因在于以当时的生产力水平和技术手段并不能有意识、大规模、充分地调动群体参与和激发群体智慧发挥作用。相关技术支持大体可以分成三个层次：一是信息与网络基础设施的支持；二是数据组织与管理技术的支持；三是信息服务技术的支持。

(1)信息和网络基础设施技术的发展为群体参与政府数据开放奠定了基础

政府数据开放活动是在互联网的环境下进行的，群体的广泛参与建立在较为完善的信息基础设施和网络普及的基础上。

国内外网民和互联网普及率数据充分说明了信息网络技术的发展以及基础设施得到不断的升级和完善。在全球范围内，互联网基础设施建设得到飞速发展，互联网用户增长迅猛，网络已经成为人们生活中不可或缺的媒介与工具。根据 2016 年 11 月发布的《2016 年世界互联网发展乌镇报告》①，截至 2015 年年底，全球大多数发达国家、83 个发展中国家以及 5 个最不发达国家都已实现宽带委员会(Broadband Commission)提出的价格可承受性目标，世界各国移动蜂窝网络已经覆盖 95% 的人

---

① 第三届世界互联网大会发布《2016 年世界互联网发展乌镇报告》[EB/R]．[2017-12-18]．http：//www. wicwuzhen. cn/system/2016/11/18/021373284. shtml.

口；全球互联网用户持续增长，从 2015 年的 32 亿提升至 2016 年的 35 亿用户，互联网普及率达到 47.1%，到 2016 年年底，全球固定宽带用户数将达到 8.84 亿用户，移动宽带用户数将达到 36 亿。根据 Miniwatts Marketing Group 公布的数据，截至 2017 年 3 月，网民数量达到 37.4 亿，普及率达到了 49.7 %。① 根据 2017 年 12 月发布的《世界互联网发展报告 2017》显示，截至 2017 年 6 月，全球网民总数再攀新高，达到 38.9 亿，普及率为 51.7%。② 此外，在网络应用方面，移动社交平台对文化多样性的促进作用日益显现，2016 年移动社交用户达 24.4 亿人，成为人们网络社交应用的主流。2017 年 9 月，联合国宽带促进可持续发展委员会(The Broadband Commission for Sustainable Development) 发布了《2017 年全球宽带状况报告(第七版)》③，总体而言，全球已有近一半的人口联网，到 2017 年年底，发展中国家的互联网普及率将达到 41.3%，并且数据显示中国大陆已经成为全球第一大互联网市场。国内的互联网基础设施和服务普及也得到快速发展。根据中国互联网络信息中心(CNNIC)第 41 次《中国互联网络发展状况统计报告》④，截至 2017 年 12 月，我国大陆地区的网民数量已经达到 7.72 亿，互联网普及率达到 55.8%，移动网络用户数达到 7.53 亿。

无论是从全球视野来看，还是聚焦到中国大陆地区，网络基础设施不断完善、网络应用服务日新月异，互联网技术也得到发展和普及，特别是移动互联网技术得到长足的进步，网络用户持续攀升，这些都成为社会群体广泛、深入参与政府数据开放共享的现实物质基础。

(2) 数据组织与管理技术的进步在数据层面为群体参与政府数据开放提供条件

数据的组织与管理技术是影响群体参与的重要因素。政府开放数据的重要特征之一是其机器可读性，可以方便用户的开发和利用。语义技术为海量结构和非结构性的数据处理及知识管理提供有效的技术手段。⑤ 经过语义化处理的政府开放数据，为用户的深入分析与利用创造了条件。

---

① World Internet Users and 2017 Population Stats ［EB/OL］. ［2017-12-18］. http：//www. internetworldstats. com/stats. htm.

② 《世界互联网发展报告 2017》总论［EB/OL］. ［2017-12-31］. http：//www. wicwuzhen. cn//web17/material/images/2017bg. pdf.

③ The State of Broadband 2017：Broadband Catalyzing Sustainable Development ［EB/R］. ［2017-12-18］. http：//www. broadbandcommission. org/publications/Pages/SOB-2017. aspx.

④ 第 41 次《中国互联网络发展状况统计报告》［EB/R］. ［2018-01-31］. http：//cnnic. cn/gywm/xwzx/rdxw/201801/t20180131_70188. htm.

⑤ 黄智生. 大数据时代的语义技术[J]. 数字图书馆论坛，2016(10)：9-15.

从数据格式上看，目前，在政府数据开放平台上发布的数据中，开放、机器可读的格式占有很大的比例。例如，在美国 Data. gov 数据门户上，截至 2018 年 1 月 12 日，共有数据集 229630 个，其中，XML 格式的有 34304 个，CSV 格式的有 17258 个，JSON 格式的有 15157 个，RDF 格式的有 9472 个；在英国的 Data. gov. uk 数据门户上，有 43453 个数据集，其中，CVS 格式的有 7787 个，JSON 格式的有 1262 个。

关联数据技术在政府数据开放共享中也得到一定程度的应用，为企业、公众等利用数据提供了条件。

专门的数据管理发布平台的开发和应用也为群体参与提供了技术支持，例如，开源管理软件 CKAN，提供了易用网络界面以及强大 API 的完整目录系统；Drupal 和 WordPress 等第三方内容管理系统(Content Management System，CMS)提供了公众参与的途径。

(3) 网络信息服务技术的发展为群体参与政府数据开放创造了便利

Web2.0 相关技术为群体智慧的发挥提供了重要支持，特别是社交媒体的发展为群体参与政府数据开放创造了条件。在 Web2.0 的网络环境下，社交媒体是网民在网络上开展交流、分享、合作、协作等行为的重要工具。

随着互联网的发展，社交媒体在网民应用中占有非常大的比例。根据 CNNIC 在 2017 年 12 月发布的《2016 年中国社交应用用户行为研究报告》①，调查数据显示"即时通信"是使用最广的互联网应用，截至 2016 年 12 月，使用率达到 91.1%，其他社交应用的使用率达到了 85.8%。2016 年 6 月，中国互联网数据中心(Data Center of China Internet，DCCI)发布《2015 年中国社交网络发展研究报告》②，显示中国社交网络用户规模持续上涨，截至 2015 年年底，中国互联网用户规模达 6.9 亿人，社交服务作为网络的基础应用，用户占比已高达 92.8%。在社交服务生态格局中，服务涉及领域宽广、种类繁多，单平台之间互动性强，即时通讯(QQ、微信、米聊、旺旺等)、微博(新浪微博、腾讯微博等)、社交服务、社区(天涯、豆瓣等)等占据重要份额。CNNIC 的第 39 次《中国互联网络发展状况统计报告》认为，2016 年各类社交应用持续稳定的发展，互联网平台实现了泛社交化。

在全球范围内，社交媒体在互联网中占据十分重要的位置。2017 年 1 月，全球最大的社会化媒体传播咨询公司 We Are Social 发布研究报告《2017 年数字报告：

---

① 2016 年中国社交应用用户行为研究报告[EB/R]. [2018-01-02]. http：//www. cnnic. cn/hlwfzyj/hlwxzbg/sqbg/201712/t20171227_70118. htm.

② 中国社交网络服务发展研究报告[EB/R]. [2017-12-02]. http：//www. dcci. com. cn/report/view/cid/7/id/913. html.

全球概览》①，调查数据显示 2017 年全球社交媒体用户达到 28 亿人，相当于全球人口的 37%，移动社交媒体用户 25.6 亿人，占全球人口的 34%。Facebook 占据着全球社交媒体平台份额第一的位置，活跃用户超过了 18.7 亿；WhatsApp、腾讯的 QQ 与微信、Tumblr、Instagram、VKontakte、LINE、KakaoTalk 等都是具有影响力的社交媒体应用工具。

博客、微博、个人信息空间、社交网络等社会化功能信息应用已经成为全球网民的主流应用。社交媒体的互动性和参与性，提高了网民利用互联网开展信息获取、社会交际等行为的黏性。伴随社交媒体技术的发展以及广泛应用，社会公众可通过政府数据平台上提供的社交媒体工具参与到数据的开放共享实践中。可以这样说，网络环境的泛社交化为群体广泛、深入参与政府数据开放创造了平台条件。

总而言之，群体参与政府数据开放的可行性有着现实的技术支持。关于技术保障和实现问题，将在第 6 章进行重点的分析。

2.2.3　环境孕育

当今时代的社会文化环境为群体参与政府数据开放提供了可行性。社会文化环境是指在一定社会形态下已经形成的价值观念、宗教信仰、风俗习惯、道德规范等的总和；社会文化环境的概念涵盖较为宽泛，涉及的因素也较多，主要有教育状况、宗教信仰、价值观念、生活习俗等。② 社会文化环境对人的行为模式有着重要的影响，具体到影响群体参与政府数据开放活动的社会环境因素，主要有以下方面。

(1) 数字原生代是群体参与政府数据开放可持续发展的保障

"数字原生代"(digital natives)的概念最早是由美国北卡罗来纳州立大学的学者马克·普伦斯基(Marc Prensky)提出。他构建了一个重新对人类进行分类的新框架，将目前地球上的人分成了三类：一是"数字原生代"，二是"数字移民"(digital immigrants)，三是"数字难民"(digital refugees)。③ "数字原生代"的人是出生在数字时代，学习、成长和生活在数字环境下，其思维模式、学习方式、行为习惯等都与以往不同。

从克莱纳·柏金斯·考菲尔德及拜尔斯公司(Kleiner Perkins Caufield & Byers,

---

① Digital in 2016 [EB/R]. [2017-12-03]. https：//wearesocial.com/uk/special-reports/digital-in-2017-global-overview.

② 曾坤生. 管理学(第 2 版)[M]. 北京：清华大学出版社，2012：61.

③ Prensky M. Digital Natives, Digital Immigrants [J]. On The Horizon, 2001, 9(5)：1-6.

KPCB）的《互联网趋势报告》（Internet Trends 2017）①、国际数据公司（IDC）研究报告、《中国互联网络发展状况统计报告》等关于互联网现状与趋势的调研与分析报告可以看出，随着时间向前推移，"数字原生代"将逐渐成为社会的主流，直到完全覆盖全球，人类最终实现"数字化生存"和"网络化生存"。

具体到政府数据开放，随着"数字原生代"在人口中的比例逐渐增长，越来越多的人习惯于通过网络途径参与到社会公共事务中，也包括参与政府数据开放活动。这是社会发展的趋势与潮流，不以人的意志为转移。因此，现阶段需要研究在网络环境下社会公众参与政府数据开放的管理问题，做好理论与实践探索。

此外，公众参与意识的增强促进了群体参与政府数据开放活动。公众的参与意识是社会文化环境的组成部分，其反映的是一种社会责任感，也体现了公众伦理精神。② 提升公众参与意识是推进社会治理创新的内在要求。随着政治民主化进程的发展，在互联网环境下，公众可以便捷地通过网络对政府涉及公共利益的事务开展和政策制定进行意见建议的表达，并影响公共决策的形成和实施，公众参与意识得到不断提升。③

随着信息技术的发展和互联网的普及，在新的技术环境下，"互联网精神"应运而生，其基本内容为"开放、平等、协作、共享"。④ 互联网的开放性、兼容性和多样性等特征为信息资源的开放和共享提供了技术和人文环境保障。公众的认知、观念以及意识也逐渐受到互联网精神的影响，对"数字原生代"来说更是如此，将开放与共享视作一种行为准则。当社会群体骨子里融入了"互联网精神"，参与政府数据开放活动的行为自然也成为一种自觉行动。

（2）基于数据开展决策的观念逐渐形成

开放数据创业中心（Center for Open Data Enterprise）⑤创始人乔尔·古林（Joel Gurin）在其《开放数据：如何从无处不在的免费数据中发掘创意和商机》一书中提出，开放数据是指那些社会公众、企业以及各种机构能够接触到的，可以被用于确定新的投资、找寻新的合作伙伴、发现市场和商业领域发展的新趋势等，还能基于

---

① Internet Trends 2017［EB/R］.［2017-12-22］. http：//www. kpcb. com/file/2017-internet-trends-report.

② 提升公众参与社会治理创新的积极性［EB/OL］.［2017-12-12］. http：//theory. people. com. cn/n1/2016/0925/c49154-28738484. html.

③ 张皓云. 互联网公众参与：一种新的公众参与政治民主方式［J］. 贵州民族学院学报（哲学社会科学版），2011（1）：94-98.

④ 彭少键. 2012 中国媒介素养研究报告［M］. 北京：中国国际广播出版社，2012：44-46.

⑤ The Center for Open Data Enterprise［EB/OL］.［2017-12-14］. http：//www. opendataenterprise. org.

数据的分析处理作出相应决策,并且还能解决遇到的复杂问题的数据。① 由此可见,数据的开放共享为个人与机构做出科学的决策提供了条件。同时,基于数据开展决策观念也为群体积极参与数据开放创造了社会文化环境基础。

2.2.4 内在动力

马克思主义哲学认为,内因是事物发展的根本原因和内在动力。具体到群体参与政府数据开放活动,其行为主体是不同类型的群体,他们是否有意愿、有需求、有动力参与,这是内在的因素。内在的因素是参与者内心的认识和感知,它可以分成三种:一是源自内心的兴趣热爱、使命感与责任感;二是感知有用性,即数据资源对参与者是有用的;三是感知易用性,即可以便捷地参与到数据资源的开放活动中。

政府数据开放活动是基于互联网的公共事务,参与者具有关注公共事务的责任感和使命感,一旦认识到参与政府数据开放是优化公共产品和公共服务的有效途径,就会自然产生参与的愿望与热情。公众的公共参与行为并不仅限于数据开放共享领域,一方面在环境影响评价②、环境治理与保护③、城市规划④、食品安全监督⑤、文化遗产保护⑥等社会公共事务管理中能够看到公众参与的身影;另一方面在公共决策⑦、政府绩效评价⑧、信息公开⑨等行政管理活动中也能感受到公众参与的影响。

---

① [美]乔尔·古林. 开放数据:如何从无处不在的免费数据中发掘创意和商机[M]. 北京:中信出版社,2015:238-239.

② 肖强,王海龙. 环境影响评价公众参与的现行法制度设计评析[J]. 法学杂志,2015,36(12):60-70.

③ 史玉成. 论环境保护公众参与的价值目标与制度构建[J]. 法学家,2005,1(1):128-133.

④ 王青斌. 论公众参与有效性的提高——以城市规划领域为例[J]. 政法论坛,2012,30(4):53-61.

⑤ 周早弘. 我国公众参与食品安全监管的博弈分析[J]. 华东经济管理,2009,23(9):105-108.

⑥ 张国超. 我国公众参与文化遗产保护行为及影响因素实证研究[J]. 东南文化,2012(6):21-27.

⑦ 黄小勇. 公共决策的公众参与困境及其管理策略——以广东番禺区垃圾焚烧发电厂风波为例[J]. 国家行政学院学报,2010(5):114-118.

⑧ 徐双敏. 公众参与政府绩效管理的现状与思考——以"民主评议政风行风工作"为例[J]. 行政论坛,2009,16(5):15-18.

⑨ 王从峰,李海伦. 论政府信息公开过程中公众参与制度的构建[J]. 陕西行政学院学报,2010,24(3):46-50.

政府掌握的数据资源是蕴含着巨大价值与宝贵财富的信息资产，对公众而言，具有很大的应用价值，公众参与政府数据的开放共享很大的原因来自于数据的有用性。

前面已经论述了信息技术和互联网的进步，电子政务得到发展，公共交流互动平台的搭建，激发和实现了公众踊跃建言献策的积极性和主动性，例如，政务微博和微信公众号在政府机构的应用；部分地方政府建立了问政平台，关于公众关注的民生问题进行互动交流。在政府数据开放中，公众参与政府数据开放活动的便捷程度不断提升，例如，借助移动互联网终端，可以随时随地对数据资源进行访问、浏览、下载、调用、标注、评论以及利用等。因此，技术的进步也带来参与主体内在动力的强化，越来越多的人有能力、有条件参与到政府数据的开放活动中。

2.2.5 理论基础

在网络环境下，有关群体智慧的实践案例非常丰富，在政治选举①、市场分析②、技术研发③、企业管理④、教育教学⑤、信息服务⑥等领域都能发现群体智慧成功的应用。同时，通过文献调查和分析可知，国外对群体智慧理论的研究已经较为系统，形成了一批研究成果，在管理学领域涉及群体智慧的价值评估、质量控制、应用实践、技术实现等主题。这些实践案例和研究成果为群体智慧理论应用于政府数据开放的管理提供了坚实的理论基础。

麻省理工学院斯隆商学院群体智慧研究中心教授托马斯·马龙（Thomas Malone）以网络环境下群体智慧现象与行为为研究对象，提出和设计了群体智慧管理模型，并在实践领域中得到应用，该模型可以作为研究和设计群体智慧应用与管

---

① Manow P. Democratic Reason：Politics，Collective Intelligence，and the Rule of the Many [J]. Contemporary Political Theory，2014，13(2)：e12-e15.

② Kaplan C A. Collective Intelligence：A New Approach to Stock Price Forecasting[C]// IEEE International Conference on Systems，Man，and Cybernetics. IEEE，2001(5)：2893-2898.

③ Bonabeau E. Decisions 2. 0：The Power of Collective Intelligence[J]. MIT Sloan Management Review，2009，50(50)：45-52.

④ What Google Learned from its Quest to Build the Perfect Team[EB/OL].［2018-12-16］. http：//www. nytimes. com/2016/02/28/magazine/what-google-learned-from-its-quest-to-build-the-perfect-team. html.

⑤ Wood D，Friedel M. Peer Review of Online Learning and Teaching：Harnessing Collective Intelligence to Address Emerging Challenges[J]. Australasian Journal of Educational Technology，2009，25(1)：60-79.

⑥ Halpin H，Robu V，Shepherd H. The Complex Dynamics of Collaborative Tagging [C]// International Conference on World Wide Web，WWW 2007，Banff，Alberta，Canada，May. DBLP，2007：211-220.

理问题模型的蓝本。

第 3 章将详细阐述 Malone 的群体智慧管理模型，并与群体参与政府数据开放的管理实践相结合，构建相关群体智慧管理模型。

3 群体参与政府数据开放的管理模型构建

上一章论述了群体参与政府数据开放的必要性与可行性，接下来，将论述群体参与政府数据开放的管理现状，进而阐述 Malone 群体智慧管理模型作为一个较为成熟的管理框架，为在网络环境下管理群体参与政府数据开放活动提供了依据和条件。Malone 群体智慧管理模型主要分为四个模块（Who、What、How 和 Why），与其说它是管理模型，不如说是一套分析问题的方法论。本章将重点阐述如何将 Malone 群体智慧管理模型应用于群体参与政府数据开放的管理中。

3.1 群体参与政府数据开放的管理现状

政府数据开放已经成为电子政务发展的一项制度性安排，它也是围绕政府数据资源开放利用的一个协同与管理过程。政府数据开放的管理涵盖面广，涉及数据的组织分类、数据权属关系、数据生命周期、标准规范、质量控制、利用许可、部门设置、领导协调机制等。在国内外政府数据开放的实践中，已经形成了较为完整的管理体系，推动着政府数据开放工作不断发展。

在政府数据开放活动中，社会群体参与是重要的组成部分，贯穿于数据开放的整个生命周期。因此，对群体参与政府数据开放活动进行有效的管理，有利于调动社会公众的参与积极性，汇聚群体智慧，实现开放数据的充分开发利用。从国内外关于政府数据开放的研究进展可知（参见"0.3.4 现有研究不足以及进一步探索空间"），研究主题较少涉及社会群体参与政府数据开放的协调管理问题，反映了目前该领域没有受到足够的关注和重视。在政府数据开放的实践方面，无论是在发布的相关政策制度中，还是在政府数据开放门户的运行中，关于对群体参与的协调管理也没有进行专门的阐述和安排。

在政府数据开放的相关政策文件中，关于群体参与问题只是做了原则性的描述，如鼓励公众的参与、加强统筹协调等，而没有专门涉及如何对群体参与的行为和活动进行协调管理。《澳大利亚公共服务大数据战略》(*The Australian Public Service Big Data Strategy*)提出，在政府数据开放的管理中要与学界、非政府机构等相关群体进行合作，利用私人以及公共部门的经验，加深政府机构对开放数据某一领域的理解，提高数据管理的相关技能。① 但该文件并没有具体提出如何对群体的参与活动进行管理。在国内，无论是国家层面涉及政府数据开放的宏观政策，例如，《促进大数据发展行动纲要》《政务信息资源共享管理暂行办法》《关于加快推进"互联网+政务服务"工作的指导意见》《推进"互联网+政务服务"开展信息惠民试点实施方案》等；还是地方层面的关于政府数据开放的实施方法，例如，《上海市政务数据资源共享管理办法》《贵阳市政府数据共享开放条例》《江门市政务数据资源共享和开放管理暂行办法》等，也都没有对群体参与政府数据开放的管理活动做出具体的说明和安排。

在政府数据开放门户层面，大部分群体参与政府数据开放的行为都是依托于门户网站开展。例如，美国的 Data. gov 为开发者(developers)提供了多种途径参与到开放数据的开放活动中去；在上海市政府数据服务网上，设置了专门的"互动交流"栏目，还建立了"开发者社区"，吸引社会公众参与，吸纳各方意见建议。虽然在群体参与的技术性功能设置方面，众多政府数据开放门户网站都已经进行了较为全面的安排，但对群体参与的管理方面，各个门户网站一般都没有进行专门的、系统性的设计，更没有形成针对性的、整体的管理流程和框架。

由此可见，群体参与政府数据开放的管理仍处于一种较为随意的状态，没有进行专门的规划设计，更没有相关管理理论的指导。在政府数据开放实践活动中，如果要充分调动和发挥社会群体的力量和智慧，随意、粗放的管理方式肯定无法满足现实的需求。

鉴于群体参与政府数据开放的管理现状，如何对群体参与下的政府数据开放活动进行管理，协调各参与主体之间的关系，如何梳理和规范群体参与流程，如何激励各个社会群体更好地参与政府数据开放，如何通过群体参与激发群体智慧促进数据的开发利用，都是政府数据开放的管理部门需要面对的问题，亟需找到和应用一种新的管理理论和方法指导群体参与政府数据开放的管理活动。群体参与和群体智慧有着密切的关联，群体参与是为了激发和汇聚群体智慧，推进政府数据的开放和开发利用。显然，群体智慧理论及 Malone 群体智慧管理模型可以满足对群体参与政府数据开放活动进行协调管理的需求。

---

① The Australian Public Service Big Data Strategy [EB/OL]. [2018-12-21]. https：//www. finance. gov. au/sites/default/files/Big-Data-Strategy. pdf.

3.2 Malone 群体智慧管理模型

麻省理工学院斯隆商学院(MIT Sloan School of Management)成立了群体智慧研究中心(MIT Center for Collective Intelligence),① 组织结构与群体智慧专家托马斯·马龙(Thomas Malone)是该中心的创始人和主任。2006 年,托马斯·马龙发起了一项如何利用群体智慧去解决那些对于一个专家或者团队来说过于棘手的难题,例如,气候变化、贫困问题、犯罪问题等,探讨了"群体智慧基因"(the collective intelligence genome)组成。

3.2.1 基本框架

2010 年,托马斯·马龙与其研究团队收集了 249 个网络群体,对它们的群体智慧行为进行了研究,在其研究成果《群体智慧基因》(The Collective Intelligence Genome)一文中提出"群体智慧管理模型",② 认为群体的多样性是驱动群体智慧产生的首要因素,但不论群体和群体智慧的类型如何,关于群体智慧的管理基本由四个模块构成。该管理模型是从大量群体智慧实践案例中概括和抽象而来,因此具有普遍性、一般性的特征。托马斯·马龙为更好地解释这四个模块,将其对应表达为四个问题:(1)Who is doing it —— Who(参与主体);(2)What is being done —— What(内容与目标);(3)How is it being done —— How(实现途径与策略);(4)Why are they doing it —— Why(动机与激励)。根据这些表述设计出了群体智慧管理模型的基本框架,如图 3-1 所示。

在管理学领域,为了对管理工作的目标计划进行分解和决策,经常以一系列问题的形式对管理框架和环节等进行描述,以便清晰、形象地定义问题对象的现状。Malone 的群体智慧管理模型也是一种针对管理领域群体智慧问题的现象描述工具(phenomenon description),是分析问题的思维程序与框架。

3.2.2 模块内容

下面对 Malone 群体智慧管理模型的四个主要模块的内容做进一步的说明和阐述。

---

① About the MIT Center for Collective Intelligence [EB/OL]. [2018-12-21]. https://cci. mit. edu/about/.

② Malone T W, Laubacher R, Dellarocas C. The Collective Intelligence Genome [J]. IEEE Engineering Management Review, 2010, 38(3): 38-52.

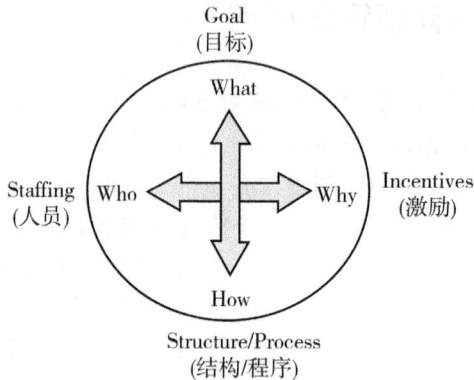

图 3-1 Malone 群体智慧管理模型框架(Malone，2010)

(1)Who 模块

"Who"模块主要包括"管理层"(hierarchy)和"群体"(crowd)两个层面。

① 管理层：不管是在传统的层级组织中，还是在网络组织中，都存在"管理层"。在传统的层级组织中，管理职能是由上级赋予组织和执行权力的人。在网络组织中，虽然管理结构扁平化，特别是基于 Web2.0 的网络组织中，"去中心化"(decentralization)是其重要的特征，似乎并不存在凌驾之上的"管理层"；但实际上，在网络组织中仍然存在对制定运行规则，以及对组织运行过程进行掌控、对信息质量进行控制的"管理层"。例如，在 Web2.0 的典型应用——维基百科(Wikipedia)中，已经创建了"各式各样的管理权限"，其中为了能够有效掌握维基百科中条目的编辑修改动向，使得许多语言版本的维基百科陆续由志愿学者担任管理人员，形成"明确的权力结构"。这些志愿协助管理工作的"管理员"往往在维基百科社群中也是具有优良口碑和信誉的用户，他们在成为有一定"特权"的社群"管理员"后便拥有删除词条和页面的权限，还能封锁正在被破坏的文章或者是在社区发生严重争执时删除污辱性对话，甚至还能够停止违规用户的编辑权利。

② 群体：群体是管理行为或者活动的承担者、管理过程的评价者、管理结果的选择与决策者。在发挥"群体智慧"的组织中，"群体"是群体智慧管理的核心和基本特征。随着网络的普及和广泛应用，群体中交流与联系成本得到大幅度的降低，能够实现大规模群体的联合协作，突破地理、社会层级、技术水平等的限制，

"群体"能够完成之前无法完成的事情，"群体智慧"得到充分的释放。仍以维基百科（Wikipedia）为例，全球无数志愿学者、发烧友、学生等受到良好教育的人士共同贡献知识和智慧构建了 Wikipedia，该活动的参与者统称为维基百科人（Wikipedians）。与其说维基百科是一种技术，不如说它是一种创造性运用技术的方式。

（2）What 模块

Malone 群体智慧模型将"What"界定为"目标"（goal），体现出管理活动的目标导向，将管理的任务与目标紧密结合在一起。在管理实践中，群体智慧反映出的目标行为主要包括两种，即"创造"（create）与"决策"（decide）。这两个目标行为的含义为：

①创造：群体以原创或者上传共享新兴资源的形式产生新的事物。例如，在 Wiki 中编辑上传新的条目；在开源软件中提交新的代码等。

②决策：群体针对事物所采取的选择或评价行为。例如，对 Threadless T 恤设计候选方案进行投票或确定最终投入生产的方案；在亚马逊网站上对所购买的商品进行打分评价等。

（3）How 模块

Malone 认为，在群体智慧模型中，群体行为的内容和目标主要是"创造"和"决策"，而"How"就是指实现其的方法和手段。

① 创造

Malone 认为，"创造"主要通过"采集"（collection）、"协作"（collaboration）两种方式实现。

"采集"是指群体中的个体创造并提交相应的资源或者成果，这种行为一般是由个体独立开展。除了创建和提交两个行为之外，还有一个可能会出现的行为是"竞争"（contest），即在"群体智慧"采集过程中对各个体提交的成果进行选择，那么群体中的参与个体就存在着竞争的关系。在群体中，"采集"行为所面向的活动能够被分割成若干组成部分，可以由不同个体成员独立完成。例如：众包（crowdsourcing）和威客（witkey）就是"采集"的重要形式；博客网站（如搜狐博客、科学网博客等）、微博平台（如 Twitter、新浪微博等）、视频共享网站（如 Youtube、Youku 等）、图片分享网站（如 Instagram、Flickr 等）、社交网站（如 Facebook、ResearchGate 等）等，用户生产并上传相应的信息资源，对个体来说是自己成果的展示和分享，对网站而言通过汇集群体的资源，实现自身的可持续发展；Threadless、InnoCentive 面向群体通过一定的激励方式（金钱或者荣誉）征集创意或对策，在提交的创意或对策中进行选择，将组织运营的风险在群体中得到释放，一方面组织不用成立专门的设计部门，并且这种面向群体征集的方式获得的结果会比仅限组织内部设计的效果好；另一方面在征集的过程中完成了市场调研和推广。

"协作"是指群体中的成员围绕"创造"这项任务共同工作，相互之间存在着依赖或者互补的关系。采用"协作"的方式有两个基本前提：一是所面向的任务或目标无法进行合适的分割并分配给群体中的个体，通过"采集"的方式无法完成；二是有合适的运行机制对群体的成员协作行为进行有效的管理和控制，群体成员所提交的成果可以作为任务整体目标的一部分。例如，在 Wiki 的编写中，群体成员共同完成同一条目的编写，个体的每一次修改都能够形成相应的版本，这些版本之间是依存或互补关系，即从不同视角共同地呈现该条目。诞生于 2000 年的 Drupal 是一套开源内容管理系统，全球数以万计的 Web 开发专家都在为其技术社区贡献代码和自己的智慧，这是单个公司内部技术团队永远也无法实现的。

②决策

Malone 认为群体中的"决策"可以分为"群体决策"（group decision）和"个人决策"（individual decision）。

群体决策是指将群体成员的决定汇集在一起，形成适用于整个组织的决定，可细分成投票（voting）、共识（consensus）、平均（averaging）、预测市场（prediction market）四种类型。"投票"常用于选举或者通过议案等行为，把表示自己意向的票投入票箱。在互联网环境下，投票行为已经不仅限于选举或议案表决，也突破了时间、地点的限制。例如：在网络环境下，在 Threadless 上公众对成员提交的候选方案进行表决；亚马逊网站上通过群体参与投票，决定了商品的排序。"共识"是指群体中的所有或者大部分成员对最后的决策表示赞同。例如：Wiki 中的条目，不同的版本在一定时间窗口里保持着稳定的状态，那么就可以说在用户群体中达成了共识。"平均"是对决策结果的平均或者折中，往往会有一个数字，其中最通常的做法是对群体成员提交共享的数值进行平均。例如：科学家们持续了十几年的简单实验——猜糖果，对众多个人预测数据的平均值常常最接近真实答案。① "预测市

① 九州. 如何在互联网时代激发群体智慧？［J］. 中外管理，2016（4）：88-89.

场"是通过群体来预估未来事件发展趋势和可能性的方式。例如：谷歌流感趋势预测项目，它根据用户在搜索引擎中输入的与流感相关联的关键词，系统会自动展开跟踪和分析，形成地区流感图表与流感地图。①

个人决策可以分成"市场"（markets）和"社会网络"（social network）两种类型。在市场中，群体中的个体购买或者销售商品的行为一般都是根据自身情况而定的，但个体的购买或销售行为决策会影响到群体的购买或销售倾向。例如：在淘宝网站上，卖家展示出需要卖出的商品，而买家购买他们需要的物品。基于虚拟的网络，群体成员间能够建立起社会关系网络，这样的关系网络在一定程度上可以反映群体中个体之间的相互信任程度。个体间社会网络关系的建立一般是由于其拥有共同或者相似的品位、爱好或者观点等，个体认为自己爱好的东西一般会得到群体中其他人的认可，因此进行推荐；针对这种推荐，个体会根据自身的需求或者社会网络中的亲疏关系做出选择。例如：亚马逊网站会根据用户的个性化设置做出相应的推荐。

（4）Why 模块

"Why"模块是对群体参与动机、激励因素与采取相应措施等问题的回答，可以从"管理者"和"群体"两个层面去理解这个模块：

① 从群体本身来说，"Why"是对群体参与管理活动动机的阐述，人类社会中，人类参与行为与活动有其理由，这就是驱动力，Malone 将其概括为"金钱"（money）、"爱"（love）、"荣誉"（glory）三个方面。

② 从管理层来说，"Why"模块能让其明白，如果对群体进行激励，应该通过什么措施和途径进行激励。

根据马斯洛需求层次理论（Maslow's hierarchy of needs），需求分成生理需求（physiological needs）、安全需求（safety needs）、爱和归属感（love and belonging）、尊重（esteem）和自我实现（self-actualization）五类。从这个角度来说，以经济利益为主的物质刺激是实现群体参与的重要驱动力，通过获取经济上的报酬和奖励，可以满足一、二层次方面的需求；但除了经济利益之外，"爱"（love）和"荣誉"（glory）也是促使群体参与的推动力。参与群体智慧激励因素与马斯洛需求层次对应关系如图 3-2 所示。

---

① 孙秀林，施润华. 社会学应该拥抱大数据［J］. 新视野，2016（3）：36-41.

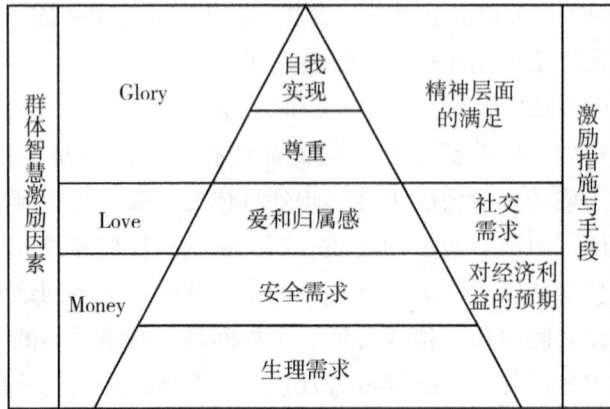

图 3-2　参与群体智慧激励因素

（本研究绘制）

"金钱""爱""荣誉"三种激励因素是群体智慧管理系统得以可持续发展的驱动力，要根据组织系统的实际情况确定。

3.2.3　适用分析

托马斯·马龙对群体智慧管理模型中各个模块下属子模块的具体适应情况做了分析。根据 Malone 的阐述，本研究绘制了 Malone 群体智慧管理模型中主要模块与适用情况图，如图 3-3 所示。

在对群体智慧实践管理进行分析时，以上四大模块是不可或缺的，但每个模块下属的子模块则要根据具体情况进行确定。为了更加形象地阐述群体智慧管理模型中各个模块的内涵，本研究收集了部分体现群体智慧的经典案例，对它们的四个模块进行分解，详见表 3-1。

Malone 通过对大量群体智慧行为和现象的总结与概括，为人类社会对群体智慧的管理构建了一个结构简约、思路清晰的管理模型；通过对模型中各个模块的解释，为人们认知群体智慧管理中的关键因素以及各个因素之间的关系带来了理论的支撑和思路启迪。Malone 的群体智慧管理模型具有普遍性、一般性和抽象性的特点，该理论应用于具体的群体智慧管理实践，还需要结合实践活动的特征，进行相应的改造和发展。

表 3-1 群体智慧案例模块分析

群体智慧类型	案例		What	Who	How	Why
群体认知	eBird	创造	构建鸟类资料库	群体	采集	爱、荣誉
	美国海军核潜艇"天蝎号"沉没事件	决策	事件细节预测	群体	预测市场	金钱
	豆瓣书签	创造	添加书签分享信息	群体	采集	爱、荣誉
	Intrade	决策	事件预测	群体	预测市场	金钱
群体协作	Google	创造	网页链接	群体	采集、协作	爱、荣誉
		决策	网页排名	群体	投票、共识	爱、荣誉
	Threadless	创造	T恤设计方案	群体	竞争	金钱、爱、荣誉
		决策	最好的设计方案	群体	平均	爱
		决策	确定最终方案	管理层	管理	金钱
	Wikipedia创建与修改条目	创造	撰写新条目，修改条目	群体	采集、协作	爱、荣誉
		决策	是否删除，是否保持当前版本	群体	投票、共识	爱、荣誉
		决策	质量控制：保留或删除	管理层	管理	爱、荣誉
	Youtube	创造	上传视频	群体	采集、协作	爱、荣誉
	Flickr	创造	上传图片，标注标签	群体	采集、协作	爱、荣誉
		决策	最受欢迎的图片	群体	投票、共识	爱、荣誉
	Linux	创造	源代码改进、纠正	群体	采集、协作	爱、荣誉
		决策	是否接受新增源代码	群体	投票、共识	爱、荣誉
	SODA 上海开放数据创新应用大赛	创造	提交开放数据应用	群体	竞争	金钱、爱、荣誉
		决策	评选获奖数据应用	管理层	管理	爱、荣誉
群体合作	我的星巴克点子	创造	新点子	群体	采集、竞争、合作	爱、荣誉
		决策	哪些点子好	群体	投票、共识、社会网络	爱、荣誉
		决策	采纳哪些点子	管理层	管理	金钱、爱、荣誉
	IBM 头脑风暴	创造	提交想法	群体	采集、竞争	金钱、爱、荣誉
		决策	对想法进行评议	群体	投票、共识、社会网络	金钱、爱、荣誉
		决策	哪些参与者可以获得奖金	管理层	管理	金钱、爱、荣誉
	Digg.com	创造	提交文章、评论等	群体	采集、竞争	爱
		决策	判断文章的价值	群体	投票、共识	爱

群体智慧管理模型主要模块与"适用情形"（Useful when）

模块How-Create

⊖ 采集（Collection）
- "群体"的适用情形，再加上以下条件：
  - ▽ 活动可以被分成很多小单元，大部分能够被个体独立完成

⊖ 竞争（Contest）
- "采集"的适用情形，再加上以下条件：
  - ▽ 只有一个或几个好的解决方案数要

⊖ 协作（Collaboration）
- 活动可令满意的方式管理部件之间的依赖性

模块Who

⊕ 群体（Crowd）
- ① 执行活动的有用资源分布广泛，或者是无法提前知晓
- ② 活动可以满意地被分为多个组成部分
- ③ 群体可以做一些事情——些更便宜、更快速、更高质量或更高动机的事情

⊕ 管理层（Hierarchy）
- ▽ 群体不符合条件

模块Why

▽ 主要有以下两条经验法则（Rules of thumb）：

⊖ 金钱（Money）

⊖ 爱（Love）
- ① 吸引人的通常是"爱"和"荣誉"，而不是"金钱"，大部分候选能够减少成本

⊖ 荣誉（Glory）
- ② 提供"金钱"和"荣誉"，大部分情况下可以影响一个组织的前进方向和速度

模块How-Decide

▽ 群体决策（Group Decision）——"群体"的适用情形，再加上以下条件：组织中的个体都必须守共同的决定
- ① 投票（Voting）——"群体决策"的适用情形，再加上以下条件：对群体本来说，遵守共同的决定是重要的
- ② 共识（Consensus）——"群体决策"的适用情形，再加上以下条件：群体足够小或者有足够多的共同观点，可在合理的时间内达成共识
- ③ 平均（Averaging）——"群体决策"的适用情形，再加上以下条件：决策由估计的数字组成，关于估计的数字，群体中没有系统性偏见
- ④ 预测市场（Prediction Market）——决策由估计数字组成；群体掌握了一些估计数字或者表格；一些人可以选择或者表格得以对估计活动进行评级是有的信息；持续对估计活动的努力是有用的

▽ 个人决策（Individual Decision）——"群体"的适用情形，再加上以下条件：个体可以自主决策
- ① 市场（Market）——"个人决策"的适用情形，再加上以下条件：通过全金激励人们提供必要的努力或其他的资源
- ② 社会网络（Social network）——"个人决策"的适用情形，再加上以下条件：即便没有金钱，也能激励人们提供必要的努力或成其他资源；个体从其他人的观点中发现有用信息，从而做出自己的选择

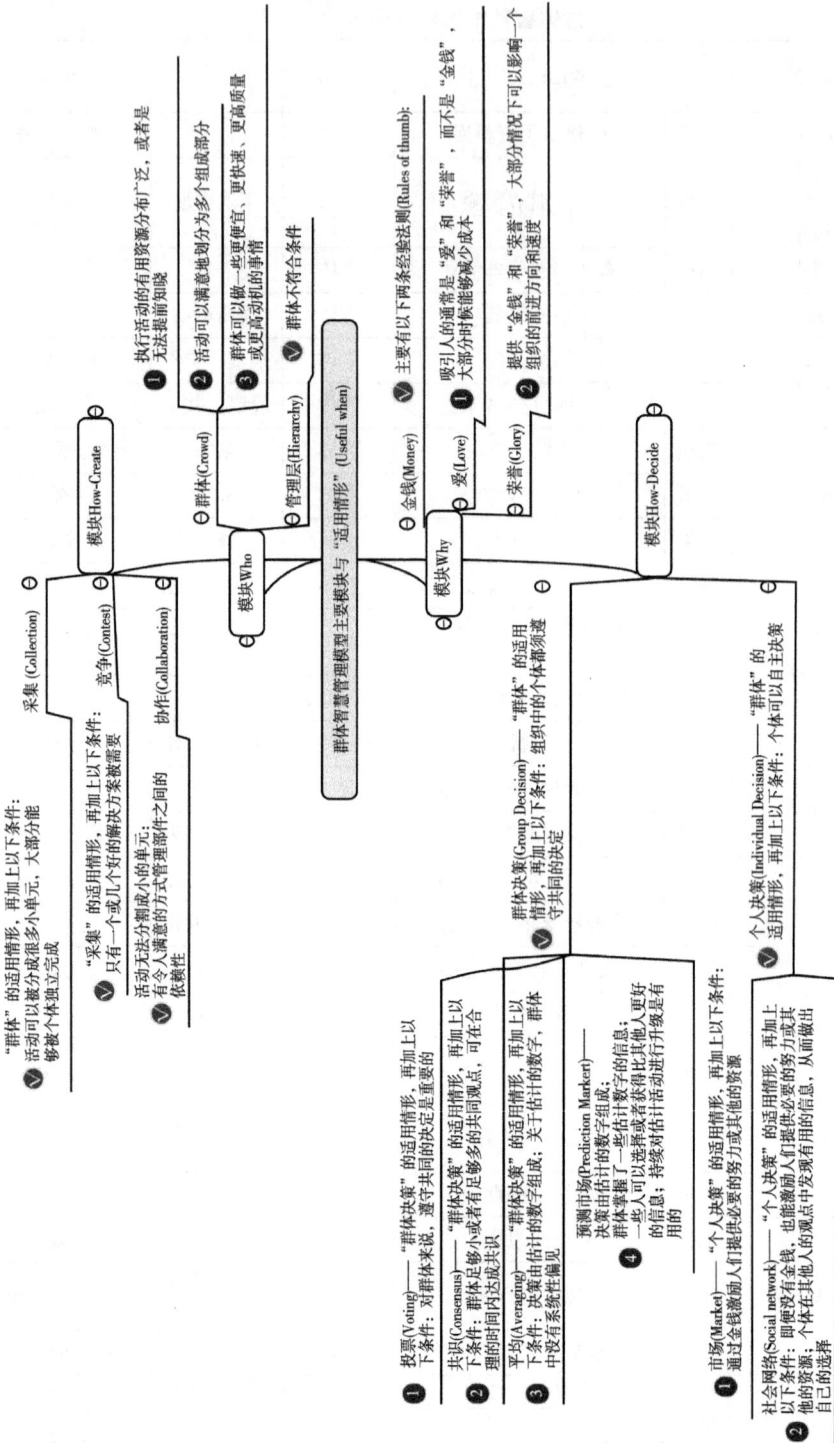

图3-3 Malone群体智慧管理模型中主要模块与适用情况（本图来源于Malone的论文The Collective Intelligence Genome）

3.3 模型构建

以 Malone 的群体智慧管理模型为蓝本，结合政府数据开放的管理实际情况，本节将构建群体参与的政府数据开放模型，勾画一个实际应用的框架，并厘清各模块之间的关系。

3.3.1 模块认定

要构建群体参与的政府数据开放管理模型，首要一步是对 Malone 模型中的四个模块进行确认和认定：

（1）"Who"是群体参与政府数据开放的主体；

（2）"What"是群体参与政府数据开放的内容；

（3）"How"是群体参与政府数据开放的技术保障方法与实现途径；

（4）"Why"是群体参与政府数据开放的激励机制。

图 3-4 为群体参与政府数据开放的基本模块简图。

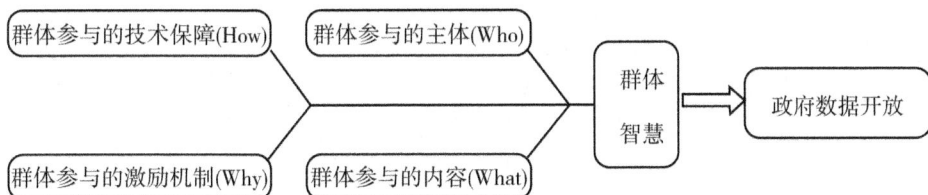

图 3-4　群体参与的政府数据开放管理模型基本模块图

3.3.2 管理模型的分析

在上节基本模块认定的基础上，笔者构建了群体参与政府数据开放的管理模型，如图 3-5 所示。接下来，将对模型的四个模块内涵进行展开分析，为后面四章的阐述做出铺垫。

（1）Who——群体参与政府数据开放的主体

"群体"是相对于"管理层"而言的。政府数据开放作为政府行政事务的内容之一，"管理层"自然是管理和实施数据开放的相关政府部门，如果对"管理层"的范围进行扩展，还应该包括数据开放工作的领导、规划与协调的部门，以及制定数据开放政策法规的部门。

开放数据创业中心（Center for Open Data Enterprise）的创始人乔尔·古林（Joel

Gurin)通过对美国联邦政府数据开放的研究,认为"到目前为止,联邦政府数据公开在很大程度上是一项单向的政府事务。从传统意义上看,政府部门决定公开某个数据,将数据在 Data. gov 或者其他网站上公布⋯⋯"①进而,他提出了让利益相关者真实参与到数据的开放中。在群体参与政府数据开放管理体系中,可以将整个社会群体都看作是政府数据的相关利益者,有政府部门(产生、提交数据)、政府信息部门(对数据进行搜集和整理)、社会组织(数据的利用者和开发者,开发者中有数据的聚合者等)、社会大众(数据的利用)等。

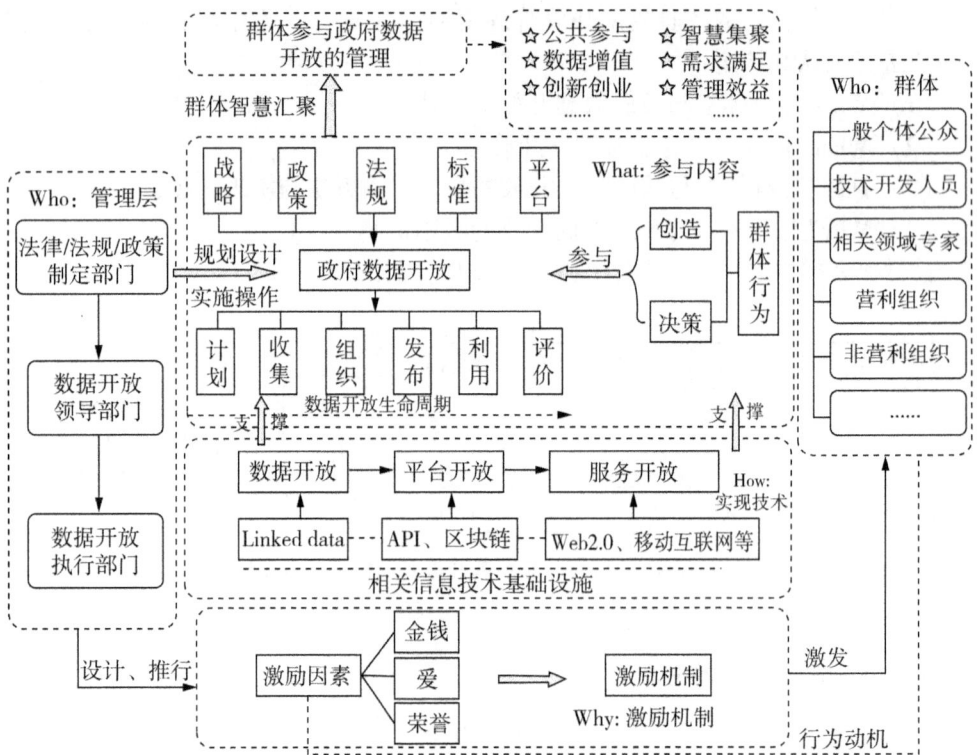

图 3-5　群体参与政府数据开放的管理模型示意图

在政府数据开放活动中鼓励群体参与、引入群体智慧,这里的"群体"主要是指"管理层"之外的组织或个人。这些组织和个人既包括企业,也包括非营利机构,既涵盖专业人士,也涵盖一般的社会公众。让"群体"在政府数据开放工作中享有

---

① 〔美〕乔尔·古林.开放数据:如何从无处不在的免费数据中发掘创意和商机[M].张尚轩,译.北京:中信出版社,2015:238-239.

"主体"地位，发挥"智慧"，也是构建群体参与的政府数据开放管理系统的重要出发点之一。

（2）What——群体参与政府数据开放的内容

鼓励群体参与，构建群体参与的政府数据开放管理模型，其目的在于激发社会力量参与到政府数据的开放工作中，充分发挥群体的智慧和力量，为数据的开放、整理、开发、利用等做出贡献，提升数据的使用价值。

从目前国内外政府数据开放门户的调查信息来看，群体参与功能设计的特征有：①处于"管理层"角色的政府数据开放的实施者在构建开放数据门户中，虽然也提供了用户反馈信息的渠道，提供了与用户互动的途径，但并没有提供群体参与的系统化设计，已有的参与功能模块只是"顺便"提供的点缀，是可有可无的"鸡肋"，并没有将群体参与功能贯穿于政府数据开放的生命周期中。②从用户的角度来看，参与数据开放的深度和广度有限，一般只是建议意见的提供，或者提供对数据的评价和评论。

因此，需要从群体参与政府数据开放的内容出发，梳理数据开放的生命周期流程，充分认识哪些流程和环节适合群体智慧的参与，哪些环节适合哪些类型的群体参与，进而探讨群体参与的相应策略。

结合 Malone 的研究成果，群体参与政府数据开放、发挥群体智慧的力量主要开展的工作内容包括"创造"和"决策"两种。

①创造：公众在利用数据过程中，可以对数据条目进行标注；技术开发人员可以调用可机读数据，进行二次开发，形成新的应用程序。一定领域的专业人员可以利用开放数据进行分析，形成新的信息产品；企业可以利用相应领域的开放数据，应用于对传统产业的改造，形成"开放数据+"的业态。

②决策：公众在访问数据门户和利用数据的过程中，可以对数据的内容、质量等进行评价和打分。

总之，"What"模型的主要内容包括：① 梳理实现和促成政府数据开放的战略规划设计模块以及数据开放的生命周期流程；② 参与主体在各个环节和阶段的工作内容以及群体智慧的表现。

群体参与政府数据开放管理，其直接目的是为了调动与政府数据相关的利益各方参与到数据的开放与开发利用中（利益各方包括政府部门、社会组织、企业、公众等）；基本目的是为了推进数据的开放，以及进一步促进数据的开发与利用。

充分发挥群体的智慧力量，为政府数据的收集、整理、存储、开放和利用做出贡献。现在的政府数据开放仅限于收集、整理、存储、开放共享和利用等环节，但开放还会涉及管理的深层次内容，如数据的生命周期的全程管理，包括数据的评估分析等。

(3) How——群体参与政府数据开放的技术保障方法与途径

为了促成和实现群体智慧在政府数据开放中得到发挥，需要依托信息技术构建面向用户的公共平台系统。要在政府数据开放活动中体现群体参与、激发群体智慧，最主要的是在系统中增强参与和互动功能。

从管理模式上说，在政府数据开放中，政府部门作为管理者的角色是确定的，也是不能改变的。那么，要在政府数据开放中引入群体参与机制，实质是一定程度上改变管理模式，将信息单向的传输发展成为双向的交流，参与群体都能成为数据开放的主体，在政府部门管理下发挥推进数据开放的作用。

从技术上说，可以从数据、平台和服务三个层面推进政府数据开放工作的群体参与功能实现。在数据层面，增强政府数据的可读性和语义关联性，为参与者利用开发提供保障；在平台层面，增强平台的开放性，为参与者依托平台开发应用提供可能；在服务层面，增强数据服务互动性与共享性，为群体自主参与提供支持。

(4) Why——群体参与政府数据开放的激励机制

群体参与的激励机制是要保障在政府数据开放过程中，各参与主体能够持续地参与其中，促进数据的开发利用。

"激励机制"模块的主要内容涉及群体参与的动机、主要的激励因素以及所采取的激励策略与措施。参与政府数据开放的主体是多元化的，存在不同的类型和特征，其参与的动机也是多种多样的；政府数据开放的生命周期可以划分成不同的阶段和环节，参与主体参与不同的数据开放环节，其动机也存在不同。那么，不同的参与主体以及数据开放的不同环节，相应的激励因素和激励策略也存在很大的不同。

4　群体参与政府数据开放的主体

如上章所述，在群体参与政府数据开放管理模型的四个模块中，"主体"（Who）模块首先需要得到明确和阐述。政府数据开放活动的参与主体是多元化的，政府相关机构是最重要的主体，并且在整个实践活动中处于主导地位。政府数据开放是以数据的开发利用为导向，因此，政府数据开放的主体如果仅仅局限于政府本身，会造成开放与开发利用的脱节。在政府数据开放过程中，引入各种社会群体的参与，先要从主体层面认识到需要调动哪些主体参与其中。

从公共管理的角度看，政府数据开放实质上是政府向社会公众提供的一种公共产品和服务，会对相关群体与个人的利益产生一定的影响。根据利益相关者理论，在政府数据开放实践中的参与主体都是利益相关者。本章将结合国内外实践经验，分析和探索不同社会群体在政府数据开放中的角色定位和作用发挥。

4.1　政府数据开放的利益相关者构成

政府数据的开放一方面是政府行使公共行政权力的行为；另一方面是政府向社会提供的公共产品，影响着社会不同群体的利益。在数据开放过程中，政府作为数据的持有者和管理者，是最主要的主体和利益相关者。同时，其他利益相关者群体的需求与诉求也是不能忽视的。乔尔·古林（Joel Gurin）在《开放数据：如何从无处不在的免费数据中发掘创意和商机》一书中提出"需求推动下的数据开放程序，并以此阐述一种让所有利益相关者参与进来的广泛的参与过程"。[①] 电子政务建设实践表明，如果不能对利益相关者进行准确定位并开展行之有效的管理，项目的整体进程将备受阻碍。[②] 因而，在政府数据开放伊始，开展利益相关者分析有助于推动

---

① ［美］乔尔·古林. 开放数据：如何从无处不在的免费数据中发掘创意和商机［M］. 张尚轩，译. 北京：中信出版社，2015：238-239.

② 陈志成，白庆华，李大芳. 电子政务系统建设研究——基于利益相关者理论［J］. 情报科学，2011，29（3）：440-445，450.

实践活动的高效开展。①

在政府数据开放实践中，各个参与主体都是利益相关者。"参与主体"是从行为和职能的角度进行划分，是对行为中主体因素的客观认知；而"利益相关者"是从价值和利益的角度进行判断，是对所处环境系统中主体因素的主观描述。当然，有些社会群体是利益相关者，但不一定会自动地成为"参与主体"；客观上的"利益相关者"只有具有了需求，才会有参与的动机。因此，以利益相关者理论（Stakeholder Theory）分析政府数据开放中群体的参与情况，更能厘清参与主体扮演的角色和担负的职能。利益相关者的界定是分析群体参与得以实现的关键所在。

4.1.1　利益相关者理论与方法

"利益相关者"（stakeholder）一词出现于 1963 年，美国非营利研究机构斯坦福国际研究所（Stanford Research Institute International，SRI）的学者认为利益相关者是指"对企业来说存在着这样一些利益群体，如果没有他们的支持，企业就无法生存"。② 这一定义是对企业"股东至上"理念的批判。20 世纪七八十年代，在管理学领域利益相关者理论逐步形成。③④ 利益相关者理论之父⑤ R. 爱德华·弗里曼（R. Edward Freeman）在《战略管理：利益相关者方法》一书中，从战略的角度将利益相关者定义为"任何能够影响到公司目标的实现，或者受公司目标影响的团体或者个人"⑥，指出企业经营管理者在开展管理活动中需要实现各利益相关者之间利益的综合平衡。

在管理实践中，利益相关者理论也获得重视和应用。20 国集团（G20）和经济合作与发展组织（OECD）推出的《G20/OECD 公司治理原则》中，⑦ 将利益相关者在

①　Axelsson K，Melin U，Lindgren I. Public E-services for Agency Efficiency and Citizen Benefit：Findings from a Stakeholder Centered Analysis［J］. Government Information Quarterly，2013，30（1）：10-22.

②　Freeman R E，Reed D L. Stockholders and Stakeholders：A New Perspective on Corporate Governance［J］. California Management Review，1983，25（3）：88-106.

③　Mitroff Ian I. Stakeholders of the Organizational Mind［M］. San Francisco：Jossey-Bass，1983.

④　Freeman R E，Reed D L. Stockholders and Stakeholders：A New Perspective on Corporate Governance［J］. California Management Review，1983，25（3）：88-106.

⑤　Laplume A O，Sonpar K，Litz R A. Stakeholder Theory：Reviewing a Theory That Moves Us［J］. Journal of Management，2008，34（6）：1152-1189.

⑥　［美］R. 爱德华·弗里曼. 战略管理：利益相关者方法［M］. 王彦华，梁豪，译. 上海：上海译文出版社，2006：29-30.

⑦　G20/OECD Principles of Corporate Governance［EB/OL］.［2018-12-27］. http：//www.oecd. org/corporate/principles-corporate-governance. htm.

公司治理中的作用作为一项原则进行阐述，提出在公司治理框架中应该明确利益相关者的合法权利。我国证监会 2002 年发布的《上市公司治理准则》（证监发〔2002〕1号）①，第 6 章为"利益相关者"。

利益相关者分析（Stakeholder Analysis）是用来分析企业治理情况的一种立场分析法，可用来识别和调查任何影响企业经营活动，或者为企业目标活动所影响的利益相关群体或个人。在企业管理实践中，通过应用利益相关者分析的方法，能够识别利益相关者影响企业或被企业影响的方式，以及他们对企业自身、企业目标的态度。

在利益相关者分析中，常用的有权力/利益矩阵（power/interest matrix）。该矩阵根据利益相关者拥有的权力大小和利益水平进行识别，确定各利益相关者所处的位置，以分析其对企业发展和战略制定的影响。②

权力/利益矩阵根据利益相关者权力和利益水平两个维度进行分类，如图 4-1所示。该矩阵认为企业的决策制定由两方面因素决定：一是各利益相关者对企业发展决策的利益需求水平高低；二是这些利益相关者是否有途径争取到利益，也就是其拥有的权力的高低。

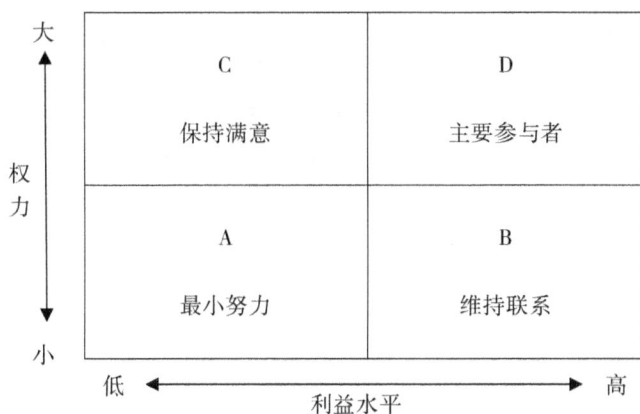

图 4-1 利益相关者权力/利益矩阵（韩景元，2015）③

D 区域内的利益相关者对企业的利益需求程度较高，维护自身利益的权力也最大，他们是主要的利益相关者。

---

① 上市公司治理准则［EB/OL］.［2018-12-27］. http：//www. csrc. gov. cn/pub/newsite/flb/flfg/bmgf/ssgs/gszl/201012/t20101231_189703. html.

② 郭贞. 旅游景区利益相关者利益分配研究［D］. 成都：四川大学，2007：17.

③ 韩景元. 企业战略管理［M］. 北京：中国铁道出版社，2015：45.

C 区域利益相关者对企业发展的利益需求程度较低，但拥有较大的权力来维护自身利益。

B 区域利益相关者对企业的利益需求较高，但是没有足够的权力去获取自身利益。

A 区域利益相关者利益需求程度低，拥有的权力也很小，企业较少积极去关注他们。

随着利益相关者理论的发展，利益相关者分析作为一种分析工具被用于企业管理、项目管理及冲突处理。同时，利益相关者分析也被引入到公共管理领域。① 同样，政府数据开放活动作为公共事务，其对于利益相关者的影响以及利益相关者参与对其的影响，都是值得分析和探讨的问题。

4.1.2　利益相关者理论与方法在政府数据开放领域的应用

政府数据开放是一项公共行政事务，对社会群体和组成群体的个人产生广泛的影响。在政府数据开放的实践活动中，对其利益相关者进行分析具有重要意义，有利于对数据开放活动进行高效的协调管理。因此，国内外学者都将利益相关者分析方法应用于开放数据领域研究中。

南京大学沈晶和胡广伟②对政府数据开放利益相关者进行了界定与分类，基本划分为政府组织类(立法部门、领导部门、实施部门)、非政府组织类(国际组织、社会团体、商业组织、资金提供方、信息技术提供方)、个人类(公众、学者、媒体从业者、信息技术爱好者)三大类以及 12 个利益相关者，并应用"权力-利益"法分析利益相关者的影响力和利益相关度，进而提出利益相关者的管理策略。

英国曼彻斯特大学的 Gonzalez-Zapata 和 Heeks③采用"权力-利益"法对智利政府数据开放的利益相关者进行分析，划分了两类利益相关者，一是首要利益相关者，包括政治家(politicians)、公职人员(public officials)、部门执行者(public sector practitioners)、国际组织(international organizations)；二是次要利益相关者，包括公民社会积极参与者(civil society activists)、资金捐赠者(funding donors)、信息技术提供者(ICT providers)、学者(academics)。

Karolis Granickas 在欧洲公共部门信息平台(European Public Sector Information

① Bryson J M. What to Do When Stakeholders Matter：Stakeholder Identification and Analysis Techniques[J]. Public Management Review，2004，6(1)：21-53.

② 沈晶，胡广伟. 利益相关者视角下政府数据开放价值生成机制研究[J]. 情报杂志，2016，35(12)：92-97.

③ Gonzalez-Zapata F，Heeks R. The Multiple Meanings of Open Government Data：Understanding Different Stakeholders and Their Perspectives[J]. Government Information Quarterly，2015，32(4)：441-452.

Platform)的报告《构建开放政府数据社区》①中提出，政府数据开放利益相关者涉及6类主体，包括政府（governments）、信息技术开发人员（developers）、媒体从业者（journalists）、商业机构（business）、非政府组织与民间社会组织（non-governmental organisations（NGOs）and civil society organisations（CSOs））以及公众（members of general public）。

乔尔·古林（Joel Gurin）在其著作《开放数据：如何从无处不在的免费数据中发掘创意和商机》（Open data now：The Secret to Hot Startups，Smart Investing，Savvy Marketing，and Fast Innovation）中提出了"需求推动下的数据公开"程序，以此阐述一种让所有利益相关者参与进来的广泛的参与过程。② 并且提出了政府数据开放的利益相关者包括5类主体：数据持有者（政府）（data holders-government）、应用开发者（application developers）、主题相关专家（subject matter experts）、工业/被监管实体（industry/regulated entities）以及消费者/消费团体（consumers/consumer group）。如图4-2所示。

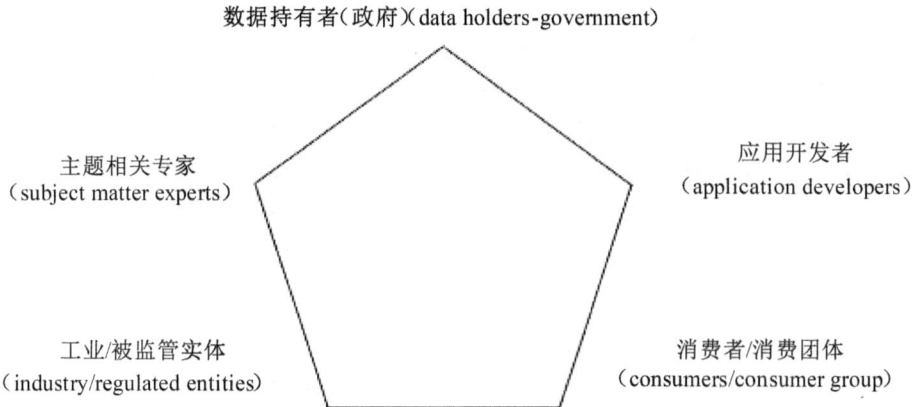

数据持有者（政府）（data holders-government）

主题相关专家
（subject matter experts）

应用开发者
（application developers）

工业/被监管实体
（industry/regulated entities）

消费者/消费团体
（consumers/consumer group）

图 4-2　多利益相关者参与：需求推动下的数据公开

（本图参考自《开放数据：如何从无处不在的免费数据中发掘创意和商机》）

① Building Community around Open Government Data［EB/R］.［2018-12-28］. https：//www.europeandataportal. eu/sites/default/files/library/201409 _ building _ community _ around _ open _ government_data. pdf.

② ［美］乔尔·古林. 开放数据：如何从无处不在的免费数据中发掘创意和商机［M］. 张尚轩，译. 北京：中信出版社，2015：238-239.

Michael Chui 等人在研究报告《政府如何促进开放数据，并帮助释放超过 3 兆美元的经济价值》①中阐述了在数据开放共享中以政府为中心的利益相关者：一是公众与消费者（citizens and consumers），可以参与开放数据的发展计划，政府可以举办公共论坛来鼓励他们的参与。二是商业机构（business），能够参与政府有关数据使用的规则、标准和规章制度的制定中，可以基于开放数据创造创新产品和服务。三是媒体（media），可以在印刷、在线和电视等作品中使用和解释开放数据，政府还可以让他们参与宣传工作和讨论新举措。四是非政府组织（NGOs），可以帮助政府制定提高数据可用性的共同标准，基金会可以促进和资助数据专家的教育。

利益相关者理论提供了一种厘清数据开放活动中群体参与主体组成的方法。但需要认清的是政府数据开放的利益相关者与群体参与主体的构成，并不是相同的、完全重合的概念。

4.1.3　政府数据开放利益相关者界定与构成

每一个社会组织行为活动在运行过程中，各参与主体之间都无法避免产生利益互动，因而利益相关者理论是一个对于管理活动具有实践指导意义的理论分析框架。② 在政府数据开放行为中，鼓励和吸引群体力量参与，激发群体智慧，参与主体之间有着权力竞争与利益分配问题，符合利益相关者理论的应用环境。

应用利益相关者理论分析具体问题，第一步是界定涉及的利益相关者；第二步是分析利益相关者的影响力和利益相关度，然后相应提出利益相关者管理策略。

（1）界定利益相关者

通过调查和分析国内外政府数据开放实践案例，并综合国内外学者的研究成果，本研究提出了群体参与政府数据开放的利益相关者主要包括 4 大类，具体描述见表 4-1。

一是政府组织类。包括政府数据开放相关法律/法规/政策等的制定机构、领导与协调机构、实施与执行机构等，在本书中统称为政府机构。

二是非政府非营利组织类。包括国际组织、非政府部门的公共机构、民间机构以及开源软件的提供者等。

---

① How Government Can Promote Open Data and Help Unleash over ＄3 Trillion in Economic Value ［EB/R］. ［2018-12-30］. http：//www. mckinsey. com/industries/public-sector/our-insights/how-government-can-promote-open-data.

② 黄如花，赖彤. 利益相关者视角下图书馆参与科学数据管理的分析［J］. 图书情报工作，2016（3）：21-25，89.

表 4-1   群体参与政府数据开放的利益相关者分类一览表

类别	利益相关者	文献来源	职能与角色	群体智慧主体分类
政府类组织	政府机构	Gurin①,Granickas②,沈晶等③	制定政府数据开放的法律/法规/政策等；领导、指导与协调政府数据开放共享工作的开展；政府数据开放工作的具体实施与执行事宜，如编制政府数据开放目录、指南，构建开放共享平台，对数据进行保密审查等	管理层
非营利组织	国际组织	Gonzalez-Zapata 等④,沈晶等③	开放政府联盟、万维网基金会、经济合作与发展组织等，协助或影响各成员国推动政府数据开放工作，促进全球政府数据开放实践	群体
	非政府公共机构	Granickas②,沈晶等③	推动政府数据开放的公共机构，包括高校、研究机构、图书馆等，对推进政府数据开放具有一定影响力	
	民间机构	Granickas②,Chui 等⑤	推动数据开放的民间组织，积极推动和参与政府数据开放，但不具备政府数据开放的执行权、决定权，是政府数据开放外围实践者	

① Joel Gurin. Open data now：The Secret to Hot Startups, Smart Investing, Savvy Marketing, and Fast Innovation[M]. New York：McGraw-Hill Education, 2013.

② Building Community around Open Government Data [EB/R]. [2018-12-30]. https：//www. europeandataportal. eu/sites/default/files/library/201409_building_community_around_open_government_data. pdf.

③ 沈晶，胡广伟. 利益相关者视角下政府数据开放价值生成机制研究[J]. 情报杂志, 2016, 35(12)：92-97.

④ Gonzalez-Zapata F, Heeks R. The Multiple Meanings of Open Government Data：Understanding Different Stakeholders and Their Perspectives[J]. Government Information Quarterly, 2015, 32(4)：441-452.

⑤ How Government Can Promote Open Data and Help Unleash over ＄3 Trillion in Economic Value [EB/R]. [2018-12-30]. http：//www. mckinsey. com/industries/public-sector/our-insights/how-government-can-promote-open-data.

类别	利益相关者	文献来源	职能与角色	群体智慧主体分类
营利组织	开源软件提供方	Gurin①，沈晶等②	开源软件的提供机构，为政府数据开放搭建开放平台、提供技术基础	群体
	商业机构	Granickas③，Chui 等④，沈晶等②	参与政府数据开放的企业、商业协会等，利用开放数据于生产、决策，或开发新产品，提供新服务，降低数据获取成本	
	信息技术提供商	Gonzalez-Zapata 等⑤	信息技术提供商、技术顾问等，为政府数据开放搭建开放平台、提供技术咨询服务等	
个体公众	相关领域专家	Gurin①，Gonzalez-Zapata 等⑤	包括高校与科研机构的科研人员，利用政府数据作为数据来源，提高科研效率；媒体从业人员（如记者、评论员等）等，利用开放数据报道更具说服力的信息，从开放数据中发现有价值的热点话题等；政府数据开放工作的科研人员，致力于推动政府数据开放	
	个体信息技术开发者	Gurin①，沈晶等②	拥有数据挖掘、机器学习、大数据、云计算等技术的开发人员，通过利用政府数据开发出增值产品	
	一般个体公众	Granickas③，Chui 等④，Gurin①，沈晶等②	一般个体公众是开放政府数据最广泛的用户群体，利用开放数据行使监督权力，应用于科学决策，同时也是数据新产品、新服务的使用者和消费者	

① Joel Gurin. Open data now：The Secret to Hot Startups，Smart Investing，Savvy Marketing，and Fast Innovation［M］. New York：McGraw-Hill Education，2013.

② 沈晶，胡广伟. 利益相关者视角下政府数据开放价值生成机制研究［J］. 情报杂志，2016，35(12)：92-97.

③ Building Community around Open Government Data ［EB/R］. ［2018-12-30］. https：//www. europeandataportal. eu/sites/default/files/library/201409 _ building _ community _ around _ open _ government_data. pdf.

④ How Government Can Promote Open Data and Help Unleash Over ＄3 Trillion in Economic Value ［EB/R］. ［2018-12-30］. http：//www. mckinsey. com/industries/public-sector/our-insights/how-government-can-promote-open-data.

⑤ Gonzalez-Zapata F，Heeks R. The Multiple Meanings of Open Government Data：Understanding Different Stakeholders and Their Perspectives［J］. Government Information Quarterly，2015，32(4)：441-452.

说明：

（1）关于政府数据开放中最主要的利益相关者——政府机构，在这里是一个广义的概念，包括了立法部门、相关领导管理部门和具体实施部门等。在数据开放方面，政府部门拥有决策权，制定相应的法规政策，领导管理、协调数据开放工作的开展，处于"管理层"的地位和角色。由于本研究主要聚焦于社会群体参与和群体智慧激发，因此，在本书中只对"管理层"——政府机构作笼统的阐述和分析。

（2）本表还将利益相关者的分类与群体智慧主体分类进行了对应。关于"群体智慧主体分类"，参见第 1 章群体智慧理论内容。

三是营利性质的商业机构。包括利用政府开放数据的传统型企业、数据密集型行业（data rich industries）的企业、在大数据环境下诞生的初创型企业以及相应的商业行会协会等。

四是个人。包括利用数据的相关领域专家、个体信息技术开发者以及使用与消费政府开放数据的一般公众等。

（2）群体参与政府数据开放的"权力-利益-参与程度"三维模型

① 分析步骤。

本研究将以"权力-利益"利益相关者矩阵为基础，对政府数据开放的参与者进行分析，构建利益相关者矩阵。为了体现利益相关者参与政府数据开放活动的程度，笔者在二维矩阵的基础上，增加"参与程度"维度，形成一个"权力-利益-参与程度"三维模型。

分析过程如下：

一是设计关于群体参与政府数据开放利益相关者的调查问卷（调查问卷见附录2），采用李克特量表（Likert scale），为 10 个利益相关者在"参与程度""权力""利益"三个维度上设置了 1~5 分的评分选项。

"参与程度"是指各利益相关者参与、介入政府数据开放活动的情况；"权力"是指利益相关者对政府数据开放决策、实施等的影响力；"利益"是指政府数据开放对各利益相关者带来有形或无形的回报。

政府数据开放活动涉及的利益相关者具有多样性和复杂性的特征，他们的权力与利益也存在直接与间接、显性与隐性的差异。

二是为了较为客观地获得对政府数据开放领域利益相关者参与程度、影响力以及获得利益等相应特征的认识，本研究通过编制和发放调查问卷收集相关数据。2017 年 8 月，笔者选取了 256 位具有较高学历层次（见表 4-2，其中硕博士占69.2%）的调查对象，职业类型包括党政机关事业单位工作人员、专业技术人员（包括教师、科研人员、医生、律师、媒体从业者等）、企业管理人员以及在读博硕士研究生等，表 4-3 体现了参与调查者的职业背景分布情况。特别需要说明的是，在调查和收集数据之前，笔者与拟选调查对象围绕调查主题进行较为深入的沟通和交流，确保其对政府数据以及政府数据开放相关知识背景有一定程度的了解，并有能力和意愿通过问卷表达自己的见解。

通过问卷调研，调查对象对政府数据开放领域利益相关者的参与程度、影响力以及获得利益进行了评分。评分也是群体智慧形成的过程，在保持参与调查群体中每一个个体独立性的前提下，获得的结论会与实际情况更加接近，就如同"猜糖果游戏"①和"猜牛重量比赛"②一样。

表4-2　　　　　　　　　　　参与调查者的教育背景分布情况

教育背景	人数	比例
博士	68	26.6%
硕士	109	42.6%
大学本科	79	30.8%
总计	256	100.0%

表4-3　　　　　　　　　　　参与调查者的职业背景分布情况

职业	人数	比例
专业技术人员(教师/科研人员/医生/律师/媒体从业者/图书馆员等)	112	43.8%
党政机关事业单位工作人员	65	25.4%
企业/公司管理人员	41	16.0%
在读博硕士研究生	38	14.8%
总计	256	100.0%

表4-4　　　　　　　　　群体参与的政府数据开放利益相关者评分

类别	利益相关者	参与程度	权力	利益
政府类组织	政府机构(A)	4.5	4.1	3.7

---

① 李天田. 谁来搞定不确定性? [J]. IT经理世界, 2014(Z1): 114.

② [美]詹姆斯·索罗维基. 群体的智慧: 如何做出世界上最聪明的决策[M]. 王宝泉, 译. 北京: 中信出版社, 2010: 1-6.

续表

类别	利益相关者	参与程度	权力	利益
非营利组织	国际组织(B)	2.9	2.7	2.9
	非政府公共机构(C)	3.0	2.7	3.0
	民间机构(D)	2.9	2.6	2.9
	开源软件提供方(E)	2.9	2.8	3.2
营利组织	商业机构(F)	3.2	2.8	3.9
	信息技术提供商(G)	3.0	2.9	3.4
个体公众	相关领域专家(H)	3.2	2.9	3.5
	个体信息技术开发者(I)	3.1	2.3	2.8
	一般个体公众(J)	2.4	1.9	2.8

三是根据调查问卷获得的数据, 取 10 类利益相关者 3 个维度的均值(见表 4-4), 并定位其在三维模型空间中的坐标位置, 如图 4-3 所示。

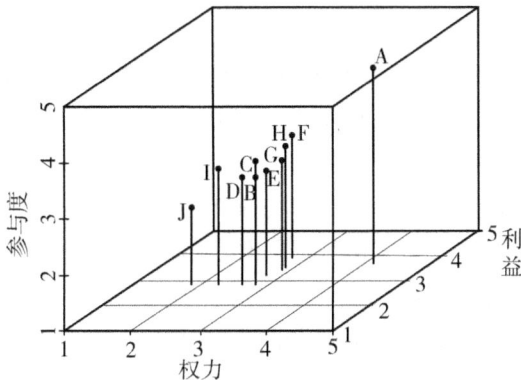

图 4-3 群体参与政府数据开放利益相关者分布图

② 分析结果。

第一, 参与程度比较。参与程度分值的高低可以衡量利益相关者在政府数据开放活动中参与的活跃程度。总体来说, 利益相关者参与程度排序从高到低为: 政府类组织、营利组织、非营利组织、个体公众。

政府机构是政府数据开放的主导者, 参与程度最高。商业机构与个体信息技术开发者是以数据开发利用为导向的, 参与程度相对较高; 相关领域专家一方面担负着政府数据开放活动规划与实施的参谋咨询职能；另一方面也是政府开放数据的利用者，因此参与程度也相对较高。国际组织、非政府公共机构、民间机构以及开源软件提供方利益相关者也有一定程度的参与，其参与程度分值分布在中位数3左右。

第二，影响力比较。利益相关者权力的大小对应着其在政府数据开放活动中的影响力。总体来说，利益相关者影响力排序从高到低为：政府类组织、营利组织、非营利组织、个体公众。

政府类组织机构的利益相关者影响力最高。这种情况比较容易理解，政府类机构是政府数据的拥有者和掌控者，在政府数据开放活动中，其负责统筹规划、实施运行、协调管理、监督考核等工作，因此具有最高的影响力，拥有最大的权力。营利组织和非营利组织的利益相关者影响力的分值都分布在中位数3以下，两者之间的差别不是太大。说明了这两类利益相关者能够对政府数据开放活动形成影响，但所产生的作用有限。信息技术提供商与开源软件提供方主要为政府数据开放提供技术支持，商业机构对开放数据进行增值开发，这三者的行为一定程度上会直接影响数据开放的实施以及效果。国际组织、非政府公共机构以及民间机构主要通过倡议、调研、宣传等行为促进政府数据开放，在形成数据开放社会环境方面具有一定的作用。

相关领域专家(如新闻记者、科研人员等)的影响力高于个体信息技术开发者和社会一般个体公众，主要由于前者通过利用政府数据的成果价值相比于后者，具有更广泛和深刻的社会影响。相关领域专家在政府数据开放活动中还扮演着参谋和咨询的角色，对政府数据开放的规划与实施开展具有影响力。个体信息技术开发者和商业组织都是开放数据的开发利用者，但个体信息技术开发者主要以个人的形式参与，影响力小于组织机构。

第三，利益相关度比较。利益评分的高低揭示出利益相关者与政府数据开放的利益关联度。总体来说，利益相关者利益相关度排序从高到低为：政府类组织、营利组织、非营利组织、个体公众。

政府类组织机构的利益相关度较高，反映出政府部门从政府数据开放中获取的价值回报大，如政府内部办事效率提高、透明政府建设进程加快、经济增长、民众参政意识提升等。商业机构利用政府开放数据开发创新产品、提供创新服务，从而产生高价值回报。相对而言，国际组织、非政府公共机构、民间机构以及开源软件提供方利益相关度较低，这些利益相关者的主要作用是助推政府数据的开放，并且具有非营利的特征，对利益回报的要求不高。由于个体的分散性，信息技术开发者以及一般个体公众的利益相关度也相对较低。

4.2　群体参与政府数据开放的主体分析

在前一节，本研究通过利益相关者理论与相关模型分析了政府数据开放活动的利益相关者，并对四类利益相关者在政府数据开放中的参与程度、影响力以及利益相关度进行了调查和分析。本节将在上述分析的基础上，对政府数据开放的四类十种利益相关者进行具体分析。

Malone 群体智慧管理模型将"主体"（who）分成"管理层"（hierarchy）和"群体"（crowd）两个子模块。从管理层次角度出发，众多利益相关者可以被划分为"管理层"和"社会力量"两个层次。那么，在群体参与政府数据开放的主体中，政府类组织可归属为"管理层"，而各种社会公众力量则是"群体"。在各国政府数据开放实践中，政府部门毫无疑问处于主导地位，而各种社会公众力量的积极广泛参与对实现数据开放的目标具有关键性作用。

4.2.1　政府机构在数据开放中的角色与职能

本研究为方便分析，采用"政府"广义上的概念，即包含行使国家权力的全部组织体系，而不仅仅指国家政权机构中的行政机关。① 如在政府数据开放中，常常会涉及立法机构，在这里不再做细分，笼统地将其也归入政府类组织之中。

政府相关部门承担着数据的规划、收集以及管理的职能，还担负着开放数据平台的建设与维护的任务。简而言之，政府相关部门是数据的掌握者和控制者，即便在数据管理与开发过程中引入了群体的参与，政府相关部门在此过程中也能发挥主导作用。这里的政府相关部门分为以下几类：政府数据开放活动的领导者与协调者；政府数据的收集者；政府数据的提交者，等等。在政府数据开放中引入群体智慧，不仅仅是指社会公众的参与，还包括政府部门之间的合作。

Michael Chui、Diana Farrell 与 Kate Jackson 在研究报告《政府如何促进开放数据》②中阐述了政府如何推进数据的开放共享，认为政府在释放开放数据潜力方面具有举足轻重的作用。该报告还认为政府在公众（citizens）、商业机构（businesses）、非政府组织（non-governmental organizations，NGOs）等关键利益相关者关系中，最理想的定位是从开放数据中提取价值以及帮助其他主体提取开放数据的价值。在开放数据领域，政府可以通过同时履行 4 个重要的角色来激发社会各阶层的价值创造，分别是：提供者（provider）、促进者（catalyst）、用户（user）和政策制定者（policy

---

① 吴维海．政府规划编制指南［M］．北京：中国金融出版社，2015：3.

② How Government Can Promote Open Data［EB/R］．［2018-12-30］．http：//www. mckinsey. com/industries/public-sector/our-insights/how-government-can-promote-open-data.

maker）。笔者认为除了以上 4 种角色之外，政府在数据开放活动中还承担着掌控者（controller）、协调者（coordinator）的角色。具体如图 4-4 所示。

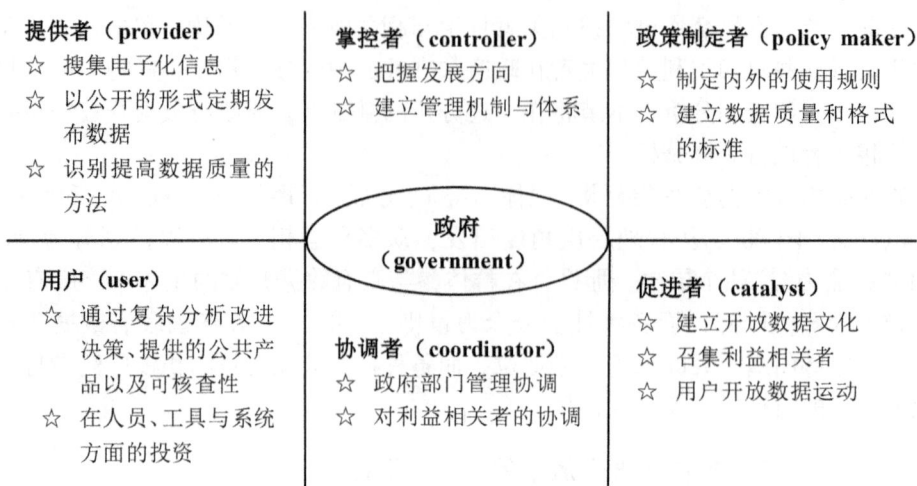

提供者（provider）
☆ 搜集电子化信息
☆ 以公开的形式定期发布数据
☆ 识别提高数据质量的方法

掌控者（controller）
☆ 把握发展方向
☆ 建立管理机制与体系

政策制定者（policy maker）
☆ 制定内外的使用规则
☆ 建立数据质量和格式的标准

政府（government）

用户（user）
☆ 通过复杂分析改进决策、提供的公共产品以及可核查性
☆ 在人员、工具与系统方面的投资

协调者（coordinator）
☆ 政府部门管理协调
☆ 对利益相关者的协调

促进者（catalyst）
☆ 建立开放数据文化
☆ 召集利益相关者
☆ 用户开放数据运动

图 4-4　政府在数据开放中承担的角色和职能
（根据 Michael 等的研究报告绘制）

（1）数据提供者

政府掌握和控制着海量的数据资源，这些数据主题繁杂、涉及面广，从交通、税收、失业率数据到医疗报销、能源使用以及宏观经济数据等，政府对这些数据进行收集、储存和分析。2013 年，八国集团（G8）发布的《开放数据宪章》（Open Data Charter）确立了"默认数据开放"原则，要求所有政府数据向公众免费公开，除非有特定的理由。① 之后，很多国家政府逐渐制定和实施了保证和促进数据开放的相关政策，目前相当规模的数据可以被公众以便捷的方式访问和获取，也允许第三方利用这些数据创建创新的产品和服务。政府正成为开放数据最重要的提供者。例如，截至 2018 年 1 月 12 日，在美国联邦政府的开放数据门户 Data.gov 上，发布了 229630 个数据集，这些数据来自于联邦政府的各个机构、各级地方政府以及非营利组织、大学等；英国 Data.gov.uk 也提供了来自于 1414 个公共部门的 43453 个数据集。

---

① Open Data Charter Released at the G8 Summit［EB/OL］.［2017-12-30］. https：//opensource.com/government/13/7/open-data-charter-g8.

140

(2)数据开放掌控者

政府数据开放是公共行政行为，政府部门必然承担着领导管理者的角色，负责把握数据开放的发展方向，建立相应的管理体制与体系。领导管理机制和体系的建立是开展数据开放的前提条件和组织准备。

在美国，数据开放是电子政务建设管理体系的重要组成部分。美国总统事务管理委员会(The President's Management Council，PMC)承担和履行领导联邦政府电子政务建设与管理的职能，具体的实施机构为联邦行政管理和预算办公室(Office of Management and Budget，OMB)。具体到政府数据开放领域，在《开放政府数据法案》(Open，Public，Electronic，and Necessary Government Data Act or the Open Government Data Act，S. 2852；H. R. 5051)中，① 也明确规定了 OMB 等机构的领导管理职能。

国内外政府数据开放的载体主要是数据开放门户网站，表 4-5 和表 4-6 列举了国内外主要政府数据开放门户的建设与管理机构情况。

表 4-5 　　　　　　　 国外部分已建政府开放数据门户建设与管理机构

序号	政府开放数据门户	建设管理机构
1	美国联邦政府开放数据门户 http：//data. gov/	美国总务管理局(General Services Administration)公民服务和创新技术办公室(Office of Citizen Services and Innovative Technologies)
2	英国政府开放数据门户 http：//data. gov. uk/	英国内阁办公室数据团队(Data Team in the Cabinet Office)
3	澳大利亚政府开放数据门户 http：//data. gov. au/	澳大利亚总理内阁部(Department of the Prime Minister and Cabinet)data. gov. au 项目部
4	加拿大政府开放数据门户 http：//open. canada. ca/	加拿大国库委员会秘书处(Treasury Board Secretariat)战略通信和部长级事务部(Strategic Communications and Ministerial Affairs Sector)
5	印度政府开放数据门户 https：//data. gov. in/	印度政府电子与信息技术部(Ministry of Electronics & Information Technology)国家信息中心(National Informatics Centre)

----

① S. 2852-OPEN Government Data Act ［EB/OL］. ［2017-12-30］. https：//www. congress. gov/bill/114th-congress/senate-bill/2852.

续表

序号	政府开放数据门户	建设管理机构
6	日本政府开放数据门户 http：//www. data. go. jp/	日本内阁官房信息通信技术综合战略室，总务省行政管理局
7	肯尼亚政府开放数据门户 https：//opendata. go. ke/	肯尼亚信息通信和技术部信息和通信技术管理局
8	新西兰政府开放数据门户 https：//www. data. govt. nz/	新西兰内务部（The Department of Internal Affairs）
9	韩国政府开放数据门户 https：//www. data. go. kr/	韩国内政部（Ministry of the Interior）、国家信息社会局（National Information Society Agency）
10	新加坡政府开放数据门户 https：//data. gov. sg/	新加坡资讯通信发展管理局
11	欧盟开放数据门户 http：//data. europa. eu/	欧盟出版物办公室（The Publications Office of the European Union）

表 4-6 　　　　　　国内主要政府数据开放门户建设与管理机构

序号	政府开放数据门户	建设与管理机构
1	上海市政府数据服务网 http：//www. datashanghai. gov. cn/	上海市人民政府办公厅、上海市经济和信息化委员会牵头，相关政府部门共同参与建设
2	北京市政务数据资源网 http：//www. bjdata. gov. cn/	北京市经济和信息化委员会牵头建设，北京市各政务部门共同参与
3	浙江政务服务网"开放数据"专题 http：//data. zjzwfw. gov. cn/	浙江省人民政府办公厅信息中心
4	湖北省武汉市政府公开数据服务网 http：//www. wuhandata. gov. cn/	武汉市互联网信息办公室
5	山东省青岛市政府数据开放网 http：//data. qingdao. gov. cn/data/	青岛市电子政务和信息资源管理办公室
6	湛江市政府数据服务网 http：//data. zhanjiang. gov. cn/	湛江市人民政府办公室
7	无锡市政府数据服务网 http：//opendata. wuxi. gov. cn/	无锡市人民政府办公室
8	上海市闵行区政府数据资源服务 http：//data. shmh. gov. cn/	上海市闵行区科学技术委员会

序号	政府开放数据门户	建设与管理机构
9	宁波市海曙区数据开放平台 http：//data. haishu. gov. cn/	宁波市海曙区经济和信息化局
10	佛山市南海区"数说南海" http：//data. nanhai. gov. cn/	佛山市南海区数据统筹局
11	深圳市罗湖区数据公开开放平台 http：//www. szlh. gov. cn/opendata/	深圳市罗湖区人民政府主办，罗湖区电子政务中心建设
12	深圳市福田区数据开放平台 http：//www. szft. gov. cn/data/	深圳市福田区人民政府主办，福田区信息中心建设
13	深圳市坪山新区政务数据开放平台 http：//www. psxq. gov. cn/opendata/	深圳市坪山新区管委会主办，坪山新区网络信息化办公室建设
14	厦门市海沧区数据资源开放平台 http：//www. haicang. gov. cn/yy/sjkfpt/	厦门市海沧区人民政府（海沧台商投资区管委会）主办，海沧区政务信息中心承办
15	贵州省政府数据开放平台 http：//www. gzdata. gov. cn/	贵州省经济和信息化委员会牵头，云上贵州大数据产业发展有限公司作为承办单位
16	深圳市政府数据开放平台 http：//opendata. sz. gov. cn/	深圳市人民政府办公厅、深圳市经济贸易和信息化委员会主办；深圳市电子政务资源中心技术支持
17	广州市政府数据统一开放平台 http：//www. datagz. gov. cn/	广州市人民政府主办，市工业和信息化委员会承办，市信息化服务中心运行管理
18	哈尔滨市政府数据开放平台 http：//data. harbin. gov. cn/	哈尔滨市人民政府主办承办，市政府办公厅、市工业和信息化委员会、市政府新闻办公室承建维护

（3）数据开放协调者

政府数据开放工作涉及经济、社会和公众生活的方方面面，还牵涉政府、公共机构、企事业单位等，是一个综合性的事务，需要有相应的机构进行统筹和协调。在实施和执行大数据发展战略和开展政府数据开放中，各级政府部门都需要成立相应的领导管理和协调机构，构建相应的管理协调机制。

在美国联邦政府数据开放工作中，为了最大程度地整合数据，并能有效地进行开放共享，OMB 所属的信息和监管事务办公室（Office of Information and Regulatory Affairs，OIRA）协同联邦首席信息官（The Chief Information Officer ，CIO）、联邦首席技术官(The Chief Technology Officer，CTO)共同对政府数据开放工作进行协调管理。OMB 还成立了一个跨机构的高级顾问小组(OMB's Senior Advisory Group)，成员包括首席信息官委员会(CIOC)、联邦机构间统计政策委员会(Inter-agency Council on Statistical Policy，ICSP)等 7 个部门，确保各部门的数据共享与开放，提升数据开放的水平并改进相关工具。① 在数据门户的建设与管理方面，英国内阁办公厅成立了专门的数据团队(Data Team in the Cabinet Office)，协调开展跨政府部门之间的数据开放合作。②

(4)数据开放促进者

在政府数据开放中，政府除了作为数据的提供方外，还可以成为开放数据的促进者，不是仅仅被动、"消极"地提供数据，而是积极主动地构建数据用户、程序员以及应用开发者等形成良性互动的生态系统。政府可以通过营销推广的方式宣传开放数据的可用性和易用性，以此推进开放数据开发者生态系统的建设。

美国、英国、澳大利亚、加拿大、尼日利亚、新加坡等国政府举行了如编程马拉松(hackathons)、头脑风暴工作坊(data jams)、数据开放运动(datapaloozas)等活动，以奖金的方式吸引信息技术爱好者参与其中，促进利用开放数据开发创新产品和服务。

(5)数据开放政策的制定者

政府部门通过政策、法规、标准等的制定推进和规范数据开放，主要有以下三个方面：

一是政府利用立法权，制定政府数据开放的相关规划、条例、实施办法与意见等法规与政策，并以公共权力为保障推行，促进数据的普遍开放以及潜在价值的发挥。2017 年 5 月 1 日正式实施了《贵阳市政府数据共享开放条例》，将政府数据共享开放工作、经费、目标考核纳入法制化管理，确保政府数据共享开放工作有序、可持续开展；并明确和规定了各级相关部门的相应具体职责。

二是政府通过制定法规规范约束数据开放行为。数据开放可以实现价值增长，同时不可避免地也会伴随风险，这些风险包括个人层面的隐私与人身安全以及组织层面的保密与知识产权等。因此，政府制定相关制度不仅要考虑数据利用方面的公平正义，还应该保障社会与个体成员的安全。2012 年 6 月，英国内阁办公室发布

① Data. gov Concept of Operations [EB/OL]. [2017-12-29]. https：//zh. scribd. com/ document/42664156/Data-gov-Concept-of-Operations-v-1-0.

② Open Data Strategies[EB/OL]. [2017-12-29]. https：//data. gov. uk/open-data-strategies.

开放数据战略文件《开放数据白皮书：释放数据潜力》①，该文件第 3 章重点阐述了建立信任、隐私保护是其主要内容之一，如政策中要求在公共部门透明度委员会中设立隐私保护专家，以确保在数据开放过程中及时掌握和普及最新的隐私保护措施；制定《个人隐私影响评估手册》，在数据开放过程中进行隐私影响评估。2013年 10 月发布的《抓住数据机会：英国数据能力的战略》②也明确提出保障个人隐私和数据安全、制定获取和利用研究数据的方案等内容。

三是政府相关部门还要承担起制定数据开放标准的任务，最大程度地实现数据的开放共享，发挥数据的价值。2017 年 2 月，贵州省成立了大数据标准化技术委员会，构建制定大数据标准、实施大数据技术标准战略的平台，主要职能包括分析大数据专业领域标准化的需求，研究提出贵州省大数据专业领域的标准发展规划、标准体系、标准制修订计划项目等。③ 相关数据标准的制定对政府数据开放共享也有着积极的促进和规范作用。

(6) 数据使用者

政府不仅仅是开放数据的提供者、促进者以及相关政策的制定者，也是数据的使用者。政府数据的开放为政府以外的机构与个人利用本来隐藏的数据提供了可能，同时，为克服政府部门之间的信息壁垒创造了机会。一般而言，政府机构主要通过两项措施利用开放数据：一是为了更好地利用数据，政府机构的管理者会加大投入，用于人才、工具与系统的建设；雇佣专业人才，对各级人员进行培训，以便在数据的基础上做出最佳决策。二是政府部门可以通过运用先进的分析方法改进内部决策，促进服务的创新，并增加可问责性。例如，阿尔伯塔省的埃德蒙顿市是加拿大开放数据的领导者，被授予"2015 加拿大开放数据奖"(2015 Canadian Open Data Award)④。埃德蒙顿市政府官员分析和利用通过 API 接口获得的实时开放数据，评估城市在各种指标上的表现，包括公共交通实时性、公共空间利用、311 政府热线呼叫的响应时间等。工作人员可以对 400 多个数据集进行可视化，帮助管理者在如何提高绩效和分配有限资源方面做出更明智的决策。

---

① Open Data：Unleashing the Potential [EB/R]. [2017-12-30]. https：//www. gov. uk/government/publications/open-data-white-paper-unleashing-the-potential.

② Seizing the Data Opportunity：A Strategy for UK Data Capability [EB/R]. [2017-12-30]. https：//www. gov. uk/government/publications/uk-data-capability-strategy.

③ 贵州省大数据标准化技术委员会成立大会举行[EB/OL]. [2017-12-30]. http：//www. gzqts. gov. cn/doc/2017/02/15/69155. shtml.

④ About Open Data[EB/OL]. [2017-12-30]. https：//data. edmonton. ca/about.

4.2.2　社会公众力量在数据开放中的角色与职能

政府数据开放最主要的主体当然是政府部门，但并不仅限于政府部门，这不是政府机构的"单打独斗"。在各国政府数据开放实践中，政府部门都提倡和鼓励社会组织与民众等社会公众力量的参与，在他们参与的过程中汇聚和吸取群体智慧。八国集团(G8)发布的《开放数据宪章》(Open Data Charter)中核心的五大战略原则包含了"为创新发布数据，与用户协商，并孕育下一代创新者"；2013年12月，美国联邦政府发布第二份《开放政府国家行动计划》，提出了通过合作和开发利用美国公众的智慧来促进创新的开展，并且 Data.gov 使用开源软件重新上线，在社会贡献者的帮助下以开放创新方式开发。在我国，2016年2月，中共中央办公厅和国务院办公厅联合印发《关于全面推进政务公开工作的意见》(中办发〔2016〕8号)，提出"支持鼓励社会力量充分开发利用政府数据资源，推动开展众创、众包、众扶、众筹，为大众创业、万众创新提供条件"。

一般来说，社会公众可以按照组织状态分成组织公众和个体公众。① 组织公众是以一定的集体或团体形态呈现，以组织团体作为态度、意见与行为的表达者，营利和非营利组织都属于组织公众；而个体公众是以个人的形态呈现，以分散的个体作为态度、意见和行为的表达者，社会上的民众属于个体公众。以下着重阐述非营利组织、营利组织以及个体公众等参与政府数据开放的途径、方式与内容。

(1)非营利性组织

非营利组织是与政府组织、营利组织(企业)并列的主要社会组织形态，学界对其有各种分类。本节结合政府数据开放的实际情况，列举了国际组织、非政府公共机构、民间组织等。需要说明的是，"开源软件提供机构"很大比例是非政府公共机构或民间组织，而本书将其单独列出，主要是考虑研究分析的需要，突出其作为政府数据开放实践中的重要力量。非营利组织在推进政府数据开放、促进数据的传播、提升数据的开发利用效率等方面发挥着不可替代的作用。在政府数据开放活动中，很多政府部门无法顾及，营利机构不愿涉足，而具有较好社会效应的领域，非营利组织可以填补空白，具有弥补社会需求与政府供给之间落差的职能。②

① 国际组织。

国际组织在当今世界政治、经济与社会发展中发挥着重要作用。③ 在政府数据开放领域，国际组织一般通过两种方式参与其中：一是建设数据开放门户网站，开

① 杜琳.公共关系原理与实务[M].北京：清华大学出版社，2008：53.
② 王挺，卢兴光.组织行为学[M].北京：中国铁道出版社，2015：4.
③ 唐书麟.当代世界经济与政治[M].南昌：江西人民出版社，2015：197-199.

放掌握的数据资源；二是通过战略规划、研究报告推进政府数据开放的开展，影响各国政府实践行为。

第一，建设数据门户。

在数据开放方面，很多国际组织也开展了相关实践，例如，联合国(UN)、欧盟(EU)、经济合作与发展组织(OECD)、世界银行(WB)等也加入开放数据运动，建立了数据开放门户网站，见表4-7。世界上最大的国际组织 UN 建立了数据中心(UNDATA)，截至2018年2月，提供了35个子数据库、6000万条记录，主题涉及教育、贸易、工业、能源、人口、环境、农业、犯罪、旅游等；还提供了元数据、API 接口等服务。

表 4-7   部分国际组织建设数据开放门户一览表

国际组织	开放数据门户
联合国	http://data.un.org/
欧盟	http://data.europa.eu/
经济合作与发展组织	https://data.oecd.org/
世界银行	http://data.worldbank.org/
联合国人居署	http://open.unhabitat.org/
国际货币基金组织	http://www.imf.org/en/data
联合国粮食及农业组织	http://www.fao.org/faostat/

世界贸易组织(The World Trade Organization，WTO)联合世界银行(WB)开发和维护了一个服务贸易数据库，政策制定者、研究人员、贸易谈判代表以及公众都可以免费访问。数据涵盖了100多个国家的各个部门，如金融、运输、旅游、零售、电信和商业服务等。①

第二，发布战略规划与研究报告。

国际组织在世界经济社会发展中具有一定的影响力，他们关于数据开放的战略规划与调查研究报告为各国政府开展数据开放工作提供了参考信息，能够产生积极的推进作用。

联合国经济和社会事务部(UNDESA)发布《联合国电子政务调查报告2016：电子政务促进可持续发展》，第二章为"推进政府数据开放，提升行政透明度"，描述

---

① WTO, World Bank to Develop Services Trade Database[EB/OL]. [2018-12-30]. https://www.wto.org/english/news_e/news13_e/serv_05aug13_e.htm.

了公共部门在实施开放数据计划中采取的策略和遇到的挑战，阐述了政务数据开放计划在社会包容性和公民参与性方面的利用等。① 我国相关部门对《联合国电子政务调查报告》十分重视，国家行政学院电子政务研究中心长期与 UNDESA 在电子政务领域保持合作，从 2012 开始共同发布《联合国电子政务调查报告（中文版）》。由此可见，这些研究成果将对我国政府数据开放的研究和实践产生影响。

欧盟作为"超国家机构"（Supranational Institution）性质的区域性国际组织，② 其关于政府数据开放的战略规划将直接影响成员国的数据开放实践，对其他国家也有示范和引导作用。欧盟于 2011 年提出了"开放数据战略"，促进公共部门产生和搜集的原始数据再利用与开发，成为信息和通信技术（ICT）用户开展创新工作依赖的数据材料。③ 欧盟的战略规划大大促进了欧洲范围内的政府数据开放工作，在欧盟第 5 框架计划下，开放知识基金（Open Knowledge Foundation）建立了一个泛欧洲的数据平台 PublicData.eu，④ 欧盟通过收集、购买数据，向欧洲的公共机构提供免费、开放的数据资源，用户可以直接在平台上下载数据，用于分析、开发创新服务或应用等。⑤

② 非政府公共机构。

非政府公共机构是政府和企业以外各类组织的典型代表，与西方的第三部门和非营利组织有着相同的价值取向。这部分组织的存在是市场经济良性运行所不可或缺的基本条件，它们承担了大量政府和企业做不好也做不了的事情，有着自身的优势和使命。⑥ 关于非政府公共机构的界定、内涵以及分类，目前并没有一个统一的标准，本书将其界定为由公共财政支持的、不以营利为目标的组织机构，在我国主要是指事业单位，从事教育、科技、文化、卫生等活动的社会服务组织。在政府数据开放活动中，相关非政府公共机构参与的方式主要是开展相应的研究、提供相关技能培训、促进企业利用开放数据进行创新等。例如，作为公共机构的图书馆在政府数据开放中也发挥着自身的作用。图书馆作为知识交流平台，在政府数据开放方

---

① United Nations E-Government Survey 2016: E-Government in Support of Sustainable Development［EB/OL］.［2017-12-30］. https：//publicadministration. un. org/egovkb/en-us/Reports/UN-E-Government-Survey-2016.

② 徐静. 欧盟多层级治理与欧盟决策过程［M］. 上海：上海交通大学出版社，2015：62-63.

③ European Commission launches Open Data Strategy for Europe［EB/OL］.［2017-12-30］. https：//blog. okfn. org/2011/12/12/european-commission-launches-open-data-strategy-for-europe.

④ What is Publicdata. eu?［EB/OL］.［2017-12-30］. http：//publicdata. eu/about. html.

⑤ 罗博. 国外开放政府数据计划：进展与启示［J］. 情报理论与实践，2014（12）：138-144.

⑥ 孙多勇. 公共管理学［M］. 长沙：湖南人民出版社，2005：68-69.

面具有先行先试的优势条件。①

一方面，在国际上，英国是政府数据开放推进工作较为成熟的国家之一，其中少不了政府之外公共机构的贡献。2012 年，英国政府首批注资十万英镑成立开放数据研究所(The Open Data Institute，ODI)，试图通过该组织研究和挖掘开放数据的商业利用潜能，为公共机构、学术组织等基于数据实现创新发展提供"孵化环境"，进而为国家可持续发展政策的制定和实施提供决策支持。

另一方面，在国内，一些公共机构，如高校与研究机构，对政府数据开放开展了探索和相关的研究，为政府部门推进数据开放和利用提供决策支持。

复旦大学国际关系与公共事务学院的数字与移动治理实验室(Lab for Digital & Mobile Governance，DMG)对数字治理与电子政务、政府数据开放与共享等领域进行了深入的探索。2015 年，DMG 和开放数据中国(Open Data China)共同发布调查报告《中国开放数据探显镜》，构建根植于我国国情的开放数据评估框架。该报告通过分析我国政府数据开放实践案例，显微细节问题，探测发展程度和水平，较为全面展现了数据开放现状，进而提出了政策建议和对策。2015 年 12 月，DMG 承担的经信委决策咨询课题成果《上海市政务数据资源共享管理办法》在市政府常务会议上通过。② 2017 年 5 月，DMG 与提升政府治理能力大数据应用技术国家工程实验室联合发布首个中国地方政府开放数据指数报告，公布了"开放数林指数"，对我国各地的开放政府数据平台的现状、特点与问题开展系统评估，包括开放数据的标准、质量与价值等多维度，并在此基础上提出建议，助力我国地方政府数据开放工作的开展和推进。③ 同年 12 月，DMG 等发布了最新的中国开放数林指数及《中国地方政府数据开放平台报告 | 平台体验》。④

③ 民间组织。

"民间组织"(Civil Organization)是我国的常用称谓，在国外常被称为非营利组织(Non-profit Organization，NPO)、非政府组织(Non-government Organization，NGO)、第三部门(The Third Sector)、公民社会组织(Civil Society Organization，CSO)等。⑤ 民间组织具有自治、志愿与公益的特征，组织成员通过自愿参与、自

① 杜妍洁，顾立平. 国外开放政府数据政策以及图书馆作用的综述[J]. 图书情报工作，2015，59(17)：141-148.

② DMG 实验室课题成果《上海市政务数据资源共享管理办法》在市政府常务会议上通过[EB/OL].[2018-01-12]. http：//www. dmg. fudan. edu. cn/? p=1525.

③ 《中国地方政府开放数据指数报告》将在贵阳数博会发布[EB/OL].[2018-01-12]. http：//www. dmg. fudan. edu. cn/? p=3024.

④ 中国地方政府数据开放平台报告 | 平台体验[EB/R].[2018-01-12]. http：//www. dmg. fudan. edu. cn/wp-content/uploads/2017 中国地方政府数据开放平台报告-平台体验. pdf.

⑤ 马庆钰. 中国非政府组织发展与管理[M]. 北京：国家行政学院出版社，2007：2-16.

我组织和自主管理的方式形成具有统一目标的群体组织。在政府数据开放领域，也有民间组织的参与，对数据资源的组织传播、开发利用发挥着积极的作用。

一方面，世界范围内，一些民间组织通过各种途径和方式为政府数据开放作出贡献，其中最具有影响力的是开放知识基金会（Open Knowledge Foundation，OKFN）。

OKFN 是非营利性组织，于 2004 年在英国成立，长期致力于在数字时代推广各类形式的开放知识。近年来，OKFN 主要着眼于开放数据和开放政府的推广和支持，帮助社会团体获取和利用数据以解决社会问题，实现开放数据对社会的价值。OKFN 成为政府数据管理方与社会组织的桥梁和纽带，不仅能提供有效使用数据资源的工具与技能，还能充分宣扬开放数据对社会组织发展的价值。截至 2018 年 1 月，OKFN 已经完成的项目有 12 个，在开放数据领域形成了显著的影响，例如，关联数据项目 LOD2[1]；正在运行的项目有 14 个，不同主题的工作群组包含了教育、交通、文化以及永续发展等不同领域推广开放知识与开放数据的理念。[2]

OKFN 为"开放"（openness）、"开放数据"（open data）、"开放数据许可"（open data licences）等提供国际标准，为所有"开放"的事物提供原则和指导。[3]

OKFN 资助建立免费的数据管理平台 DataHub，囊括了来自于国家层面、地方政府、研究组织等收集的海量数据。根据 2017 年 7 月 28 日数据显示，DataHub 上有 937 个组织的 11240 个数据集。[4]

OKFN 还创建和运行政府开放数据门户的目录集成网站 Data portals，提供了世界范围内开放数据门户网站最全面综合的清单，提供了 CSV、JSON 两种格式的数据下载。截至 2018 年 1 月 21 日，该网站收录了 524 个数据门户网站，著录了每个网站的相关信息，并通过可视化的方式，在世界地图上进行了呈现。[5]

OKFN 通过众包调查（crowdsourced survey）发布了全球开放数据指数（Global Open Data Index，GODI），GODI 提供一年一度各国政府数据开放情况的参照比较数据，对各国政府数据开放程度进行排名。[6]

在开放数据的推广和教育方面，OKFN 和 P2PU（Peer to Peer University）合作建立数据学院（School of Data），致力于增强社会组织、新闻工作者和公民有效地利用

---

① LOD2［EB/OL］.［2018-01-21］. http：//lod2. eu.

② Open Knowledge：Projects［EB/OL］.［2018-01-21］. https：//okfn. org/projects.

③ The Open Definition［EB/OL］.［2017-07-28］. http：//opendefinition. org.

④ Datahub［EB/OL］.［2018-01-21］. https：//datahub. io.

⑤ Data Portals A Comprehensive List of Open Data Portals from Around the World［EB/OL］.［2018-01-21］. http：//dataportals. org.

⑥ Global Open Data Index［EB/OL］.［2018-01-21］. https：//index. okfn. org.

数据的能力，创造更加公平和有效的社会。①

　　另一方面，在国内，也有非营利性质的公益组织参与政府开放数据的开发利用，经过整理后向用户提供服务。下面以青悦环保信息技术服务中心、开放数据中心委员会（ODCC）、开放数据中国等为例，阐述民间组织在我国政府数据开放中的作为与贡献。

　　2015年1月，在上海市闵行区民政局的帮助下，青悦环保信息技术服务中心在闵行区社会组织孵化园注册为民营非企业机构，闵行区环保局是其业务主管部门，资助方包括 SEE 基金会、阿里巴巴公益基金会、自然之友公益基金会与劲草同行等。② 该组织将推动环境信息公开和环境数据开放作为重要使命。青悦环保信息技术服务中心开发利用政府数据的流程为"政府发布的公开数据——青悦获取并进行数据的整理——以开放数据格式开放"，提供的环境数据主要包括了空气、天气、水质、污染源等方面。截至 2018 年 1 月 21 日，青悦已经为 1374 个研究项目提供了下载、API 以及分析计算等环境数据支持服务。青悦每年都会对全国范围的环境信息公开及开放数据情况做深度调研，形成调研报告，帮助政府相关部门更好地开放环境信息及数据，并及时更新数据源。

　　开放数据中心委员会（Open Data Center Committee，ODCC）成立于 2014 年 8 月，属于行业性非营利社会组织。ODCC 致力于打造成为中国的数据中心开放平台，由数据中心相关的企事业机构发起建立。

　　开放知识基金会（Open Knowledge Foundation）在国内也进行了本地化，不过目前还处于初级的"大使"阶段，由国内学者以个人为单位进行协作，开展中国区开放数据及开放内容的推广、倡议等工作。③ "开放数据中国"是由开放知识基金会中国、城市数据派、数据科学家联盟、青悦环保信息技术服务中心等发起、创建的虚拟合作性网络，倡导数据开放，致力于提升公众的数据能力，为数据的创新性应用提供支持，促进中国开放数据生态环境的形成和完善。④ 到目前为止，"开放数据中国"实施的项目有 18 个，例如，开放数据中国的旗舰级项目之一的 INSPIRE 项目建立了首个中文内容的开放数据应用案例库，致力于为社会公众利用开放数据解决问题提供帮助和灵感，或直接将案例库中已有的开源解决方案应用于类似的现实场景中。⑤

　　在政府数据的开放中，各种类型的民间组织广泛参与，通过发挥民间力量，可

---

　① School of Data［EB/OL］.［2018-01-21］. https：//schoolofdata.org.

　② 青悦开放环境数据中心［EB/OL］.［2018-01-21］. https：//data.epmap.org.

　③ 开放知识基金会@中国［EB/OL］.［2018-01-22］. https：//cn.okfn.org.

　④ 开放数据中国［EB/OL］.［2018-01-22］. http：//opendatachina.com.

　⑤ INSPIRE［EB/OL］.［2018-01-22］. http：//inspire.opendatachina.com.

以使得政府数据得到更好地传播、聚合和利用。

④ 开源信息工具提供方。

政府数据开放门户是目前数据开放主要采用的模式，除了商业性的软件和服务外，政府数据开放工作中应用了很多开源软件，如众多数据门户的建设都依赖于CKAN、WordPress。严格意义上说，开源软件的提供方不能称为机构或组织，因为，开源软件的来源是多元化的，其提供方有可能是民间机构，如政府开放数据门户系统CKAN由开放知识基金会提供；有可能是营利性的企业；也有可能是来源于组织形态松散化的网络社区等。

从职能和角色上看，开源软件可以看作是政府数据开放活动的赋能者，通过提供技术工具实现和促进数据开放。赋能者是政府数据开放生态系统和数据开放相关利益者中重要的组成部分。

第一，开源软件为构建政府数据门户提供便利条件。

构建政府数据开放门户的CKAN(Comprehensive Knowledge Archive Network)是一个开源的基于Web的开放数据管理系统。CKAN是"开包即用"(out-of-the-box)的软件解决方案，通过提供一些工具，可以简化数据的发布、共享、发现和使用等，使得数据具有良好的可访问性。2006年，OKFN创建了开源的专业数据管理与发布系统CKAN，其开放的灵感来源于Linux的软件包管理功能。CKAN已经发展成为强大的数据目录管理系统，具有强大的搜索与分类功能，目前正被国家和地方政府、研究机构以及其他收集大量数据的组织所广泛使用，已经被包括英国、美国、加拿大、澳大利亚、日本等多个国家用于建立国家开放数据平台，例如，澳大利亚政府的Data.gov.au采用了CKAN管理和发布开放数据；荷兰的国家数据门户Dutch National Data Register、南澳大利亚州政府通过CKAN向公众提供数据；武汉经济技术开发区政府数据开放平台也采用了CKAN系统管理数据。CKAN网站上提供了197个利用其作为管理系统的数据门户实例,① 见表4-8。

表4-8　　　　　　　　　　　利用CKAN的数据门户类别分布

数据门户类别	数量
国家层面政府	39
地方/区域政府	97
学术类	14
社区类	29

① CKAN instances[EB/OL].[2018-12-29]. https：//ckan. org/about/instances.

续表

数据门户类别	数量
其他	18
总计	197

（数据来源：https：//ckan.org/）

WordPress 作为一种基于 PHP 语言开发的博客平台也是政府数据开放门户建设的重要贡献者之一。数据门户的建设者可以应用 WordPress 在支持 PHP 和 MySQL 数据库的服务器上架设门户网站，也可以把 WordPress 作为内容管理系统（content management system，CMS）来使用。① 美国联邦政府开放数据门户网站中，WordPress 与 CKAN 一起构建了数据内容的管理框架。Data.gov 用 WordPress 做数据内容呈现，用 CKAN 做数据目录管理。

Drupal 是应用 PHP 语言编写的开源内容管理框架（content management framework，CMF），由内容管理系统（CMS）和 PHP 开发框架共同构成。② 在政府开放数据门户的建设中，Drupal 发挥着重要的作用，其模块化和开放性的特征，使得数据门户更具有扩展性。Drupal 构建政府门户能够增强公民参与，越来越多的政府部门利用 Drupal 构建门户网站，③ 例如，london.gov.uk、City of Chicago、Office of the City Clerk Website、Georgia.gov 等，全球已经有超过 150 个国家的政府在使用。④ 除了美国联邦政府开放数据门户采用的 WordPress+CKAN 外，DKAN（Drupal + CKAN）也是基于 Drupal 实现数据目录服务的一种方式。目前，非洲近 32%的政府开放数据平台利用了 DKAN。⑤

OpenStreetMap 是由社会公众通过网络协作共同实现的开源、可编辑并且免费的地图服务，在政府数据门户的构建中也得到应用，解决了网站中相关地图数据服务问题，例如，在 Data.gov、Data.gov.au 上涉及地图服务的数据集就会应用到 OpenStreetMap 提供的数据。OpenStreetMap 是非营利性的，利用网络群体的力量以及无偿的贡献来改善地图相关的地理数据，将数据回馈给社区重新用于其他的产品

---

① WordPress[EB/OL].[2018-12-29]. https：//wordpress.org.

② Drupal[EB/OL].[2018-12-29]. https：//www.drupal.org.

③ 李盼，翟军，陈燕. 基于 Drupal 的政府开放数据平台构建[J]. 现代情报，2016，36（8）：37-43.

④ Drupal[EB/OL].[2018-12-29]. https：//www.drupal.org/industries/government.

⑤ Bello O W, Akinwande V, Jolayemi O, et al. Open Data Portals in Africa An Empirical Analysis of Open Government Data Initiatives[C]// Conference：4th Isteams Research Nexus, 2015：595-606.

与服务。OpenStreetMap 驱动了数以千计的网站、移动应用，以及硬件设备的地图数据。①

第二，开源社区为开源工具与服务应用于政府数据开放提供了平台。

基于开源社区（open source community），Drupal 得到不断地发展，根据 2018 年 12 月 Drupal. org 网站数据，开源社区已经吸引了 100 余万开发者和设计者等，已经有 115976 个注册用户贡献模块开发，模块数量已经达到 43512 个。

Github 在政府数据开放中也得到应用。Github（https：//github. com）是开源代码库和版本控制系统，面向开源及私有软件项目提供托管服务。Github 也是一个众多开发者共同学习、分享和创建软件的社区。截至 2018 年 12 月，Github 上已经有 3500 余万的注册用户、超过 200 万的项目团队，累计托管了 9000 万以上的项目。

美国联邦政府的数据开放门户网站 Data. gov 在 Github 上开辟了空间，② 推进 Data. gov 的完善和发展。用户可以通过以下方式贡献智慧：报告错误、建议新功能、翻译成新的语种、撰写或编辑文档、编写代码等。Data. gov 通过引入 Github，拓展了公众参与数据开放利用的平台，方便更多具有开发能力的用户参与到数据和数据门户的不断开发中。

美国政府部门开发构建了关于开放数据的开源支持社区。美国联邦政府意识到政府部门在政府数据的开放方面需要进行指导和引导，并需要引入政府之外的各方"智慧"与合作，以此确保开放数据政策能够与技术以及创新的发展保持同步。因此，2013 年 5 月，白宫发起了开源协作项目"项目开放数据"（Project Open Data，POD），构建了网络开源社区，提供代码、工具以及实践案例等一系列有关数据开放的支持工具，帮助联邦机构更好地采纳开放数据政策（Open Data Policy），让政府数据更易被获取与利用，释放出政府开放数据的潜力。例如，Project Open Data 提供了可以将表格或者数据文件转化成 API 的工具，方便开发者更好地使用开放数据。

Project Open Data 项目的这些资源被发布在 GitHub 上，参与的开发者可以进行协作，共享和共同完善提交的代码等。Project Open Data 开源社区的参与者和贡献者包括企业、非政府组织以及独立的个人开发者。通过各方参与者的合作，可以促进开放数据政策的不断完善，并能促进政府文化的改变，认识到参与者的广泛参与和合作能够让政府数据开放工作做得更好。Project Open Data 项目形成的开源社区在政府数据开放实践推广中发挥了较大的作用。参与者们除了在网络社区中交流与协作之外，还参加一些线下的社区活动。③

---

① OpenStreetMap［EB/OL］.［2018-12-29］. http：//www. openstreetmap. org.

② GSA/data. gov［EB/OL］.［2018-12-29］. https：//github. com/GSA/data. gov.

③ Project Open Data［EB/OL］.［2018-12-29］. https：//project-open-data. cio. gov.

截至 2018 年 12 月，Project Open Data 项目提供了 11 个数据目录工具(data catalog tools)，5 个数据转换工具(data converter tools)，1 个数据组织工具(data engagement tools)，7 个其他类的数据处理工具(如可以实现数据可视化的工具 DataVizWiz)等。Project Open Data 项目还提供了 12 种可供编程使用的资源与工具，例如，为政府部门开放数据提供元数据标准等。通过这些数据工具，政府部门可以更好地实现数据的开放，例如，通过"CSV to API"和"JSON-to-CSV Converter"两种工具，可以实现两种格式数据文献的转换。

美国伦斯勒理工学院的 Tetherless World Constellation(TWC)研究所开发了基于语义 Web 的 TWC 关联开放政府数据(Linked Open Government Data，LOGD)门户。该门户网站既是一个支持关联开放政府数据生产与消费的开源基础设施，同时还是一个充满活力的网络开源社区，开放政府社区的开发者、数据管理员以及终端用户都可以在其中得到教育培训和服务。①

(2)营利组织

营利组织(For-profit Organization / Profit Organizations)是市场的主体，政府开放数据要得到充分的利用开发、实现增值，最重要的是营利组织的充分参与。

① 商业机构。

企业是营利机构，其参与政府数据开放主要是通过开发利用开放数据，挖掘商业价值，实现数据的增值。在数据开发利用过程中，企业参与了数据的开放管理，其体现出的"智慧"得到了发挥，并通过商业价值的形式得到呈现。特别是企业通过政府数据门户提供的 API 接口调用数据，应用到相应的场景中。一方面，可以把企业视为开放数据的受众和服务对象；另一方面，企业也是这些调用数据的管理者，具有一定程度的控制能力。

企业作为政府数据开放的参与主体之一，在开发利用数据中创造了经济价值，获取了利润，促成了企业本身的成长，同时也通过缴纳税收、创造就业机会等形式为政府部门开放数据提供可行性与必要性的支撑。开放数据应用企业有很多已经成长为具有显著经济价值的企业。

数据的开放并不是一个静态的现象和单纯的行为，而是数据流动的过程。所以说，企业调用和利用开放数据，是参与数据开放的过程，通过企业的信息应用，数据开放得到延伸。

在英国，自从 2010 年公共部门通过 Data. gov. uk 数据门户开放数据，开放数据

---

① Linked Open Government Data［EB/OL］.［2018-12-29］. https：//logd. tw. rpi. edu.

运动一直处于上升阶段。英国政府鼓励数据开放，不仅仅是为了支持政府的透明，更是为了促进经济的增长，缘起于预期新创公司会开发利用可用的开放数据。2012年成立的开放数据研究所（The Open Data Institute，ODI）在帮助初创公司利用开放数据方面发挥着重要的作用。

2015年，ODI调研了英国企业利用和开发开放数据情况。① 调研的对象为使用开放数据的270家企业，这些企业年度经营额总计超过了920亿英镑，雇员达到50万人以上。由此可见，开放数据在商业领域进行应用和开发利用具有巨大的潜能。ODI调研数据显示：其一，从行业分布来看，企业主要集中于信息与通信行业，占到了54%；其余46%的企业分布在金融保险、文化娱乐、农业、教育等12个行业领域。其二，从企业规模来看，小微企业（micro enterprises）是开发利用开放数据的主力，占到了70%；此外，也有一些大型企业（large companies or enterprises）开发利用开放数据，其中8%的企业雇员超过了251人。其三，从企业成立年份来看，26%的企业创建于3年之内，34%的企业已有3～10年历史，39%的企业拥有10年以上历史。由调研数据分析可知，一方面，开放数据开发利用催生了大量新兴创业公司（主要以小微企业为主），为市场开拓了诸多创新领域；另一方面，很多传统行业也开始应用开放数据，推动企业的发展和转型。ODI调研数据还显示，大约70%的企业开发利用来自于政府的开放数据资源；从企业对开放数据的主题和类型偏好来看，57%以上的企业利用地理/地图数据（geospatial/mapping data），说明该类数据开发利用价值最大，有43%的企业利用交通数据（transport data），42%的企业利用环境数据（environmental data），40%的企业利用人口与社会数据（demographics & social data）。

表4-9列举了英国19个利用开放数据的创新公司，这些公司中有些是利用开放数据开发新的服务，有些是将数据融合到传统的行业中，从而推动产业升级。

英国交通数据开放平台Placr/Transport API聚合了英国的交通数据，通过开放API向用户开放使用。用户可以将交通数据整合到自己的产品和服务中。Open Corporates聚合了全球超过1.71亿个企业的数据（截至2018年12月），并开放了API，面向用户提供服务。开放数据的格式一般为XML或JSON。作为开放数据的聚合者，一部分聚合平台免费向用户开放使用，另一部分聚合平台因为提供了增值服务，以收费模式向用户提供服务。

---

① Open Data Institute（2015）Open Data Means Business：UK Innovation Across Sectors and Regions. London，UK［EB/OL］.［2018-12-29］. http：//theodi. org/open-data-means-business-uk-innovation-sectors-regions.

表 4-9   **英国 19 个利用开放数据的创新公司**

序号	公司名称	简　　介
1	Mastodon C	为企业和机构提供大数据的分析，帮助其开展业务。研究报告称，Mastodon C 通过大数据服务为英国国民健康服务（National Health Service，NHS）节省了 2 亿英镑的潜在费用
2	The Guardian	2009 年以来，卫报开放了其原始数据，通过 API 向合作伙伴提供数据重用
3	CarbonCulture	CarbonCulture 是一个初创公司，通过监测工作场所的碳使用情况，并提出提高效率和节约资金的方法，帮助人们和企业更有效地利用资源
4	ASOS	早在 2011 年，全球在线时尚零售商 ASOS 通过 API 向外部 Web 开发者开放其数据
5	Arup	英国的全球工程咨询公司 Arup，使用开放数据作为其工作的一个重要组成部分。研究如何使用公共交通、规划、自然灾害和其他主题的数据，为客户提供更有效的服务，并帮助减轻风险，例如自然灾害
6	Adzuna	Adzuna 是一个搜索引擎，从几百个在线数据源中聚合招聘广告。其通过劳动力市场统计开放数据为工作指数，反映英国就业市场状况。通过 API 提供免费数据
7	PWC	普华永道（Price Waterhouse Coopers，PWC）是世界上第二大专业服务公司，在 157 多个国家设有分公司。普华永道开展开放数据研究，并为开放数据挑战系列项目提供分析，促进可持续的开放数据服务，以解决社会问题与挑战
8	Doorda	Doorda 是一家开展如何使用开放数据的初创咨询公司。该公司将不同的政府数据集汇集到一个单独的在线地图上，帮助市民更好地了解当地的公共数据，如房地产、学校、犯罪热点、地方新闻和道路安全等
9	FoodTrade	FoodTrade 是一个在线平台，为消费者提汇集和提供了 1600 多个当地的食品生产商的供应链，促进食品行业的透明。FoodTrade 利用食品标准局（Food Standards Agency）的数据帮助餐馆确保他们遵守餐厅菜单过敏规则
10	GeoLytix	GeoLytix 是一家专门从事空间数据咨询的初创型公司。GeoLytix 利用来自伦敦的交通、土地登记、开放街道地图（OpenStreetMap）以及各政府部门的数据创建空间地理数据产品（geodata products），如地图、边界数据以及兴趣点。GeoLytix 将其中的一些产品作为开放数据发布，包括处理过的人口普查数据、工作场所数据、超市地点和邮政部门边界
11	Mime Consulting	Mime Consulting 提供管理信息服务，如数据仓库、分析、可视化以及控制面板的设计等

序号	公司名称	简　介
12	OpenCorporates	OpenCorporates 是世界上最大的公司信息公开的数据库，数据来自 108 个司法管辖区的 9800 万家公司。OpenCorporates 的目的是为世界上每一个公司实体记录一个网址（URL）。用户可以搜索公司类型、注册日期、注册地址和公司董事等信息
13	OpenSensors. io	OpenSensors. io 是一个物联网平台，它的实时消息引擎每秒可以处理数百万条来自任何 Internet 连接设备的消息，例如传感器。它有着广泛的用途，如：通过车牌识别和运动传感器实现停车场自动化，通过恒温器、灯光和锁来优化办公空间。生成的数据可供免费重用
14	Shoothill	Shoothill 是什鲁斯伯里（Shrewsbury）的一家初创的软件开发公司，Shoothill 根据环境署（Environment Agency）提供的开放数据，制作地图和工具，帮助了解和减少英国洪灾的风险。Shoothill 的产品"洪水预警"（FloodAlerts），让用户了解他们地区的洪水状况；产品"测量地图"（GaugeMap）提供了河流水位的实况地图
15	Spend Network	Spend Network 是一家为企业提供服务的初创公司，业务包括数据分析、预测投标报价和时间表，它也可以帮助公共部门了解趋势，查明采购过程中的低效率
16	Swirrl	Swirrl 是苏格兰一家高科技初创公司，帮助组织机构组织和发布自己的数据。其 PublishMyData 平台被公共和私营部门用来以结构化机器可读的格式组织发布和管理他们的在线数据
17	TransportAPI	TransportAPI 从伦敦运输部（Transport for London）、铁路运输部、铁路网等部门获取数据。超过 1450 家公司和开发人员用其数据来创建应用程序和服务。TransportAPI 提供了关于英国运输信息单一的、综合性的来源，信息包括火车、公共汽车、汽车和自行车等多种运输方式的时间表、路线和现场运行状况
18	Kognitio	Kognitio 为科学数据和商业情报公司提供基于云的数据分析
19	Yorkshire Water	Yorkshire Water 提供了约克郡的水供应相关数据

（本表根据网络资料整理，主要来源于 Techworld）

在美国，很多企业也基于政府开放的数据，开展了开发利用活动，形成了一批数据驱动的企业。这些企业通过调用开放数据参与到数据开放中，一方面提高了政府数据的开发利用效率，实现了数据价值；另一方面也是对政府数据的传播，扩大了影响力。基于政府开放数据的创新创业企业中，Zillow 和 The Climate Corporation 是两个典型案例。

创建于 2006 年的 Zillow 是一家在线免费提供房产估价服务的平台，向用户提供各类房产信息的查询。Zillow 充分利用了美国政府部门开放共享的数据,将相关的土地交易记录、房产交易记录、房屋修缮记录、治安情况、社区信息等数据整合到平台数据库中,以此建立更好的房产估价模型,方便用户在房产市场中更好地找到心仪的房屋。积极利用开发政府开放数据也为 Zillow 带来快速的成长机会和丰富的经济回报,目前,Zillow 的市值已经达到 87.85 亿美元(2019 年 7 月 19 日纳斯达克数据)。

The Climate Corporation 是孟山都公司(Monsanto Company)旗下的天气大数据公司。The Climate Corporation 于 2006 年由两名曾经就职于谷歌公司的员工创立,主要业务是帮助公众和企业适应气候的变化,如向滑雪场、大型活动和农民提供天气保险等。2013 年 10 月,The Climate Corporation 被孟山都公司以 9.3 亿美元收购,之后专注于农业领域。The Climate Corporation 建立在美国政府开放数据的基础上,这些数据包括农作物收成数据、100 余万个气象监测站的气象数据、土壤质量数据等 22 个数据集。该平台每天要利用 22 个数据集经过高级数据分析产生的 300 万份数据资料,帮助农民确定潜在的种植物产量限制因素,以及提供与农业相关的金融决策参考信息。The Climate Corporation 平台上的核心产品"全气候保险"(Total Weather Insurance),将在系统预测有恶劣天气时自动赔付农民的损失,而不需要其举证实际损失。

美国在开放数据开发利用方面走在世界的前列,相关战略和政策为数据开发企业的创建提供了保障与土壤,近年来诞生的数据型企业也不仅限于 Zillow 和 The Climate Corporation。美国联邦政府数据开放门户 Data.gov 对利用其开放数据的案例进行了收集,本书也对这些材料进行了整理,相关内容可见本书附录 5。

② 信息技术提供商。

实现政府数据的开放需要建立在一定物质和技术条件的基础上,开源工具只能解决一部分需求,营利组织中的信息技术与服务提供商参与其中才能更好地实现数据的开放与开发利用。信息技术与服务提供商是政府数据开放工作的赋能者,能够为数据开放与公众的参与提供可能。例如,在数据门户建设方面,有面向政府提供"软件即服务"(Software-as-a-Service,SaaS)的开放数据门户解决方案的 Socrata 公司;在提供数据分析服务方面,有 Mu sigma 和 Cloudera 公司;在云服务方面,有 Amazon 公司。

以 Socrata 公司为例,其为政府数据开放提供了一整套解决方案,实现数据的开放和公众参与的融合,公众、企业以及社区组织,包括创新者和开发人员,都能在数据平台上各得其所。目前,Socrata 在美国联邦政府部门中已经有应用实践,例如,国家航空航天局(National Aeronautics and Space Administration,NASA)的开放数据门户(https://data.nasa.gov)、医疗保险和医疗补助服务中心(Centers for Medicare and Medicaid Services,CMS)的开放数据门户(https://data.cms.gov)、博物馆和图书馆服务协会(The Institute of Museum and Library Services，IMLS)的数据门户(https：//data.imls.gov)等。Socrata 在美国很多地方政府也有实践案例，例如，City of Virginia Beach(https：//data.vbgov.com)、City of Santa Rosa(http：//citizenconnect.srcity.org)等。①

在使用云服务方面，Amazon 面向政府用户推出了 AWS GovCloud 服务，NASA 等 100 余个美国联邦政府部门已经在某些地方使用 AWS GovCloud，将数据搬迁至"云"端之上了。在我国，阿里云是主要的云服务提供商之一，也为政府数据开放提供了技术条件。浪潮集团为广州、济南、青岛等地的政府开放数据平台构建提供了技术服务，并提出了"信息公开——数据网站——数据门户——数据平台——数据生态"的政府数据开放五级技术成熟度模型。②

(3)个体公众

以上阐述的都是组织层面公众参与政府数据开放的情况，而在政府数据开放实践中，个体层面的社会力量也是不能忽视的。从一定程度来说，即使组织层面的主体参与政府数据开放，最终实践行为的执行者也落实到个体层面。个体公众虽然在形式上是分散的、独立的，但按照一定的特征和属性可以进行归类。对个体公众群体类别的划分并没有统一标准，较为常见的有按照职业、教育背景、行业等进行划分，在研究中一般都是根据需要按照一定的标准进行细分。在本书中，结合社会公众参与政府数据开放的具体情况，选取相关领域专家、信息技术爱好者以及一般个体公众三类进行重点阐述。需要说明的是，这三类个体公众的选取并不是以严格的分类标准进行划分，而是通过对政府数据开放的实践进行分析后提出的。一般而言，个体公众对待政府开放数据的态度大体分成两类：一类是具有一定的数据需求，积极主动参与政府数据的开放和开发利用，在这一类中，一些具体领域中的专家、信息技术的爱好者等具有较为强烈的数据需求。另一类则对参与政府数据开放持有消极或者被动的态度，本书用"一般个体公众"的称呼对其进行概括。

① 领域专家。

社会个体公众力量参与政府数据开放，其中相关领域专家根据自身学科与专业背景，在所在领域对数据的需求推动下，参与到政府数据开放中。

领域专家是指一定学科和专业领域中的专业技术人员，具有相关的专业知识或

---

① Solutions For Open Data & Citizen Engagement［EB/OL］.［2018-12-28］. https：//www.tylertech.com/products/socrata/open-data-citizen-engagement.

② 浪潮告诉你：政府该如何开放数据？［EB/OL］.［2018-12-28］. http：//www.cbdio.com/BigData/2015-09/11/content_3797527.htm.

专门技能，并开展创造性实践劳动。将相关领域专家从公众中单独划分出来，原因在于其对政府数据需求的意图相对更加明确，参与数据开放的动机也较为强烈。

当今社会，对学科、专业以及行业领域的详细划分已经各自形成了完整、成熟的体系，本研究无法对每个领域的专家利用和参与政府数据开放情况进行调查和阐述，因此，选取了新闻媒体从业者、科研人员两类领域专家作为典型代表进行分析。

第一，新闻媒体从业者。

在大数据时代，对新闻媒体来说，互联网是骨骼，数据则是血液。大数据环境下加快推进了"数据新闻"(data journalism)这种新闻形态的发展，它是新闻媒体的创新与发展，是数据驱动的新闻(data driven journalism)，① "用数据说话"成为新闻内容生产的重要方式。② 数据新闻以大量数据为基础，应用工具进行分析、处理，可以直观地向受众传达信息，以可视化和独特的叙事效果受到新闻界的青睐。③ 近年来，英国广播公司(British Broadcasting Corporation，BBC)、《纽约时报》(*The New York Times*)、《卫报》(*The Guardian*)、《经济学人》(*The Economist*)等国际著名新闻媒体纷纷推出了自己的数据新闻作品。2016年4月，2015年美国普利策国内新闻奖颁给了《华盛顿邮报》(*The Washington Post*)关于美国境内枪击案的系列报道，理由在于该报通过数据分析制作成一份美国枪击案地图，直观地呈现了问题所在。④ 2012年以来，全球编辑网络(Global Editors Network，GEN)与谷歌、奈特基金会等组织设立了"数据新闻奖"(Data Journalism Awards，DJA)⑤，推动数据新闻实践的发展。在我国，人民网、新华网等网络媒体都设立了"数据新闻"内容。表4-10列举了国内外部分设置专门数据新闻栏目的媒体。在这样的背景环境下，新闻媒体相关从业人员对数据资源的依赖程度逐渐提高，万维网创始人蒂姆·伯纳斯-李(Tim Berners-Lee)曾也指出在新闻领域，数据驱动代表着未来发展趋势，新闻工作者为适应行业发展需要精通数据。⑥

---

① ［英］西蒙·罗杰斯. 数据新闻大趋势：释放可视化报道的力量[M]. 岳跃，译. 北京：中国人民大学出版社，2015.

② 彭兰. "大数据"时代：新闻业面临的新震荡[J]. 编辑之友，2013(1)：6-10.

③ 唐述权. 让数据说话，提升新闻价值——人民网数据新闻发展综述[J]. 传媒，2016(14)：9-13.

④ 唐延杰. 新华网"数据新闻"栏目发展现状分析[J]. 今传媒，2017，25(4)：64-65.

⑤ Data Journalism Awards ［EB/OL］. ［2018-12-29］. https：//www. datajournalismawards. org/

⑥ Why Journalists Should Use Data[EB/OL]. ［2018-12-29］. http：//datajournalismhandbook. net/1. 0/en/introduction_1. html.

表 4-10　　　　　　　　　　设置数据新闻栏目的新闻媒体（部分）

序号	媒体	数据栏目
1	英国卫报(The Guardian)	Datablog：https：//www. theguardian. com/data
2	纽约时报(The New York Times)	The Upshot：http：//economix. blogs. nytimes. com/
3	每日电讯报(The Telegraph)	Data story：http：//www. telegraph. co. uk/news/data/
4	新闻调查网站 Propublica	Data Store：https：//www. propublica. org/datastore/
5	新华网	数据新闻：http：//www. xinhuanet. com/datanews/
6	人民网	图解新闻：http：//opinion. people. com. cn/GB/364827/
7	财新网	数据可视化实验室：http：//vislab. caixin. com/
8	上海第一财经	DT 财经：http：//www. dtcj. com/
9	网易	数读：http：//data. 163. com/
10	腾讯网	腾讯新闻-数据控：http：//news. qq. com/bigdata/
11	搜狐网	搜狐新闻-数字之道：http：//news. sohu. com/matrix/
12	FT 中文网	数据新闻：http：//www. ftchinese. com/channel/datanews. html
13	澎湃	美数课：http：//www. thepaper. cn/list_25635

　　要适应大数据时代的要求，新闻媒体从业者必须充分利用数据资源，但目前存在着数据资源不足、数据平台欠缺和缺乏有竞争力的数据产品等问题。① 政府数据开放为新闻媒体从业者提供了稳定、动态和权威的数据资源。在美国，联邦政府的 Data. gov 是最重要的数据开放平台，涵盖了金融、教育、医疗、交通、农业、气象等领域的政府数据，并且提供了可机读格式和应用程序接口，便于再开发利用。挪威最大报纸《世界之路报》(Verdens Gang)的编辑利用统计局开放的数据，绘制纳税人和彩票数据图、动画热力图等。② 央视跨行业、跨领域整合多方数据源制作了数据新闻节目《数说命运共同体》，主要依托了国家"一带一路"数据中心、国家统计局、海关总署、世界银行、世界贸易组织的权威数据库。③ 熟悉政府数据资源的分

<hr>

　　①　郭全中. 媒体应用大数据，先解决三大难题[N]. 光明日报，2016-07-16(06).
　　②　How We Serve Data at Verdens Gang[EB/OL]. [2018-12-29]. http：//datajournalism-handbook. net/1. 0/en/delivering_data_8. html.
　　③　《数说命运共同体》构建一带一路新知体系[EB/OL]. [2018-12-29]. http：//news. cntv. cn/special/jujiao/2015/026/index. shtml.

布、来源与获取方式已经成为新闻媒体从业人员的一项基本素质和技能，从业者参与到政府数据开放的过程中也已经成为新闻内容生产的重要方式和途径。

第二，科研人员。

科研人员指具备某一学科专业知识并从事科学研究工作、进行知识生产与创新的一类人。当前，科研领域的范式已经进入数据密集的科学发现阶段，科研人员对数据资源的依赖程度越来越高。科研人员通过科学实验、社会调查等途径可以获取大量科学数据，同时，科研人员也需要通过各种数据开放平台获取开放的数据，进行科学创新，其中政府开放数据平台是重要的来源。

从各国开放政府数据的情况看，政府部门主动开放了一些反映经济社会发展的高价值原始可机读数据，其中有事关政府职责和民生服务的数据开放，比如财政开支和基本公共服务领域等，也有环境、交通等方面的公共数据。在美国新版的政府门户网站中，开放了农业、消费者、能源、教育、健康、制造业、公共安全、海洋、气候、科学研究等 14 大类的公共数据。在英国 Data.gov.uk 数据门户上，开放了商业与经济、环境、交通、教育、社会、地图等 12 大类的数据。在 193 个联合国成员国中，有 130 个国家实现了政府开支数据的开放共享。[①] 这些开放的公共数据具有准确性和权威性，为科研人员开展相关研究提供了必要的"原料"。同时，科研人员具有相应的学科背景，是领域内的专家，他们深入参与到数据开放过程中，也为数据开放的合理规划、数据价值的充分发挥提供了契机。

② 个体信息技术开发者。

本研究提到的"个体信息技术开发者"是指对计算机和网络技术有狂热兴趣并投入大量时间钻研的人，是一群以创新、技术和时尚为生命意义的人。根据国际数据公司(International Data Corporation, IDC)的调查研究，在全世界政府、非政府机构以及商业机构中大约有 2900 万的信息与通信技术(Information Communications Technology, ICT)熟练人员，其中有 1100 万软件开发者，还有大约 750 万开发爱好者(hobbyist software developers)，他们以个体的形式投入到信息技术的开发创新之中。[②]

开放数据资源为个体信息技术开发者提供了技术开发与创新的"原料"。围绕政府开放数据的开发利用，国内外很多政府或组织机构举办了各种类型的数据应用开发竞赛和交流活动，鼓励各类用户对数据开放提出想法和要求，为政府解决问题和政策决策出谋划策，以改善和提升政府的公共服务水平和能力，吸引了众多个体信息技术开发者以个人或者团体的形式参加。例如，在世界范围内，开放知识基金

---

① 张茉楠. 大数据时代的国家治理转型[J]. 中国工业评论，2016(1)：10-15.

② IDC Study：How Many Software Developers Are Out There？[EB/OL].[2018-12-30].
https：//www. infoq. com/news/2014/01/IDC-software-developers.

会开展了"国际开放数据日"(International Open Data Day)活动,① 全球社区共同探讨开放数据,利用开放数据创新,吸引众多个体信息技术开发者参与到政府数据开放利用中;美国政府与"为美国编程"(Code For America)、"善意随机黑客"(Random Hacks Of Kindness,RHoK)以及"创新事业基金"(Innovation Endeavors)合作开展了"公民黑客日"活动(National Day Of Civic Hacking),② 活动期间有很多政府部门对社会开放数据,方便社会力量开发有助于社会发展进步的技术和应用,其目的是增强政府透明度和公民参与度;③ 美国阳光基金会(Sunlight Foundation)为举办程序员公共数据开发应用大赛设立了2.5万美元的奖金;④ 英国也举行数据开放活动和比赛,大量关注数据开放的活跃用户社区,都致力于开放数据的开发应用;新加坡基于Data. gov. sg举办"ideas4apps challenge"活动,⑤ 同时也提供了一定数额的资金,目的同样是鼓励社会公众参与数据开放运动等。通过这些竞赛与活动平台,个体信息技术开发者汇聚在一起贡献智慧,共同应用开放数据、代码和相关技术创造和构建新的解决方案,利用并整合各个政府机构的数据开发各种应用,以便解决城市与社会面临的挑战。

前一节阐述了开源社区为政府数据开放实践提供了开源的工具。在开源社区中,聚集着大量掌握和爱好信息技术(主要是编程技术)的社会公众,他们的积极参与和热情投入为网络世界源源不断地贡献源代码。

③ 一般个体公众。

政府数据开放是面向社会公众的,能保障公众的信息知情权,最重要的是可供公众开发利用。政府开放数据面向的最庞大的群体是社会上的一般个体公众。与前面论述的相关领域专家和个体信息技术开发者相比,社会一般个体公众在利用政府数据、参与政府数据开放活动中存在很多的不同点:

一是一般个体公众对政府开放数据并没有明确的、特定的需求,可能是为了获取开展工作所需的事实数据,也有可能是为了解决生活中的某个问题查阅相关数据,抑或是满足自己的兴趣爱好获取并分析数据。总之,社会一般个体公众关于政

① Open Data Day[EB/OL]. [2018-12-30]. http://opendataday. org.

② National Day of Civic Hacking[EB/OL]. [2018-12-30]. https://www. codeforamerica. org/events/national-day-of-civic-hacking-2017.

③ National Day of Civic Hacking at the White House[EB/OL]. [2018-12-30]. https://obamawhitehouse. archives. gov/blog/2013/04/05/national-day-civic-hacking-white-house.

④ 涂子沛. 大数据:正在到来的数据革命[3.0升级版][M]. 桂林:广西师范大学出版社, 2015:207.

⑤ Ideas4apps Challenge[EB/OL]. [2018-12-31]. https://www. imda. gov. sg/infocomm-and-media-news/buzz-central/2012/2/ideas4apps-challenge.

府开放数据的需求和获取目标是多元化的。

二是一般个体公众参与政府数据开放的层次较浅。领域专家、信息技术开发人员等对政府开放数据是进行开发利用等深层次的参与活动；而一般个体公众在面向政府数据资源时，大部分仅限于浏览查阅，即使进行进一步地参与，大部分也是仅限于提供建议意见、评分打分等行为。

按照参与方式和途径，一般个体公众参与政府数据开放有以下几种类型：

第一，为政府数据开放提供意见建议、进行评价、开发利用。

一般个体公众可以参与到政府数据开放的整个生命周期中，例如：对已经开放的数据进行评论、打分；也可以对数据通过社会化媒体工具进行分享和传播，扩大数据的开放范围；对开放数据进行开发，实现增值利用，等等。这方面具体内容将在第5章政府数据开放的生命周期管理中进行详细阐述，在此不再赘述。

第二，向政府数据开放平台上传相关数据。

有些政府数据开放平台提供了用户上传数据的接口，一般个体公众在社会实践过程中，可以将获取的图像、视频等数据资源通过移动设备上传到云端，实现数据的开放共享。例如：欧洲开放政府数据计划（European Open Government Data Initiative）应用"微软云"（Microsoft Cloud）和 Azure 云计算的操作系统构建政府数据开放平台，在欧洲环境局（European Environment Agency，EEA）的 Eye On Earth 平台上，一般个体公众可以在线上传所观察的数据。①

第三，通过第三方网站参与政府数据开放。

除了构建门户框架，对政府数据的元数据进行组织管理外，构建与用户的互动交流机制也是政府数据开放工作的重要内容。一些政府数据平台引入了第三方的网站，一方面是采用了更加专业的平台；另一方面吸引了更多社会公众关注政府数据的开发利用。在这些第三方的平台上集聚了群体智慧，对政府数据开放中的相关问题会给出较好的建议和方案。通过对国外政府机构网站以及开放数据门户的调查，发现 IdeaScale 是使用较为广泛的第三方平台。公众可以通过 IdeaScale 贡献自己的智慧。IdeaScale（https：//ideascale. com）是一个利用众包（crowdsourcing）来激发和促进创新思想和活动的创新管理网络云平台，能够对创新的点子和想法进行管理。众包是指从类似于网络在线社区这一广泛群体中，获得所需要的想法、解决方案、服务或内容贡献的实践活动。相关内容将在第5章5.2.3节详细阐述。

第四，通过需求呈现参与政府数据开放。

---

① Zdeněk Jiříček, Francesa Di Massimo. Microsoft Open Government Data Initiative（OGDI），Eye on Earth Case Study［M］// Environmental Software Systems. Frameworks of eEnvironment. Springer Berlin Heidelberg，2011：26-32.

政府数据开放的实践活动是公众需求驱动的，那么，公众存在和呈现出来的数据需求也是一种参与政府数据开放的重要形式。一般来说，公众的数据需求有两种呈现方式：一是一般个体公众在数据开放平台上提出具体数据开放的申请，将自身的数据需求主动表达出来，这种公众需求是显性的。二是一般个体公众访问政府数据开放平台，管理层通过对访问数据的分析，提炼公众关于数据开放的隐性需求，可以发现被关注的政府数据主要是哪些、什么形式的开放是需要的，等等。公众需求的呈现和表达也是反映群体智慧的重要形式和途径。基于公众需求分析，管理层可以调整数据开放策略，达到政府与公众的良性互动交流。

4.2.3 不同参与主体的协调管理

通过以上的阐述和分析可以认识到，在参与政府数据开放的活动中，各类参与主体都是利益相关者，他们的参与行为存在多样化、差异化的特征，各自也都有着不同的参与动机和利益诉求。如何统筹协调各主体参与政府数据开放活动，形成合力，激发群体智慧，是"管理层"面临的问题。

（1）组织架构层面的协调管理

在政府数据开放实践中，政府相关部门通过设立专门机构、设置专门职位、建立统筹协调机制等，实现对不同主体参与的协调管理。

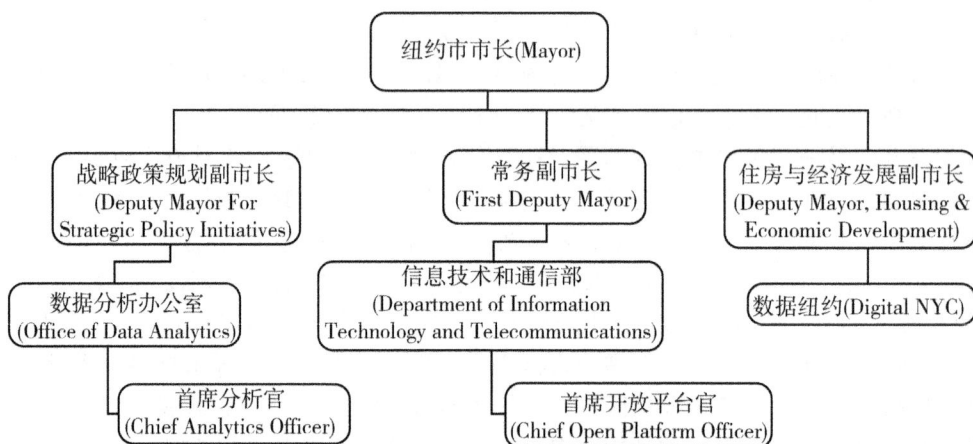

图 4-5 纽约市政府数据开放管理机构组织架构图
（本图根据纽约市政府机构与职位相关信息绘制）

以纽约市政府为例。该市为加强对政府数据的管理，推动数据开放及其开发利用，专门设立了市长数据分析办公室（Mayor's Office of Data Analytics）等部门，这些组织机构以政府数据开放、协调管理及分析等任务和项目实施为导向；负责政府数据开放的管理职位包括了首席开放平台(Chief Open Platform Officer)、分析官(Chief Analytics Officer)，他们直接向市长汇报工作。图4-5描述了纽约市政府数据开放的组织架构。① 这些负责政府数据开放的机构和职位承担着统筹协调各主体参与政府数据开放活动的职能。

在我国，各级政府发布的与数据开放相关的文件中也阐明了政府数据资源开放的相关协调管理机制。表4-11列举了部分政策文件及其对管理协调机制的专门表述。在宏观规划层面，政府部门通过构建这些管理协调机制，可以对不同主体参与政府数据开放活动进行协调管理。

表4-11　　　　我国各级政府数据开放相关管理协调机制构建(部分)

序号	发文机构	文件	时间	管理协调机制简要描述
1	国务院	《政务信息资源共享管理暂行办法》(国发〔2016〕51号)	2016年9月	促进大数据发展部际联席会议负责组织、指导、协调和监督政务信息资源共享工作。国家发展改革委负责组织推动国家数据共享平台及全国共享平台体系建设
2	上海市人民政府	《上海市政务数据资源共享管理办法》(沪府发〔2016〕14号)	2016年2月	网上政务大厅建设与推进工作领导小组是市政务数据资源共享管理工作的领导机构，办公室设在市政府办公厅，负责协调推进政务数据资源共享的重大事项。市经济信息化委负责行政机构政务数据资源共享的统筹规划和组织实施。市财政局负责行政机构政务数据资源共享的资金保障。各行政机构是政务数据资源共享的责任主体
3	北京市人民政府	《北京市大数据和云计算发展行动计划(2016—2020年)》(京政发〔2016〕32号)	2016年8月	各区政府、市政府各有关部门组织领导各级政府、部门的大数据和云计算发展工作，责任单位包括市经信委、市编办、市网信办、市发展改革委、市监察局、市财政局、市审计局，各区政府等

---

① Agency & Office Officials〔EB/OL〕.〔2019-01-03〕. http：//www1.nyc.gov/office-of-the-mayor/admin-officials. page.

序号	发文机构	文件	时间	管理协调机制简要描述
4	江苏省人民政府	《江苏省大数据发展行动计划》（苏政发〔2016〕113号）	2016年8月	在省信息化工作领导小组领导下，设立大数据发展办公室，统筹推进全省大数据发展。办公室设在省经济和信息化委，省经济和信息化委会同省发展改革委承担办公室的日常工作。成立省大数据发展专家咨询委员会，提供决策支持
5	湖北省人民政府	《湖北省大数据发展行动计划（2016—2020年）》（鄂政发〔2016〕49号）	2016年9月	建立由省发展改革委牵头，省经信委、省网信办密切配合，省有关部门和单位共同参与的联席会议制度；联席会议负责统筹协调、组织实施全省大数据战略及相关重大决策制定；设立大数据专家咨询委员会，提供决策咨询
6	福建省人民政府	《福建省政务数据管理办法》（省政府令第178号）	2016年10月	省、设区市人民政府承担政务数据管理工作的机构负责本行政区域政务数据的统筹管理、开发利用和指导监督等工作。县（市、区）人民政府电子政务管理部门负责本行政区域政务数据管理
7	广西壮族自治区人民政府	《促进大数据发展行动方案》（桂政发〔2016〕59号）	2016年11月	依托中国—东盟信息港工作框架和自治区电子政务外网建设工作联席会议制度，统筹推进政府各部门信息系统的整合和数据资源共享开放。依托自治区联合推进战略性新兴产业工作机制，统筹协调全区大数据产业发展工作
8	贵州省人民政府办公厅	《贵州省政务数据资源管理暂行办法》（黔府办发〔2016〕42号）	2016年11月	省大数据发展管理局负责具体指导、协调、调度、督办全省政务数据资源管理有关工作；各地人民政府统筹管理本行政区域内政务数据资源工作，协调解决政务数据资源管理工作中的重大问题。各级大数据和信息化行政主管部门负责政务数据资源管理工作的具体推进和落实
9	浙江省人民政府	《浙江省公共数据和电子政务管理办法》（省政府令354）	2017年3月	省人民政府办公厅，设区的市、县（市、区）人民政府办公室或设区的市、县（市、区）人民政府确定的部门是公共数据和电子政务的主管部门，负责指导、监督行政区域内公共数据和电子政务管理工作。省人民政府办公厅所属数据管理机构和设区的市、县（市、区）人民政府确定的机构，具体承担公共数据和电子政务管理工作

序号	发文机构	文件	时间	管理协调机制简要描述
10	杭州市人民政府办公厅	《杭州市政务数据资源共享管理暂行办法》(杭政办函〔2015〕11号)	2015年2月	市政府负责全市政务数据资源共享工作的组织领导,协调解决和数据共享有关的重大问题。市政府办公厅负责政务数据资源共享工作的统筹规划,全市政务数据资源共享管理,具体工作由市政府电子政务办承担
11	武汉市人民政府办公厅	《武汉市政务数据资源共享管理暂行办法》(武政办〔2015〕146号)	2015年11月	市推进"互联网+"行动委员会组织领导,市网信办负责统筹规划和具体实施;各行政机关负责本单位数据的采集、提供和更新工作,与云端武汉服务平台实现对接
12	宁波市人民政府	《关于推进大数据发展的实施意见》(甬政发〔2016〕92号)	2016年9月	市大数据发展工作领导小组负责统筹推进大数据发展各项工作,由市政府主要领导任组长,分管领导任副组长,下设办公室,办公室设在市经信委。市大数据管理局负责统筹全市大数据推进工作、数据共享开放和政务数据服务
13	温州市人民政府办公室	《温州市政务数据资源共享管理办法(试行)》(温政办〔2016〕138号)	2016年12月	市政府办公室主管全市政务数据资源共享工作,负责指导、推进、协调、监督全市政务数据资源共享工作。市大数据管理中心具体承担政务数据资源共享平台的建设、运行和维护,负责政务数据资源维护管理、安全运行管理等工作
14	福州市人民政府	《福州市政务数据资源管理暂行办法》(榕政综〔2017〕1726号)	2017年7月	"数字福州"建设领导小组办公室承担本市政务数据管理工作,负责本市行政区域内政务数据的统筹管理、开发利用管理和指导监督等工作
15	贵阳市人民政府	《贵阳市政府数据共享开放条例》《贵阳市政府数据资源管理办法》	2017年3月 2018年1月	市人民政府领导政府数据共享开放工作,统筹协调政府数据共享开放工作。区(市、县)人民政府领导辖区政府数据共享开放工作。市大数据行政主管部门负责政府数据共享开放的监督管理和指导工作。区(市、县)大数据行政主管部门负责辖区政府数据共享开放的相关管理工作,业务上接受市大数据行政主管部门的监督指导

（2）项目实施层面的协调管理

在具体项目的实施操作层面，以上海开放数据创新应用大赛（Shanghai Open Data Apps，SODA）为例。根据《上海市政务数据资源共享管理办法》文件精神，上海市经济和信息化委员会负责行政机构政务数据资源共享的统筹规划和组织实施。在 SODA 中，上海市经济和信息化委员会作为主办单位，围绕大赛的举办汇聚了各种社会资源，并对参与的社会资源进行协调管理，共同推进数据的开发利用。表4-12 列举了参与 SODA 各类组织的角色、分工及其类型。

SODA 作为以政府数据开放以及开发利用为主题的创新竞赛，汇聚了政府类组织、非营利组织、营利组织、个体公众等各类参与者，通过竞赛组织规则和程序的协调管理，各类参与者发挥各自的力量，以群体智慧的激发实现了竞赛的成功举行，并产生了一系列具有创新性的数据产品和服务。

表 4-12　　　　　　　　　　　SODA 参与者的角色和类别

参与主体	角色	类别
上海市经济和信息化委员会	主办者	政府类组织
中国工业设计研究院（CIDI）、苏打数据	承办单位	非营利组织
CIDI、感知城市数据科学研究院、复旦大学数字与移动治理实验室（DMG）、开放数据中国	组织委员会	非营利组织
上海工业投资（集团）有限公司	赞助单位	营利组织
上海市大数据产业基地、上海市大数据创新基地、上海数据交易中心、上海大数据联盟、上海网络信息中心、上海仪电、绿色出行服务产业创新联盟	协办单位	非营利组织、营利组织
上海市环保局、上海市水务局、上海市工商行政管理局、上海市食品药品监督管理局、上海市绿化和市容管理局、上海市气象局、上海市普陀区科学技术委员会、强生控股、浦东公交、挚达科技、敬众科技、上海仪电、摩拜单车	赛事专用数据提供单位	政府类组织、非营利组织、营利组织
新江湾城街道党工委、办事处	区域战略合作伙伴	政府类组织
上海市大学生科技创业基金会、社会价值投资联盟	创新投资孵化合作伙伴	非营利组织
联合国开发计划署（UNDP）	SDG 创新战略合作伙伴	非营利组织

续表

参与主体	角色	类别
德高中国、申通德高、分众传媒	媒体战略合作伙伴	营利组织
软件工程师、数据分析师、管理咨询师、设计师以及在校学生等	数据开发参与者	个体公众

（3）数据开放平台层面的协调管理

在数据开放平台层面，以贵阳市政府数据开放平台为例。贵阳市建设了国内地级市一体化政府数据开放平台，并提出"政府主导、市场参与、产业推动、数据惠民"的平台定位。围绕数据的开放，各参与主体在贵阳市大数据发展管理委员会的统筹协调下各司其职，共同推进政府数据资源社会化开发利用。表 4-13 列出了贵阳市政府数据开放平台各参与者的角色和类别。

表 4-13　　贵阳市政府数据开放平台各参与者的角色和类别

参与主体	角色	群体智慧主体类别
贵阳市大数据发展管理委员会	统筹	管理层
贵阳市信息产业发展中心	整体规划和市级平台的建设及管理	
各区县（开发区）大数据主管部门	区县子站的建设及管理（基于市级统一平台、统一标准）	
市、区各相关部门	数据资源提供、更新及维护	
企业和个人	对数据资源进行查询、浏览、下载、API 调用等，实现数据的增值开发利用	群体

5 群体参与政府数据开放的内容

上一章阐述了参与政府数据开放的主体，本章拟聚焦于群体参与政府数据开放的环节及其内容，即"What"模块。本研究认为群体参与政府数据开放的内容需要从规划设计、实施操作两个层面进行阐述，分析群体智慧如何在数据开放的各个阶段与环节发挥作用，基本框架如图5-1所示。

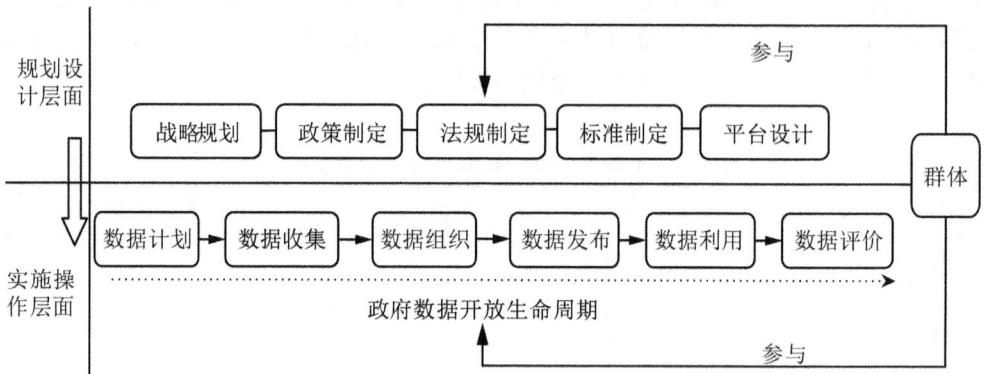

图5-1　群体参与政府数据开放的内容框架示意图

5.1　政府数据开放规划设计层面的群体参与

规划设计层面是从宏观和中观的视角阐述各类群体在政府数据开放相关的战略与行动计划规划、政策法规以及标准制定等方面的参与。在该层面，参与者并不直接从事具体数据资源的收集、组织和利用等，而是开展与数据资源开放相关的战略计划、政策法规、管理办法、标准规范等的制定工作，以及开放平台的设计与构建等，为数据资源的开放提供顶层设计与实现环境。

5.1.1　战略规划

战略规划是组织机构关于某一个领域事业制定的长远发展目标以及决策选择，

172

属于顶层设计的范畴，决定着该项事业的发展方向和路径。政府数据开放是公共行政行为，在其战略规划制定中，政府是制定的主体，但在其制定过程中有群体的参与，其内容也能体现出群体的智慧汇集。

在我国，关于政府数据开放最高层次的战略规划文件当属 2015 年发布的《促进大数据发展行动纲要》，该文件将"加快政府数据开放共享"确立为促进大数据发展战略的首要任务，部署了政府数据资源共享开放工程。该战略性文件主要由国家发改委与工业和信息化部联合成立起草组进行调研和起草。① 但在起草过程中也吸收了各种社会力量的意见建议和研究成果，其中包括：(1)采纳研究机构的成果，委托中科院、工程院、国家信息中心、中国信息通信研究院、赛迪研究院等研究机构开展了专题研究。(2)吸收不同领域专家的智慧，分类召开了 10 余次涵盖政府部门、研究机构、专家和企业等参与者的座谈会。(3)重视大数据相关企业的建议，专题听取了阿里巴巴、百度、腾讯等数十家企业的建议。(4)征求不同部门的意见，2014 年 12 月初稿成稿后，起草组征求了 47 个有关部门的意见，对初稿进行修改和完善。由此可见，《促进大数据发展行动纲要》是群体参与的成果，是群体智慧汇聚的结晶。

近年来，我国各级地方政府在数据开放领域开展了探索和尝试，建设了数据开放平台。2017 年 5 月，在 2017 中国国际大数据产业博览会上，复旦大学数字与移动治理实验室与提升政府治理能力大数据应用技术国家工程实验室联合发布国内首个地方政府数据开放指数《2017 中国地方政府数据开放平台报告》②，系统评估了我国各级地方政府建设的开放政府数据平台，分析政府数据开放的现状、特点以及问题，涉及开放数据的标准、质量与价值等多维度，并在此基础上提出建议，助力我国地方政府数据开放工作的开展和推进。③ 该项研究对我国地方政府制定关于数据开放的战略规划和行动计划提供了依据。

在国际上，很多国际组织、非政府组织、研究机构、商业组织等对大数据、开放数据以及政府数据开放开展了调查研究，发布研究报告和相关成果。

2016 年联合国经济和社会事务部(The United Nations Department of Economic and Social Affairs, UN DESA)发布了以"电子政务成就我们希望的未来"为主题的

---

① 《促进大数据发展行动纲要》解读［EB/OL］.［2019-06-29］. http：//www. miit. gov. cn/n1146295/n1652858/n1653018/c3780771/content. html.

② 中国地方政府数据开放平台报告 2017［EB/R］.［2019-06-29］. http：//www. dmg. fudan. edu. cn/wp-content/uploads/中国地方政府数据开放平台报告 . pdf.

③ 《中国地方政府开放数据指数报告》将在贵阳数博会发布［EB/OL］.［2019-06-29］. http：//www. dmg. fudan. edu. cn/? p=3024.

《2016 年联合国电子政务调查报告——电子政务促进可持续发展》,① 提出了电子政务要可持续发展的重要内容与解决当今社会面临的复杂多样的挑战方式与方法,其中第二章"推进政府数据开放,提升行政透明度"(Transparency through open government data),重点描述了公共部门在实施开放数据计划中采取的策略和遇到的挑战。

万维网基金会(World Wide Web Foundation)发布"开放数据晴雨表"全球报告(Open Data Barometer),② 揭示了全球不同开放数据计划的渗透性和影响力,对国家或地区的数据开放情况进行排名。

英国开放知识基金会(Open Knowledge Foundation)开展了"开放数据指数"(Open Data Index)的研制,③ 对各国政府的数据开放情况提供了最综合的介绍和评价。

以上关于政府数据开放的评估项目和研究报告得到各国政府、国际组织及国际开放数据社群广泛认可,研究成果推进了全球政府数据开放运动的开展。这些机构虽然没有直接参与到各国政府关于政府数据开放战略计划的制订中,但他们的研究成果以全球的视野审视政府数据开放情况,并提出应对挑战的策略,对各国政府制定战略计划和行动方案具有重要的参考价值。

5.1.2 政策法规制定

在公共政策的形成过程中,公众参与是确保政策符合民意及政策合法化的根本途径。④ 随着开放政府、透明政府以及责任政府建设的深入开展,在政策的制定过程中,公众的参与已经成为一种常态。

在政府数据开放相关政策法规等制度的制定中,群体的参与、各方智慧与力量的汇集,对制度的规划制定以及实施执行尤为重要。政府数据开放具有公共事务属性和潜在的经济价值属性,是政府向社会公众与市场主体提供的公共产品,影响面极为广泛,因此,与之相关政策法规等的制定和实施需要考虑和权衡社会上各种利益群体的诉求,吸收社会公众提供的意见建议。

---

① United Nations E-Government Survey 2016: E-Government in Support of Sustainable Development [EB/R]. [2019-06-29]. http://workspace.unpan.org/sites/Internet/Documents/UNPAN96407.pdf.

② Open Data Barometer[EB/OL]. [2019-06-29]. http://opendatabarometer.org.

③ Open Data Index [EB/OL]. [2019-06-29]. https://index.okfn.org.

④ 公众参与政策制定的方式和程序[EB/OL]. [2019-06-29]. http://www.cctv.com/special/357/4/31831.html.

在英国，联邦政府主导政府数据开放相关政策的制定，但同时地方政府、企业、非政府公共机构、非营利组织等也是重要的参与主体。其中，地方政府与机构包括英格兰郡议会、区议会、年度总收入或支出超过20万英镑的教区委员会、伦敦自治市议会（London Borough Councils）、锡利群岛理事会（The Council of the Isles of Scilly）、英国国家公园管理局、伦敦交通局等机构和团体。① 非营利组织包括政府主导建立的组织以及民间志愿者组织，例如，英国政府部门牵头组建的数据战略委员会（Data Strategy Board，DSB），其负责为中央与地方机构开放数据提供资金支持，也为这些机构开放数据消除技术障碍。开放数据用户小组（Open Data User Group，ODUG）是DSB下属组织，其由政府部门、商业机构、学术专家、民众等多方代表构成。ODUG的组建有助于提升政府部门对开放数据的理解，制定出符合公众需求的开放政策；同时，也让公众对制定政府数据开放的相关政策拥有了更多的发言权。②

在我国，《促进大数据发展行动纲要》首次在国家层面提出"公共数据资源开放"的概念，并将政府数据开放列为中国大数据发展的十大关键工程。贵阳市聚焦"政府数据共享开放"，将其作为大数据地方立法的突破口。2016年7月，贵阳市委提出要在地方立法权限范围内制定政务数据开放共享条例，明确政务数据开放共享的范围、目录、程序、权责和使用。我国首部政府数据开放领域地方性法规《贵阳市政府数据共享开放条例》的出台，也是群体智慧的结晶。在文件的规划和起草阶段，2016年12月10日，贵阳市人大常委会发布公告，通过《贵阳日报》《贵阳晚报》、贵阳人大网、"中国·贵阳"政府门户网站等媒体，向社会公众公开征求关于《贵阳市政府数据共享开放条例(草案)》的意见和建议，并公布了电话、传真、电子邮箱、通信地址、在线提交等多种反馈途径。2017年3月10日，贵州省人民代表大会常务委员会正式批准了《贵阳市政府数据共享开放条例》。将正式发布的文件和征求意见稿进行文本比较，发现有多处修改，说明该文件的修改和完善吸收了征求意见阶段的意见建议，社会群体参与以及智慧在文件中得到了体现。

在《贵阳市政府数据共享开放条例》中，也提出了"社会公众和市场主体关注度、需求度高的政府数据，应当优先向社会开放"，由此可见，社会公众和市场主体的参与得到了充分重视。

---

① Data Transparency-Code of Recommended Practice for Local Authorities[EB/OL]. [2019-06-29]. https://www. gov. uk/government/publications/local-authority-data-transparency-code.

② Data Strategy Board and Public Data Group：Terms of Reference[EB/OL]. [2019-06-29]. https：//www. gov. uk/government/publications/data-strategy-board-and-public-data-group-terms-of-reference.

5.1.3 标准制定

在政府数据开放标准制定方面，相关政府机构一般处于领导或者指导地位，但在标准的制定过程中，研究机构、高校、相关企业等社会力量也会贡献群体的力量与智慧。

政府数据开放的相关标准与大数据领域的标准直接相关。在我国，大数据标准的调研和制定主要由国家标准化管理委员会、工业和信息化部等机构指导开展。2014年12月，"全国信息技术标准化技术委员会大数据标准工作组"成立，通过标准化工作支撑大数据产业与应用的发展。中国电子技术标准化研究院在国家标准化管理委员会、工业和信息化部的指导下开展关于大数据标准方面的调查与研究，分别在2014年和2016年发布两版《大数据标准化白皮书》。白皮书编写的参与者还包含产、学、研、用等领域的机构，例如，北京大学、北京航空航天大学、武汉大学、京东商城、中国电子软件研究院、华迪技术有限公司、华为公司、中国农业科学研究院农业信息研究所、百度、阿里、腾讯公司、浪潮集团、微软中国、甲骨文公司等。在白皮书的编写过程中，还对国内相关企业、学校和研究机构的数百名从业人员进行了关于大数据标准的需求问卷调研。

由全国信息安全标准化技术委员会大数据安全标准特别工作组发布的《大数据安全标准化白皮书 2017》①，编写单位包括了研究机构（中国电子技术标准化研究院、国家信息安全工程技术研究中心等）、高校（清华大学、四川大学、北京工业大学等）、企业（阿里巴巴、华为、中国移动、英特尔、百度、IBM 等）。

由此可见，以上关于数据开放共享标准领域的相关研究成果吸收了社会各种力量的智慧，推动了数据开放共享标准化工作的开展。

5.1.4 开放数据门户构建

从目前国内外的实践状况来看，政府数据开放主要以数据门户网站为平台开展。在数据开放门户网站的设计和构建中，政府相关机构处于主导地位，但群体参与在这个环节中也得到了体现，往往以"赋能者"的角色出现。

政府数据开放的"赋能者"是指提供平台与技术的企业和机构，通过技术保障促进数据开放。"赋能者"是开放数据生态系统和利益相关者中重要的组成部分。例如，面向政府提供开放数据门户解决方案的 Socrata、OpenDataSt 等公司，提供数

---

① 大数据安全标准化白皮书（2017 年）［EB/R］.［2019-06-29］. http：//www. tc260. org. cn.

据分析服务和平台的公司 Mu sigma 和 Cloudera 等。

除了商业性的软件和服务外，政府数据开放中也应用了很多开源的软件，例如 CKAN、WordPress、Github 等。现在主流的政府数据开放门户，像 Data. gov 或 Data. gov. uk 等都基于开源软件构建。

5.2　群体参与政府数据开放的数据生命周期分析

实施操作层面是从微观的视角关注政府数据开放的生命周期过程。通过对数据开放实践的分析和凝练，在实施操作的过程中，政府数据开放经历了计划、收集、组织、发布、利用以及评价等流程与环节，符合生命周期理论的分析框架。本章接下来将以数据生命周期理论为分析工具，在政府数据开放的生命周期流程中阐述群体如何参与到数据开放的各个环节中。

5.2.1　数据生命周期理论

进入 21 世纪以来，特别是近十年来，随着大数据技术发展、数据密集型科研范式的兴起，① 以及政府数据开放运动的推进，② 信息管理领域研究关注点逐渐从"信息"层面拓展到"数据"层面。③ 相对而言，信息管理领域对信息生命周期的研究已有一定的积累，也形成相对完整的理论框架。因此，要探讨数据生命周期的理论，先来回顾信息生命周期理论的相关研究。

（1）信息生命周期理论

"生命周期"（life cycle）的概念来源于生物学领域，④⑤ 后被引入到管理学和信息科学领域，将信息视作具有"生命"特征的有机体，经历从产生、利用到老化、消亡的动态循环，研究其价值变化的规律形成了"信息生命周期"理论，并在管理实践和信息技术领域中得到广泛的应用。

---

① Hey T, Tansley S, Tolle K. The Fourth Paradigm：Data-Intensive Scientific Discovery［J］. General Collection，2009，317(8)：1.

② Ubaldi B. Open Government Data［J］. Opendataforum Info，2013，27(3)：11-15.

③ 宋学清，刘雨. 大数据：信息技术与信息管理的一次变革［J］. 情报科学，2014，32(9)：14-17，39.

④ Bell G，Koufopanou V. The Architecture of the Life Cycle in Small Organisms ［J］. Philosophical Transactions of the Royal Society B Biological Sciences，1991，332(1262)：81-89.

⑤ 李蕾，李东红. 营销战略(第 4 版)［M］. 北京：首都经济贸易大学出版社，2014：163.

① 信息生命周期。

信息生命周期是客观规律，对其研究起源于对信息生命周期规律的认识，如对文献信息老化①、文献信息生命周期与测度②③、文献信息半衰期④⑤、文献信息利用增长与衰减规律⑥⑦等的探索。到 20 世纪 80 年代初，国外学者开始系统全面地关注信息生命周期问题，例如，莱维坦(K. B. Levitan)⑧提出信息或信息资源具有生命周期的特征，并描述信息生产生命周期(the life cycle of information production)的概念及模型；泰勒(R. S. Taylor)⑨研究了信息生命周期中的增值过程；霍顿(F. W. Horton)对信息生命周期做了更为全面和深入的研究。⑩⑪

国内学者研究信息生命周期相对较晚。索传军将学界对信息生命周期的认识分成三类，分别是从信息本身运动的角度、信息管理的视角以及组织数据或信息存储管理工具的角度进行阐述。⑫ 望俊成提出对信息生命周期的研究可以分为三个范式，即管理范式、存储范式和价值范式。⑬ 随着互联网快速发展，网络信息资源成为信息资源的重要组成部分，网络信息生命周期问题成为我国学者的

---

① Gross P L, Gross E M. College Libraries and Chemical Education[J]. Science, 1927, 66 (1713): 385-9.

② Gosnell C F. Books for College Libraries[J]. Library Journal, 1940 (65): 531-532.

③ Gosnell C F. Values and Dangers of Standard Book and Periodical Lists for College Libraries[J]. College and Research Libraries, 1941 (2): 216-220.

④ Bernal J D. The Transmission of Scientific Information: A User's Analysis[C]// Proceedings of the International Conference on Scientific Information, Washington, D. C. 1958, Nov 1-21, 1959: 77-95.

⑤ Burton R E, Kebler R W. The "half-life" of Some Scientific and Technical Literatures[J]. American Documentation, 1960, 11(1): 18-22.

⑥ Nelson C E, Pollock D K. Communication Among Scientists and Engineers[M]. Lexington, Mass: Heath Lexington Books, 1970: 3-22.

⑦ Brookes B C. The Growth, Unility and Obsolescence of Scientific Periodical Literature[J]. Journal of Documentation, 1970, 26 (4): 283-294.

⑧ Levitan K B. Information Resources as "Goods" in the Life Cycle of Information Production[J]. Journal of the American Society for Information Science, 1982, 33(1): 44-54.

⑨ Taylor R S. Value-Added Processes in the Information Life Cycle[J]. Journal of the American Society for Information Science, 1982, 33(5): 341-346.

⑩ Horton F W. Information Resources Management: Concept and Cases [M]. Cleveland, Ohio: Association for Systems Management, 1979.

⑪ Horton F W. Information Resources Management[M]. London: Prentice Hall, 1985.

⑫ 索传军. 试论信息生命周期的概念及研究内容[J]. 图书情报工作, 2010(13): 5-9.

⑬ 望俊成. 网络信息生命周期规律研究[M]. 北京: 科学技术文献出版社, 2014: 4-12.

关注点。①②③④

② 信息生命周期管理。

信息生命周期管理(information life-cycle management,ILM)是针对信息主动管理的过程策略和管理模型,对信息进行从创建、使用到归档、处理的贯穿其整个生命周期的管理。⑤ 1986 年,美国信息资源管理学家马尔香(D. A. Marchand)与霍顿(F. W. Horton)开启了对信息生命周期管理的探讨,⑥ 提出信息生命周期管理经典的六阶段模型——"创建、采集、组织、开发、利用和清理"。⑦ 之后,诸多研究人员和组织机构对信息生命周期管理模型进行了补充和完善。该理论成为信息资源管理研究的理论基础,并且在图书档案⑧、政府信息资源⑨⑩⑪⑫、企业或组织管理等实践领域⑬⑭得到更加深入的探索。

---

① 罗贤春. 网络信息生命周期[J]. 图书馆学研究,2004(2):51-53.

② 马费成,夏永红. 网络信息的生命周期实证研究[J]. 情报理论与实践,2009(6):1-7.

③ 唐晓波,涂海丽. 社会化媒体信息生命周期实证研究[J]. 图书馆学研究,2014(18):37-43.

④ 梁芷铭. 基于新浪微博的网络信息生命周期实证研究[J]. 新闻界,2014(3):60-64, 69.

⑤ Chudnow C T. Information Lifecycle Management and the Government [J]. Computer Technology Review,2004,24(8):25-26.

⑥ Marchand D A, Horton F W, Wilson T. Infotrends:Profiting From Your Information Resources[M]. New Jersey:John Wiley &Sons,1986.

⑦ Mcginn H F. Product Development Life Cycles and Library Services[J]. Bottom Line Managing Library Finances,1994,7(1):35-36.

⑧ Stephens A. The Application of Life Cycle Costing in Libraries:A Case Study Based on Acquisition and Retention of Library Materials in the British Library[J]. IFLA Journal,1994,20(20):130-139.

⑨ Records and Information Life Cycle Management [EB/OL]. [2019-06-30]. http://www.bac-lac. gc. ca/eng/services/government-information-resources/lifecycle-management/Pages/life-cycle-management. aspx.

⑩ Australian Government Information Interoperability Framework [EB/OL]. [2019-06-30]. http://www. finance. gov. au/archive/policy-guides-procurement/interoperability-frameworks/information-interoperability-framework.

⑪ 朱晓峰,苏新宁. 构建基于生命周期方法的政府信息资源管理模型[J]. 情报学报,2005,24(2):136-141.

⑫ Hernon P. Information Life Cycle:Its Place in the Management of U. S. Government Information Resources[J]. Government Information Quarterly,1994,11(2):143-170.

⑬ 粟湘,郑建明,吴沛. 信息生命周期管理研究[J]. 情报科学,2006(5):691-696.

⑭ 何俊,戴浩,马琳茹,谢永强,李京鹏,杨明. 信息生命周期管理的分层模型及实施方法[J]. 图书情报工作,2007(2):67-70.

（2）数据生命周期管理

大数据革命正改变着社会、政府、商业以及大众的生活。在科研领域，数据密集型科学发现正改变研究的范式；在政府治理领域，政府数据开放正促进开放、透明政府的形成。随着数据价值的凸显，对数据进行科学管理意义重大。

① 数据生命周期。

在数据资源的管理中，信息生命周期的方法仍可以沿用，"数据生命周期"与"信息生命周期"概念有着紧密的联系。① 一方面，从数据与信息概念不可分割的关系来说，信息生命周期的相关内涵可以移植到数据上来。可以用简单的公式表示数据与信息之间的关系：数据 + 背景 = 信息。② 另一方面，数据的特征符合生命周期方法的适用要求。适用生命周期方法的研究对象必须符合两个条件，即具有生命特征和存在的有限性。③ 马费成等也提出生命周期方法适用的对象应该具备"连续性、不可逆转性和迭代性"三个属性。④ 无论数据以哪种载体和格式存在，都能够映射到有规律的循环中，具有生命特征。数据生命周期是从数据产生，经数据加工和发布，最终实现数据再利用的循环过程。

目前，关于数据生命周期的研究还未形成完整的体系。德国亥姆霍兹协会（Helmholtz Association of German Research Centres）的四个大型研究中心开展大规模数据管理与分析（Large Scale Data Management and Analysis，LSDMA）项目，建立了数据生命周期实验室（Data Life Cycle Labs，DLCL），以支持数据密集型科学研究。⑤ 国内学者钱鹏研究了高校科学数据的生命周期，沿用信息生命周期的方法对科学数据进行了研究，提出应用生命周期方法管理高校科学数据。⑥⑦

② 数据生命周期管理模型。

一些学者和机构提出了数据生命周期管理模型，有些是针对科学数据管理，有

① 苏今. 大数据时代信息集合上的财产性权利之赋权基础——以数据和信息在大数据生命周期中的"关系化"为出发点[J]. 清华知识产权评论，2017（1）：262-291.
② 马费成，等. 信息管理学基础[M]. 武汉：武汉大学出版社，2002：7.
③ 朱晓峰. 政府信息资源生命周期管理[M]. 南京：南京大学出版社，2009：8-9.
④ 马费成，望俊成. 信息生命周期研究述评（Ⅰ）——价值视角[J]. 情报学报，2010（5）：939-947.
⑤ Large-Scale Data Management and Analysis [EB/OL]. [2019-06-30]. http：//www.helmholtz-lsdma.de.
⑥ 钱鹏. 高校科学数据管理研究[D]. 南京：南京大学，2012：74.
⑦ 钱鹏. 信息生命周期管理两重性辨析：以科学数据管理为例[J]. 情报理论与实践，2013（3）：11-14.

些是面向政府数据管理。根据地球观测卫星委员会(CEOS)调研,已有不同机构提出 52 个数据生命周期模型,① 例如,英国数据监护中心(DCC)②、英国数据存档中心(UKDA)③、英国联合信息系统委员会(JISC)④、牛津大学图书馆⑤、剑桥大学图书馆⑥、美国国家科学基金(NSF)⑦、美国地质勘探局(USGS)⑧、美国研究图书馆协会(ARL)⑨等都提出了数据生命周期管理模型。万维网联盟(World Wide Web Consortium,W3C)的政府关联数据工作组(Government Linked Data Working Group)构建了关联开放数据生命周期管理模型。⑩ 国内的浪潮集团构建了政府数据开放平台模型,提供从数据的采集、整理、编目、发布和更新的全生命周期管理和服务。⑪

5.2.2　政府数据开放生命周期管理

群体参与政府数据开放过程,释放群体的力量与智慧,推进开放数据的开发利用。用生命周期的框架对政府数据开放进行分析,将政府数据开放过程分解为逻辑上相关联的阶段与环节,方便进一步探讨群体参与及其群体智慧在这些阶段和环节中发挥的作用。生命周期管理方法适用于政府开放数据管理。2013 年 5 月,美国联邦政府行政管理和预算办公室(OMB)发布备忘录 M-13-13《开放数据政策——将

---

① Data Lifecycle Models and Concepts v12[EB/OL]. [2019-06-30]. http：//wgiss. ceos. org/.

② DCC Curation Lifecycle Model [EB/OL]. [2019-06-30]. http：//www. dcc. ac. uk/ resources/curation-lifecycle-model.

③ United Kingdom Digital Archive Research Data Lifecycle[EB/OL]. [2019-06-30]. http：// www. data-archive. ac. uk/create-manage/life-cycle.

④ Meeting the Research Data Challenge[EB/OL]. [2019-06-30]. http：//www. jisc. ac. uk/ publications/documents/bpresearchdatachallenge. aspx.

⑤ Research Data Oxford[EB/OL]. [2019-06-30]. http：//researchdata. ox. ac. uk.

⑥ DataTrain Project[EB/OL]. [2019-06-30]. https：//www. data. cam. ac. uk/.

⑦ Data Management & Sharing [EB/OL]. [2019-06-30]. https：//www. nsf. gov/bfa/dias/ policy/dmp. jsp.

⑧ Overview of Data Management [EB/OL]. [2019-06-30]. https：//www. usgs. gov/ datamanagement/.

⑨ E-Science and the Life Cycle of Research[EB/OL]. [2019-06-30]. https：//www. arl. org/ wp-content/uploads/2007/12/escience-report-final-2007. pdf.

⑩ GLD Life cycle [EB/OL]. [2019-06-30]. https：//www. w3. org/2011/gld/wiki/GLD_ Life_cycle.

⑪ 政府数据开放平台[EB/OL]. [2019-06-30]. http：//www. inspur. com/lcjtww/445068/ 445604/451671/468075/index. html.

信息作为资产管理》①，建立了一个框架，确保在信息生命周期的每一个阶段都可以有效地进行管理，以此促进交互性和开放性。

上节阐述了数据生命周期相关理论，并对数据生命周期相关模型及流程和阶段的划分进行分析。国内外研究人员或者组织机构已经提出了数据生命周期的框架和模型，②③ 但这些模型主要针对的是科学数据管理、开放数据等。具体到政府数据生命周期，Judie Attard 等人提出将政府开放数据生命周期（Open Government Data Life-cycle）分为三个阶段九个环节：第一阶段是预处理阶段（pre-processing section），包括数据的创建（data creation）、选择（data selection）、协调（data harmonisation）、发布（data publishing）；第二阶段是开发阶段（exploitation section），包括数据互联（data interlinking）、发现（data discovery）、探索（data exploration）、开发（data exploitation）；第三个阶段是维持阶段（maintenance section），即数据监护（data curation）。④

"政府数据开放生命周期"与"政府数据生命周期"是不同的概念。"政府数据生命周期"是指数据的产生、收集、组织、共享、存档、销毁的过程，政府数据生命周期管理就是对这个过程的管理；"政府数据开放生命周期"聚焦的是数据"开放"的过程，管理数据从"开放"到"结束开放"的过程，而不是数据从创造产生到处置销毁的整个过程。

政府数据的开放是由一系列阶段和环节连接而成，遵循着相应的规律，对其进行科学管理的基础是厘清和梳理相应的流程与环节。在数据生命周期相关研究成果的基础上，结合本研究以群体参与为切入点的实际情况，本研究将政府数据开放生命周期划分为以下 6 个逻辑上相互关联的阶段和环节：数据计划、数据收集、数据组织、数据发布、数据开发利用、数据评价。具体示意图如图 5-2 所示。

(1)数据计划是政府数据开放实施操作的准备阶段，根据政府掌握数据的情况以及征集社会需求制定数据开放的计划和流程。数据计划是政府数据开放微观层面实施操作的环节之一，与 5.1 节的"战略规划"存在天壤之别。

---

① M-13-13—Memorandum for the Heads of Executive Departments and Agencies [EB/OL]. [2019-06-30]. https://project-open-data.cio.gov/policy-memo.

② GLD Life Cycle [EB/OL]. [2019-06-30]. https://www.w3.org/2011/gld/wiki/GLD_Life_cycle.

③ Data Lifecycle Models and Concepts [EB/OL]. [2019-06-30]. http://ceos.org/document_management/Working_Groups/WGISS/Documents/WGISS_DSIG-Data-Lifecycle-Models-and-Concepts-v8_Sep2011.docx.

④ Attard J, Orlandi F, Scerri S, et al. A Systematic Review of Open Government Data Initiatives [J]. Government Information Quarterly, 2015, 32(4)：399-418.

(2)数据收集是对分散在政府各个职能部门的数据资源进行汇集。

(3)数据组织是将收集到的数据资源进行选择并有序化，对其形式特征和内容特征进行描述与提取，按照元数据标准进行著录，以便用户检索和发现。

(4)数据发布是面向用户开展服务，发布开放数据目录，用户可以进行数据资源的浏览、检索、下载、调用、分享传播等。

(5)数据开发利用是指在数据服务的基础上，用户对数据资源进行利用和加工，形成新的信息产品，或将数据资源应用于特定的情景中，发挥数据价值。

(6)数据评价是指对数据资源的质量、价值等进行评价和评估。

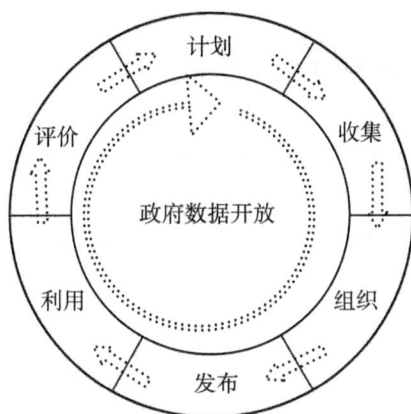

图 5-2　群体参与政府数据开放生命周期示意图

依托数据门户进行数据开放已成为世界上许多国家和地区政府的主要做法，因此，本研究分析政府数据开放生命周期管理主要围绕数据门户展开。

5.2.3　群体智慧在政府数据开放生命周期中的实现

在政府数据开放生命周期各个阶段和环节引入群体智慧，并不是"锦上添花"的概念化点缀，而是能够提升数据利用效率、充分发挥数据价值的管理方法应用，需要与数据开放相应环节充分融合。以下将进一步梳理和阐述在政府数据开放生命周期中群体智慧是如何实现的。图 5-3 为在政府数据开放生命周期各个环节中群体参与的行为示意图。

(1)数据计划

从逻辑上说，在政府数据开放生命周期流程中，数据开放计划是第一个环节。

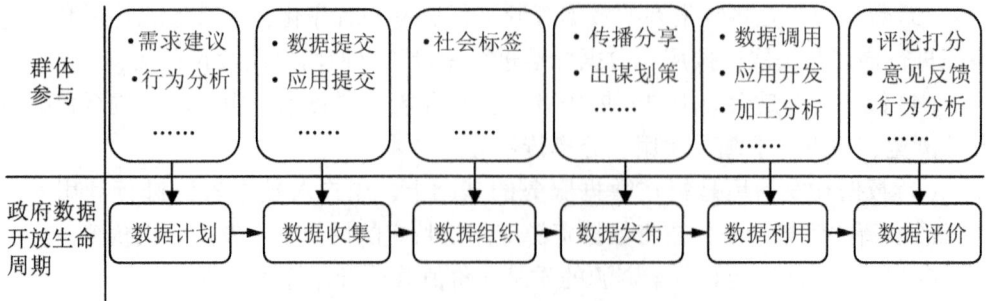

图 5-3 政府数据开放生命周期群体参与示意图

这个环节的主要任务是确定哪些数据需要和能够被开放。政府部门在实施政府数据开放活动中，先要制定数据开放的流程和计划，明确政府部门向社会公开数据的内容、格式以及途径等。数据计划环节相对于之后的发布与利用环节而言是前置的，虽然开放哪些数据是经过相应的需求调研，但难免会存在与公众需求不匹配之处。因此，数据计划是一个开放、动态平衡的环节，通过不断吸收公众关于开放数据集的建议及评价，分析公众访问的行为数据，对开放数据的内容等进行适当的调整。

政府数据开放的目标是为了对数据进行开发利用，发挥数据的应用价值，社会公众的需求是进行数据开发利用的基本前提。通过对公众数据需求的征集，以及对用户访问、浏览与下载行为的分析，能对用户的需求进行一定程度的掌握，从而指导政府数据开放中的数据计划工作。该环节的群体智慧参与可以通过两种形式实现，一是通过在网站上建立与公众互动的接口，直接获取需求意见建议；二是通过对公众访问网站数据进行分析，掌握公众的数据获取行为。

① 通过公众需求征集，构建用户需求驱动的政府数据开放机制。

在数据开放的计划阶段，收集和征求社会大众的意见建议具有重要的意义。征集公众数据需求是引入群体智慧方面最基础、技术含量较低的设置，在数据门户上通过简单的网页表单功能就能实现。但要充分的应用该功能，充分发挥征求意见的作用，与社会公众形成良好的互动，这并不是单纯通过技术就能达到的，而是需要在管理体系设计中，充分重视社会公众的意见需求，能够给予及时的处理和回复，形成良性的互动。本研究通过调研国内外的政府开放数据门户，发现很多数据门户都设置了"征集公众数据需求"的模块，为公众参与选择开放数据提供了在线渠道，详见表 5-1、表 5-2。

表5-1   **国内已建政府开放数据门户"数据需求征集"途径**

序号	政府开放数据门户	数据需求征集途径与方法
1	上海市政府数据服务网 http：//www. datashanghai. gov. cn/	在线"需求建议"表单
2	北京市政务数据资源网 http：//www. bjdata. gov. cn/	在线"建议增加的数据类型"表单
3	浙江政务服务网公共数据开放目录 http：//data. zjzwfw. gov. cn/	无
4	武汉市政府公开数据服务网 http：//www. wuhandata. gov. cn/	在线"建议增加的数据"表单
5	青岛市政府数据开放网 http：//data. qingdao. gov. cn/data/	在线"建议数据"表单
6	广东省湛江市数据服务网 http：//data. zhanjiang. gov. cn/	在线"需求建议"表单
7	无锡市政府数据服务网 http：//opendata. wuxi. gov. cn/	无
8	上海市闵行区政府数据资源服务 http：//data. shmh. gov. cn/	无
9	宁波市海曙区数据开放平台 http：//data. haishu. gov. cn/	在线"建议增加的数据类型"表单
10	佛山市南海区"数说南海" http：//data. nanhai. gov. cn/	在线"建议增加数据类型"表单
11	深圳罗湖区数据公开开放平台 http：//www. szlh. gov. cn/opendata/	无
12	深圳市福田区数据开放平台 http：//www. szft. gov. cn/data/	电子邮件申请数据资源
13	深圳市坪山新区政务数据开放平台 http：//www. psxq. gov. cn/opendata/	无
14	厦门市海沧区数据资源开放平台 http：//www. haicang. gov. cn/yy/sjkfpt/	电子邮件申请获取编程接口
15	贵州省政府数据开放平台 http：//www. gzdata. gov. cn/	在线"需求调查"表单

续表

序号	政府开放数据门户	数据需求征集途径与方法
16	深圳市政府数据开放平台 http：//opendata. sz. gov. cn/	在线"数据需求"表单
17	广州市政府数据统一开放平台 http：//www. datagz. gov. cn/	在线"需求调查"表单
18	哈尔滨市政府数据开放平台 http：//data. harbin. gov. cn/	在线"需求调查"表单
19	重庆市政府大数据平台 http：//cqckan. chinacloudapp. cn/	无
20	贵阳市政府数据开放平台 http：//www. gyopendata. gov. cn/	在线"数据申请"表单
21	扬州政务数据服务网 http：//data. yangzhou. gov. cn/	在线"建议增加的数据"表单
22	长沙数据开放平台 http：//data. changsha. gov. cn/	无
23	数据东莞 http：//dataopen. dg. gov. cn/	无
24	济南市政府数据开放平台 http：//www. jndata. gov. cn/	无
25	梅州市政府开放数据 https：//www. meizhou. gov. cn/opendata/	无
26	肇庆市人民政府"用数据" http：//www. zhaoqing. gov. cn/sjkf/	无

表5-2　　　　　　　　　　国外已建政府开放数据门户（部分）

序号	政府开放数据门户	数据需求征集途径与方法
1	美国联邦政府开放数据门户 http：//data. gov/	在线"新数据请求"（New Data Request）表单，利用 Github 平台
2	英国政府开放数据门户 http：//data. gov. uk/	在线"数据请求"（Data Requests）表单
3	澳大利亚政府开放数据门户 http：//data. gov. au/	采用 IdeaScale 在线众包平台

序号	政府开放数据门户	数据需求征集途径与方法
4	加拿大政府开放数据门户 http://open.canada.ca/	在线"建议数据集"(Suggest a Dataset)表单
5	欧盟开放数据门户 http://data.europa.eu/	在线"建议数据集"(Suggest a Dataset)表单
6	印度政府开放数据门户 https://data.gov.in/	在线"建议数据集"(Suggest a Dataset)表单
7	日本政府开放数据门户 http://www.data.go.jp/	在线"请求与反馈"(Requests and feedback)表单
8	肯尼亚政府开放数据门户 https://opendata.go.ke/	在线"建议数据"(Suggest Data)表单
9	新西兰政府开放数据门户 https://www.data.govt.nz/	在线"请求数据"(Request Data)表单
10	韩国政府开放数据门户 https://www.data.go.kr/	提供"开放数据请求"(Open Data Request)流程
11	新加坡政府开放数据门户 https://data.gov.sg/	无
12	美国马里兰州政府开放数据门户 https://data.maryland.gov/	在线"建议数据集"(Suggest a Dataset)表单
13	美国密西根州政府开放数据门户 https://data.michigan.gov/	在线"建议数据集"(Suggest a Dataset)表单
14	美国纽约市政府开放数据门户 http://www.nyc.gov/data/	在线"建议数据集"(Suggest a Dataset)表单
15	澳大利亚首都特区开放数据门户 https://www.data.act.gov.au/	在线"建议数据集"(Suggest a Dataset)表单
16	荷兰政府开放数据平台 https://data.overheid.nl/	在线"请求数据"(Overzicht dataverzoeken)表单

在北京市政务数据资源网、上海市政府数据服务网上,当用户没发现所需数据集时,通过在线网页填写数据资源名称、相关描述、用途去向、数据提供机构等信息后,即可提交数据集开放申请。通过准确的需求调研,可以尽量满足公众对数据资源的需求。

上海市政府数据服务网在"互动交流"模块中,设计了"需求调查"表单,用户如果在数据门户中没有找到所需要的数据，可以通过在线填写需求征集表单，将需求意见传达给数据的管理者。在图5-4中，用户需要填写的栏目包括所需数据产品或应用的名称、需求类型、功能描述、领域、格式、用途，以及需求者的身份类型等。表单中没有提供填写反馈方式的选项，并且在上海市政府数据服务网上也没有提供公众需求意见提交后相关的追踪信息。

图 5-4　上海市政府数据服务网需求调查页面

在美国 Data. gov 上，设置了多种多样的用户联系与交流的渠道，其中包括"新数据请求"（New Data Request）模块。如图5-5所示，该表单较为简单，必填项目包括所申请数据集的名称与描述，选填项目有数据集提供的相关机构（并提供了可选的下拉式菜单）、希望获取数据的方式（批量下载、API 调用等）、需求者的姓名和电子邮件。并且，用户可以对网站上已经开放的数据提出意见；用户提交请求以后，可以在"数据请求"（Data Requests）页面上进行跟踪。相较于上海市政府数据服务网，Data. gov 门户更加人性化。

与 Data. gov 相比，英国 Data. gov. uk 提供的"数据请求"（data requests）表单稍微复杂一些，且需要用户注册登录该网站后才能填写提交。Data. gov. uk 的"数据请求"模块提供了可公开的最新请求信息，还对用户所提交请求信息进行了分析和可视化的展示，包括数据请求的处理结果（requests by outcome）、数据请求的处理状态（requests by status）、数据申请者的组织类型（requests by organisation type）、申请数据的原因（requests by reason）等。"数据请求"表单除了与 Data. gov 相似的内容外，还增加了申请数据的原因、用途、预计的经济效益以及隐私保护等方面的选项。

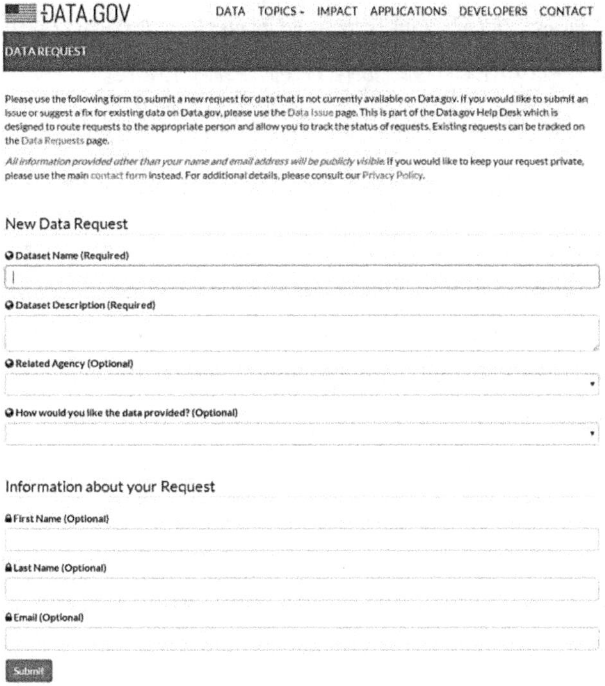
DATA.GOV DATA TOPICS IMPACT APPLICATIONS DEVELOPERS CONTACT

DATA REQUEST

Please use the following form to submit a new request for data that is not currently available on Data.gov. If you would like to submit an issue or suggest a fix for existing data on Data.gov, please use the Data Issue page. This is part of the Data.gov Help Desk which is designed to route requests to the appropriate person and allow you to track the status of requests. Existing requests can be tracked on the Data Requests page.

All information provided other than your name and email address will be publicly visible. If you would like to keep your request private, please use the main contact form instead. For additional details, please consult our Privacy Policy.

New Data Request

Dataset Name (Required)

Dataset Description (Required)

Related Agency (Optional)

How would you like the data provided? (Optional)

Information about your Request

First Name (Optional)

Last Name (Optional)

Email (Optional)

Submit

图 5-5　美国联邦政府 data. gov 门户需求征集表单页面

澳大利亚 Data. gov. au 则通过创新管理平台 ideascale. com 收集大众的意见和想法。这种做法将开放数据征集方式引入到更加宽广的领域，可以增强社会公众的参与程度(https：//datagovau. ideascale. com/)。在加拿大、新西兰政府开放数据平台上，用户可以查阅并参与对其他用户提交的“建议数据集”的投票。数据集申请获得投票的多少可以反映公众对该种或该类需求的程度。

与公众的交流互动可以产生两个可预期的效果：

一是政府数据开放的管理层根据公众需求有的放矢地开放数据，消除盲目性，节约成本。同时，可以进一步分析公众长期以来的需求信息，为数据开放计划的制订和完善提供决策参考。

二是对社会公众来说，数据需求得到表达，并能够进一步得到满足，能够激发他们继续参与政府数据开放活动的动机和信心，进而形成政府与社会公众之间的良性互动，用“群体的智慧”修正政府的决策与行为。

② 通过对公众访问门户网站数据进行分析，掌握公众数据获取行为信息。

对用户访问政府开放数据门户、浏览与下载数据资源的行为进行分析，这方面的工作属于"数据评价"环节的内容，将在后文"数据评价"中重点阐述。通过用户行为分析能够对用户需求进行一定程度的掌握，可以指导政府数据开放中的数据计划工作。如图 5-2 所示，政府数据开放生命周期是一个循环反馈的过程，"数据评价"阶段的分析成果可以用来指导"数据计划"工作的开展。

（2）数据收集

"数据收集"环节是实现开放数据资源的"集结"。从来源上说，既然是政府数据开放，政府机构自然是数据资源的主要来源，但企事业单位与个人提供的数据资源也可以作为政府数据资源的有益补充。有研究显示，政府部门掌握了社会 80% 以上的数据资源，但毕竟没占有全部的数据，特别是非公共的商业运行数据。因此，在政府数据开放中收集一定量的企事业单位与个人供应的数据有利于保证数据资源结构的完整性，有利于对数据的开发利用，更好地发挥数据价值。

① 非政府组织提供数据资源。

面对社会治理的复杂问题，开放数据的开发利用不能局限于政府提供的数据，走政企数据融合的道路是必然选择。在政府数据开放实践中，各地政府部门举办的数据开发应用竞赛也是政府数据开放的重要平台，在这些平台上，很多企业、公共机构等非政府组织机构也开放了自己产生和掌握的数据，作为政府开放数据资源的重要补充。例如，上海市开放数据创新应用大赛(Shanghai Open Data Apps，SODA)将上海政府数据服务网作为竞赛数据的主要来源，同时也收集、开放了企事业单位提供的数据资源，围绕"城市管理"组织了来自政府和企业的高价值赛事专用数据集，提出了"数据众筹"的理念，形成多元数据融合模式。①

表 5-3　　　　　　　　　SODA 企事业单位提供的数据

数据来源	数据名称	数据项	格式
上海市城乡建设和交通发展研究院	城市道路交通指数	状态、区域、当前指数、参考指数、指数差值	CSV
上海市城乡建设和交通发展研究院	高架匝道关闭数据	匝道 ID、位置信息、关闭时间、开放时间	CSV XLS

---

① CIDI 联合苏打数据承办 2017SODA 大赛正式启动，助力城市精细化管理［EB/OL］．［2017-12-21］．http：//www. cidichina. com/cidi/xwsd/dtbd/u1ai396. html.

续表

数据来源	数据名称	数据项	格式
上海地铁	地铁运行数据	线路、车站、换乘站数据、首末班车各站时刻表数据、站间运行时间数据、限流车站、封站数据、路网票价矩阵、列车实时到发站台时刻、线路拥挤及阻塞数据、出入口、厕所、残疾电梯数据	XLS
上海公共交通卡股份有限公司	一卡通乘客刷卡数据	卡号、交易日期、交易时间、线路/地铁站点名称、行业名称(公交、地铁、出租、轮渡、P+R 停车场)、交易金额、交易性质(非优惠、优惠、无)	XLS
上海浦东新区公共交通有限公司	浦东公交车实时数据	设备号码,线路编码,站点编码,协议编号,进出站状态,方向,车载上报时间,编码对应表	CSV
上海强生智能导航技术有限公司	强生出租车行车数据	车辆 ID、GPS 时间、经纬度、速度、卫星颗数、营运状态、高架状态、制动状态	CSV
新浪政务新媒体学院	新浪微博交通数据	涵盖路况、交通工具、天气等与交通相关的关键词的微博信息	文本
上海挚达科技发展有限公司	充电桩点位数据	充电桩 IMEI 号、社区名称、充电桩类型	CSV
上海挚达科技发展有限公司	充电桩运行历史数据	充电桩 IMEI 号、充电时长、充电日期、开始充电时间、充电费用、实际扣费	CSV
上海敬众科技股份有限公司	航旅数据	航班号、起飞日期、起飞时间、到达时间、是否共享航班、机型、单程/往返、仓位等级+剩余仓位(0~9,大于9位 A)(票面价/仓位/折扣/机建/燃油/返点/基准仓)、出发地、到达机场、出发航站楼、到达航站楼、机建、是否有餐食等	MSF
上海仪电(集团)有限公司	上海食品溯源数据	企业产品信息、企业信息、产品分类信息、溯源台账	CSV

续表

数据来源	数据名称	数据项	格式
上海仪电(集团)有限公司	上海食厨油脂回收数据	上海3万多家餐饮企业餐厨油脂回收情况记录,包括企业信息(许可证信息、地址信息)以及回收记录(买卖卡信息、桶号、油脂类型、重量、油重、交易时间、买家、卖家、收油车信息、地理位置、交易街道)	CSV
上海仪电(集团)有限公司	上海园区灯控数据	灯设备信息(名称、物理地址、mac地址),灯配置信息(名称、mac地址、颜色|色温|亮度配置信息、功率、亮度),灯开关历史(名称、mac地址、区域、园区地址、类型、开关变化、时间),灯每小时能耗(mac地址、时间段、耗能记录)	CSV
北京摩拜科技有限公司	摩拜上海城区用户使用数据	起点、目的地、租赁时间、还车时间、用户ID、车辆ID、交易编号	CSV

SODA 以解决上海交通、城市治理等为主题,推进开放数据的开发利用,上海政府数据服务网提供了 24 种交通类数据,如机动车维修企业、车辆统计信息、公交线路首末班车时间、摄像头设置地点等。数据主要来源于上海市交通委、公安局和经信委;同时,相关企事业单位也开放了部分数据,详见表 5-3。

由表 5-3 可见,企事业单位提供了相关领域的市场运行数据,蕴涵着很高的商业潜能。这些数据与政府部门开放的数据经过挖掘、分析和融合,形成很多创新应用和问题解决方案,这一点从 SODA 获奖作品就能得到证实。

② 开发者提交数据应用。

在各类政府数据门户上,除了开放的数据集之外,还有用户提交上传的数据应用,这些也是政府数据开放内容的重要组成部分,汇聚了社会群体的力量与智慧。表 5-4 列举了部分国内外政府数据门户开发者提交数据产品的基本信息(查询时间:2017 年 12 月 21 日)。

表 5-4　　　　国内部分政府数据门户开发者提交数据应用情况

序号	政府数据门户	用户提交数据应用数(个)
1	美国联邦政府 http://data.gov	75

续表

序号	政府数据门户	用户提交数据应用数(个)
2	英国 http：//data. gov. uk	421
3	澳大利亚 http：//data. gov. au	42
4	加拿大 http：//open. canada. ca	93
5	韩国 https：//www. data. go. kr	1310
6	上海市 http：//www. datashanghai. gov. cn	84
7	北京市 http：//www. bjdata. gov. cn	16
8	武汉市 http：//www. wuhandata. gov. cn	68
9	贵阳市 http：//www. gyopendata. gov. cn	13
10	广州市 http：//www. datagz. gov. cn	8

(3)数据选择与组织

获取数据后,对政府数据资源按照一定的方式和规则进行处理,达到数据资源的有序化,是实现数据开放以及生命周期管理的重要环节,也是用户对数据进行检索、发现和开发利用的前提。目前,政府数据开放门户网站主要是政府数据的管理者根据需要构建分类体系,选择数据描述项,完成数据的组织。表5-5选取了国内外10个具有代表性的政府数据开放门户网站,对它们的分类和描述情况进行了汇总分析。

表 5-5　　　　国内外政府数据开放门户网站数据信息组织方法

序号	政府开放数据网站	分类途径	数据描述	是否使用标签
1	美国联邦政府开放数据门户 http：//www. data. gov	按照数据集类型、格式类型、主题、机构类型等进行分类组织	必要、有条件要求、扩展字段3种类型的元数据元素,例如描述、标识符、出版商等字段为必要字段,数据质量、许可证、空间等为有条件要求可使用的元素,登录页面、引用等为扩展字段	元数据中就有标签字段,如气温、物理、海洋地质、风速、运输、气象等

续表

序号	政府开放数据网站	分类途径	数据描述	是否使用标签
2	英国政府开放数据门户 http：//www. data. gov. uk	按照主题、发布者、开放程度、开放协议类型等进行分类组织	元数据包括：数据、额外信息和资源3个部分	无
3	澳大利亚政府开放数据门户 http：//www. data. gov. au	按照来源机构、主题、数据格式、许可方式等进行分类组织	元数据包括：数据资源、额外信息2个部分；额外信息包括名称、类型、语言、许可、数据状态、更新频次、发布机构等	元数据中就有标签字段，一条数据会被标注一个及一个以上的标签
4	韩国政府开放数据门户 https：//www. data. go. kr	按照服务类型、提供者类型、分类类型、格式、标签、使用权等进行分类组织	元数据包括：题名、资源类型、格式、发布者、关键词、日期、收集方式、描述、更新频次等	分类中有"Tag"途径
5	欧盟开放数据门户 http：//data. europa. eu	按照主题、发布者等进行分类组织	元数据包括：题名、发布者、描述、领域、资源、类型、发布日期、修改日期、语种等	无
6	北京市政务数据资源网 http：//www. bjdata. gov. cn	按照主题、机构等进行分类组织	元数据包括：名称、分类、摘要、单位、关键词、更新周期、类型、语种、安全限制分级、记录数、文件大小、在线资源链接地址	无
7	上海市政府数据服务网 http：//www. datashanghai. gov. cn	按照数据领域、提供机构、资源类型进行分类组织	元数据包括：名称、摘要、关键词、数据领域、国家主题分类、部门主题分类、公开属性、更新频率、发布日期、数据提供方单位、数据提供方地址、下载链接	无

序号	政府开放数据网站	分类途径	数据描述	是否使用标签
8	湖北省武汉市政府公开数据服务网 http：//www.wuhandata.gov.cn	按照数据的"资源主题"和"机构分类"进行分类组织	元数据包括：资源名称、资源状态、资源访问、数据简介、关键字、更新时间、发布时间、主题分类、机构名称、机构简介、机构地址等	无
9	广州市政府数据统一开放平台 http：//www.datagz.gov.cn	按照数据的类型、主题和部门进行分类组织	元数据包括：名称、资源类型、数据来源、所述主题、更新周期、发布时间、资源简介等	提供标签分类
10	贵阳市政府数据开放平台 http：//www.gyopendata.gov.cn	按照领域、主题、行业、服务以及数据提供部门进行分类组织	元数据包括：数据领域、摘要、关键字、主题分类、行业分类、服务分类、开放属性、更新频率、资源格式、发布日期、最后更新日期、数据提供方单位、数据提供方地址、数据维护方单位、语种、记录条数、文件大小、文件数量、安全等级、信息资源标识符等	无

表 5-5 列举了国内外部分政府数据开放门户网站数据分类、描述等信息组织途径，接下来将以美国的 Data.gov 和英国的 Data.gov.uk 为例进行重点阐述。

① 数据分类。

Data.gov 设置了数据（data）、主题（topics）、影响（impact）、应用程序（applications）、开发人员（developers）等一级类目。数据门户中最核心的内容是"数据"，数据类目包含了数据门户收集的所有数据集，可以通过主题（topic）、主题分类（topic categories）、数据集类型（dataset type）、标签（tags）、格式（formats）、机构类型（organization types）、机构（organizations）、发布者（publishers）等途径对数据进行限定；"主题"类目也是对数据集的聚类，分成农业、气候、能源等 14 大主题；"影响"类目介绍数据被各类利益相关者开发利用的情况，主要分成地方政府（local government）、消费者（consumer）、商业（business）、气候（climate）、健康（health）、能源（energy）、农业（agriculture）、教育（education）等类别；"应用程序"类目列举了用户开发 APP 的情况；"开发人员"类目列出用户可以获取的开源资源。①

Data. gov. uk 设置数据（data）、应用程序（apps）和相互影响（interact）3 个一级类目。一级类目"数据"分为数据库、地图查找、数据 API 等二级类目；"应用程序"提供可以下载的 APP 应用程序；"相互影响"大类分为地理位置数据、关联数据等二级类目。

Data. gov. au 设置了数据集（datasets）、组织（organisations）、站点统计（site statistics）、请求数据（request data）、使用案例（use cases）、国家地图（national map）、工具包（toolkit）。

② 数据描述。

Data. gov 和 Data. gov. uk 发布的数据集涉及主题广，来源和类型多样化，定义标准元数据字段有利于使用者处理和描述数据，使数据更有价值。

Data. gov 和 Data. gov. uk 提供的数据集都用元数据进行描述，元数据均以都柏林核心元数据集为基础，根据实际需求进行扩展。Data. gov 根据开放数据项目（Project Open Data）2015 年 1 月 1 日发布的元数据标准词汇表 1.1 版本（Project Open Data Metadata Schema v1.1）发布数据集，② 该词汇表将元数据分为目录字段、数据集字段、数据和数据集分布领域 3 个部分。Data. gov. uk 使用的元数据元素分为 3 个部分：数据（datasets）、额外信息（extras）和资源（resource），继承了 2006 年 8 月 29 日发布的电子政务元数据标准 3.1 版本（e-Government Metadata Standard Version3.1）的元素。

Data. gov 和 Data. gov. uk 的元数据主要以 JSON 格式呈现，易于阅读、解析，用户可以在数据集下载页面查看具体描述。

③ 大众分类法的使用。

根据以上阐述，总体而言，国内外政府开放数据门户网站对数据集的分类和描述并无大的差别，不同之处主要在于分类体系、描述项目的选择。按照这些分类体系和描述标准，数据管理者在政府数据的组织中承担所有的任务。

在一些政府开放数据门户中出现了"标签"（Tag）分类，但通过对使用"Tag""标签"字样的数据门户网站的分析，发现这些标签类似于关键词，是数据管理者著录数据时增加的一项描述途径，并没有引入用户的参与，因此不能称之为真正意义上的社会化标签。

在数据的组织阶段，可以将大众分类法应用其中，通过公众参与信息组织，完

①　黄如花，王春迎．英美政府数据开放平台数据管理功能的调查与分析[J]．图书情报工作，2016，60(19)：24-30.

②　Project Open Data Metadata Schema v1.1[EB/OL]．[2017-12-21]．https：//project-open-data.cio.gov/v1.1/schema/.

善政府开放数据门户的分类体系。

大众分类法是 Web2.0 网络环境下的一种信息组织方法。① 使用大众分类法典型网站当属美味书签(https：//del.icio.us)和豆瓣(https：//www.douban.com)。在图书馆界，大众分类法被作为官方分类体系的补充应用于信息资源的分类和整合之中，宾夕法尼亚大学和密歇根大学先后开发了应用于大学图书馆环境的社会标签系统 PennTags 和 MTagger。② 大众分类的社会标签技术也被应用到政府信息、数据的发现与服务中，可以提高信息资源的可及性和共享性。③

大众分类法树立了以用户为中心的理念，可以发掘社会群体内心真实的认识与感受，体现群体的智慧。大众分类法的基本精神与群体参与政府数据开放的探索具有一致性，因此，将其应用于政府数据开放门户网站的数据组织之中也是合理的。并且，政府数据内容与主题的复杂性造成了固有的分类体系难以全面地揭示数据集的特征。将社会标签系统融入政府数据开放门户网站中，社会公众可以对数据集等内容进行自主标引，形成的标签云能够多角度地描述和揭示政府数据特征，提供检索效率。

(4)数据发布

政府数据经过信息组织，实现了有序化，基于网络平台面向所有用户进行发布，将数据资源呈现给用户，提供数据资源的浏览、检索、下载、调用、分享传播等服务。社会力量也参与到数据发布的环节中，主要分成三类：一是为增强数据的开放性，帮助转化成关联数据；二是对数据门户进行汇集和呈现，方便用户使用；三是对数据资源进行传播和分享。

① 发布关联数据。

将政府开放数据发布成关联数据(linked data)能够提升数据的开放性，但目前关联数据技术并没有得到普及，很多应用都是带有试验性的探索项目。在政府开放数据关联数据的发布实践中，社会力量也发挥了重要作用，如美国伦斯勒理工学院(Rensselaer Polytechnic Institute，RPI)的 The Tetherless World Constellation(TWC)研究所利用语义 Web 技术开展了一个开放政府数据的教育项目——国际开放政府数据集(The TWC International Open Government Dataset，TWC LOGD)。该项目创建了

①　程慧荣，黄国彬，孙坦.国外基于大众标注系统的标签研究[J].图书情报工作，2009，53(3)：121-123.

②　翟爽，宋文.社会标签在 PennTags 和 MTagger 系统中的应用研究[J].图书馆学研究，2010(24)：50-54.

③　Reddick C G. Citizens and E-government：Evaluating Policy and Management[M]. Hershey：Information Science Reference，2010：283-297.

关联数据应用"TWC 国际开放政府数据搜索"（TWC International Open Government Dataset Search，IOGDS），IOGDS 建立在"抓取"全世界数以百计的政府数据集目录网站的元数据的基础上。从这些目录网站中提取的元数据被自动转换为 RDF 关联数据，并重新通过 TWC LOGD SPARQL 端点发布及下载利用。其中，也包括将美国政府数据网站中的数据集元数据转换为 RDF 格式，以关联数据的形式重新呈现。① 目前，IOGDS 系统可见检索到 43 个国家和国际组织、24 种语言的 192 个数据目录网站提供的 1022787 个数据集。其中，排在第一位的是来自美国的数据集，达到了 453859 个；第二位是法国，有 353394 个数据集；第三位是加拿大，有 179131 个数据集；英国有 12131 个数据集。如图 5-6 所示。

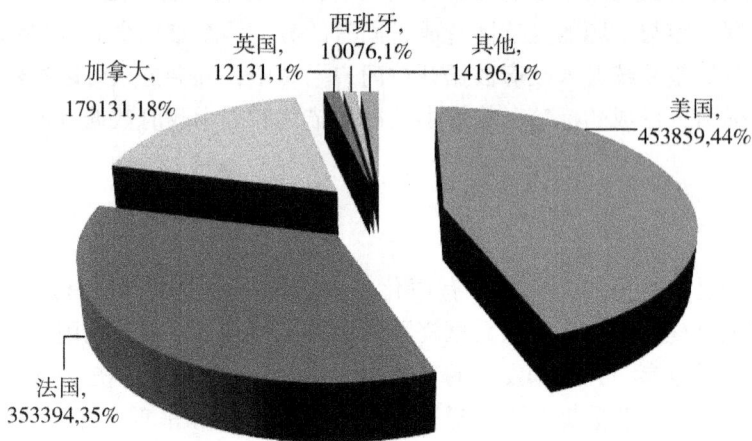

图 5-6 IOGDS 系统中数据集的国别分布情况
（本图根据 IOGDS 数据绘制）

② 数据门户的汇集和呈现。

发布数据资源的门户网站分散在网络空间中，不利于用户发现和利用，如能将全世界主要的政府数据开放门户进行汇聚呈现，对各个数据门户向用户呈现数据资源有很大的帮助。开发知识基金会（Open Knowledge Foundation，OKFN）弥补了这个空白，该基金会创建和运行政府开放数据门户的目录集成网站 Data portals，提供了开放数据门户网站最全面综合的目录清单，并可以通过 CSV、JSON 两种格式进行相关目录清单数据的下载。截至 2018 年 1 月 21 日，该网站收录了 524 个数据门户

① International Open Government Dataset Search［EB/OL］.［2017-12-17］. https：//logd. tw. rpi. edu/page/international_dataset_catalog_search.

网站，著录了每个网站的相关信息，并通过可视化的方式，在世界地图上进行了呈现。①

③ 数据资源的传播与分享。

在政府开放数据门户提供的各种数据服务中，能够体现群体参与的是对数据资源的传播与分享。表5-6调查了国内外部分政府数据开放门户网站数据资源的传播分享途径。

表5-6　　　国内外部分政府数据开放门户网站数据资源传播分享途径

序号	政府开放数据网站	传播分享途径
1	美国联邦政府开放数据门户 http：//www. data. gov	用户可将数据集分享到社交媒体 （如 Google+、Facebook、Twitter 等）
2	英国政府开放数据门户 http：//www. data. gov. uk	可分享到 Tweet、Facebook、Google +等社会网络工具
3	澳大利亚政府开放数据门户 http：//www. data. gov. au	注册用户可对数据条目进行关注，可分享到社交媒体（如 Google+、Facebook、Twitter 等）
4	韩国政府开放数据门户 https：//www. data. go. kr	可分享到社交媒体（如 Facebook、Twitter 等）
5	欧盟开放数据门户 http：//data. europa. eu	可以进行 RSS 订阅推动
6	北京市政务数据资源网 http：//www. bjdata. gov. cn	可分享到微信、QQ 空间、新浪微博、有道云笔记等40余种社交网络或工具
7	上海市政府数据服务网 http：//www. datashanghai. gov. cn	无
8	武汉市政府公开数据服务网 http：//www. wuhandata. gov. cn	无
9	广州市政府数据统一开放平台 http：//www. datagz. gov. cn	可分享到社交媒体（如一键分享、QQ 空间、新浪微博、百度云收藏、微信、人人网、腾讯微博、百度相册、开心网、腾讯朋友、百度贴吧、豆瓣网、百度新首页、QQ 好友、和讯微博、百度中心等）

---

① Data Portals A Comprehensive List of Open Data Portals from Around the World［EB/OL］.［2018-01-21］. http：//dataportals. org.

序号	政府开放数据网站	传播分享途径
10	贵阳市政府数据开放平台 http：//www. gyopendata. gov. cn	可分享到社交媒体(如微信、新浪微博、QQ 好友等)

　　群体参与政府开放数据的发布环节，主要是利用 Web2.0 的相关技术将相关数据集所在网页在社交空间中进行传播分享。通过在社交媒体间的传播分享，数据资源的显示度得到提高，进而促进了利用和开发。

　　对开放数据资源来说，得到社会公众越多的传播分享，说明其重要程度或者用户的需求程度就越高。因此，数据资源传播分享的过程也是通过群体的参与以及群体智慧发挥对其价值进行判断的过程。

　　(5)数据开发利用

　　政府数据经过收集、组织环节，并面向用户进行发布，提供数据服务，接下来进入用户对其开发利用的环节。政府数据开放的目的就是为了开发利用，因此，除了一般性的浏览、下载、分享、调用等服务外，最重要的是鼓励、吸引相关企业、开发者等社会力量基于开放数据进行创新应用的开发。

　　为促进政府数据的开发利用，开放平台提供了数据开发的相应服务，例如，数据调用的 API 接口等。此外，政府相关部门通过举行数据开发竞赛，以一定物质和精神奖励的方式激发社会力量参与数据开发的热情。

　　① 数据开发利用的功能设计。

　　在功能设计方面，政府数据开放平台为方便用户使用数据和进行二次开发，将数据以机器可读的开放格式进行发布，在一定条件下还通过开放 API 接口的方式提供数据调用服务。

　　以美国联邦政府的数据开放门户 Data. gov 为例，政府、社会和企业都可以无障碍、免费地下载数据，还可以利用门户提供的 API 接口调用数据，实现丰富的第三方应用开发。在每一条数据集页面上设置有"Submit Data Story"的链接，开发者可以在线提交基于该数据集进行开发利用的案例。数据门户在"开发者"(developers)栏目里提供了"开放资源"(open source)、"元数据收割"(data harvesting)和 APIs。

　　一是通过 Data. gov 在 GitHub 社区上的平台(https：//github. com/GSA/data. gov)，开发者可以为数据门户的建设贡献源代码，发挥自己的智慧。

　　二是开发者可以通过 Data. gov 的 CKAN API 获取该平台上开放数据的元数据，用以二次开发。

三是 Data. gov 提供 API 接口供开发者调用数据，截至 2018 年 1 月 29 日，开放 API 接口的数据集达到 16710 个。

澳大利亚政府开放数据门户的每条数据中都有"应用案例"（use cases）一栏，包括了利用开放数据集创造的应用程序（apps）、文章（articles）、可视化成果（visualisations）以及观点（ideas）等，甚至还包括参考使用了数据集的新闻报道（news story）等。截至 2018 年 1 月 29 日，一共有 42 个建立在开放数据上的"应用案例"，涉及的数据集有 47 个，只占到整个数据总量的 0.16%（当时一共有 28572 个数据集）。这说明了两种可能的情况：一是用户利用数据集创造相应应用成果的并不多；二是用户利用数据集创造相应应用成果，但反馈给数据门户网站"应用案例"的并不多。针对以上可能的情况，需要通过一定的激励机制促进数据集的应用以及应用成果能够及时反馈到开放数据门户网站。

北京市政府数据资源网上列出了基于开放数据资源开发的 APP 应用程序，APP 一般为开发者提交上传。截至 2018 年 1 月 29 日，网站上一共列出了 16 个应用，主题和类型多种多样，涉及城市交通、食品安全、体育健身、宠物饲养、生活保健、公益慈善、教育服务、农业服务等主题，基于的运行平台包括 Android 系统、微信、Windows Phone、Windows PC，例如，利用北京市交通委员会开放共享的备案停车站信息，开发了基于 Android 系统的 APP"随心停"，可以实现查找市区范围内备案停车位的信息、位置，搜索目的地附近的停车场，并提供导航功能，满足驾车者停车需求。这些基于政府开放数据的应用 APP 也得到用户（公众）的青睐，16 个 APP 的总关注量已经超过了 39.4 万次。

上海市政府数据服务网的应用程序分"应用"和"移动应用"两个部分。"应用"模块中提供了 60 个信息应用，涉及道路交通、资源环境、教育科技、信用服务、卫生健康、文化休闲等主题领域，例如，上海市经济和信息化委员会基于上海市人口库和法人库的基础建设平台，提供了上海市实有人口及企业的公共信用信息政府部门间共享、专项应用以及公众（法人和自然人）查询服务。"移动应用"模块中提供了 38 个应用 APP，涉及道路交通、社会发展、资源环境、民生服务等主题，主要基于 Android 系统和 IOS 系统，受用户关注和下载较多的是"上海公交""上海空气质量"等与日常生活密切相关的数据应用 APP。

北京、武汉、青岛等政府数据开放平台提供了 API 公众服务，专业用户可利用该服务实现对地理信息在线服务开发和应用的二次开发，也可以根据需求创建地图应用程序。

② 数据开发利用的模式——开放数据竞赛。

以开放数据竞赛激发大众创新创业活力是各国政府数据开发利用的重要模式。举行以开放数据为"原材料"的创新创业竞赛，能够吸引公众参与到政府开放数据的开发利用中，以此激发出创新创业活力和群体智慧。公众开发开放数据能够将技术、创意以及商业模式进行全面的融合，以独特的洞察力和创新思维发现数据的价值，挖掘城市开放数据中的价值"金矿"。同时，政府通过征集政府开放数据开发利用的优秀应用创意，提高政务数据的利用水平和效率，一定程度上解决社会治理中遇到的难题。

2009 年以来，出现了很多围绕政府开放数据利用的竞赛，表 5-7、表 5-8 整理了部分国内外较有影响力的竞赛。

表 5-7　　　　　　　　　　国外部分政府开放数据开发利用竞赛

序号	举办机构	竞赛名称	时间	主题	开放数据来源
1	美国纽约市经济发展公司（New York City Economic Development Corporation，NYCEDC）	The NYC Big-Apps Competition	2009—2018	综合，围绕纽约城市所遇到的问题与挑战	纽约市开放数据门户以及其他私人或非营利机构的数据资源（NYC Open Data portal and other private and non-profit data sources）
2	美国旧金山市	DataSF App Contest	2009	综合	旧金山市政府数据门户 DataSF. org
3	澳大利亚政府 2.0 工作组（Government 2.0 Taskforce）	Mashup Australia Contest	2009—2010	综合	澳大利亚政府开放数据在内的各种开放数据资源、澳大利亚国家图书馆的图片与音乐资源，以及澳大利亚的各种 API 资源
4	新加坡国家开发署、新加坡土地管理局、财政部联合举办	Apps4SG Competition	2013	综合	新加坡开放数据门户（http：//data. gov. sg）
5	英国开放数据研究院（ODI）与英国国家科学技术与艺术基金会（NESTA）	英国开放数据竞赛(Open Data Challenge）	2013—2015	犯罪与司法、教育、能源与环境、住房、食品、遗产与文化、就业	以英国政府等公共部门开放数据为数据来源，但不仅限于公共部门的开放数据
6	加拿大渥太华市 the City of Ottawa	The Apps4 Ottawa Contest	2013	综合	http：//data. ottawa. ca 上的渥太华市政府开放数据

续表

序号	举办机构	竞赛名称	时间	主题	开放数据来源
7	美国 Granicus 公司	CityCampSF Hackathon 2011: Open Government Data Competition	2011	不限定主题，推进公众创新与开放政府	Granicus 公司开发的关于政府数据的 Open Platform API 和 Search API
8	英国卫报数据博客与谷歌(The Guardian Data Blog and Google)	Open Government Datavis Competition	2013	政府开放数据的可视化	通过数据目录网站(http://dataportals.org/)获取数据，但不仅限于此，只要所用数据符合开放数据的基本定义
9	美国总务管理局(U.S. General Services Administration, GSA)	GSA 旅行数据分析挑战赛(GSA Travel Data Challenge Competition)	2014	为节约联邦旅行成本开发智能技术解决方案	Data. gov City Pairs (http://cpsearch. fas. gsa. gov/) Per Diem Rates FedRooms Property Lists
10	美国国家环境卫生科学研究所(National Institute of Environmental Health Sciences, NIEHS)	NIEHS 的气候变化和环境风险的挑战赛(The NIEHS Climate Change and Environmental Exposures Challenge)	2015—2016	创建可视化工具与地图，以确定人和地方存在的与气候变化相关的环境危害的风险	与环境相关的政府开放数据(climate. data. gov)，或者可以获取的联邦其他资源

表 5-8 **国内部分政府开放数据开发利用竞赛**

序号	地区	竞赛名称	年份	主题	开放数据来源
1	上海市	第一届上海开放数据创新应用大赛(SODA)	2015	改善城市交通、便利市民出行、创新商业模式的应用程序和解决方案	上海市公安局、环境保护局、气象局、城乡建设和交通发展研究院、上海地铁、上海公共交通卡公司、强生出租、浦东公交、新浪微博等提供的数千 GB 的交通大数据

序号	地区	竞赛名称	年份	主题	开放数据来源
2	上海市	第二届上海开放数据创新应用大赛（SODA）	2016	城市安全数据应用解决方案，包括交通安全、环境治理、社会治安、食品安全等	政企数据融合，开放29项总计2TB大赛专用数据，其中，政府数据21项、企事业单位数据8项，涵盖社会治安、交通安全、环境治理、食品安全等多个领域
3	上海市	第三届上海开放数据创新应用大赛（SODA）	2017	聚焦城市管理，吸引全球数据英雄共同挖掘数据价值，助力城市精细化管理	围绕"城市管理"组织了来自政府和企业的高价值赛事专用数据集，不但包括来自仪电集团食品溯源数据、公交卡刷卡记录、强生出租车GPS记录等公共服务类数据，也包括来自摩拜、挚达科技等民营企业提供的商业服务类数据，更有来自敬众科技提供的全国范围内航班排班起降落数据等，数据集总数超过20个
	上海、江苏、浙江、安徽	2018开放数据创新应用大赛（SODA）	2018	作为"中国数据创新行"主要活动之一，主题为"数联长三角，众创新生活"	赛事专用海量高附加值数据集（http：//soda. shdataic. org. cn/data/）来自政府、机构、企业，涵盖旅游、交通、城市管理、环境保护、文化等多个维度。鼓励和支持参赛者充分利用"上海数据服务网"和"浙江政务服务网"开放的相关数据以及参赛团队自有数据，以多元数据融合模式，创造具有创新性的数据应用解决方案。SODA大赛还收集了海航数据平台、云创环境大数据平台、阿里云数据平台、百度开放平台、高德地图开放平台、友盟开放平台等平台开放数据，数据涵盖社交用户行为、城市交互、城市编码、气象、降雨量、路段平均旅游时间等多个方向

续表

序号	地区	竞赛名称	年份	主题	开放数据来源
4	上海市	上海图书馆2016开放数据应用开发竞赛	2016	家谱数据分析	上海图书馆馆藏家谱文献信息和内容信息（http：//datal. library. sh. cn/）
5	上海市	上海图书馆2017开放数据应用开发竞赛	2017	上图名人手稿及档案数据分析	上海图书馆馆藏的24万余种手稿及档案的元数据。可以融合上海图书馆以外的开放数据，或与其他机构提供的数据服务进行整合
6	北京市	北京市政务数据资源网应用创意大赛	2014	政府数据开放，大数据应用创新	北京市政务数据资源网开放的相关数据资源
7	青岛市	青岛市政府开放数据应用创意大赛	2016	征集基于政府开放数据的优秀应用创意方案，同时获取社会公众对政府数据开放的相关需求，挖掘政府数据的潜在价值	青岛市政府数据开放网站（http：//data. qingdao. gov. cn）提供的数据，结合其他途径获取的社会数据、公开获取的互联网数据等
8	威海市	2015威海互联网+数据开放创业创新大赛	2015	为信息产业和智慧城市产业的发展注入了全新的活力	基于威海市政府的开放数据，包括政府、商业、互联网、企业4大类近300项，涵盖交通出行、教科文卫生等21个领域，以及威海市19个委办局的88项政务数据
9	贵阳市	交通事故成因分析竞赛	2016	"交通事故成因分析""天气图像识别"和"潮汐路信号灯变换方案"等主题	市交管局向参赛者开放车管数据、驾管数据、交通违法信息、交通事故数据、交通天气状况数据、实时交通天气图像数据、潮汐路道路交通管理及交通流数据

续表

序号	地区	竞赛名称	年份	主题	开放数据来源
10	贵阳市	"云上贵州"大数据商业模式大赛——智能交通算法大挑战	2015	使用大数据解决交通拥堵问题，为贵州交通行业大数据的开发利用出谋划策	在充分脱敏与保护用户隐私的前提下，贵阳市交通流量数据结合高德公司普通市民导航数据
11	广东省	广东公共交通大数据竞赛	2015	公交线路客流预测和市民出行公交线路选乘预测，用数据引领未来城市智慧出行	广东岭南通股份有限公司提供相关交通数据
12	无锡市	大数据应用创新大赛	2016	以"政务数据与互联网数据融合应用"为主题，以有效解决现实中的城市问题，服务城市、造福大众	数据包括三部分：(1)政务开放数据，来自于无锡市政府数据服务网(http://opendata.wuxi.gov.cn/)；(2)政务业务数据，提供大数赛政务业务数据集目录；(3)互联网数据，自行获取
13	沈阳市	2016中国沈阳·数据开放与应用创新大赛	2016—2017	数据开放，助力智慧交通	共计26个数据集，总量达到604.2GB，其中20个来自于政府，6个来自于企事业单位，包括沈阳市交通局、公安局、气象局、城市管理行政执法局、环保局、城市建设管理局、地铁集团有限公司、中国联通有限公司沈阳分公司等
14	深圳市	"电科杯"城市数据创新大赛	2017	以城市治理为主题，涵盖城市交通、城市规划、生态环境、公共安全四个子主题	大赛官方(http://www.szcodi.com)开放450万条比赛数据下载通道。致力于连通政府、企业、公众的开放数据，鼓励自带相关数据参赛

序号	地区	竞赛名称	年份	主题	开放数据来源
15	贵州省	2017中国国际大数据挖掘大赛	2017	邀全球创客唤醒沉睡数据	交通运输部出行云以及部分省市政府的开放数据、部分公共数据和行业数据，约9000多个数据集，1600多个数据接口，涉及交通服务、医疗健康、生活安全、教育科研、社会保障、劳动就业、房屋住宅、环境与资源保护等领域；也鼓励参赛选手自带数据参赛
16	成都市	首届成都市开放数据创新应用大赛	2018	数聚成都，智慧未来	成都市公共数据开放平台（http://www.cddata.gov.cn/）汇集的60个政府部门2000多万条数据；政务数据与互联网数据、企业数据的融汇集成
17	重庆市	重庆开放数据创新应用大赛	2017—2018	数聚重庆，智创未来；一起携手，让城市充满智慧	大赛官网（http://www.coda2017.com/data.html）上提供了专门为大赛提供的数据集，包括来源于重庆市公共交通控股(集团)有限公司、重庆市轨道交通(集团)有限公司、重庆市道路运输管理局、重庆城市通卡支付有限责任公司、重庆市网商协会、浪潮集团、誉存科技等提供的交通数据、商业数据
18	北京市	首届全国高校数据驱动创新研究大赛	2017—2018	基于数据进行创新研究，促进研究数据的保存和共享	北京大学开放研究数据平台中的数据；参赛者收集整理的、具有一定原创性的研究数据
19	北京市	第二届全国高校数据驱动创新研究大赛	2018—2019	基于数据进行研究，创新性地利用新方法、新技术分析发掘数据潜在价值，促进数据的流通和共享	北京大学开放研究数据平台中的数据；参赛者收集整理的、具有一定原创性的研究数据

续表

序号	地区	竞赛名称	年份	主题	开放数据来源
20	天津市	中国华录杯·开放数据创新应用大赛	2018	城市智慧治理	20+政府部门高质量真实数据；30G 公交 GPS 结构化数据；1100 万张交通卡口车辆图片
21	深圳市	"华为云杯" 2019 深圳开放数据应用创新大赛	2019	数聚粤港澳，智汇大湾区。推进深圳智慧城市和"数字政府"建设	深圳市政府数据开放平台提供的数据；此外，市政务服务数据管理局牵头与人力资源和社会保障局、规划和自然资源局、交通运输局等 10 家单位联合开放了民生实事、道路交通、城市建设、公共安全、经济发展等 14 个领域 1095 项 1 亿 4 千多万条数据，获得真实有效的数据集超过 500G

无论国内外，政府开放数据竞赛都得到很好地采用和实施，成为一种较为流行的数据开发利用、孵化推广模式。在这些竞赛与挑战平台中，美国纽约市的 NYC BigApps 竞赛、Challenge. gov 以及我国上海的开放数据创新应用大赛（SODA）具有较大的影响力。

第一，纽约市的 NYC BigApps 竞赛。

从 2009 年开始，纽约经济发展公司（New York City Economic Development Corporation）开展 NYC BigApps 竞赛活动①，将 32 个市政部门的政府开放数据集（主要来源于数据门户 NYC Open Data portal）向程序员、设计师以及企业家开放，以纽约民众遇到的问题为导向，开发相关技术产品。一些项目从 NYC BigApps 竞赛中脱颖而出，获得风险投资青睐，并发展成为公司，例如，2010 年的获奖项目 MyCityWay②，先后获得 FirstMark 资本、IA Ventures 风投以及宝马公司的投资；获得 2011 年最佳移动应用程序奖的轨道交通应用项目 Embark NYC③，2012 年也获得宝马公司的投资，并于 2013 年被苹果公司收购。

通过分析竞赛举办经验，NYC BigApps 认为将竞赛打造成需求和问题导向的活

---

① NYC BigApps[EB/OL]. [2018-12-18]. http：//www. nycedc. com/program/nyc-bigapps.

② MyCityWay[EB/OL]. [2018-12-18]. https：//www. crunchbase. com/organization/my-city-way.

③ Embark NYC [EB/OL]. [2018-12-18]. http：//letsembark. com.

动非常重要。于是，NYC BigApps 在 2013 年向公众征集来源于实际需求的主题，制定了 4 个主题，分别为：健康生活（Healthy Living），就业与经济的流动性（Jobs and Economic Mobility），清洁网：能源、环境与恢复力（Cleanweb：Energy，Environment，and Resilience），终身学习（Lifelong Learning）。①

第二，美国政府挑战平台 Challenge.gov。

美国政府在数据开放方面建立了诸多与社会合作交流的机制，并期望社会公众能在其中扮演重要角色。联邦政府总务管理局（General Services Administration，GSA）、白宫科技政策办公室（White House Office of Science and Technology Policy，OSTP）以及 ChallengePost 合作建立了数据挑战和有奖竞赛平台——Challenge.gov。该平台由政府机构发布问题，邀请公众参加信息传播以及解决挑战问题，从中获得创意思想和最佳解决方案。在 Challenge.gov 上，100 多个联邦机构部门发布有关数据开放的任务，这些解决问题的活动包括理念、创意、科学技术等，联邦机构邀请公众帮助，以解决复杂的任务为中心。挑战者可以提出自己的解决方案。挑战和奖金竞赛是联邦机构推动创新的途径之一。自从 2010 年 9 月 Challenge.gov 上线以来，已经有超过 80 个联邦机构在该平台上开展了 826 个挑战（截至 2018 年 3 月），推动了政府机构利用公众的群体智慧进行创新。这些比赛中，有一部分是以政府机构开放的数据作为创新的"原材料"，开发出网络应用。联邦机构已经提供了超过 2 亿5000 万美元的奖金以及其他有价值和独特的奖励，超过 25 万解决问题的人参与了挑战竞赛。

第三，上海开放数据创新应用大赛。

上海开放数据创新应用大赛（Shanghai Open Data Apps，SODA）②是国内有着较大影响力的政府开放数据竞赛。2015 年 8—11 月，上海市经济和信息化委员会等部门举办"游族杯"上海开放数据创新应用大赛，将公安局、环保局、地铁、强生出租、新浪微博等领域总量达上千 GB 的交通大数据向公众开放，征集改善城市交通、方便民众出行的应用程序与解决方案。SODA 吸引了 2914 位选手参加，包括软件工程师、数据分析师、管理咨询师、设计师以及在校学生等；提交的作品主要围绕出行规划、绿色出行、交通综合分析、公交优化以及交通金融模型等主题。

首届 SODA 大赛获得较大成功，为实现赛事系列化，主办方对未来 5 年赛事做了规划和安排，设定了 10 个与民生相关的系列主题比赛。2016 年 7 月，第二届SODA 举行，聚焦城市安全主题。2017 年 7 月，第三届 SODA 举行，大赛更注重问题导向，SODA 针对"城市治理"这一大主题，开放了海量数据，邀请开发者构思开

---

① NYC BIGAPPS 2013［EB/OL］．［2018-12-18］．http：//2013.nycbigapps.com.

② 上海开放数据创新应用大赛 Shanghai Open Data Apps［EB/OL］．［2018-12-28］．http：//shanghai.sodachallenges.com/.

发数据创意应用，提升上海城市管理水平，表 5-9 为主办方提出的 8 个涉及城市管理与社会治理的问题。①

围绕数据开发利用竞赛成果的落地发展，使其适应市场与商业环境，政府与相应的机构还通过政策制定构建政府开放数据开发利用的孵化环境。

表 5-9   **SODA 的问题设置**

序号	问题	开放数据
1	如何利用数据更好治理共享单车？	摩拜使用数据、一卡通乘客刷卡数据
2	数据能用来鼓励更多绿色出行吗？	挚达充电桩数据、强生出租汽车行车数据
3	透过数据能知环境，但是否能治理环境？	水厂水质监测、重点污染源监督性监测
4	如何利用数据高效监管食品安全，让市民吃得更放心？	餐饮处罚数据、食品抽检结果
5	企业商业行为如何通过数据去规范监督？	企业不良行为记录要素、企业信用平台数据
6	航旅数据如何驱动新服务，带来体验提升？	航旅航班数据、航旅乘客购票数据
7	如何利用数据高效节能智慧用电？	园区照明系统开关信息、园区照明系统耗电信息
8	数据如何助力我们更好降低交通事故？	一卡通乘客刷卡数据、交通事故数据

美国政府部门通过开放数据开发利用竞赛搭建了创新创业者与投资方对接的平台，为创新创业项目的落地和市场化发展创造了条件，例如，NYC BigApps 竞赛中的很多项目获得"风投"（Venture Capital）或相关企业的投资。

国内一些地方政府通过多种途径培育开放数据开发利用的孵化环境。SODA 大赛确立了实现开放数据、数据应用以及项目落地孵化"三位一体"的目标，推进开放数据对促进商业创新和经济转型发展的实质作用。SODA 为了支持优秀项目的发展壮大，将孵化器、公益基金以及商业资本等引入，推动大赛向项目孵化落地的方向发展。② 贵阳市在发展大数据产业、推动政府数据开放等方面走在全国前列，相关部门认为交通大数据的价值不仅限于技术本身，更在于能够帮助众多"创客"

---

① 苏打数据创新平台[EB/OL].［2018-12-28］. http：//sodachallenges. com.

② 王延. 多个项目实现落地孵化，沪开放数据大赛成效显著[N]. 浦东时报，2014-04-20（003）.

(maker)、企业等带来新商机，并能给民众生活带来更多便利；该市建立了交通大数据孵化器，为创客研发产品提供计算、存储和网络等资源。[1]

威海市在举行互联网+数据开放创业创新大赛时，提出对于进入决赛圈的创意，威海市政府将给予极高的"礼遇"：符合条件的小微企业有望获得最高30万元创业担保贷款支持，财政全额贴息；小企业有望获取最高300万元创业担保贷款支持。另外，威海市政府还准备了一次性创业补贴、优先"入孵"落户、税收减免、创业专家"一对一"指导等多种政策扶持。

各国政府开放数据的利用和开发产生了众多的应用成果，有些通过开放数据的利用促进了企业的产业升级，搭上了"大数据"的快车；有些是基于开放数据开发的初创型企业，吸引了外来投资，成长为一定规模的企业，为社会贡献税收和就业岗位。相关内容，本研究已在第4章"4.2.2"小节中进行了阐述。

③ 数据开发利用的模式——众包。

政府相关部门可以通过众包的方式开发利用开放的数据资源，以解决社会治理、城市管理以及数据开发中遇到的问题。众包(crowdsourcing)能从广泛的群体，特别是在线社区，获取所需想法、服务或内容贡献的实践。

IdeaScale是一个利用众包来激发和促进创新思想和活动的创新管理网络云平台，能够对创新的点子和想法进行管理。2009年IdeaScale创建，为政府和私营部门提供向公众征集建议、意见反馈以及优先考虑的事情等方面的服务，也顺应了奥巴马政府提出的建设"开放政府计划"的需求，众多美国联邦政府机构，包括美国总统行政办公室(Executive Office of the President)，都采用该网站征集公众意见与想法。2009年，有23个机构采用，第二年增加到36个。目前，IdeaScale已经有超过25000个客户以及450万的注册用户，客户包括了一些行业的领袖，例如，思杰公司(Citrix)、万豪国际集团(Marriott Vacations Worldwide)、美国国家航空航天局(NASA)、美国海军(The US Navy)以及公主邮轮(Princess Cruises)等。

在IdeaScale上，机构组织可以围绕公共或者私人领域的话题，征集参与用户的想法，并提供给他们一个可以投票的平台。这些想法能够得到评估、选择和实施，IdeaScale成为群体动力(crowd-powered)创新的引擎。

对用户来说，只要注册就能成为IdeaScale社区的成员，可以在线提交对其他"点子"的看法、评论以及投票。根据"点子"收到的投票数，最受欢迎的"点子"处于置顶的位置。一旦一个有前途的"点子"被确定，IdeaScale围绕其会形成团队。团队可以添加更多的想法信息，不断完善它。通过使用复杂的决策矩阵能力，团队能够提出它的领导以及最好的选择。

IdeaScale应用了"众包"模式，通过选定多种流行的新媒体以及网络社交平台

---

[1] 刘祎. 贵阳市交通大数据孵化器开通[N]. 贵阳日报，2015-09-29(002).

寻找和汇聚大众用户，并免费获取他们的"点子"等信息。IdeaScale 选定的网络新媒体平台主要有 6 个，包括 Blog、Twitter、Facebook、YouTube、Google +、Instagram。在各种网络新媒体平台上，IdeaScale 每天将客户的问题通过文字、图片、视频等形式发布出来，面向 200 多万大众用户征集"点子"，然后再将这些获取的"智慧"和意见进行分类整理及研究分析，最终成果提交给客户。收集"点子"的方式颠覆了传统咨询业务，政府会为政策制度的制定征求公众的意见和诉求，企业也会为产品或服务的推出收集广大消费者的看法和态度。征集意见和方案的特点在于公众观点的广泛性和代表性，这种由众人"开发"或"打造"出来的产品或服务更能获得市场的认可，并且所耗费的成本也较低。

澳大利亚政府开放数据门户采用 IdeaScale 构建了用户互动交流的社区（https://datagovau. ideascale. com/），通过众包方式收集公众关于政府数据与影响的意见建议，并且用户还可以对社区中已有的意见进行投票和评论。注册用户可通过对社区中的话题（分为政府数据集与 API、政府开放数据门户的功能等几类话题）进行评论和投票，进而获得积分。截至 2018 年 1 月，Data. gov. au 在 IdeaScale 上围绕政府开放数据集和 API 利用以及门户网站功能已经发起了 171 个创意话题，其中完成的 26 个、检查整理阶段的 21 个、活跃阶段的 115 个、关闭阶段的 9 个，活跃的注册用户有 559 位，所有话题一共获得 412 条评论和 1806 次投票。

此外，如果不仅限于政府开放数据的开发，围绕大数据的开发利用，国内外出现的各类数据开发竞赛平台和社区（表 5-10 列举了部分），为数据利用开发者提供了发挥智慧、学习交流的环境，同时也能带动政府开放数据的开发利用。

表 5-10　　　　　　　　　　　部分国内外数据竞赛平台与社区

平台名称	网址
Kaggle	https：//www. kaggle. com/
天池大数据众智平台	https：//tianchi. aliyun. com/
DataFountain	http：//www. datafountain. cn/
DataCastle	http：//www. pkbigdata. com/
苏打数据创新平台	http：//sodachallenges. com/

（6）数据评价

用户在利用数据资源、使用数据服务后，会对数据资源的质量与价值、数据服务的体验等做出个人的评估。这些评价信息是用户对数据资源与数据服务的认知和判断，是群体智慧的一种类型。通过对数据评价信息的分析，可以为数据规划提供参考信息，也可以为数据服务以及数据门户功能的改进提供具体的方案。

本研究认为用户对数据资源的评价可以分成两种类型：一是用户主动参与评价；二是用户非主动参与评价。

① 用户主动参与评价。

主动评价是指社会公众可以对数据门户网站，开放数据的状态、质量与价值等进行评论、打分。从目前调查来看，各国各地政府数据门户网站都设置了用户意见反馈、评论打分的功能。

从表 5-11 可以看出，国内外政府数据开放门户网站一般都会设置用户评价功能，总体而言，国内建设的政府数据门户相应功能的设置更加完善。用户在使用数据的过程中积极参与对数据门户、数据集等的评价，提供了从用户视野出发的重要信息，这些信息经过汇总和分析体现出群体的智慧，对完善数据门户建设和数据资源的开放具有重要的作用。但同时也必须认识到，在数据门户上设置用户的评价功能只是提供了用户参与的条件，更重要的是管理层形成常态化的分析用户评价信息的机制和完善的沟通与反馈机制，获得社会大众的广泛参与，真正将群体汇聚的智慧转化成推进数据开放的动力。

表 5-11 　　　　　　　　国内外政府数据开放门户网站用户评价功能设置

序号	政府开放数据网站	主要意见反馈功能	评论功能	打分功能
1	美国联邦政府开放数据门户 http：//www. data. gov	设置"Report a problem"，可对使用门户网站与数据集遇到的问题进行申报；电子邮件	无	无
2	英国政府开放数据门户 http：//www. data. gov. uk	提供在线表单提交	注册登录后可以评论	无
3	澳大利亚政府开放数据门户 http：//www. data. gov. au	电子邮件	可通过 disqus. com 对数据集进行留言评论；注册后可"Follow"数据集	无

续表

序号	政府开放数据网站	主要意见反馈功能	评论功能	打分功能
4	韩国政府开放数据门户 https：//www. data. go. kr	电子邮件，并有详细的处理流程	在"Developer Network"中可以评论交流	无
5	欧盟开放数据门户 http：//data. europa. eu	电子邮件	无	无
6	北京市政务数据资源网 http：//www. bjdata. gov. cn	问卷调查；咨询建议	注册用户可对数据添加评论	无
7	上海市政府数据服务网 http：//www. data-shanghai. gov. cn	在线问卷调查表单；提供"投诉"选项；电子邮件	注册登录后可提交文字评论	用户可对数据资源进行评分（五星评级），包括4个指标，即数据的准确性、及时性、可用性、满意度
8	湖北省武汉市政府公开数据服务网 http：//www. wuhan-data. gov. cn	在线问卷调查表单； 在线咨询建议表单	无	注册用户可以对数据资源进行评分，分成五个等级，即非常满意（数据非常棒，可直接使用）、满意（数据质量较好，有一定作用）、一般（数据实效性一般，需有效更新）、差（数据完整性较差，基本不可用）、很差（数据存在错误，基本不可用）
9	广州市政府数据统一开放平台 http：//www. datagz. gov. cn	在线咨询建议表单； 在线"纠错"链接	注册登录后可提交文字评论	注册用户可以对数据资源进行评分，五星评级
10	贵阳市政府数据开放平台 http：//www. gyopendata. gov. cn	在线数据需求表单	注册登录后可提交文字评论	注册用户可以对数据资源进行评分，五星评级

②用户非主动参与评价。

　　除了以上阐述的用户通过数据门户网站提供的评价途径反馈信息之外，社会公众访问数据门户网站的记录本身就是群体智慧的表现形式，也是对数据门户相关功能设置、数据集价值等的评价。通过对用户访问和利用政府开放数据门户网站日志数据的分析，可以发现被关注的政府数据主要是哪些，什么形式的开放是需要的，什么功能的设置是受欢迎的，等等。有研究人员对社交媒体进行了分析，认为群体智慧在社交群体中得到了体现，借助群体智慧的思想和技术分析社交群体信息，可以更好地优化用户服务；通过对新浪微博特定社交群体的文本分析，发现群体智慧的思想可以应用到垃圾信息识别以及排名算法方面，方便群体中的用户浏览微博。① 因此，基于社会公众访问数据的行为分析，可以调整数据开放行为，完善政府行为等，达到政府与公众的良性互动交流。

　　公众对政府开放政府数据门户的访问、浏览与数据下载、调用等行为，如果用"群体智慧"的理论进行解释的话，可将这些行为看作是社会群体的"认知"和"投票"行为。某一类(种)数据集被用户浏览或者下载得多，说明了在社会群体中该类(种)数据集的需求突出。

　　目前正在运行的政府开放数据门户，很多都设置了热门下载数据等模块，例如，北京市政府数据资源网上提供了"最热门下载"的榜单，列出了关注量前6位的数据集。上海市政府数据服务网在"数据""应用""接口"和"移动应用"页面上，列出了"下载最多""评价最高"的数据资源。

　　随着大数据技术的发展，数据挖掘和分析已经成为支持政府、企业等各类组织决策的重要技术手段。数据分析的本质在于：一是对现在已经发生的数据进行总结，发现可循的规律；二是对以往的数据进行挖掘归纳，预测未来发展趋势。

　　对访问网站的用户行为进行分析，已经有很成熟的技术。在电子政务、政府网站的建设以及政府公共信息服务中，用户行为分析早已得到应用。广西农业信息网②采用了数据统计分析服务商 CNZZ 的数据采集统计平台，对网站用户的访问行为数据进行了分析，主要获取了用户访问九个统计指标，包括检索关键字、搜索工具、使用终端、网络服务接入商、访问来源、访问深度、访问时段、访问来路等，以此获取信息优化网站的建设，更好地服务用户。因此，相关数据挖掘与分析技术以及访问用户行为数据的收集和分析对政府开放数据门户建设以及数据开放服务的开展也是十分必要的。图 5-7 所示为用户访问政府开放数据门户网站行为及其行为

---

① 何文译. 群体智慧在社交媒体中的应用研究[D]. 大连：大连理工大学，2014.

② 李祖培. 政府公共信息服务网站用户行为分析及启示——以广西农业信息网为例[J]. 大众科技，2012(8)：44-47.

分析示意图。

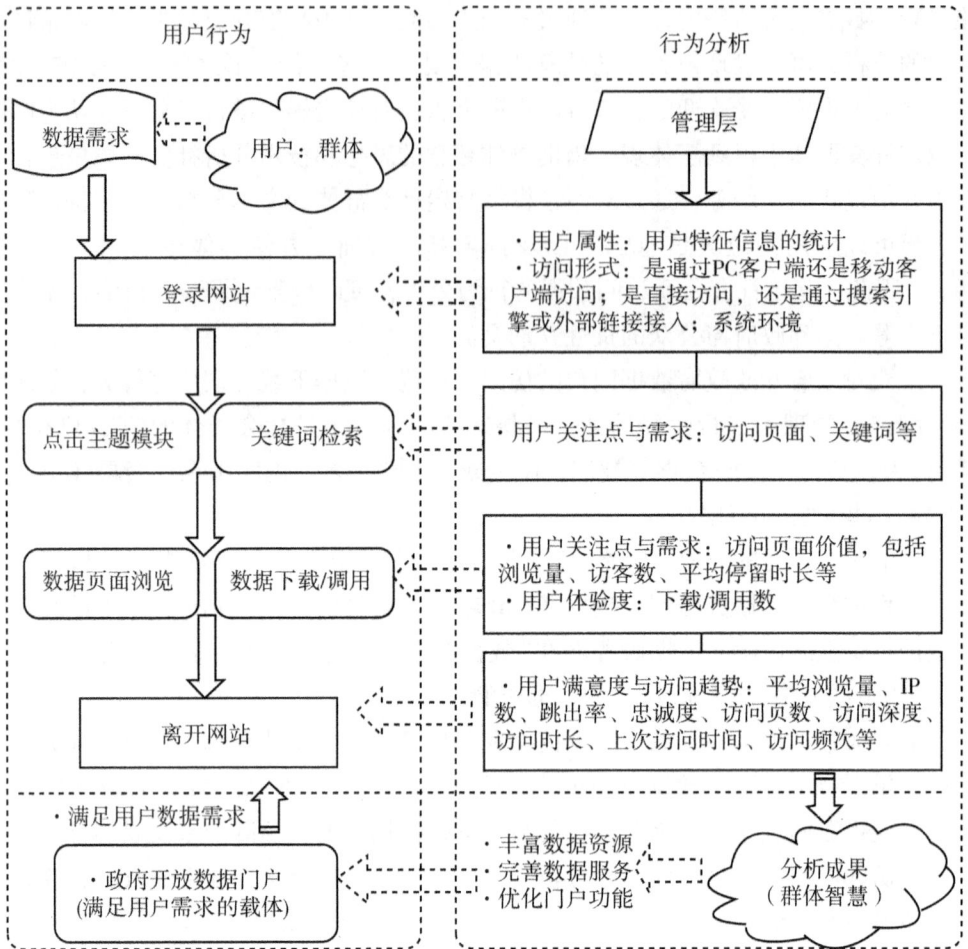

图 5-7　政府开放数据门户用户行为分析示意图

其实，现有的政府开放数据门户很多已经将用户访问数据的分析结果公布出来，例如，在英国、澳大利亚政府开放数据门户上就有网站使用情况的分析，英国的 Data. gov. uk 网站使用分析的指标包括了用户的浏览器(browsers)、用户的操作系统(operating systems)、用户的社会媒体工具(social networks)、语言(languages)、国家(country)等。深圳市政府数据开放平台开设"开放统计""全局图谱""热点数据"栏目，对平台访问、数据下载、API 调用、访问来源追溯、数据的领域与主题分布、热门数据集和 API、优评数据集和 API、推荐数据集和 API 等进行了统计和可视化呈现。① 贵阳市政府数据开放平台开设了"开放统计"栏目，对平台访问数、访问来源、数据下载、API调用、用户注册、关注热点、需求分类、数据评分等数据信息进行了可视化呈现。② 哈尔滨市政府数据开放平台设置了"数据分析"栏目，对数据的开放和使用状况进行了可视化的展示。③ 这些政府数据开放平台上呈现出来的数据体现了群体参与评价的行为。

更多的数据门户网站则是使用统计工具在后台分析用户行为。分析的成果是使用政府开放数据门户用户这个"群体"在网络访问的协作过程所形成的智慧结晶，这些成果将对开放数据门户的建设发展以及开放数据规划起到重要的作用。

---

① 深圳市政府数据开放平台开放统计［EB/OL］.［2018-12-30］. https：//opendata. sz. gov. cn/maintenance/openCount/toDataFigure.

② 贵阳市政府数据开放平台开放统计［EB/OL］.［2018-12-30］. http：//www. gyopendata. gov. cn/city/trace. htm.

③ 哈尔滨市政府数据开放平台数据分析［EB/OL］.［2018-12-30］. http：//data. harbin. gov. cn/odweb/analyse/index. htm.

6 群体参与政府数据开放的技术保障

本章探讨群体参与政府数据开放的技术保障，回答群体智慧管理模型中"How"模块的问题。

根据马克思主要唯物主义哲学观点，生产力决定着社会发展状况，而体现生产力状况的是科学技术水平，人类生产力的每一次进步都是源于人类科学技术水平的提高。管理模式和方法的变革创新及应用是在一定生产力水平与技术条件下实现的。在第 1 章关于群体智慧思想与理论的阐述中，我们已经认识到人们对群体智慧积极作用的认可由来已久，但是长期以来在管理实践中没有得到系统、深入的应用，主要原因在于技术条件没有发展到全面开发利用群体智慧的阶段。随着信息技术的发展，互联网得到普及，并渗透到生活的方方面面，特别是 Web2.0 理念与移动互联网相关技术的发展和应用，人们之间联系与交互的便捷性大大提高，相应成本也得到极大地降低，也降低了社会公众参与公共事务的壁垒。

政府数据开放是信息技术发展的结果，技术进步解决了数据不能开放的问题，消除了政府治理改革过程中传统性的阻力。一系列相关技术的发展和应用，解决了群体参与政府数据的开放问题，充分发挥群体智慧在政府管理实践中的作用。本章将在数据、平台和服务三个层面分析群体参与政府数据开放的技术保障问题，对群体参与政府数据开放的管理系统进行了设计和探索。

6.1 群体参与政府数据开放的技术保障框架

从管理角度来看，在政府数据开放中引入群体智慧是政府的信息管理行为，建立在相应技术的基础上。从技术角度来看，群体参与政府数据开放行为形成一个信息系统，具有信息系统的基本要素和一般特征，包含信息的输入、存储、处理、输出和控制等功能，涉及数据库技术、网络技术、门户构建技术等。

在政府数据开放管理系统中，需要应用哪些技术支持和保障群体的参与，笔者认为首先要厘清数据管理系统的结构和层次，进而再分析各个层面应用哪些技术能够促进群体参与功能的发挥。从群体参与的角度出发，从数据到应用服务，政府数据开放信息系统可以分为数据层、平台层、服务层三个层面，如图 6-1 所示。数据层是开放的基础，技术保障的核心在于如何进行数据组织和发布；平台层是中间层面，核心在于如何让用户便捷地调用和获取数据，进而转化为服务应用；服务层是直接面向用户的层面，核心在于如何与用户群体形成互动。总而言之，群体参与政府数据开放的技术核心问题是如何实现数据与服务的开放，构建群体参与机制，便于群体参与和群体智慧的汇聚。

①数据层面面对的是如何进行信息组织和发布，提高数据的语义性和互操作性，提升数据资源的开放性，为构建开放的数据系统提供基础，也为群体参与的开发利用打下基础。无论从理论研究还是实践操作视角出发，将政府开放数据资源发布成关联数据(linked data)是最佳的选择。

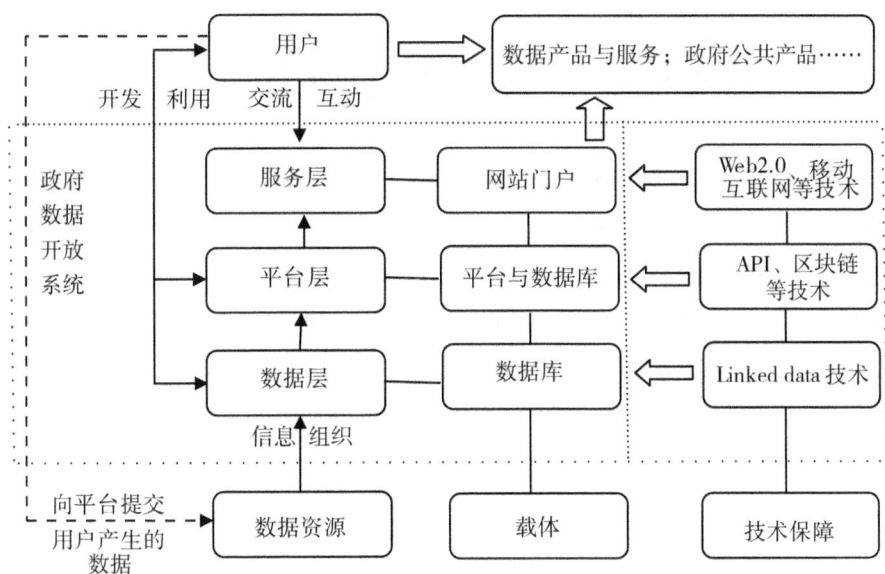

图 6-1 群体参与政府数据开放的技术保障

② 平台层面面向的是如何将政府开放数据资源更便捷、安全地提供给用户，实现开发利用，以机器可读的形式和途径提高开发利用的效率。开放平台技术能够促进开放政府数据的应用，提高群体参与的效率。实践证明，应用 API 技术是实现开放平台的重要途径。应用区块链技术也可以促进政府数据开放平台的开放性和安全性。

③ 服务层是直接面向用户的层面，这个层面的核心在于如何与用户群体形成互动。在政府数据开放门户的建设上充分地融入 Web2.0 和移动互联网等相关技术，能够为群体的参与提供各种途径。人工智能的相关技术可以增强政府数据开放门户的互动功能，分析群体参与的行为。

接下来，本研究将从三个层面论述群体参与政府数据开放的技术支撑问题。各种社会力量的广泛参与是发挥和汇聚群体智慧的前提，而为保证各种社会力量的参与需要有"开放"的状态和环境。政府数据开放是通过"开放"的状态和环境吸引各种社会力量的参与，参与主体对数据资源进行开发利用，实现数据的增值。那么，确保数据及其相关服务的开放性是充分发挥群体智慧在政府数据开放活动中作用的基础。如果从技术保障的角度来看，结合以上提出的三个层面：在数据层面，提升数据资源的开放性，就是尽可能以开放的、可机读的格式发布数据；在平台层面，为用户调用和利用数据提供 API 接口，通过区块链技术提升数据平台的开放性和安全性；在服务层面，提升网络门户的开放性，保障参与主体与管理层之间、参与者之间可以方便交流沟通。

6.2 群体参与政府数据开放数据层的技术保障

6.2.1 数据开放性的评价

在数据层面，实现数据资源的开放性最重要的是做到数据格式的开放。2010年，蒂姆·伯纳斯-李(Tim Berners-Lee)在数据开放程度(openness)评价方面，构建了一个"5 星模型框架"(5-star deployment scheme)，见表 6-2。该框架主要将数据的格式作为依据，用星级多少标注数据的开放程度，最高为五颗星。具体评价框架如图 6-2。

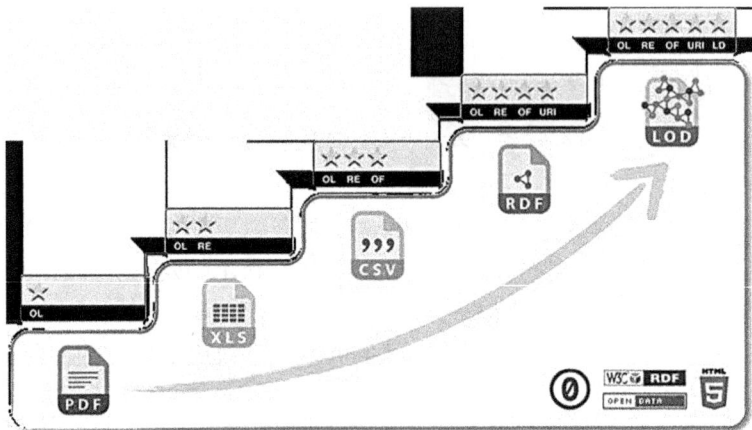

图 6-2 Tim Berners-Lee 的开放数据 5 星评价框架

(本图来源于 5 ★ Open Data：http：//5stardata. info/en/)

★：遵循"开放式许可协议"(Open License)，在网络上发布的数据，这些数据格式不受限制(如 PDF、DOC 等格式的文件);可标记为 OL。

★★:在网络上发布,不仅遵循"开放式许可协议",同时是机器可读(Readable)的结构化数据(如采用 XLS 格式的电子表格,而不是扫描的表格图片);标记为 OL 和 RE。

★★★:遵循"开放式许可协议"的机器可读数据,并且以非专属格式开放(Open Format)的数据(如 CSV 格式而不是 XLS 格式);可标记为 OL、RE 和 OF。

★★★★:满足以上 OL、RE 和 OF 的要求,并且还采用 W3C 的开放标准,可以用 URI 标识事物,使用户可链接到数据的网上地址(如 RDF、Sqarql 等格式的文件);可标记为 OL、RE、OF 和 URI。

★★★★★:以上所有形式上的要求,再加上可以将数据与其他数据进行关联,以提供数据的背景,即关联数据(linked data);可以标记为 OL、RE、OF、URI 和 LD。

在评价框架中,高级别的开放形式涵盖低级别的所有开放特征。显然,"关联数据"是开放程度最高的形式。关联数据的开放性为政府数据集的开放以及开发利用创造了基础条件。

在数据层面,技术保障方法体现在如何提高数据集的有用性和易用性,提升开放数据资源的利用价值。数据的有用性和易用性主要体现在开放特性上,即用户可以无障碍地接触和使用数据资源,便捷地将数据应用到相应环境中。在《中国地方政府数据开放平台报告 2017》①中,将"技术性开放"作为评估数据开放平台质量的重要指标,数据以可机读格式和开放格式呈现。为方便用户获取和利用数据,数据集应以可机读格式开放,该格式能被计算机自动读取与处理,如 XLS、CSV、JSON、XML 等格式。所谓"开放格式"主要指数据集以开放的、非专属的格式提供访问和下载,任何实体不得在格式上排除他人使用数据的权利,以确保不需要通过特定的(特别是需要付费的)应用程序才能访问和读取数据,例如,XLS 不是开放格式,而 CSV 是开放格式。

2014 年 5 月,欧洲委员会(European Commission)发布《欧盟机构高价值数据集报告》②,提出了"高价值数据集"(high-value dataset)的概念,并建议按照 Tim Berners-Lee 的开放数据 5 星评价框架标准,高价值的数据至少应该是三星,即遵循"开放式许可协议"并且以非专属格式开放的机器可读数据。2017 年 8 月,上海市

---

① 中国地方政府数据开放平台报告 2017[EB/R]. [2019-06-01]. http://www. dmg. fudan. edu. cn.

② Report on High-value Datasets from EU Institutions[EB/R]. [2019-06-02]. https://joinup. ec. europa. eu/community/semic/document/report-high-value-datasets-eu-institutions.

经信委发布了《上海市政务数据资源共享和开放 2017 年度工作计划》(沪经信推〔2017〕461 号),① 提出"各部门应重点以 API 接口方式开放实时的、动态的数据资源,比例不低于当年开放总数的 50%;以 CSV 格式开放相对静态的数据资源,应按照承诺的更新频率在数据更新日期到期后 2 个工作日内对相应的数据文件进行更新"。英国的 Data. gov. uk 按照 Tim Berners-Lee 的开放数据 5 星评价框架对数据资源进行了标识,如图 6-3 所示。截至 2018 年 1 月,达到五星的数据集有 184 个,三星的 16261 个,三星以下的 22290 个。

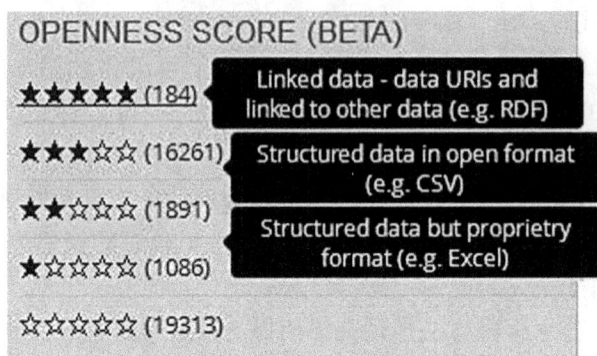

图 6-3　英国 Data. gov. uk 数据星级分布

(本图来源于 Data. gov. uk)

6.2.2　关联数据技术在政府数据开放中的应用

关联数据是 W3C 推荐的技术规范,采用 RDF 数据模型,利用 URI 命名数据实体,用于发布、联接各种数据、信息和知识,可将互联网发展成为互联互通、富含语义的知识体系,②③ 形成有助于人和计算机理解数据的语境信息。④⑤ 关联数据

---

① 上海市政务数据资源共享和开放 2017 年度工作计划[EB/OL]. [2019-06-02]. http://www. sheitc. gov. cn/xxfw/674889. htm.

② 沈志宏,张晓林. 关联数据及其应用现状综述[J]. 现代图书情报技术,2010(11):1-9.

③ 刘炜. 关联数据:概念、技术及应用展望[J]. 大学图书馆学报,2011(2):5-12.

④ What is Linked Data? [EB/OL]. [2018-01-20]. https://www. w3. org/standards/semanticweb/data.

⑤ Linked Data [EB/OL]. [2018-01-20]. https://www. w3. org/DesignIssues/LinkedData. html.

设想提出后，成为互联网研究和应用的热点。2007 年，W3C 启动了关联开放数据计划(Linking Open Data，LOD)。十多年来，涉及各个领域的实验性应用不断涌现，表示关联数据应用的云图不断壮大，涉及地理信息、政府数据、生命科学数据、社交网络数据、用户产生的信息以及媒体信息等。① 根据德国曼海姆大学发布的关联数据目录(Mannheim Linked Data Catalog)，LOD 的数据集已有 1920 个，其中 RDF 三元组数据已经达到上千亿。②

(1)关联数据在政府数据开放中的应用

关联数据在政府信息管理领域得到应用和发展，促进了政府信息的开放与透明。2009 年 6 月，Tim Berners-Lee 发布《将政府数据上网》,③ 邀请各国政府以关联数据标准发布数据。2010 年 5 月，400 余个数据集被 Data. gov 转换为关联数据，英国政府也提出采用关联数据的标准和方法发布政府数据。之后，澳大利亚④、加拿大⑤、意大利⑥、希腊⑦等国也纷纷跟进。政府数据资源加入关联数据网络，显著扩大了网络的体量和规模。⑧

政府开放数据涵盖了众多领域，关联数据技术促进了各领域数据资源之间的互联和关联发现。⑨ 美国伦斯勒理工学院(Rensselaer Polytechnic Institute，RPI)的 Tetherless World Constellation 研究所开发了 Data-gov Wiki，将 Data. gov 中的数据集转换为 RDF 格式，重新以关联数据的形式呈现。⑩ 截至 2018 年 1 月，TWC 应用

---

① The Linking Open Data Cloud Diagram[EB/OL]. [2018-01-20]. http：//lod-cloud. net.

② Mannheim Linked Data Catalog[EB/OL]. [2018-01-20]. http：//linkeddatacatalog. dws. informatik. uni-mannheim. de.

③ Putting Government Data Online [EB/OL]. [2018-01-20]. https：//www. w3. org/ DesignIssues/GovData. html.

④ Australian Government Linked Data Working Group [EB/OL]. [2018-01-20]. http：// linked. data. gov. au.

⑤ Desrochers P. Visualizing Open Government：Case Study of the Canadian Recordkeeping Approach[M]// Linking Government Data. New York：Springer New York，2011：155-180.

⑥ Corradi A，Foschini L，Ianniello R. Linked data for Open Government：The Case of Bologna [C]// 2014 IEEE Symposium on Computers and Communications (ISCC)，Funchal，2014：1-7.

⑦ Galiotou E，Fragkou P. Applying Linked Data Technologies to Greek Open Government Data：A Case Study [J]. Procedia-Social and Behavioral Sciences，2013(73)：479-486.

⑧ 潘有能，张悦. 关联数据研究与应用进展[J]. 情报科学，2011(1)：124-130.

⑨ 赵蕊菡. 政府类开放关联数据集调查研究[J]. 图书与情报，2016(4)：102-112.

⑩ Data. gov Catalog[EB/OL]. [2018-01-29]. https：//data-gov. tw. rpi. edu/wiki/Data. gov_ Catalog.

Drupal 构建了实验门户,① 创建了 1880 个 RDF 数据集,生成了近 99.47 亿个 RDF 三元组;并应用创建的关联数据开发了 47 个实验应用(Demos)。②

在政府管理领域,2013 年,美国国家环境保护局(U. S. Environmental Protection Agency, USEPA)以 Callimachus 为主机,将掌握的数据发布成关联数据,包括 USEPA 管理的 130 万个从干洗设备到核电厂设备产生的数据,以及过去 25 年有毒化学物质排放报告。这些数据与化学物质数据库、OpenStreetMaps、DBpedia 等网络数据库的内容关联起来。③

表 6-1 关联数据集的领域分布

序号	类型	数量
1	社交网络	526
2	政府政务	285
3	生物医药	245
4	数字出版	199
5	用户产生数据	195
6	生命科学	161
7	地理数据	89
8	跨领域	99
9	其他	121
总计		1920

从全球范围看,W3C 的 LOD 项目已成功将 250 亿余条传统网页上的数据(包括政府数据集)转换成关联数据。为较为宏观地把握全球政府领域关联数据的发展情况,本研究以在欧盟"行星数据"项目(EU project PlanetData)④资助下德国曼海姆大学(Universiät Mannheim)发布的关联数据目录(Mannheim Linked Data Catalog)⑤

① Linking Open Government Data[EB/OL]. [2018-01-22]. https：//logd. tw. rpi. edu.

② This Wiki Currently Hosts 47 Demos [EB/OL]. [2018-01-22]. https：//data-gov. tw. rpi. edu/wiki/Demos.

③ Getting Started with Callimachus[EB/OL]. [2018-01-22]. http：//callimachusproject. org/docs/1. 5/getting-started-with-callimachus. docbook? view.

④ EU Project PlanetData [EB/OL]. [2018-01-22]. http：//www. planet-data. eu.

⑤ Mannheim Linked Data Catalog [EB/OL]. [2018-01-22]. http：//linkeddatacatalog. dws. informatik. uni-mannheim. de.

为数据源。检索结果显示(时间为 2018 年 1 月 22 日),关联数据集有 1920 个,涉及领域有政府政务、生物医药、生命科学、地理信息、数字出版、社交网络等,分布情况见表 6-1。进一步查询以 "government" 为标签的数据集,总数为 285 个。按国别或地区,对 285 个数据集进行划分(见表 6-2),数据集数量最多的是英国,发布 166 个数据集,主要来源于 Data.gov.uk、内政部、统计局等机构。按数据集主题,主要涉及民政社区(93,32.6%)、政法监察(40,14.04%)、综合政务(27,9.47%)、经济管理(22,7.72%)、财政与商贸(18,6.32%)、城乡建设(13,4.56%)、文体卫生(13,4.56%)、科技教育(12,4.21%)、环保治理(8,2.81%)等方面。

关联数据在美国政府数据开放中也得到应用,典型项目是 Data.gov。美国联邦政府通过建立 Data.gov,将数十万项政府掌握和专用的数据推向互联网,向公众开放。① Data.gov 充分应用了关联数据的数据整合功能与数据挖掘功能,以 DC 元数据标准对数据资源进行组织,将数据转成 RDF 格式发布,并基于分面组配查询,支持 SPARQL 查寻方式。通过应用关联数据技术,Data.gov 能够解决分散在各个政府部门网站数据的不兼容问题,打通了各种数据资源之间的壁垒,使数据易于被获取、理解和重用,促进了分布、异构政府信息资源的共享,也有效提升了用户体验,是美国政府乃至全球基于关联数据技术实践的重要成果。②

表 6-2 关联数据集发布国别/地区分布

序号	国别/地区	数量
1	英国(包括苏格兰)	166
2	国际组织(含联合国和欧盟)	49
3	美国	20
4	西班牙	15
5	意大利	7
6	德国	6
7	日本	4
8	希腊	4
9	澳大利亚	3
10	其他(包括荷兰、爱尔兰、巴西等)	11
	总计	285

---

① 吴旻. 开放数据在英、美政府中的应用及启示[J]. 图书与情报, 2012 (1): 127-130.

② 李儒银, 邓小昭. 基于关联数据的政府信息资源管理研究[J]. 图书馆学研究, 2016 (9): 66-71.

(2)关联数据技术推进群体参与政府数据开放

在关联政府数据发布过程中,利用本体技术整合政府运行中产生的各类术语体系和数据模型,使得数据可以实现语义关联,便于数据的开启、链接和重用,可以提高数据的透明度,规范数据发布行为,促进政府数据利用效率的提升。① 通过对Datahub 的检索,发现已有的关联数据集主要分布在欧美等国家,他们对已经发布的开放数据进行了规范与重用,在数据集之间建立了关联关系,促进了政府开放数据的开发利用。

在英国开放知识基金会(Open Knowledge International)公布的 2016/2017 "全球开放数据指数"(The Global Open Data Index,GODI)②中,澳大利亚和我国台湾地区并列全球第一,政府数据开放度达到了 79%;紧随其后的是法国(73%)、英国(73%)、加拿大(69%)、丹麦(67%)、巴西(66%)、新西兰(65%)、北爱尔兰(64%)和美国(64%)等。在万维网基金会(World Wide Web Foundation)发布的 2015年"开放数据晴雨表"(Open Data Barometer)③中,英国、美国、法国、加拿大、丹麦、新西兰、荷兰等排在前列。在"世界正义工程"(World Justice Project)发布的2015 "全球开放政府指数"(WJP Open Government Index 2015)④中,瑞典、新西兰、挪威、丹麦、荷兰、芬兰、加拿大、英国、澳大利亚、韩国、美国、日本等排在前列。以上关于政府数据开放度的国别/地区排名与曼海姆关联数据目录中国别/地区的分布,存在较高的一致性和相关性,一定程度上说明重视关联数据发布的国家/地区,政府的开放程度也相对较高。

通过以上关于关联数据实践的阐述,高度的开放性是关联数据最核心的特征。关联数据的主要目标是促进数据的开发共享和重用,以此提升数据的利用价值。因此,采用关联数据技术发布政府数据,一方面,可以提高数据的透明度,提升数据的重用度,⑤ 最大程度地实现数据开放共享的意图;另一方面,政府数据的高度开

---

① Ding L, Peristeras V, Hausenblas M. Linked Open Government Data[J]. IEEE Intelligent Systems, 2012, 27(3): 11-15.

② Global Open Data Index by Open Knowledge [EB/OL]. [2017-12-28]. http://index. okfn. org.

③ Open Data Barometer[EB/OL]. [2017-12-28]. http://opendatabarometer. org/3rdEdition/report.

④ World Justice Project. Open Government Index 2015 Report [EB/R]. [2017-12-28]. https://worldjusticeproject. org/our-work/wjp-rule-law-index/wjp-open-government-index-2015.

⑤ Yuan Y, Wu C, Ai H. Application of Linked Open Government Data: State of the Art and Challenges[C]// International Conference of Information Science and Management Engineering, 2014: 283-299.

放性也提高了社会公众群体中不同类别与特征的个体参与到数据开放活动中的可能性。关联数据技术在政府数据开放实践中广泛与深入的应用，有助于数据的高效发布和传播，促进数据的关联发现，将对群体参与产生积极的影响。

（3）实例分析：英国国家测绘局关联数据应用实践

英国政府是关联数据最早的采纳者之一，关联数据应用成为整个开放数据战略的一部分。特别是 Data.gov.uk，虽然上线运行比美国的 Data.gov 晚了半年，但其一开始就应用了关联数据技术。英国公共部门透明委员会（Public Sector Transparency Board）认为，关联数据标准使得数据的再利用变得简单而高效。①2012 年 6 月，英国政府建立跨政府部门的"关联数据工作组"（UK Government Linked Data Working Group，UKGovLD），推动关联数据技术的应用，其主要任务是与数据拥有者、消费者以及 W3C 政府关联数据工作组（Government Linked Data Working Group）等一起推动政府各部门采用标准的 URI 方案，实现数据的关联，为创造更大价值提供基础条件。

在关联数据发布方面，英国国家测绘局（Ordnance Survey，OS）的实践值得分析和研究。2010 年，借助"Making Public Data Public"行动，② OS 将拥有的部分地理信息数据资源发布成为关联数据。2013 年，OS 以 SPARQL 等技术为基础，推出了关联数据服务（http：//data.ordnancesurvey.co.uk）。截至 2018 年 1 月，OS 已经发布了59731296 个三元组。

下面将以英国测绘局（Ordnance Survey）发布关联数据为案例，介绍政府开放数据发布成关联数据的相应工作程序与内容。

表 6-3 　　　　　　　　　　　　英国测绘局提供的相关本体

序号	名称	描述	网址
1	邮政编码本体（Postcode Ontology）	英国邮编地理的本题描述	http：//data.ordnancesurvey.co.uk/ontology/postcode/
2	行政地理和公民投票区本体（The Administrative Geography and Civil Voting Area Ontology）	英国行政区和投票区地理的本题描述	http：//data.ordnancesurvey.co.uk/ontology/admingeo/

① New UK Transparency Board and Public Data Principles[EB/OL].［2017-12-28］. https：//blog.okfn.org/2010/06/28/new-uk-transparency-board-and-public-data-principles.

② Making Public Data Public[EB/OL].［2017-12-28］. http：//www.tso.co.uk/documents/makingpublicdatapublic.pdf.

序号	名称	描述	网址
3	几何本体 （Geometry Ontology）	抽象几何的描述本体	http：//data.ordnancesurvey.co.uk/ontology/geometry/
4	空间关系本体 （Spatial Relations Ontology）	基本空间关系本体描述	http：//data.ordnancesurvey.co.uk/ontology/spatialrelations/
5	地名本体 （50k Gazetteer）	1：50000 比例地名本体描述	http：//data.ordnancesurvey.co.uk/ontology/50kGazetteer/

①数据本体模型。

英国测绘局开发和提供了 5 个与地理信息相关的本体（ontology），具体见表 6-3。在本体的类属的构建方面，"邮政编码本体"定义了 5 个类和 10 个属性，"行政地理和公民投票区本体"定义了 24 个类和 14 个属性，"几何本体"定义了 3 个类和 3 个属性，"空间关系本体"定义了 8 个属性，"地名本体"定义了 13 个类和 2 个属性。图 6-4 为"行政地理和公民投票区本体"的类和属性。

②本体描述文件。

以下为 5 个本体的描述文件：

a. 邮政编码本体：

https：//www.ordnancesurvey.co.uk/docs/ontologies/postcode.owl

b. 行政地理和公民投票区本体：

https：//www.ordnancesurvey.co.uk/docs/ontologies/admingeo.owl

c. 几何本体：

https：//www.ordnancesurvey.co.uk/docs/ontologies/geometry.owl

d. 空间关系本体：

https：//www.ordnancesurvey.co.uk/docs/ontologies/spatialrelations.owl

e. 地名本体：

https：//www.ordnancesurvey.co.uk/docs/ontologies/gazetteer.owl

以下为"行政地理和公民投票区本体"描述文件的部分内容：

```
<owl:ObjectProperty rdf:about="http://data.ordnancesurvey.
co.uk/ontology/admingeo/inDistrict">
    <rdf:type rdf:resource="&owl;FunctionalProperty"/>
    <rdfs:label>in district</rdfs:label>
    <rdfs:comment>
```

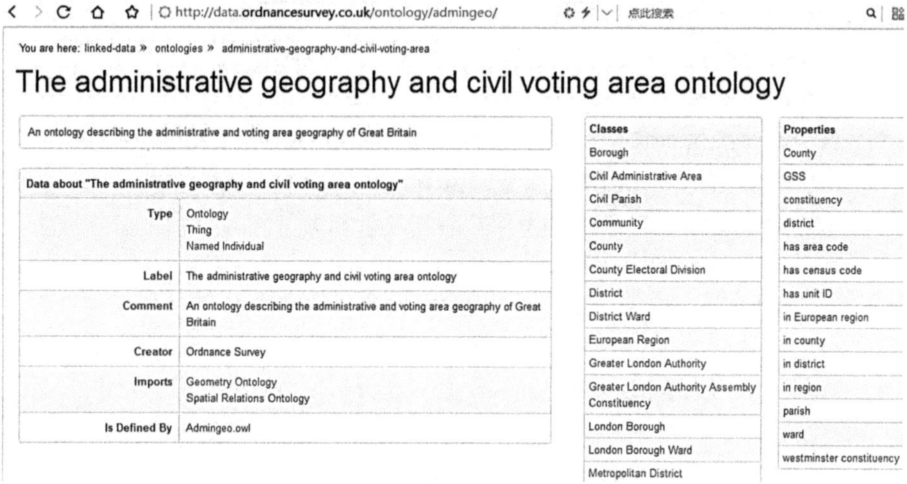

图 6-4 "行政地理和公民投票区本体"的类和属性

（本图来源于 http：//data. ordnancesurvey. co. uk）

this relates parishes, wards and unitary electoral divi-
sions to their containing districts
    </rdfs：comment>
    < rdfs：subPropertyOf rdf：resource = " &spatialrelations；
within" />
    <rdfs：isDefinedBy rdf：resource = "http：//www .ordnancesur-
vey .co .uk /ontology /admingeo .owl" />
    <rdfs：range>
    <owl：Class>
    <owl：unionOf rdf：parseType = "Collection">
      <rdf：Description rdf：about = "http：//data .ordnancesur-
vey .co .uk / ontology /admingeo /District" />
      <rdf：Description rdf：about = "http：//data .ordnancesur-
vey .co .uk / ontology /admingeo / LondonBorough" />
      <rdf：Description rdf：about = "http：//data .ordnancesur-
vey .co .uk / ontology /admingeo / MetropolitanDistrict" />
      <rdf：Description rdf：about = "http：//data .ordnancesur-
vey .co .uk / ontology /admingeo / UnitaryAuthority" />
    </owl：unionOf>

```
      </owl:Class>
    </rdfs:range>
    <rdfs:domain>
      <owl:Class>
        <owl:unionOf rdf:parseType="Collection">
          <rdf:Description rdf:about="http://data.ordnancesur-
vey.co.uk/ontology/admingeo/CivilParish"/>
          <rdf:Description rdf:about="http://data.ordnancesur-
vey.co.uk/ontology/admingeo/Community"/>
          <rdf:Description rdf:about="http://data.ordnancesur-
vey.co.uk/ontology/ admingeo/UnitaryAuthorityElectoralDivi-
sion"/>
          <rdf:Description rdf:about="http://data.ordnancesur-
vey.co.uk/ontology/admingeo/Ward"/>
        </owl:unionOf>
      </owl:Class>
    </rdfs:domain>
  </owl:ObjectProperty>
```

③ URI 模式。

关联数据发布的 4 条原则中，第一条就是“使用 URI 作为任何事物的标识名称”。① 在 http://data.ordnancesurvey.co.uk 的关联数据集中，为行政区域、邮政区、地名等实体都分配了特定的 URI，以便在 Web 中标识这些资源。

以英国城市曼彻斯特(Manchester)为例，在 OS 的关联数据集中进行检索。

```
{
  "head": {
    "link": "http://data.ordnancesurvey.co.uk/datasets/os-
linked-data/apis/search? query=Manchester",
    "searchTerms": "Manchester",
    "startIndex": 0,
    "totalResults": 235,
    "license": "http://www.ordnancesurvey.co.uk/oswebsite/
opendata/licence/docs/licence.pdf",
```

---

① Linked Data [EB/OL]. [2018-01-21]. https://www.w3.org/DesignIssues/LinkedData.html.

```
        "itemsPerPage": 10
    },
    "results": [
        {
            "title": "Manchester",
            " link ": " http://data. ordnancesurvey. co. uk/id/
7000000000018821",
            "gssCode": "E08000003",
            "hasAreaCode": "MTD",
            "hasUnitID": "18821",
            "easting": 384655.5,
            "northing": 394994.62,
            "point": "53.4515379221,-2.23247342058",
            "latitude": "53.4515379221",
            "longitude": "-2.23247342058",
            "type": "http://data.ordnancesurvey.co.uk/ontology/ad-
mingeo/District",
            "label": "Manchester",
            "prefLabel": "Manchester",
            "score": 6.8494606
        },
        {
            "title": "Manchester",
            " link ": " http://data. ordnancesurvey. co. uk/id/
4000000074567025",
            "easting": 383819,
            "northing": 398052,
            "type": " http://data.ordnancesurvey.co.uk/ontology/
OpenNames/namedPlace",
            "label": "Manchester",
            "prefLabel": "Manchester",
            "score": 6.8494606
        },
        {
            "title": "Manchester",
```

```
        "link": "http://data.ordnancesurvey.co.uk/id/50kGazet
teer/154661",
        "easting": 383500,
        "northing": 398500,
        "type": "http://data.ordnancesurvey.co.uk/ontology/
50kGazetteer/NamedPlace",
        "label": "Manchester",
        "score": 6.8494606
    }
    ……
```

在以上响应返回的代码中，以下 3 个 URI 就是 Manchester 在 3 个类中的标识：

http://data.ordnancesurvey.co.uk/id/7000000000018821

http://data.ordnancesurvey.co.uk/id/4000000074567025

http://data.ordnancesurvey.co.uk/id/50kGazetteer/154661

④描述文档。

在 URI 的基础上，可以构建描述对象的各种格式的文档，在 OS 的关联数据集中，提供了 RDF/XML、JSON、Turtle 以及 HTML 等格式的文档。

如 Manchester 在 http://data.ordnancesurvey.co.uk/ontology/admingeo/District 类的 URI：

http://data.ordnancesurvey.co.uk/id/7000000000018821

其 4 个描述文档的 URI 分别为：

http://data.ordnancesurvey.co.uk/id/7000000000018821.rdf

http://data.ordnancesurvey.co.uk/id/7000000000018821.json

http://data.ordnancesurvey.co.uk/id/7000000000018821.ttl

http://data.ordnancesurvey.co.uk/id/7000000000018821.html

通过南安普顿大学开发的 RDF 浏览器 http://graphite.ecs.soton.ac.uk 进行解析，http://data.ordnancesurvey.co.uk/id/7000000000018821.rdf 包含了 13467 个三元组，如图 6-5 所示。

⑤ 数据的访问与获取。

英国国家测绘局关联数据平台(Ordnance Survey Linked Data Platform)为用户访问、获取和调用数据提供了 4 种途径。

URI 访问：每一个描述对象的 URI 都可以成为访问数据的统一接口。

数据下载：可以将数据集的文件打包下载到本地。

API 查找：可以通过手工查找，也能够通过应用程序进行查找和调用。

SPARQL 端点查询：可以通过手工查找，也能够通过应用程序进行查找。

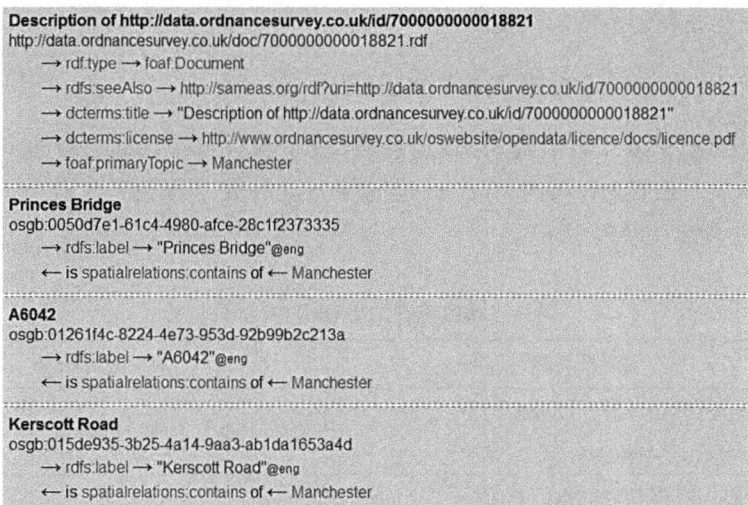

图 6-5 描述 Manchester 的三元组(部分内容)
(本图来源于 http：//data. ordnancesurvey. co. uk)

6.3 群体参与政府数据开放平台层的技术保障

除了数据直接下载以外，有些数据开放平台还提供了应用程序编程接口(Application Programming Interface，API)。与通过直接下载方式获取数据集相比，API接口方式使用户可通过参数实时高效地获取所需数据，尤其适用于开发应用程序的需求。

区块链技术(Blockchain Technology)也可以被应用于政府数据开放平台的建设，提升数据的安全性，并推进群体的参与。

6.3.1 API 技术在政府数据开放中的应用

API 技术在政府数据开放中得到了广泛的应用，成为构建数据开放平台(Open Platform)的核心技术之一。《第13届(2017)国际数字政府评估排名研究报告》①的评估体系包括了"开放政府"指标，发现该指标排名领先国家/地区的政府"为公民提供了一个应用程序接口(API)，可以帮助开发人员和研究人员创建具有创新性的

---

① 2017 国际数字政府评估排名研究报告［EB/R］.［2018-01-21］. http：//www. echinagov. com/report/172527. htm.

233

以公民为中心的应用程序"，还认为"在发展中国家，开放的政府数据是提高透明度和帮助企业提高创造性的关键"。

（1）API 技术在政府数据开放中的应用调查

表 6-4 对国外 16 个各级政府开放数据开放平台进行了调研，发现它们全部提供了 API 接口。表 6-5 对国内 26 个已建的地方政府数据开放平台进行了调研，发现已有 15 个开放了 API 接口。

表 6-4　　　　　　　　国外已建政府开放数据门户（部分）

序号	政府开放数据门户	API 接口服务
1	美国联邦政府开放数据门户 http：//data. gov/	提供 16397 个 API 数据接口
2	英国政府开放数据门户 http：//data. gov. uk/	提供 41972 个 API 数据接口
3	澳大利亚政府开放数据门户 http：//data. gov. au/	提供 API 数据接口
4	加拿大政府开放数据门户 http：//open. canada. ca/	提供 API 数据接口
5	欧盟开放数据门户 http：//data. europa. eu/	提供 API 数据接口
6	印度政府开放数据门户 https：//data. gov. in/	提供 1261 个 API 数据接口
7	日本政府开放数据门户 http：//www. data. go. jp/	提供 API 数据接口
8	肯尼亚政府开放数据门户 https：//opendata. go. ke/	提供 API 数据接口
9	新西兰政府开放数据门户 https：//www. data. govt. nz/	提供 API 数据接口
10	韩国政府开放数据门户 https：//www. data. go. kr/	提供 2384 个 API 数据接口
11	新加坡政府开放数据门户 https：//data. gov. sg/	提供 API 数据接口
12	美国马里兰州政府开放数据门户 https：//data. maryland. gov/	提供 API 数据接口

续表

序号	政府开放数据门户	API 接口服务
13	美国密西根州政府开放数据门户 https：//data. michigan. gov/	提供 API 数据接口
14	美国纽约市政府开放数据门户 http：//www. nyc. gov/data/	提供 API 数据接口
15	澳大利亚首都特区开放数据门户 https：//www. data. act. gov. au/	提供 API 数据接口
16	荷兰政府开放数据平台 https：//data. overheid. nl/	提供 API 数据接口

表 6-5   **国内已建政府开放数据门户**

序号	政府开放数据门户	API 接口服务
1	上海市政府数据服务网 http：//www. datashanghai. gov. cn/	提供 254 个 API 接口。按照《接口服务开发规范及接口使用说明文档示例》开发完成。提供的基本信息包括：接口名称、调用的方法和参数、参数说明、返回值、返回值说明等。接口方法的参数必须包含动态码，接口提供方须在数据库中设有动态码字段，根据调用者提供的动态码判断调用者是否有权限调用接口
2	北京市政务数据资源网 http：//www. bjdata. gov. cn/	提供 717 个 API 接口。提供的信息包括接口地址、接口参数、返回值说明。需要通过实名注册获取 API 唯一标识码（key）。接口请求方式为基于 http 的 GET 方式；接口由固定 URL 加 2 个参数组成；返回标准为 JSON 格式数据
3	浙江政务服务网公共数据开放目录 http：//data. zjzwfw. gov. cn/	135 个 API 数据接口
4	武汉市政府公开数据服务网 http：//www. wuhandata. gov. cn/	提供了 GeoGlobe API 地理空间信息服务二次开发接口。开放的数据资源未提供 API 接口
5	青岛市政府数据开放网 http：//data. qingdao. gov. cn/	提供的接口说明包括：调用地址与方式、请求/返回参数说明等。需注册登录后才能申请调用 API，分配 APPKEY，可在该平台上建立应用

续表

序号	政府开放数据门户	API 接口服务
6	广东省湛江市数据服务网 http：//data. zhanjiang. gov. cn/	无
7	无锡市政府数据服务网 http：//opendata. wuxi. gov. cn/	无
8	上海市闵行区政府数据资源服务 http：//data. shmh. gov. cn/	提供 10 个 API 接口，需实名注册登录后提供接口地址。支持格式为 JSON 或 XML，请求方式为 POST 或 GET
9	宁波市海曙区数据开放平台 http：//data. haishu. gov. cn/	设置"开发 API"栏目，但需要注册为企业用户才能使用
10	佛山市南海区"数说南海" http：//data. nanhai. gov. cn/	无
11	深圳罗湖区数据公开开放平台 http：//www. szlh. gov. cn/opendata/	通过电子邮件申请，通过审核后获得编程接口
12	深圳市福田区数据开放平台 http：//www. szft. gov. cn/data/	数据采用 JSON 数据规范，适合各种开发语言进行调用；通过电子邮件申请，通过审核后获得数据的调用地址
13	深圳市坪山新区政务数据开放平台 http：//www. psxq. gov. cn/opendata/	无
14	厦门市海沧区数据资源开放平台 http：//www. haicang. gov. cn/yy/sjkfpt/	按要求电子邮件提交申请表格(公民需要附上个人身份证复印件扫描件，法人/其他组织需要附上组织机构代码证复印件扫描件)，通过审核后可免费使用编程接口和数据资源
15	贵州省政府数据开放平台 http：//www. gzdata. gov. cn/	提供 138 个 API 接口资源。提供的接口信息包括：地址、支持格式、请求方式、请求/返回参数说明等
16	深圳市政府数据开放平台 http：//opendata. sz. gov. cn/	提供 715 个 API 接口资源。提供的接口说明包括：地址、支持格式、请求方式等。需注册登录后才能申请调用 API，分配 APPKEY，可在该平台上建立应用

序号	政府开放数据门户	API 接口服务
17	广州市政府数据统一开放平台 http：//www. datagz. gov. cn/	提供 340 个 API 服务接口。接口描述：功能说明、调用方式、请求地址、请求/返回参数等。需注册登录后才能使用服务，创建应用
18	哈尔滨市政府数据开放平台 http：//data. harbin. gov. cn/	提供 8 个 API 服务接口。接口描述：功能说明、调用方式、请求地址、请求/返回参数等。需注册登录后才能使用接口服务，创建应用
19	重庆市政府大数据平台 http：//cqckan. chinacloudapp. cn/	无
20	贵阳市政府数据开放平台 http：//www. gyopendata. gov. cn/	提供 116 个 API 服务接口。接口描述：地址、支持格式、请求/返回参数等
21	扬州政务数据服务网 http：//data. yangzhou. gov. cn/	无
22	长沙数据开放平台 http：//data. changsha. gov. cn/	无
23	数据东莞 http：//dataopen. dg. gov. cn/	无
24	济南市政府数据开放平台 http：//www. jndata. gov. cn/	无
25	梅州市政府开放数据 https：//www. meizhou. gov. cn/opendata/	无
26	肇庆市人民政府"用数据" http：//www. zhaoqing. gov. cn/sjkf/	无

相对而言，目前我国政府数据开放平台开放 API 接口普及程度要低于国外的数据开放平台。可能的原因是国外政府数据开放平台一般采用 CKAN 等专业的数据资源管理与发布系统，本身带有 API 模块，标准化和模块化的程度较高；而我国一些地方政府数据开放平台是自建的数据管理和发布系统，标准化、规范化程度相对较低。

(2)实例分析：英国国家测绘局关联数据平台 API 接口应用实践

本节仍以英国国家测绘局关联数据平台为例，在前一节数据层面发布关联数据的基础上，分析该平台通过 API 技术构建数据开放平台，为用户提供数据资源的查询和调用服务。OS 关联数据平台支持 API 标准，可以提供多种途径的查询以及将数据集成到用户应用程序中去。OS 关联数据平台一共提供了 4 种类型的 API 接口，具体见表6-6。

表6-6　　　　　　　　　　　**英国国家测绘局关联数据平台 API 接口**

序号	API 类型(API Type)	用途
1	Lookup	从数据集中提取单个资源的简明 RDF 描述
2	Reconciliation	将地名、标签以及代码解析成英国国家测绘局的标识符；并与数据管理工具 OpenRefine 相结合
3	Search	在关联数据上执行关键词和空间信息搜索；为快速发现相关数据，支持一系列筛选选项
4	SPARQL	利用 SPARQL 1.1 查询语言发现和提取数据；在关联数据图表上支持更为复杂的查询

①Lookup API。

在该 API 接口中，描述资源的 URI 被用作 API 请求的参数，所有与该资源相关的 RDF 语句将被从底层的三元组(triple)库中提取出来，并形成相应的响应。这就意味着 Lookup API 提供了一种简单、高效的途径用以提取资源的 RDF 描述，而不需要通过 SPARQL 查询。

Lookup API 的参数：调用必需的参数是"about"，其值是 URL 编码的指定资源的 URI；可选的 API 参数"output"，可以在不使用 HTTP 内容协商的情况下请求特定的响应格式。

HTTP 请求方式：Lookup API 只支持 GET 请求。

响应格式：Lookup API 返回 RDF 图包含有关指定资源的语句。

举例：查询调用1：50000 地名为"曼彻斯特"(Manchester)的数据资源。

核心参数为"曼彻斯特"(Manchester)在 OS 关联数据平台中的 URI：http：//data. ordnancesurvey. co. uk/id/50kGazetteer/154661。

可选的响应格式有：JSON、RDF/XML、Turtle(本例选择 RDF)。

请求命令为：

```
GET http://data.ordnancesurvey.co.uk/datasets/os-linked-da-
```

ta/apis/lookup? about = http% 3A% 2F% 2Fdata.ordnancesurvey.co.
uk% 2Fid% 2F50kGazetteer% 2F154661&output =rdf

响应返回内容:

```
<rdf:RDF
    xmlns:rdf="http://www.w3.org/1999/02/22-rdf-syntax-ns#"
    xmlns:j.0="http://xmlns.com/foaf/0.1/"
    xmlns:j.1="http://data.ordnancesurvey.co.uk/ontology/
spatialrelations/"
    xmlns:j.2="http://data.ordnancesurvey.co.uk/ontology/
50kGazetteer/"
    xmlns:rdfs="http://www.w3.org/2000/01/rdf-schema#">
    <j.2:NamedPlace rdf:about="http://data.ordnancesurvey.co.
uk/id/50kGazetteer/154661">
        <j.0:name>Manchester</j.0:name>
        <j.1:oneKMGridReference rdf:resource="http://data.ord-
nancesurvey.co.uk/id/1kmgridsquare/SJ8398"/>
        <j.1:twentyKMGridReference rdf:resource="http://data.
ordnancesurvey.co.uk/id/20kmgridsquare/SJ88"/>
        <j.2:featureType rdf:resource="http://data.ordnancesur-
vey.co.uk/ontology/50kGazetteer/City"/>
        <j.2:mapReference rdf:resource="http://data.ordnancesur-
vey.co.uk/id/OSLandrangerMap/109"/>
        <j.1:northing>398500</j.1:northing>
        <j.1:easting>383500</j.1:easting>
        <rdfs:label>Manchester</rdfs:label>
    </j.2:NamedPlace>
</rdf:RDF>
```

②Reconciliation API。

Reconciliation API 是简单的 Web 服务,其支持数据集与英国国家测绘局关联数据的链接。该 API 支持简单的文本搜索,例如,资源的标签、代码或其他标识符,然后返回潜在匹配的排序列表。然后,客户端工具可以使用这些响应结果建立与关联数据的链接,或者使用返回的标识符提取更多的数据丰富原始数据集。Reconciliation API 最初被 Google 作为指定的数据优化工具的一部分。这就意味着所有英国国家测绘局关联数据集都可以通过 Open Refine(http://openrefine.org/)直接使用。

HTTP 请求方式:Reconciliation API 支持 GET 和 POST 请求。

响应格式：Reconciliation API 仅仅支持 JSON 格式的输出。

举例：查询调用名称为"白金汉宫"（Buckingham Palace）的数据资源。

请求命令为：

```
GET http://data.ordnancesurvey.co.uk/datasets/os-linked-da-
ta/apis/reconciliation? query=Buckingham+Palace

Accept:application/json;q=0.9,*/*;q=0.8
```

响应返回内容：

```
{
    "result":[
        {
            "id": "http://data.ordnancesurvey.co.uk/id/
50kGazetteer/36526",
            "name":"Buckingham Palace",
            "score":1,
            "match":true,
            "type":[
                "http://data.ordnancesurvey.co.uk/ontology/
50kGazetteer/NamedPlace"
            ]
        },
        {
            "id": "http://data.ordnancesurvey.co.uk/id/
4000000030488633",
            "name":"Buckingham Palace Road",
            "score":0.79999996306335,
            "match":false,
            "type":[
                "http://data.ordnancesurvey.co.uk/ontology/Open-
Names/namedPlace"
            ]
        }
    ]
}
```

③ Search API。

Search API 提供了基于数据集的关键词搜索支持。该 API 支持灵活的搜索语法，允许用户不必知道数据模型细节的情况下查询数据集。

Search API 支持的功能有：关键字搜索关联数据中的所有文字，例如名称、标签、代码等；搜索基于 RDF 类型的资源；Search API 被用来支持许多简单的数据查询用例，这些用例可以通过简单的关键字搜索或过滤来实现，例如根据他们的名字或地理区域找地方；基于地理区域的搜索过滤；包括相关性排序和分页的标准搜索选项；实施了开放式搜索规范(Open Search Specification)。

Search API 不支持基于资源之间关系的查询，例如包含或涉及关系。该类型查询也得到 SPARQL API 的支持，SPARQL API 被设计为基于图的查询。

HTTP 请求方式：Search API 只支持 GET 请求。

响应格式：Search API 支持 RSS、Atom 和 JSON 等格式。

举例：查询调用牛津大学邮政编码"OX1 3QR"的数据资源。

请求命令为：

```
GET http://data.ordnancesurvey.co.uk/datasets/os-linked-data/apis/search? query=OX1+3QR

Accept: application/json;q=0.9, */*;q=0.8
```

响应返回内容：

```
{
  "head": {
    "link": "http://data.ordnancesurvey.co.uk/datasets/os-linked-data/apis/search? query=OX1+3QR",
    "searchTerms": "OX1 3QR",
    "startIndex": 0,
    "totalResults": 1,
    "license": "http://www.ordnancesurvey.co.uk/oswebsite/opendata/licence/docs/licence.pdf",
    "itemsPerPage": 10
  },
  "results": [
    {
      "title": "OX1 3QR",
      "link": "http://data.ordnancesurvey.co.uk/id/postcode-unit/OX13QR",
      "LH": "E18000009",
```

```
        "PQ": 10,
        "RH": "E19000002",
        "easting": 451527,
        "northing": 206884,
         "type": "http://data.ordnancesurvey.co.uk/ontology/
postcode/PostcodeUnit",
        "label": "OX1 3QR",
        "notation": "OX1 3QR",
        "score": 4.908718
      }
    ]
}
```

④SPARQL API。

SPARQL 是与 RDF 数据库交互的灵活的标准化查询语言。英国国家测绘局发布成为关联数据的数据集都可以通过 SPARQL 端点访问，支持 SPARQL1.1 查询语言和 SPARQL 1.1HTTP 协议。

HTTP 请求方式：SPARQL API 支持 GET 和 POST 请求。

响应格式：SPARQL 端点支持众多不同的响应格式，包括 CSV、JSON、Turtle、RDF/XML、TSV、XML 等，支持用户以不同方式消费和使用数据资源。响应结果的格式还依赖于提交到端点的 SPARQL 查询类型，如果使用 SELECT 和 ASK 查询，返回一个表格结果集；如果使用 CONSTRUCT 和 DESCRIBE 查询，返回一个 RDF 图。

举例：通过邮政编码区域代码(Postcode area)"CB"(代表 Cambridge)，查询调用相关区域的 URI。

请求命令为：

```
PREFIX spatial: <http://data.ordnancesurvey.co.uk/ontology/
spatialrelations/>
PREFIX postcode: <http://data.ordnancesurvey.co.uk/ontology/
postcode/>
PREFIX skos: <http://www.w3.org/2004/02/skos/core#>
SELECT DISTINCT ? district ? name
WHERE {
? postcode spatial:within <http://data.ordnancesurvey.co.uk/
id/postcodearea/CB> .
? postcode postcode:district ? district .
```

```
? district skos:prefLabel ? name.
}
```

响应返回内容：

```
<? xml version = "1.0"? >
<sparql xmlns = "http://www.w3.org/2005/sparql-results#">
  <head>
    <variable name = "district" />
    <variable name = "name" />
  </head>
  <results>
    <result>
      <binding name = "district">
            < uri > http://data.ordnancesurvey.co.uk/id/
7000000000001255</uri>
      </binding>
      <binding name = "name">
        <literal>Cambridge</literal>
      </binding>
    </result>
    <result>
      <binding name = "district">
            < uri > http://data.ordnancesurvey.co.uk/id/
7000000000001303</uri>
      </binding>
      <binding name = "name">
        <literal>South Cambridgeshire</literal>
      </binding>
    </result>
    <result>
      <binding name = "district">
            < uri > http://data.ordnancesurvey.co.uk/id/
7000000000020033</uri>
      </binding>
      <binding name = "name">
        <literal>Uttlesford</literal>
```

```xml
        </binding>
      </result>
      <result>
        <binding name="district">
            <uri>http://data.ordnancesurvey.co.uk/id/
7000000000001348</uri>
        </binding>
        <binding name="name">
          <literal>East Cambridgeshire</literal>
        </binding>
      </result>
      <result>
        <binding name="district">
            <uri>http://data.ordnancesurvey.co.uk/id/
7000000000007016</uri>
        </binding>
        <binding name="name">
          <literal>King's Lynn and West Norfolk</literal>
        </binding>
      </result>
      <result>
        <binding name="district">
            <uri>http://data.ordnancesurvey.co.uk/id/
7000000000001357</uri>
        </binding>
        <binding name="name">
          <literal>Fenland</literal>
        </binding>
      </result>
      <result>
        <binding name="district">
            <uri>http:// data.ordnancesurvey.co.uk/id/
7000000000015867</uri>
        </binding>
        <binding name="name">
```

```
            <literal>Forest Heath</literal>
          </binding>
        </result>
        <result>
          <binding name="district">
              < uri > http://data. ordnancesurvey. co. uk/id/
7000000000015647</uri>
          </binding>
          <binding name="name">
            <literal>St.Edmundsbury</literal>
          </binding>
        </result>
        <result>
          <binding name="district">
              < uri > http://data. ordnancesurvey. co. uk/id/
7000000000019795</uri>
          </binding>
          <binding name="name">
            <literal>Braintree</literal>
          </binding>
        </result>
      </results>
    </sparql>
```

6.3.2 区块链技术在政府数据开放中的应用

在政府数据开放工作中，通常存在三个方面的难题：其一是数据安全，担忧开放的数据中隐藏了国家机密信息，导致不敢开放；其二是数据管控，认为数据是部门自身的重要资源和资产，数据开放意味着核心业务将丢失，从而不愿开放；其三是隐私保护，很多政府数据涉及公众隐私，由于缺乏好的技术手段，造成不知如何开放。① 这些问题限制了政府数据的开放以及开发利用，进而也阻碍了群体的参与。区块链技术在构建电子政务平台中的应用，为解决以上三方面的难题提供了方法和途径。

---

① 范灵俊，洪学海. 政府大数据治理与区块链技术应用探析[J]. 中国信息安全，2017（12）：89-91.

区块链是一种去中心化的分布式账本技术，具有去中心化、透明性、开放性、自治性、信息不可篡改、匿名性等特点，其参与方基于共识机制集体维护一套系统账簿，形成了一种几乎不可能被更改的分布式共享总账。① 把区块链技术应用于政府开放数据的治理，可以将数据所有权、数据传播过程、交易链条等相关信息完整全面地记录在分布数据块中，在所有参与方之间达成共识，并共同进行维护。区块链技术有利于激活政府数据，释放数据红利，帮助政府盘活所掌控的数据，推动政府加速进入数字时代。并且，区块链技术去中心化、开放性等特征也为群体参与政府数据开放提供了更好的条件。国际数据公司（International Data Corporation，IDC）发布研究报告，提出区块链对政府数据权威性和精确性的提高具有重要意义，有助于政府减少欺诈、提高数据安全性；同时，还可以帮助搭建政府和公众之间新的关系，在二者之间公开透明地收集和共享数据。②

在国内外，区块链技术开始与政府治理及公共服务相结合，③ 一些政府部门已经在电子政务平台中应用该技术，其中也包括对政府开放数据的管控。国务院发布的《"十三五"国家信息化规划》将区块链技术列入国家信息化规划中，④ 赋予了区块链技术作为建设"数字中国"、提升政府治理能力、推动经济转型升级的战略地位。广东省佛山市禅城区建立了全国首家基于区块链的电子政务服务平台，让"沉睡"的数据成为互联网共享经济的"金矿"。⑤ 新西兰政府也尝试应用区块链管控政府数据，参与了一项由软件公司 Nyriad 开发、建立于 Revera 运营的云平台上的区块链数据管理系统的试点。⑥

政府数据开放活动需要多方利益相关者的参与，涉及数据的产生者、收集者、发布者、管理者、利用者等。政府数据的开放及其开发利用形成了一个多元主体参与、利益诉求差异化、权限不一、环节众多的应用场景。根据区块链技术特征，可以将其应用到政府数据开放的治理中，如图 6-6 所示。

---

① 袁勇，王飞跃. 区块链技术发展现状与展望[J]. 自动化学报，2016，42(4)：481-494.

② Business Strategy：The Blockchain Audit Trail — Helping Establish Government "Data Authority" and Information Accuracy [EB/R]. [2018-01-31]. https：//www. idc. com/getdoc. jsp? containerId=US41270416.

③ 张毅，肖聪利，宁晓静. 区块链技术对政府治理创新的影响[J]. 电子政务，2016(12)：11-17.

④ 国务院关于印发"十三五"国家信息化规划的通知[EB/OL]. [2018-01-31]. http：//www. gov. cn/zhengce/content/2016-12/27/content_5153411. htm.

⑤ 佛山禅城发布智信城市与区块链创新应用[EB/OL]. [2018-01-31]. http：//gd. people. com. cn/n2/2017/0623/c123932-30370715. html.

⑥ Revera Partners Nyriad to Deliver Blockchain Pilot Programme [EB/OL]. [2018-01-31]. http：//www. revera. co. nz/news/revera-partners-nyriad-to-deliver-blockchain-pilot-programme.

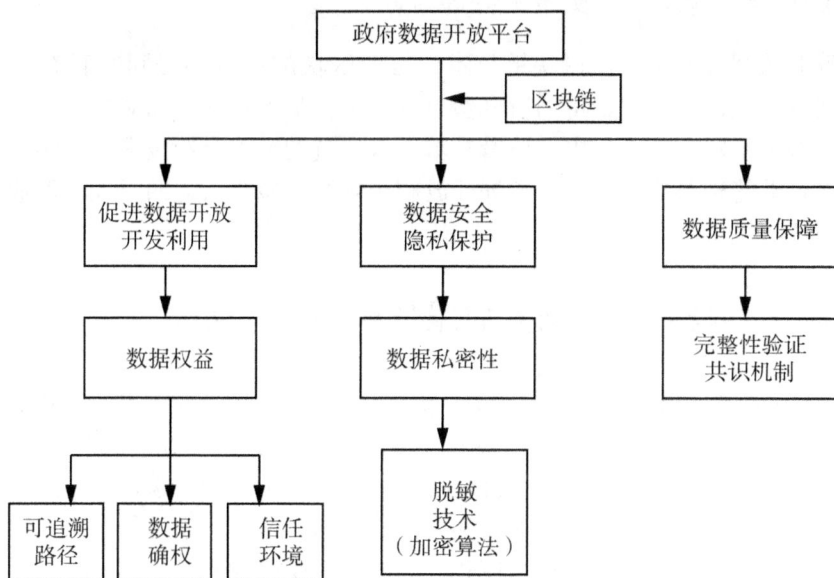

图 6-6　区块链应用于政府数据开放平台①

（1）明晰政府数据开放中的权益关系

可追溯性和不可篡改性是区块链所具有的重要特征，数据块一旦形成就表明得到所有参与者的认同，带上了时间戳，无法进行篡改。因此，将区块链的这些功能应用到政府数据开放的治理当中，可以帮助进行数据确权，如数据的原始来源、管理权、访问权、使用权等，准确记录数据的产生、收集、更新、开发利用等的整个过程。因而，各类利益相关者在参与政府数据开放过程中，其权益关系可以得到明晰，更好地促进数据开发利用。

（2）保障政府数据开放的安全性和权威性

在政府数据开放中应用区块链技术，每个数据包的哈希值（Hash Function）是唯一的，可以作为验证数据真实性的依据。哈希加密算法对数据涉密内容进行加密，并在流通发布的环节对其进行一定程度的脱敏处理。并且，在涉及数据各方之间采用非对称加密技术，对数据的操作权限进行精细化划分，保障数据的安全性和权威性。

---

① 范灵俊，洪学海．政府大数据治理与区块链技术应用探析［J］．中国信息安全，2017（12）：89-91.

（3）形成参与政府数据开放的共识机制

在政府数据开放中应用区块链技术，每个区块的形成都得到所有参与者的共识，任何数据流通记录也都得到所有参与者认可，哈希算法可以对数据的完整性进行验证，保障了数据在流通中的质量。基于区块链的智能合约技术，在实际操作过程中可以自动管理和执行约定的数据开放利用规则，减少人为的干预，形成政府数据开放信任环境。

6.4 群体参与政府数据开放服务层的技术保障

Web2.0 的概念最早诞生于出版界。2004 年 3 月，奥莱理公司（O'Relly Media Inc）与灵动媒介国际（MediaLive International Inc）举行了一场"头脑风暴"（Brain Storming）论坛，Web2.0 的概念由此诞生。① Web2.0 不仅是一系列技术的统称，更是一种理念，主导了互联网的发展，和人们的生活、工作、学习等紧密地结合在一起，影响着人们的思维方式与行为模式。表 6-7 简要归纳总结了 Web2.0 的理论基础、基本原则、相关技术、核心应用以及典型案例等。

Web2.0 的网络环境呈现出新的特征，具有参与性、协同性、集成整合性、网络外部性、轻量型应用与持续更新的特征，② 还表现出自组织、开放性、去中心化、聚合性、高度交互性、创新性等特点。③

表 6-7   **Web2.0 的解析**

理论基础	社会网络理论、六度分割理论、小世界理论、长尾理论等
基本原则	开放平台、汇集群体智慧、永远的 Beta 版、以用户为中心
底层技术	XML、Ajax、Web 脚本等
核心应用	Blog、RSS、Wiki、SNS、Tag、BookMark 等
典型案例	Facebook、Twitter、Wikipedia、Youtube、ResearchGate、新浪微博等

群体广泛参与是形成 Web2.0 网络环境的基础，构建 Web2.0 的网络环境，鼓励用户的积极参与，崇尚群体智慧的贡献，在网络的管理和服务模式上采用开放式的架构，利用用户与开发者的参与和贡献，形成良性生态网络。无论是精英阶层，

---

①   杨吉. 互联网——一部概念史［M］. 北京：清华大学出版社，2016：115-126.

②   王伟军，孙晶. Web 2.0 的研究与应用综述［J］. 情报科学，2007，25(12)：1907-1913.

③   马费成. Web 2.0 信息序化机制［J］. 图书情报知识，2009(6)：14-18.

还是"草根"民众，他们在网络中形成的群体是维持和推进 Web2.0 网络发展、演进的中坚力量。群体聚合和互动为网络平台带来丰富的内容，并且这些群体力量在信息的产生、获取、发布、组织、评价等环节中都能得到体现。群体参与激发了个体主动参与的热情和积极贡献的动机，同时也激活了参与者的创新潜质，使网络信息与服务的价值和吸引力得到提升，这些是少数精英主导网络所无法比拟的。Google、Facebook、Wikipedia、ResearchGate、腾讯等网络服务得到快速发展，在经济效益和社会效应方面都取得极大的成功，这些都得益于 Web2.0 技术聚合了群体智慧。

移动互联网(Mobile Internet)是移动通信和互联网的结合，是以移动网络作为接入网络的互联网及服务，包括移动终端、移动网络和应用服务三个要素。① 当前，智能手机等移动终端逐渐普及、4G 无线通信网络快速发展、移动应用 APP 得到广泛应用。根据第 41 次《中国互联网络发展状况统计报告》统计，截至 2017 年12 月底，我国网民使用手机上网的比例达到 97.5%，规模达到 7.53 亿人，使用平板电脑的也达到 27.1%。② 移动互联网具有上网地点灵活、时间任意和用户多样性等特征。③ 移动互联网和 Web2.0 的融合是目前网络信息服务的主要模式。

6.4.1 Web2.0 和移动互联网技术在政府数据开放中的应用

Web2.0 技术和移动互联网出现后，在政府信息管理中得到广泛的应用，为政府与公众之间顺畅、高效地沟通发挥了积极作用。在政府信息管理中，直接与用户相关联的是政府门户网站，用户通过门户网站获得政府提供的服务，同时政府的服务和管理职能也通过门户网站得到体现。④ Web2.0 技术和移动互联网的应用契合了建设开放政府(open government)、透明政府(transparent government)、服务政府(service-oriented government)和责任政府(responsible government)的时代潮流，为政府信息管理增添了人性化的光辉。

(1)Web2.0 和移动互联网技术在政府信息管理中的应用

Web2.0 推动了政府门户网站由"简单交互"向"双向交互"发展。以 Web2.0 典型应用 Tag、RSS 和 Wiki 为例，可以看出 Web2.0 相关应用在政府门户网站提供信

① 移动互联网白皮书(2011 年)[EB/R].[2018-01-31]. http://www. miit. gov. cn/n1146312/n1146909/n1146991/n1648536/c3489473/content. html.

② 第 41 次《中国互联网络发展状况统计报告》[EB/R].[2018-01-31]. http://cnnic. cn/gywm/xwzx/rdxw/201801/t20180131_70188. htm.

③ 孔凡敏，杨乃. 移动互联网时代政府公共信息服务方式展望[J]. 中国地质大学学报(社会科学版)，2013(S1)：23-26.

④ 刘克允. 基于 Web2.0 的政府门户网站优化[J]. 情报科学，2010(3)：375-378.

息服务中发挥的作用。

① 将标签(Tag)应用于门户网站，通过用户的参与，完善政府门户网站信息的组织与分类体系，更加多元化和个性化的进行信息标识，改变政府在信息输出和组织方面"傲慢"的形象。

② 将 RSS 信息自动聚合技术应用于政府门户网站，能够改善政府门户网站没有为用户提供个性化的信息服务问题。用户按照需求、关注点和兴趣爱好定制 RSS 推送服务，通过 RSS 阅读器将政府信息聚合在同一平台上，方便个人信息管理。

③ 注册开通主流社会媒体(如新浪微博、微信、Facebook、Twitter 等)的官方账号，并使其在政府门户网站得到展示和体现，政府部门可以及时发布信息，减少政府与公众之间的信息不对称，增加政府的透明度；同时，用户也可以随时随地与政府部门进行交互，及时解决公众遇到的问题，进而促进和提升社会公众的参与意识。

④ 在政府门户网站上使用社会化分享按钮，网站的浏览者可以方便地分享内容到新华微博、人民微博、新浪微博等一系列的 SNS 网站。用户利用该工具可以在各自的"圈子"中进行政务信息的分享和传播。

⑤ 在政府门户网站中应用 Wiki 服务，能够增加网站的互动性。在政府门户网站上除了需要发布的权威性政务信息外，也可发布和集成一些涉及区域历史、文化、生活等方面的信息资源。那么，政府可以应用 Wiki 构建公众参与、共建共享的知识库，公众通过增加、修改相应词条，保持知识库的活力和可持续发展。Wiki 的应用不仅能为政府门户网站的便民特性添砖加瓦，还可以增强政府门户公众参与的黏性。

⑥ 政府构建网络问政平台，公众可以针对各种公共事务在线向政府部门提出咨询、建议和投诉，注册用户还能对政府部门办理的结果进行评价打分。借助于网络平台，实现政府与社会公众的深层次互动，是电子政务发展到高级阶段的体现形式，也是 Web2.0 理念在政府治理中的有效实践。①

Web2.0 的应用为政府的信息管理带来了新的方法和模式，注入了活力，同时也能赢得公众的信任感。Tolbert 与 Mossberger 经过实证研究，发现电子政务可以通过互动与反馈感知(perceptions of responsiveness)来提高公民对政府基于程序的信任(process-based trust)，② 电子政务中的 Web2.0 元素功不可没。移动互联网与Web2.0 的融合，则为公众的访问和获取政务信息提供了便捷。

---

① 盛铎，王芳，孟旭. Web2.0 时代的政府治理：郑州市网络问政平台 ZZIC 案例研究[J]. 电子政务，2012(6)：92-101.

② Tolbert C J, Mossberger K. The Effects of E-Government on Trust and Confidence in Government [J]. Public Administration Review, 2006, 66(3)：354-369.

在中国大陆，Web2.0 和移动互联网技术在政府信息管理中已经得到了全面深入的应用，并获得了良好的效果。习近平同志在 2016 年 2 月 19 日党的新闻舆论工作座谈会上提出要"主动借助新媒体传播优势"。① 这些新媒体（主要是"两微一端"，即微博、微信与客户端）都体现着 Web2.0 的技术和理念，应用好这些技术与平台是各级政府做好政务信息传播工作的要点。根据第 41 次《中国互联网络发展状况统计报告》，② 我国在线政务服务的用户规模也已经达到了 4.85 亿，占全体网民的 62.9%。网民通过移动互联网利用在线政务服务的途径和方式，按照比例由高到低分别为：支付宝或微信的城市服务（44.0%）、政府微信公众号（23.1%）、政府网站（18.6%）、政府微博（11.4%）、政府 APP（9.0%）。截至 2017 年 12 月，在新浪微博上注册认证的政务微博达到了 134827 个，实现了省级区域、工作领域的全覆盖。这些数据都体现了 Web2.0 相关技术以及理念在政府信息管理中的应用，能够提高用户的参与度，提升用户的满意度，推动服务型政府建设及信息公开。

我国各级政府应用 Web2.0 和移动互联网技术对政府信息资源进行管理。中央人民政府的门户网站中国政府网（http：//www. gov. cn/）在新华微博、人民微博、腾讯微博、新浪微博都开通了账号，还建立了中国政府网微信公众号；各地方政府、部门机构也都通过微博、微信发布信息。中国气象局建设了"气象知识维基百科"，实现台风资料（包括监测资料、预报资料）的及时交流和入库，构建"中国气象局热带气旋资料中心"。③ 北京市城市管理综合行政执法局建立了北京城管政务维基，④ 内容涵盖了政策文件、热点解读等，发布的文件分成官方发布和市民参与等。陕西省安康市人民政府在门户网站上应用 Wiki 技术建设百科频道，⑤ 注册用户可以创建和修改词条。百科频道的内容主要是安康当地基本情况介绍。厦门市海沧区人民政府在官方门户网站上建立了"海沧百科"，⑥ 内容主要是当地相关情况的介绍。广东省、重庆、南京、郑州、温州等地方政府建立了网络问政平台，为政府部门与社会公众沟通互动建立了桥梁。

从全世界范围来看，Web2.0 和移动互联网等信息技术在政府信息管理中发挥

① 杜尚泽. 坚持正确方向创新方法手段 提高新闻舆论传播力引导力［N］. 人民日报，2016-02-20（01）.

② 第 41 次《中国互联网络发展状况统计报告》［EB/R］. ［2018-01-31］. http：//cnnic. cn/gywm/xwzx/rdxw/201801/t20180131_70188. htm.

③ 中国气象局热带气旋资料中心［EB/OL］. ［2018-02-03］. http：//tcdata. typhoon. org. cn.

④ 北京城管政务维基［EB/OL］. ［2018-02-03］. http：//wiki. bjcg. gov. cn.

⑤ 中国安康百科频道［EB/OL］. ［2018-02-03］. http：//www. ankang. gov. cn/wiki/index. html.

⑥ 海沧百科［EB/OL］. ［2018-02-03］. http：//www. haicang. gov. cn/wiki.

重要的作用。根据联合国经济和社会事务部(UNDESA)发布的《2016 联合国电子政务调查报告——电子政务促进可持续发展》(2016 UN E-Government Survey：E-government in Support of Sustainable Development)，① 认为各国都在积极鼓励创新，利用信息和通信技术(Information and Communication Technologies，ICT)来提供高效服务，提高公共决策过程中的公众参与度。联合国大会肯定了电子政务在强化透明度、增强问责制、提高效率、提升公众参与和公共服务提供方面的潜力。毋庸置疑，在政府部门利用信息通信技术推行以公众为中心的政务信息服务方面，Web2.0 和移动互联网都扮演着不可或缺的角色。

基于移动互联网的社会媒体兴起加快了电子协商的发展，全世界 193 个国家中多达 152 个(占 78.8%)在他们的国家门户网站上设有社交网络功能(例如，上面有Facebook、Twitter、新浪微博、Odnoklassniki / VK 等的链接)，类似于"Like"按钮。

以美国为例。美国在利用信息技术建设"开放政府"方面一直走在世界的前列。20 世纪 90 年代初期，克林顿政府就开始利用现代信息技术着力构建以公众为导向的"电子政府"(Electronic Government)；② 进入 21 世纪，2002 年 12 月通过了《电子政府法案》(E-Government Act of 2002)，以立法的形式推进了建设电子政府的进程。在 Web2.0 技术出现后，电子政府的优势得到发挥，网络门户成为政府与公民互动的平台，政府积极推进"开放政府行动计划"。特别是 2009 年奥巴马政府签署了《透明与开放的政府备忘录》《开放政府指令》，确立了开放政府"透明"(transparency)、"公众参与"(participation)和"协作"(collaboration)三原则，促进政府的开放与公众的参与。在实践中，政府部门利用 Web2.0 的社会化媒体技术与应用，如博客/微博、RSS、Wiki、社交网络(SNS)、云技术以及虚拟空间等，面向社会公众提供政府信息资源以及信息反馈途径，提升了政府的美誉度。在《开放政府指令》中，美国联邦政府行政管理和预算办公室(OMB)鼓励各政府部门采用 Twitter等社交媒体，以提高部门间的协调性，增强政策透明度，并鼓励公众参与部门决策过程。现任美国总统唐纳德·特朗普(Donald Trump)也十分重视 Web2.0 服务与工具的应用，被称为"推特(Twitter)治国"。

Web2.0 和移动互联网的服务与应用在政府信息管理的典型应用有：白宫创建Twitter 账号并开始向公民推送信息(https：//twitter.com/WhiteHouse)；美国政府在遇到重要突发事件(如"卡特里娜飓风"(Hurricane Katrina)、"墨西哥湾石油生态危机"(The Gulf of Mexico Oil Spill))，也依赖于用社交媒体进行信息的发布与传播；

---

① 2016 UN E-Government Survey：E-government in Support of Sustainable Development［EB/R］.［2018-01-29］. http：//workspace.unpan.org/sites/Internet/Documents/UNPAN96407.pdf.

② 冉从敬，刘洁，刘琬. Web2.0 环境下美国开放政府的政策评述[J]. 图书与情报，2013(5)：78-83，125.

联邦紧急事务管理局(Federal Emergency Management Agency, FEMA)通过 Twitter 向民众推送相关灾害信息。《时代周刊》认为，当政府意识到 Twitter 可以成为与公众沟通的重要方式后，甚至会强制要求 Twitter 参与某些项目，以迅速向民众发布紧急通知。白宫创建 Facebook 账号，与公众进行互动(https://www.facebook.com/WhiteHouse)。NASA 在 Facebook 上的粉丝就突破千万。美国联邦政府官方门户网站 usa.gov 通过 Facebook、Twitter、Snapchat、Youtube、Instagram 等提供咨询服务，并提供 RSS 订阅 https://www.usa.gov/rss。美国宇航局(National Aeronautics and Space Administration, NASA)利用 Wiki 技术创建了"地球数据"(Earthdata: https://wiki.earthdata.nasa.gov/)，注册用户可以参与到内容的编辑中。通过美国建设电子政府和开放政府的实践可以看出，Web2.0 能够帮助政府贯彻和执行"开放政府"的理念。

(2)Web2.0 和移动互联网技术促进群体参与政府数据开放

Web2.0 和移动互联网技术在政府信息发布和管理方面体现出显著的优越性。政府数据开放同样需要借助 Web2.0 和移动互联网相关技术推进群体参与和优化公众体验，在群体的积极、广泛参与下，群体智慧得到激发和汇聚。

① Web2.0 和移动互联网技术在政府开放数据门户中的应用。

在 Web2.0 和移动互联网环境下，群体参与功能在政府开放数据门户的建设中得到体现。本研究选取了 10 个具有一定代表性的国外政府开放数据门户，见表 6-8；同时，参考《2017 中国地方政府数据开放平台报告》的排名，选取了国内 10 个地方政府开放数据门户，见表 6-9。从信息的分享机制、交流机制、定制机制、用户个性化参与机制 4 个方面对选取的 20 个政府开放数据门户中 Web2.0 技术的应用情况进行了调查与分析。

表 6-8　　　　　　国外部分政府开放数据门户公众参与功能一览表

门户	分享机制	交流机制	定制机制	用户个性化参与机制
美国联邦政府开放数据门户 http://www.data.gov	可分享到 YouTube、Flickr、Facebook、Twitter 等社会网络工具	用户可在线提交评论、数据集与网络应用的请求；可对数据集进行评价	提供 RSS 定制服务	注册账号，也可用 OpenID、Facebook、Twitter 等账号登录；构建商业、教育、健康等网络社区，用户可加入

续表

门户	分享机制	交流机制	定制机制	用户个性化参与机制
英国政府开放数据门户 http：//www. data. gov. uk	可分享到 Tweet、Facebook、Google +等社会网络	用户提交数据集请求；可对数据集、应用进行评价	提供数据集的 RSS；提供最常用和最新 APPS 的 RSS；用户邮箱定制推送	用户注册后可使用 blogs、forums 和 ideas 参与数据门户建设
澳大利亚政府开放数据门户 http：//www. data. gov. au	可分享到 Facebook、Twitter 等	建议数据集、提交应用接口；提供评分模块，对数据质量、格式和有用性进行打分；提供用户评论接口	提供 RSS 定制服务	用户可以在 Idea Scale 上围绕开放数据集和 API 的利用以及门户网站的功能发起创意话题
加拿大政府开放数据门户 http：//open. cana-da. ca	—	用户可提交建议、数据集请求；可通过在线表单反馈信息	提供新增数据集 RSS 定制服务	通过关注 Twitter (https：//twitter.com/OpenGovCan)参与互动
新西兰政府开放数据门户 https：//www. data. govt. nz	可分享到 Facebook、Twitter、Google +等	提供在线表单；用户可提交数据集请求	—	可通过 Discuss @ StatsNZ、Open Govern-nment Ninjas 等论坛、网站参与互动
新加坡政府开放数据门户 https：//data. gov. sg	—	提供 FAQ、邮件和在线表单等反馈途径	提供 RSS 信息定制推送服务	通过关注 Facebook、Twitter、Medium.com、Github 等账户参与互动
日本政府开放数据门户 http：//www. data. go. jp	—	用户可提交数据集请求	提供 RSS 信息定制推送服务	—
韩国政府开放数据门户 https：//www. data. go. kr	可分享到 Facebook、Twitter 等	提供 FAQ；用户可提交数据集请求	—	通过关注其 Face-book、Twitter、naver.com 等账户进行参与互动

续表

门户	分享机制	交流机制	定制机制	用户个性化参与机制
印度政府开放数据门户 https://data.gov.in	可分享到Facebook、Twitter等；提供了二维码（QR code）信息	提供FAQ、邮件和在线表单等用户反馈途径；用户可提交数据集请求；提供评分模块	提供RSS信息定制推送服务	构建34个主题社区
欧盟开放数据门户 http://data.europa.eu	—	用户可提交数据集请求	提供RSS信息定制推送服务	通过关注其Facebook、Twitter、Google+等账户进行参与互动

表6-9 **国内部分政府开放数据门户公众参与功能一览表**

门户	分享机制	交流机制	定制机制	用户个性化参与机制
北京市政务数据资源网 http://www.bjdata.gov.cn	可分享到微信、QQ空间、新浪微博、有道云笔记等40余种社交网络或工具	建议增加数据类型、问卷调查、咨询建议、常见问题、提交APP应用、在线评论与纠错	—	北京市政务数据资源网应用创意大赛
上海市政府数据服务网 http://www.datashanghai.gov.cn	—	需求调查、问卷调查、投诉反馈、数据集评分	—	开发者社区
贵州省政府数据开放平台 http://www.gzdata.gov.cn	—	需求调查	—	—
山东省公共数据开放网 http://data.sd.gov.cn	可分享到微信、QQ空间、新浪微博、有道云笔记等40余种社交网络或工具	数据集评分、在线咨询建议与需求调查表单、在线纠错	—	—

续表

门户	分享机制	交流机制	定制机制	用户个性化参与机制
广东省政府数据统一开放平台 http：//www. gddata. gov. cn	—	在线交流互动专区	—	—
深圳市政府数据开放平台 http：//opendata. sz. gov. cn	—	数据集评价、数据需求、咨询建议、调查问卷	—	—
武汉市政府公开数据服务网 http：//www. wuhandata. gov. cn	—	数据需求、问卷调查、咨询建议、数据集评分	—	—
青岛市政府数据开放网 http：//data. qingdao. gov. cn	可分享到 QQ 空间、微信、新浪微博、腾讯微博、人人网等社交网络	建议数据、应用与意见征集、问卷调查、评论数据集、在线纠错	邮箱订阅	青岛政府开放数据应用创意大赛
贵阳市政府数据开放平台 http：//www. gyopendata. gov. cn	可分享到微信、新浪微博、QQ 好友等社交网络	数据集评论与评分、数据需求、调查问卷	—	—
哈尔滨市政府数据开放平台 http：//data. harbin. gov. cn	可分享到微信、QQ 空间、新浪微博、有道云笔记等40 余种社交网络或工具	咨询建议、需求调查、在线纠错、数据集评分	—	—

　　首先，通过比较，相对而言，在利用 Web2.0 和移动互联网技术增强政府开放数据门户群体参与和交互功能方面，国外实践优于国内，特别是在定制机制和用户个性化参与机制方面。

　　其次，在政府开放数据门户中设置群体参与和互动的应用栏目和模块，通过 Web2.0 和移动互联网技术实现起来较为容易，难点不在于技术本身，而是管理者关于群体参与的理念和认识。

　　最后，政府开放数据门户应用 Web2.0 和移动互联网技术增强群体参与和交互功能有两种模式：一是在开放数据门户建设中添加 Web2.0 相关的模块，例如，设置信息的 RSS 定制推送功能、信息反馈功能等。二是引入第三方网站的信息服务为己所用，例如，众多开放数据门户在 Facebook、Twitter、Google +、新浪微博、微信等社交网络和 Github、IdeaScale 等开源社区上开设空间，为公众与开放数据门户的管理方或公众之间的互动交流提供平台。

② Web2.0 和移动互联网技术对群体参与政府数据开放的影响。

第一，以互动交流推进政府开放数据的开放利用。

政府数据开放与政府信息公开存在显著的差别。信息公开是政府为了保障公众的知情权，主动公开所掌握的可以向公众公开的行政事务信息等，提升政府的透明度。通常这种政府信息行为是单向的，政府通过信息公开网站将相关信息定期发布，履行向公众"告知"的职能。政府数据开放是信息公开的进一步深化发展，不仅是向公众"告知"，更重要的是推进对政府数据的开发利用。

Web2.0 和移动互联网技术在政府数据开放门户上的应用，将增强网站门户的互动与交流功能，改变政府信息单向传输的状况，形成用户需求导向的数据开放体系，吸引、激发和聚集更多的社会公众参与，促进公众与政府的互动、形成参与者之间的交流，从而实现政府数据的开发和利用。例如，通过 RSS 可以将数据资源按照需求推送给订阅的用户；用户可以通过其他人标注的 Tags 或者评论信息发现所需数据资源；用户可以通过社交媒体的分享功能将数据资源在一定"圈子"里传播；Data. gov. uk 通过注册用户的邮箱定制，可以持续推送用户所关注数据集的相关评论等信息；公众通过手机等移动终端可以时刻关注政府数据开放门户的信息更新，可以便捷地进行互动交流、评论评价，也可以下载使用政府数据开放门户提供的数据应用 APP。

第二，以群体贡献变革政府开放数据的管理模式。

在政府信息公开活动中，政府将需要发布的信息借助互联网的平台进行展示和公布，其中，信息以管理者为中心进行单向的流动，那么，信息管理模式也是封闭和单向的。Web2.0 技术推动社会公众参与政府数据开放共享管理，信息将以用户为中心进行多向的流动，群体中每一个个体的智慧都会对数据资源的开发利用产生积极的贡献，政府信息管理模式也呈现出开放的特征。

第三，以深度共享提升政府开放数据组织的效率。

Web2.0 技术在政府数据开放共享管理中的应用，可以提升信息的组织与共享的效果和效率。以用户为中心的网络环境能够创造较好的信息交流圈子，最大程度地实现知识的共享和传播，共享的深度和广度都能得到提高。例如，Blog 采用多途径信息组织分类方式可以将政府开放平台上的数据进行多角度的有序化；Tags 技术应用于政府数据开放平台，能够从不同角度揭示数据的特征，以灵活性和适应性提升信息组织的效率。

第四，以群体合作构建政府开放数据管理共同体。

在政府数据开放平台构建中应用 Web2.0 和移动互联网技术，一方面有助于激发和汇聚群体力量的参与;另一方面众多的参与个体会产生协同与合作的行为,参与者的群体智慧会得到迸发。在这个动态合作的过程中,以数据平台为载体,形成了多方参与的管理共同体,参与的个体通过群体合作收获新的认知,数据平台的管理者能通过参与者的反馈不断优化平台构建和数据资源配置,政府部门也能从中获得公众的具体诉求。例如,社交网络服务(SNS)技术在政府数据开放平台上的使用,不仅能够促进数据资源的开放,更能实现各种参与主体之间的互动交流,建立信任关系,形成管理共同体。

当然,我们必须认识到,在政府数据开放门户的建设中,由于政府数据具有官方发布的特征,不可能完全实现门户平台的去中心化,数据也不可能完全由参与者产生、组织和处置等。因此,Web2.0相关技术和移动互联网相关应用的提供只能作为政府数据开放平台的有益补充,通过其深入、广泛的应用,为公众参与带来便捷,优化公众参与的体验感受。

6.4.2 人工智能技术在政府数据开放中的应用

人工智能(Artificial Intelligence,AI)技术是一系列技术的统称,涉及知识表示、自动推理和搜索方法、机器学习和知识获取、知识处理系统、自然语言理解、计算机视觉、智能机器人、自动程序设计等领域。在政府数据开放工作中,人工智能相关技术的应用也可以发挥一定的作用,促进群体参与活动的开展。

(1)促进群体参与以及实时交互

在政府数据开放门户网站上设置智能机器人,将智能互动服务系统与政府数据开放场景及相关政务知识结合,搭建互动知识库,构建全天候、引导式智能交互平台,可以快捷提供公众需要的数据和信息,带给公众"智慧政府"的新体验,从而更有兴趣和意愿参与互动。

目前,贵阳市政府数据开放平台上已经设置了提供查询服务的智能机器人,如图6-7所示。智能机器人能够基于政府数据分类结构表,按照日常"一问一答"的格式,批量导入政府开放数据相关的知识。同时,智能机器人还具有自然语言处理、相似问法聚类学习、未知处理、机器学习自动优化、自动学习动态成长等机制。

(2)深入挖掘群体参与行为数据

在第5章中,本研究认为社会公众访问政府数据开放门户的数据记录也是群体智慧的表现形式。应用人工智能中的数据挖掘和知识发现技术,可以对公众在政府数据开放门户网站上的各种行为进行监控、发现和分析,以此优化门户功能、丰富数据资源、完善数据服务。

一方面,通过人工智能技术构建群体参与政府数据开放的满意度监控体系。社

图 6-7　贵阳市政府数据开放平台智能机器人

会公众在访问政府数据开放门户网站和利用数据资源的过程中，其对数据资源和服务的满意度评价，一般是通过网站设置的评分模块进行评价和反馈。但访问政府数据开放门户网站的社会公众更多是"沉默的大多数"，不会或者不愿意直接表达自己的评价。因此，智能系统可以主动地收集社会公众访问、利用数据资源的行为数据，经过综合分析后判断服务质量。

　　另一方面，通过人工智能技术构建数据发掘与分析系统，可以根据社会公众访问政府数据开放门户网站记录数据，挖掘他们的兴趣点、关注点、意见集中点等，以此作为提升政府数据开放服务的参考信息。

7　群体参与政府数据开放的激励机制

构建群体参与的政府数据开放管理模型，发挥群体智慧的力量，在明确了行为主体(Who)、内容(What)和实现方式(How)三个模块后，还需要进一步探析群体参与政府数据开放活动的动力源泉，这也是保障群体参与政府数据开放可持续性和稳定性的重要因素。"群体动力学"(Group Dynamics)认为，群体中的个体成员之间如何进行互动，群体间如何保持凝聚力，是其研究的核心问题。那么，在政府数据开放活动中，群体的参与行为是如何实现的，也是本研究的核心问题。对该问题的阐述和解答构成了 Malone 群体智慧模型中的"Why"模块。

在群体活动中，个体成员围绕一定的群体目标，参与群体活动，其行为根源于相应的驱动力，并依据一定的准则和规范。美国社会心理学家库尔特·卢因(Kurt Lewin)借用了物理学中"磁场"(magnetic field)的概念，认为人的需要和环境的相互作用决定着心理与行为。① 这种驱动力以及准则、规范就是行为活动得以开展的实现机制，建立在行为或者活动所在"磁场"的内部需求和环境的基础上。在群体参与政府数据开放活动中，激励机制的构建是行为活动得以开展与维持的保障。当然，维持群体参与行为开展除了"激励机制"之外，还有其他的因素，例如，信任机制、质量控制机制等。但是，激励机制是维持群体参与政府数据开放活动最主要的动力机制。因此，本研究着重分析群体参与政府数据开放的激励机制。

7.1　激励理论及其对政府数据开放的影响

"激励"(motivate)是管理中非常重要的活动，指持续激发人的动机(motivation)和内在动力，使其心理持续处于激奋的状态，鼓励人朝着组织所期望的目标采取行动的心理过程。② 在组织或者群体中，"激励"是由系统组织者通过一定的方式或措施，营造适当的外部环境，对组织或者群体的成员进行正强化或负强化的引导，激发成员的热情、积极性和主动性，充分发挥人们的创新精神和潜能，朝着组织或群体所期望的目标发展。

---

① 胡正荣，等. 传播学总论[M]. 北京：清华大学出版社，2008：19-20.
② 李东，王梅. 管理理论与实务[M]. 武汉：华中科技大学出版社，2013：163-164.

在群体参与的政府数据开放管理中，主体的参与热情需要通过一定的方式或途径进行激发，主体的参与动机也需要通过相关手段加以鼓励和强化。

7.1.1 激励理论与机制

管理学中"激励"理论是建立在"经济人""社会人"和"自我实现人"的三重假设的基础上的。"经济人"假设（hypothesis of economic man）源自西方古典经济学，假定人思考和行为都是目标理性的，唯一试图获得的经济好处就是物质性补偿的最大化。"社会人"假设（hypothesis of social man）的理论基础是人际关系学说，最早来自于梅奥（G. E. Mayo）主持的霍桑实验，认为人不是机器和动物，而是有思想、有感情、有人格的"社会人"，金钱与物质虽然对其积极性的产生具有重要影响，但是起决定因素的不是物质报酬，而是在工作中发展起来的人际关系。"自我实现人"假设（hypothesis of self-actualizing man）是美国心理学家马斯洛（Abraham Maslow）提出的，认为人通过发挥自己的潜力和才能，才会感到最大的满足。

激励理论是处理需求、动机、目标和行为四者关系的核心理论，概括了如何满足人的各种需求、调动人的积极性的原则和方法。自 20 世纪二三十年代以来，随着行为科学和管理科学的发展，激励理论也形成了行为主义激励理论、认知派激励理论和综合型激励理论等学派，基本可分成内容理论、过程理论和行为改造理论三大类型。详见表 7-1。

激励机制（motivate mechanism）通过一套理性化的制度来反映激励主体与激励客体相互作用，包含诱导因素集合、行为导向制度、行为幅度制度、行为时空制度、行为规划制度五个构成要素，其中诱导因素起到发动行为的作用，其他制度和规定是对激励的导向、制约和规范。①

具体到群体参与政府数据开放的管理中，诱导因素是调动和激发群体成员参与政府数据开放共享管理积极性的各种奖酬资源。

7.1.2 群体参与政府数据开放的主要激励方式

基于"经济人""社会人"和"自我实现人"的三重假设，在管理实践行为中，一方面需要通过物质利益激发群体中的个体为实现群体目标做出努力；另一方面，需要通过"参与式"管理，让群体中的个体不同程度地参加群体的决策，同时注重从精神层面激发个体的参与热情。因此，一般而言，激励方式分为物质激励和精神（非物质）激励。

---

① 吕明，胡争光. 管理学［M］. 北京：国防工业出版社，2015：202-203.

表 7-1 具有代表性的激励理论

类型	名称	提出人	提出时间	基本观点
内容型激励理论	需求层次理论（Hierarchy of needs theory）①	亚伯拉罕·马斯洛（Abraham Maslow）	1934 年	人的需求分为五个层次：生理需求、安全需求、社交需求、尊重需求以及自我实现需求。之后，补充了求知的需要和审美的需求
	保健-激励理论（Motivation-hygiene theory）②	弗雷德里克·赫兹伯格（Friderick Herzberg）	20 世纪 50 年代	影响人的工作积极性的因素分为保健因素和激励因素
	ERG 理论（ERG theory）③	克雷顿·阿德佛（Clayton. Alderfer）	1969 年	人有 3 种核心需要：生存（Existence）需要、相互关系（Relatedness）需要和成长发展（Growth）需要
	成就需要理论（Acquired needs theory）④	戴维·麦克利兰（David McClelland）	20 世纪 50 年代	人在生存需要基本得到满足的前提下，最主要的需要有成就需要、亲和需要、权力需要
过程型激励理论	公平理论（Equity theory）⑤	约翰·斯塔希·亚当斯（John Stacy Adams）	1963 年	激励程度来源于对自己和参照对象（Referents）报酬和投入比例的主观比较感觉
	期望理论（Expectancy theory）⑥	维克托·弗鲁姆（Victor H. Vroom）	1964 年	激励因素作用取决于：一是对激励因素所能实现的可能性大小的期望；二是激励因素对其本人效价的大小。激励力量等于期望值和效积的乘积

① Maslow A H, Green C D. A Theory of Human Motivation[J]. Psychological Review, 1943, 50(1): 370-396.

② Herzberg F, Mausner B, Synderman B B. The Motivation to Work[M]. New York: John Wiley & Sons, 1959: 28-77.

③ Alderfer C P. An Empirical Test of a New Theory of Human Needs[J]. Organizational Behavior & Human Performance, 1969, 4(2): 142-175.

④ Mcclelland D C. Achievement Motivation Can be Developed[J]. Harvard Business Review, 1965, 43(6): 6-24.

⑤ Adams J S. Toward an Understanding of Inequity[J]. Journal of Abnormal & Social Psychology, 1963, 67(5): 422-436.

⑥ Vroom V H. Work and Motivation[M]. New York: John Wiley & Sons, 1964: 125-154.

续表

类型	名称	提出人	提出时间	基本观点
行为改造型激励理论	强化理论 (Reinforcement theory)①	斯金纳 (Burrhus Frederic Skinner)	20世纪40年代	人的行为的结果对动机有反作用；如果行为是好的结果，能对动机起正强化(Positive reinforcement)作用；如果行为的结果使动机得到削弱，对动机起负强化(Negative reinforcement)作用，会使人的行为削弱或消失
	归因理论 (Attribution theory)②	海德 (Fritz Heider)	1958年	人有两种强烈动机：一是形成对周围环境一贯性理解的需要；二是控制环境的需要
	挫折理论 (Frustration theory)③	约翰·斯塔希·亚当斯(John Stacy Adams)	1963年	主要揭示人的动机行为受阻而未能满足需要时的心理状态，并由此而导致的行为表现，力求采取措施将消极性行为转化为积极性、建设性行为

(1)物质激励

群体参与政府数据开放的管理过程中的物质激励，指的是以金钱、奖品等物质手段满足参与者物质方面的需求，激发其积极性、主动性与创造性，推动其参与到政府数据开放共享活动中。

政府在开展行政与公共管理实践的过程中，经常通过物质激励的方法鼓励和吸引社会公众参与到政策决策的意见建议征集中，一方面是通过公众的参与提高政府的透明度和美誉度；另一方面，也是通过引入市场竞争机制，提高政策方案的质量，提升公共决策的效率，建设责任政府。特别在目前Web2.0以及移动互联网的技术环境下，对征集方和参与方来说，通过网络平台征集意见建议、问题解决方案

---

① Skinner B F. The Behavior of Organisms：An Experimental Analysis[M]. Oxford：Appleton Century Crofts，1938：25-104.

② Heider F. Psychology of Interpersonal Relations[M]. New York：John Wiley & Sons，1958：56-129.

③ 吕明，胡争光. 管理学[M]. 北京：国防工业出版社，2015：202-203.

的成本大大降低，便捷程度大大提高。

在实践中，政府一般通过众包的方式征集，以一定的奖金作为"悬赏"，从而获取好的"点子"和最佳解决方案。例如，网络云平台 IdeaScale 利用众包激发和促进管理创新，美国众多联邦政府机构都采用该网站征集公众意见与想法，目前已经有超过 25000 个客户以及 450 万的注册用户。美国 100 多个联邦机构在数据挑战和有奖竞赛平台——Challenge.gov 上发布有关数据开放的任务，以此推动政府数据开放的创新，挑战者可以提出自己的解决方案；美国联邦机构已经提供了超过 2 亿 5000 万美元的奖金和其他奖励，超过 25 万人参与了挑战。

除了通过"众包"的方式吸引公众参与政府数据的开发利用外，国内外政府机构还通过举办政府开放数据开发利用竞赛的方式，以一定的物质利益激励社会公众参与。在国外，纽约市的 NYC BigApps 竞赛具有较大影响力；在国内，很多地方政府已经开始举办与开放数据开发利用相关的竞赛，影响力较大的是上海开放数据创新应用大赛（SODA）。关于 NYC BigApps 和 SODA 的基本情况，本研究第 5 章 "5.2.3 群体智慧在政府数据开放生命周期中的实现"中已经做了详细的阐述。

马克思认为"物质需要是人类第一需要"，① 基于这样的论断，物质激励切中了人的基本特性，在管理实践中能够起到较好的效果。中国俗语"重赏之下，必有勇夫"揭示的也是这个道理。

毋庸置疑，对国家而言，政府数据是一种战略资源；对企业等组织、社会公众而言，政府数据同样是重要的资源，可以减少其认知上的信息不对称，也可以成为其创新创业的重要信息资源。从数据即资源的角度而言，数据面向社会公众的开放，对有需求的组织与个人来说，未来预期的经济利益也是促使其参与数据开放的物质激励因素。物质激励对群体参与政府数据开放的深入开展有着不可或缺的作用，在挖掘和激发公众参与动机，引导和调动开放数据资源方面效果显著。但是，物质激励也存在着一定的不足之处。

首先，运行和维持物质激励需要一定的经济成本。政府开展数据开放活动是公共行政行为，需要一定的政府财政预算作为保障。如果在数据开放活动中，为激发公众的参与热情而全面、长期、持续地进行物质激励，会消耗较多的财政经费，给政府财政带来压力。

其次，在同一活动中，持续开展物质激励会带来群体中的"机会主义行为"（opportunistic behavior）。参与者在不断了解和认识政府数据开放活动的过程中，掌握了运行的规则，部分参与者可能会选择参与其中较为容易的环节，从而获得物质奖励，将参与的行为作为"生意"进行经营。如此循环，群体参与的效果和质量将大打折扣，这与激励的初衷大相径庭。

---

① 龚平. 当代马克思主义理论创新与探索［M］. 成都：西南交通大学出版社，2012：265.

再次，政府数据开放生命周期包含众多环节，并不是每个环节都适合用物质激励的方式激发群体的参与热情与动机。比如，在开放数据的评价环节，浏览和利用该数据集的用户根据自己的体验和感受做出评价的判断，公众参与评价的行为主要是基于互联网网民的参与与分享的精神，而不是为了获得物质利益；如果在数据评价环节中设计了过多的物质激励因素，很多参与者可能为了获取奖励进行评价，而不是体现真实感受，这会造成评价结果的失真。

最后，基于互联网的精神，群体的参与动机并不都是建立在物质激励的基础上的。访问和利用政府开放数据的公众主要是互联网网民，在网民群体中体现了一种互联网精神，即"开放、平等、协作、分享"。在政府数据开放中，群体参与体现的主要是网络用户的协作、分享精神，所作出的贡献很多都是无偿的、免费的。

（2）非物质激励

虽然物质激励在一定程度和一定阶段能够激发群体参与政府数据开放，但是通过非物质的方式激发群体参与热情与动机也是不可或缺的。从当前已有的文献来看，非物质激励方式的内容多种多样。

非物质激励在政府数据开放管理中的应用，有着相应的理论基础。在表7-1中，笔者整理了主要的激励理论，其中，马斯洛需求层次理论将人类的需求从低到高分成了生理、安全、社交、尊重以及自我实现五个层次，并且人类的需求满足过程也是由低到高的；阿德佛的 ERG 理论认为人有 3 种核心需要，生存需要、相互关系需要以及成长发展需要；麦克利兰的成就需要理论提出，人在生存需要基本得到满足的前提下，最主要的需要有成就需要、亲和需要、权力需要三种平行的需要。这三个理论可以体现出，形成好的人际交往关系、获得尊重与认可、自我成就的实现等都是个体实施行为的根本动机与目的。

如果说物质激励满足的是个体生理、安全等层面的需求，那么非物质激励所针对的主要是个体在社交、尊重、自我实现等方面更高层面的需求。从需求层面来看，非物质激励更能激发参与者的动机与潜能。

非物质激励通过物质之外的方法和途径满足个体的需求，实现对个体参与动机的激发。从需求的角度来看，非物质激励一般包括基于个体相互关系需要的非物质激励、基于个体发展需要的非物质激励。再进一步细分，前者可以分为情感激励、沟通激励、尊重激励、声誉激励、认可激励、信任激励等；后者可分为任务激励、目标激励、参与激励、授权激励等。从经济成本来说，非物质激励是一种较高层次的"零成本"激励。[1]

---

① 洪生，周光阳. 零成本员工激励[M]. 长春：吉林出版集团有限责任公司，2011：6-7.

(3)物质激励与非物质激励相结合

需求是激励的基础和前提，人的需求的多样性自然导致激励方式的多样性。在管理实践中，激励方法也不是单一的，物质和非物质的途径相互结合起来，才能对群体中各个个体起到激励的作用。如图7-1所示。

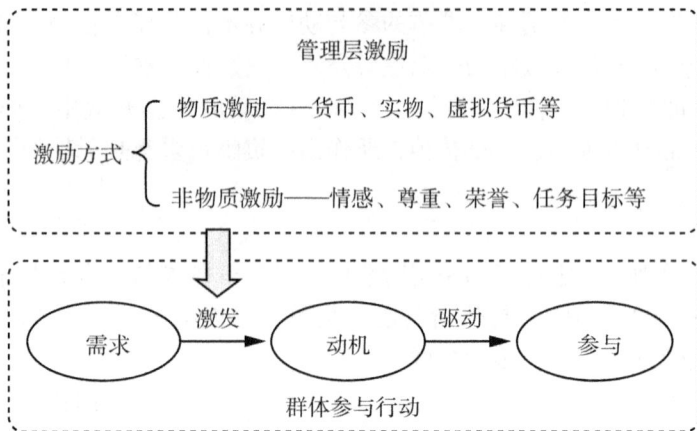

图 7-1 群体参与政府数据开放的激励类型示意图

在 Malone 的群体智慧模型中，激发群体智慧的因素包括"金钱"（money）、"爱"（love）和"荣誉"（glory）。显而易见，"金钱"（money）属于物质激励的范畴，而"爱"（love）和"荣誉"（glory）属于非物质激励的范畴。在群体参与政府数据开放的管理中，非物质激励具体的呈现形式主要有：情感激励（爱）、尊重激励（认可）、声誉激励（荣誉）、任务激励（责任）等。

① 情感激励可以对应群体智慧模型"激励"模块中"爱"的因素。在群体参与政府数据开放中，"爱"可以理解为社会公众（网民）对参与政府公共事业的兴趣和热爱，在共同的情感召唤下，物理上分散的公众（网民）参与者在网络上组成了具有共同目标和共同任务的群体，推进政府数据更好地开放共享，推动政府信息的透明化和责任政府的建设。在一定程度上说，社会公众的积极参与、全心投入源于互联网参与和分享的精神，追求超越物质层面的精神追求。

② 在管理心理学中，尊重是指管理者以平等的态度、人的感情，对待每一位被管理者，让被管理者感受到自己对组织的重要性，它包括信任、尊重、支持三个互相联系的方面。在政府数据开放的管理中，尊重激励可让公众参与者感受到自己的能力得到肯定和信任，所提出的建议意见得到充分的重视，参与行为得到了支持，从而认识到自身的价值，进而更加全身心地参与到实践中。

在国内外诸多政府开放数据平台门户上，管理者为公众的参与提供了便捷的接口，在利用开放数据中，如果发觉需要的数据没有开放，可在线提交请求，管理者对这些请求有着足够的重视，就会让公众参与者获得受到重视和尊重的满足感，进而更加积极地参与互动。如果整个数据开放平台形成这样一种良性的交流沟通生态，群体智慧就会发挥更大的作用。

③ 声誉激励(reputation motivation)是对参与者贡献与价值的肯定，能让其感受到来自于社会或者所处环境的荣誉感。在网络虚拟社区中，一般采取对注册用户奖励积分或升级用户等级等方式，使用户在精神层面得到满足；高积分和高等级的用户在社区中成为榜样和典型，并具有一定的"话语权"，或者拥有一定的"权威"，将会激励他们为获得更好的声誉而努力。

④ 任务激励(task motivation)是指组织通过具体任务和工作要求或目标对成员进行激励。针对政府数据开放活动，一些参与者有着社会责任感，只要管理者能够给予充分的信任和认可，提供公众参与数据开放相应环节的机会，就会激发他们发挥自身的专业技能或技术优势，完成相关的任务和实现相应的目标。

(4)激励对群体参与政府数据开放的影响

① 分析的切入点。

本研究第4章分析了在政府数据开放中参与的各种主体，总体分成两个层面：

一是"管理层"，即政府及其相关组织机构，他们在政府数据开放中承担着"管理者"的角色。政府及其相关组织开展政府数据开放的根本动力在于对自身合法性价值的追求，直接动力在于通过数据开放推进开放、责任和透明政府建设，促进经济发展和完善社会治理。① 这里所说的动力，是激励政府及其相关组织开展和推进政府数据开放的因素。具体到政府数据开放的实施部门和工作人员，激励其积极推进政府数据开放工作的因素还包括对绩效和政绩的追求等。

二是"群体"，即各种社会力量，他们在政府数据开放中承担着"参与者"的角色，本研究所论述的群体参与产生群体智慧，重点关注的是各种社会力量在参与政府数据开放过程中贡献智慧。社会力量的组成又可分成组织和个体两个层面。激励组织参与政府数据开放的动因基本是由组织的使命和任务决定的，例如，追求利润的最大化是企业的根本使命，企业参与政府开放数据的开发利用能够带来经济效益的提升，这是激励企业参与政府数据开放的动因；一些非营利机构参与政府数据开放工作，原因在于政府数据开放工作契合了其组织使命和任务目标。相对而言，个

① Foulonneau M, Martin S, Turki S. How Open Data Are Turned into Services? [M]. Basel: Springer International Publishing, 2014: 31-39.

体参与政府数据开放的动机则较为复杂，每个人的身份、背景存在差异，参与的出发点也千差万别。而且，管理学中激励理论研究的对象主要还是个人层面的。因此，本研究接下来分析激励对群体参与政府数据开放的影响，主要是从个体的层面开展。

② 影响的内容。

激励对群体(由个体组成)参与政府数据开放的影响主要在以下方面：

从参与者角度来说，激励措施的应用激发和强化了他们参与数据开放环节的意愿与动机。将物质激励与非物质激励结合起来，能够最大程度地吸引群体中不同需求的个体为政府数据开放的实施做出贡献，推动开放数据资源的开发利用。

从管理者角度来说，在政府数据开放的管理中设置公众参与激励措施，是向社会公众表明开放的态度和平等交流的姿态，为与社会公众的良性互动提供了条件。在公众参与过程中，群体智慧的输入将对数据开放管理提供源源不断的反馈信息流，促进实施流程和管理环节的完善。

在政府数据开放的管理中实施一定的激励手段，构建适当的激励机制，在表明管理者开放态度、激发参与者参与动机的同时，客观上也能够在群体内形成知识共享与群体合作的良好氛围。政府数据开放建立在虚拟的互联网环境中，在访问和利用数据资源的过程中，群体中的个体自发、自主地参与到数据开放中，在交流与协作中进行知识的分享。但是，在虚拟的网络社区中，参与者之间如果要建立良好、顺畅的知识分享关系，参与者之间的信任机制是重要的影响因素。关于管理部门的激励，参与者可以理解为是一种鼓励和认可，为参与者之间的信任机制构建提供了保障。一旦参与者之间形成了良好、顺畅的知识分享关系，更能激发群体智慧迸发，达到政府数据开放的目标。

7.2 群体参与政府数据开放行为与激励因素关联分析

在 Malone 群体智慧模型的"激励"模块中，激励群体参与的因素主要是三个："金钱"(money)、"爱"(love)和"荣誉"(glory)。在政府数据开放的管理实践中，通过激励参与政府数据开放的群体成员是多样化的，可以从年龄阶段、受教育程度、职业、学科背景等标准对群体成员进行划分。群体成员的多样化是群体智慧产生的基本条件之一。不同的个体参与到政府数据开放中，其动机是不一样的，这就决定了在管理过程中需要激励措施与途径的多元化。

为了制定相对合适的激励制度，需要对政府数据开放的参与者进行调查，获取参与行为与激励因素之间关系的数据。

第4章第4.2节阐述了参与政府数据开放的主体是多种多样的,既有组织机构层面的,也有个体层面的。需要说明的是,本节在探讨政府数据开放中群体参与与激励因素的关系时,设计相应的调查问卷是面向个体的,原因在于即使参与主体是组织机构,组织机构的目标与任务最终的实施者仍然会具体到个体层面,个体的行为动机决定着组织机构参与的动力。

7.2.1　问卷设计

(1)问卷基本情况

本节以激励理论为基础,研究群体参与政府数据开放行为与激励因素之间的关系。本研究主要以政府数据开放的受众即社会公众为调查对象,设计了调查问卷。调查问卷总共设计了10个调查问题。除第一部分接受调查者的基本信息和第二部分接受调查者对政府数据的认识与理解外,问卷其他两部分问题采用李克特五点量表(Likert Scale),每个问题有"总是""经常""偶尔""很少""从不"或者"非常同意""同意""不一定""不同意""非常不同意"五种回答,一般用"5、4、3、2、1"的级别要求被调查者对某一问题的描述情况进行判断。

社会公众参与政府数据开放行为与激励因素的问卷包括了四大部分。

① 接受调查者的基本背景信息。

问卷第一部分对接受调查者的基本信息进行采集,包括接受调查者的性别、年龄、所在地区、所从事职业、受教育程度5个方面。这5个背景信息项也是测定公众参与行为与激励因素差异化的变量。

从统计学意义上说,信息用户的性别对信息行为差异性有着一定的影响。[1][2]在公众参与政府数据开放活动中,参与者的性别不同,其在参与行为和对激励因素的感知上应该也存在差异。

政府数据开放活动是基于互联网开展的,利用互联网具有一定的技能门槛,根据CNNIC的数据,在我国中青年是互联网用户的主要人群。[3] 因此,政府数据开放活动的参与者主要集中在中青年年龄段。不同的年龄段,人们对政府数据的需求

---

① Lim S, Kwon N. Gender Differences in Information Behavior Concerning Wikipedia, An Unorthodox Information Source? [J]. Library & Information Science Research, 2010, 32(3): 212-220.

② Zhou M. Gender Difference in Web Search Perceptions and Behavior: Does it Vary by Task Performance? [J]. Computers & Education, 2014, 78(259): 174-184.

③ 第40次《中国互联网络发展状况统计报告》[EB/R]. [2017-09-02]. https://www.cnnic.net.cn/hlwfzyj/hlwxzbg/hlwtjbg/201708/t20170803_69444.htm.

存在差异，同时对激励因素的感知也有所不同。

在我国，由于经济社会发展与信息化程度的差异，各地区在政府数据开放方面也存在一定的差异，因此，所在地区也会影响公众参与政府数据开放行为以及对激励因素的感知。

从事不同职业的社会公众，对政府数据的需求不同，因此其参与行为和对激励因素的感知也存在差异。

教育背景在一定程度上影响着社会公众对政府数据开放的认知，进而影响其参与政府数据开放活动的深度。

② 接受调查者对政府数据开放的认识与理解。

问卷第二部分为参与调查者对政府数据开放的认识与理解，调查使用政府数据开放平台的目的以及年限等。该部分设置了一道题项"您是否登录政府信息门户、政府数据开放平台等网站，浏览、下载、利用政府开放数据资源？"以此判断接受问卷调查的人是否接触过政府开放数据资源，如果选择"否"，问卷调查活动结束。这样的设置是为了较为真实地获取参与行为和激励因素数据。

此外，该题项不仅列出"政府数据开放平台"，还列出了"政府信息门户"。虽然开放平台是政府开放数据的主要载体，但目前在我国还未达到全面普及的程度，为了使接受问卷调查的人能够更好、更形象地了解政府开放数据资源，本问卷也将政府信息门户列举在题目中。事实上，政府信息门户中也包含了大量开放数据资源，只是并不像政府数据开放门户那样是专门的数据开放平台。

③ 群体中公众的参与政府数据开放行为。

问卷第三部分为参与政府数据开放人员的参与行为调查。按照群体参与政府数据开放的层次和生命周期，包括政策法规以及规划等的制定、数据计划、数据收集、数据组织、数据发布、数据利用、数据评价等，设置了 11 个问题，并采用李克特五点量表，测量接受调查者关于参与行为的判断。感知度分为从不、很少、偶尔、经常、总是五个层次，分别记为 1 分、2 分、3 分、4 分、5 分。

④ 群体中公众参与者的激励因素。

问卷第四部分为参与者的激励因素感知调查。第四部分的设计以 Malone 群体智慧模型中"激励"模块内容为基础，并参考了众多学者对公众参与社交媒体、电子政务、公共政策决策行为等激励因素研究的成果，①② 确定了公众参与政府数据

① Schedler K, Summermatter L. Customer Orientation in Electronic Government：Motives and Effects[J]. Government Information Quarterly, 2007, 24(2)：291-311.

② 张会平，吴帅磊，汤志伟. 政策制定过程中不同层次网络参与行为的影响因素研究[J]. 电子政务, 2017(1)：50-58.

开放活动的激励因素项目，设置了 12 个问题，包括：获得物质奖励、推进事业发展、节省获取有用数据资源的成本、兴趣爱好、精神追求、理念认同、人际关系、任务挑战、责任激励、获得认可、获得荣誉、获得权威。感知度分为非常不同意、不同意、不一定、同意、非常同意五个层次，分别记为 1 分、2 分、3 分、4 分、5 分。

初始问卷设计完成后，经过两个步骤进行修正和完善：

第一阶段（2017 年 7 月 15—8 月 20 日），为多角度、多层面地发现调查问卷存在的问题和不足，通过师生、同事、同学、朋友等社会网络，邀请了 25 位各类学科专业背景的专家、研究生以及公务员等对初始问卷的内容和形式进行了审阅，提出了意见建议，然后根据这些修改意见对问卷进行了修正，消除了问题项语义上的歧义，修改或者删除表述不清的内容，使问卷更加贴合实际情况，进而形成了预测试问卷。

第二阶段（2017 年 8 月 22—8 月 28 日），对预测试问卷进行了一定范围样本的测试，收集了 103 份问卷，其中登录过政府信息门户或者政府数据开放平台等网站，接触和使用过政府数据资源的为 78 份，这些拥有调查题项的完整记录，本研究用统计方法对问卷项进行了测试，为检验、调整和修改题项提供依据。

通过信度分析，公众参与行为和激励因素的 23 个题项大体表现良好，总体 Cronbach's α 值达到了 0.817，个别题项 Cronbach's α 值低于 0.6，例如，"将政府数据在社交媒体上进行了传播和分享""在线纠错""推进事业发展""获取有用资源"。为了使得题项意思表达更加清晰，问卷增加了题项的举例说明。

通过因子分析分别对"参与行为""激励因素"两个维度的测项进行了效度分析，其中，KMO 检验和 Bartlett's 球状检验结果均良好，显示这些数据很适合做因子分析。在因子分析中，"参与行为"维度的分析呈现出较好的结果，而"激励因素"的分析结果与预期有所差别。因此，本研究对"激励因素"维度的 12 个题项的顺序进行了调整，将同类相关的因素放在一起。

经过对问卷题项的修正和完善，形成信度和效度相对较高的正式调查问卷，详见附录 3。

（2）指标选取

① 公众参与政府数据开放行为指标选取。

公众的参与行为，可以根据政府数据开放的各个阶段和环节进行认定和选取。在第 5 章，我们将政府数据开放分成规划设计、实施操作两个层面，实施操作层面的政府数据开放生命周期又划分为数据计划、数据收集、数据组织、数据发布、数据利用、数据评价 6 个阶段与环节。在这些阶段和环节中，公众都有参与的可能性，表7-2将这些行为进行了列举。

表7-2 公众参与政府数据开放行为

政府数据开放阶段	参与行为	文献来源
政策法规规划等的制定	A1 为相关政策法规等制定提供反馈意见建议	贵阳市人大常委会①（2016） Cabinet Office②（2013）
	A2 对政府数据开放相关主题进行研究	郑磊等③（2017） Solar 等④（2014）
数据计划	A3 建议、推荐或申请开放政府数据的种类与类型	Sayogo 等⑤（2014） Sieber⑥（2015） UN DESA⑦（2016）
数据收集	A4 提交数据或应用程序 APP	Sayogo 等⑤（2014） Jiříček等⑧（2011）
数据组织	A5 为数据集标注标签	Reddick⑨（2010）

---

① 贵阳市人大常委会关于《贵阳市政府数据共享开放条例（草案）》征求意见的公告［EB/OL］.［2017-07-12］. http：//xxgk. gygov. gov. cn/xxgk/jcms_files/jcms1/web1/site/art/2016/12/10/art_215_199550. html.

② Cabinet Office. Open Government Partnership：UK National Action Plan 2013［EB/OL］.［2017-07-12］. https：//www. gov. uk/government/consultations/open-government-partnership-uk-national-action-plan-2013.

③ 郑磊，等. 中国地方政府数据开放平台报告2017［R］. 上海：复旦大学数字与移动治理实验室，2017.

④ Solar M, Daniels F, Lopez R, et al. A Model to Guide the Open Government Data Implementation in Public Agencies［J］. Journal of Universal Computerence，2014，20(11)：1564-1582.

⑤ Sayogo D S, Pardo T A, Cook M. A Framework for Benchmarking Open Government Data Efforts［C］// 47th Hawaii International Conference on System Science，2014：1896-1905.

⑥ Sieber R E, Johnson P A. Civic Open Data at a Crossroads：Dominant Models and Current Challenges［J］. Government Information Quarterly，2015，32(3)：308-315.

⑦ UN DESA. The UN E-Government Survey 2016［EB/R］.［2017-08-25］. https：//publicadministration. un. org/en/Research/UN-e-Government-Surveys.

⑧ Jiříček Z, Massimo F D. Microsoft Open Government Data Initiative（OGDI），Eye on Earth Case Study［M］. Environmental Software Systems. Frameworks of eEnvironment. Springer Berlin Heidelberg，2011：26-32.

⑨ Reddick C G. Citizens and E-government：Evaluating Policy and Management［M］. Information Science Reference，2010：283-297.

续表

政府数据开放阶段	参与行为	文献来源
数据发布	A6 将政府数据在社交媒体上进行了传播和分享	Sayogo 等①(2014) 董姣等②(2017)
	A7 提供改善数据平台服务功能、完善数据资源建设的建议意见	Chan③(2013) 董姣等②(2017)
	A8 在线纠错	Alexopoulos 等④ (2014)
数据利用	A9 对政府数据进行了开发利用	Sieber⑤(2015) UN DESA⑥(2016) Chan③(2013) Kuhn⑦(2011)
数据评价	A10 在线发表评论	Sayogo 等①(2014) 郑磊等⑧(2015)

---

①　Sayogo D S, Pardo T A, Cook M. A Framework for Benchmarking Open Government Data Efforts[C]// 47th Hawaii International Conference on System Science, 2014：1896-1905.

②　董姣, 董建新. 开放政府数据中公民参与影响因素实证研究[J]. 广东行政学院学报, 2017, 29(1)：21-28.

③　Chan C M L. From Open Data to Open Innovation Strategies：Creating E-Services Using Open Government Data[C]// Hawaii International Conference on System Sciences. IEEE, 2013：1890-1899.

④　Alexopoulos C, Zuiderwijk A, Charapabidis Y, et al. Designing a Second Generation of Open Data Platforms：Integrating Open Data and Social Media[C]// 2014 International Conference on Electronic Government, Berlin：Springer, 2014：230-241.

⑤　Sieber R E, Johnson P A. Civic Open Data at a Crossroads：Dominant Models and Current Challenges[J]. Government Information Quarterly, 2015, 32(3)：308-315.

⑥　UN DESA. The UN E-Government Survey 2016 [EB/R]. [2017-08-25]. https：// publicadministration. un. org/en/Research/UN-e-Government-Surveys.

⑦　Kuhn K. Open Government Data and Public Transportation [J]. Journal of Public Transportation, 2011, 14(1)：83-97.

⑧　郑磊, 高丰. 中国开放政府数据平台研究：框架、现状与建议[J]. 电子政务, 2015 (7)：8-16.

政府数据开放阶段	参与行为	文献来源
数据评价	A11 在线评分	Sayogo 等①（2014） Alexopoulos 等②（2014）

（本表格由作者根据相关参考文献整理获得）

表 7-2 中公众参与政府数据开放的行为都来自于对实践活动的总结，同时也参考了国内外研究人员发表的相关文献。

② 激励因素指标选取。

在 Malone 的群体智慧管理模型中，激发群体智慧的因素包括"金钱"（money）、"爱"（love）和"荣誉"（glory）。那么，本调查中公众参与者的激励因素项目就以 Malone 提出的三个因素为基础。见表 7-3。

在 Malone 的群体智慧管理模型中，将激发群体参与的因素总结为三个方面，即金钱（money）、爱（love）以及荣誉（glory）。通过对这三个方面进行扩展，细化成具体的激励项目。

第一，激励因素之一：金钱（money）。

Malone 认为对经济收益的追求是人参加一项活动的动力，而经济收益可能是直接的报酬与薪金，也有可能是未来收益可能性的增加。激励因素"金钱"的内涵可以扩展至"物质利益"，这样涵盖更全面。经过与实践相结合，该激励因素可以分成获得物质奖励、推进事业发展、获取有用资源。

获得物质奖励：政府数据的管理者设置相应的规则，鼓励公众参与，可以通过积分的形式兑换成奖品；举行开放数据利用竞赛，设置物质奖励。

推进事业发展：参与者通过利用开发政府数据资源，进行创新创业，帮助其获得市场利益，获得资本融资等。

获取有用资源：参与者通过参与政府数据开放，通过互动交流获得有用资源，节省数据资源的搜寻成本。

第二，激励因素之二：爱（love）。

激励因素"爱"是一种比较通俗的提法，是从情感的层面促进公众的参与行为。其具体可以分为：兴趣爱好、政治效能感、精神追求、人际关系、任务挑

---

① Sayogo D S, Pardo T A, Cook M. A Framework for Benchmarking Open Government Data Efforts［C］// 47th Hawaii International Conference on System Science，2014：1896-1905.

② Alexopoulos C, Zuiderwijk A, Charapabidis Y, et al. Designing a Second Generation of Open Data Platforms：Integrating Open Data and Social Media［C］// 2014 International Conference on Electronic Government，Berlin：Springer，2014：230-241.

战、责任激励。

表 7-3　　　　　　　公众参与政府数据开放行为的激励因素

激励因素	激励项目	主要来源文献
金钱（Money）	B1 获得物质奖励	Malone 等①（2010） Albano②（2014） Schedler 等③（2007） 张会平等④（2017） Chan⑤（2013） Chen 等⑥（2009） 王慧贤⑦（2013）
	B2 推进事业发展	
	B3 获取有用资源，节省搜索成本	
爱（Love）	B4 兴趣爱好	
	B5 精神追求	
	B6 责任激励	
	B7 理念认同	
	B8 任务目标挑战与探索	
	B9 人际关系	
荣誉（Glory）	B10 获得认可	
	B11 获得荣誉	
	B12 获得权威	

（本表格由作者根据相关参考文献整理获得）

---

① Malone T W, Laubacher R, Dellarocas C. The Collective Intelligence Genome［J］. IEEE Engineering Management Review, 2010, 38(3)：38-52.

② Albano C S, Reinhard N. Open Government Data：Facilitating and Motivating Factors for Coping with Potential Barriers in the Brazilian Context［C］// 13th Annual International IFIP Working Group 8. 5 Electronic Government Conference, 2014：181-193.

③ Schedler K, Summermatter L. Customer Orientation in Electronic Government：Motives and Effects［J］. Government Information Quarterly, 2007, 24(2)：291-311.

④ 张会平, 吴帅磊, 汤志伟. 政策制定过程中不同层次网络参与行为的影响因素研究［J］. 电子政务, 2017(1)：50-58.

⑤ Chan C M L. From Open Data to Open Innovation Strategies：Creating E-Services Using Open Government Data［C］// Hawaii International Conference on System Sciences. IEEE, 2013：1890-1899.

⑥ Chen I Y L, Chen N S, Kinshuk. Examining the Factors Influencing Participants' Knowledge Sharing Behavior in Virtual Learning Communities［J］. Journal of Educational Technology & Society, 2009, 12(1)：134-148.

⑦ 王慧贤. 社交网络媒体平台用户参与激励机制研究［D］. 北京：北京邮电大学, 2013：42-54.

兴趣爱好：参与者对数据资源获取与分析行为带有倾向性、选择性的态度与情绪，产生喜欢的想法。

政治效能感：基于网络的政府数据开放活动不同于一般的网络社区活动，带有明显的政治性和公共事务特征。政治效能感是衡量政治态度的重要操作化变量，分为内部效能感和外部效能感。内部效能感（internal efficacy）指个人对自己有能力理解政治并有效参与政治的信念。内部效能感越强，会进一步增加他们对政治的关注。① Schulz 研究发现，内部效能感越强，关注和参与政治活动越多。② 外部效能感（regime efficacy）是指个人对政府机构和官员响应公民需求的信念。外部效能感越强，会更希望与政府机构和官员沟通互动，也希望能够影响甚至改变政府机构和官员的观点和行为。Finkel 发现，外部效能感会显著提升政治参与互动行为。③ 对于个人来说，政治效能感是影响其政治参与的最主要因素。

精神追求：参与者认为政府数据开放活动是公共事务活动，参与其中并作出贡献会带来内心精神上的满足。

人际关系：通过网络社区进行互动，在社会交往中产生归属感。

任务目标挑战与探索：参与者是 Y 型人，④ 渴望工作、能自动自发、希望有所成就，并且对挑战非常有兴趣。在一定目标挑战和任务探索的激发下，参与政府数据开放的活动。通过完成目标任务，能够获取社群的尊重和赞誉。

责任激励：参与者具有责任感，通过参与政府数据开放活动，能够在公共事务中发挥自身的力量，促进责任政府的建设。

理念认同：参与者认同互联网的开放精神和政府开放运动所倡导的数据开放，为了推进政府数据开放实践，会主动参与相应的活动。

第三，激励因素三：荣誉（glory）。

激励因素"荣誉"是从外部对参与个体认知的角度出发考虑的因素。

获得认可：公众的参与政府数据开放行为，如果在网络社区中经常参与，能够获得认可和尊重，在群体中获得认同感。

获得荣誉：通过对登录、参与的行为进行积分，参与者的网络身份等级随着参

---

① Craig S C, Niemi R G, Silver G E. Political Efficacy and Trust：A Report on the NES Pilot Study Items[J]. Political Behavior, 1990, 12(3)：289-314.

② Schulz W. Political Efficacy and Expected Participation among Lower and Upper Secondary Students, A Comparative Analysis with Data from the IEA Civic Education Study[C]// Proceedings of ECPR General Conference, 2005：1-34.

③ Finkel S E. Reciprocal Effects of Participation and Political Efficacy：A Panel Analysis[J]. American Journal of Political Science, 1985, 29(4)：891-913.

④ ［英］欧文. 管控力（第 3 版）[M]. 范林, 宋炳霖, 译. 北京：清华大学出版社, 2014：66-67.

与时间和贡献情况获得提升，能够体验到荣誉感。

获得权威：通过分享和广泛的参与，在网络社区中获得权威的身份。

7.2.2　问卷数据统计与分析

本问卷在专业调查问卷网站问卷星（https：//www. sojump. com）上进行了发布，然后通过微信、QQ、电子邮件等通信工具发送传播，并以"红包"等奖励形式吸引和激励相关人员参与填写问卷。

本问卷于 2017 年 8 月 31 日正式发布，到 2017 年 9 月 14 日截止，共收到问卷反馈结果 903 份。

本研究采用 SPSS20. 0 作为实证分析工具，进行描述性的统计分析，并选取信度分析、效度分析、因子分析等数据分析方法对调查问卷收集的数据进行分析。

（1）背景信息、参与行为和激励因素的描述性统计

以下对收集到的问卷数据进行描述性说明和分析。

① 问卷调查对象的背景信息分布情况。

对调查问卷的整体样本进行统计和分析。

从表 7-4、表 7-5 和表 7-6 可以看到，在接受问卷调查的人中，男女比例基本平衡（男女分别占 48.84% 和 51.16%），年龄处于 30 ~ 39 岁区间的人最多（占43.30%），其次是 20 ~ 29 岁区间的人占 35.55%，最后是 40 ~ 49 岁区间的人占15.84%。

表 7-4　　　　　　　　　　**样本背景分布情况表（一）**

变量	分类	频数	百分比
性别	男	441	48.84%
	女	462	51.16%
	总计	903	100.00%
年龄	19 岁及以下	18	1.99%
	20 ~ 29 岁	321	35.55%
	30 ~ 39 岁	391	43.30%
	40 ~ 49 岁	143	15.84%
	50 ~ 59 岁	27	2.99%
	60 岁及以上	3	0.33%
	总计	903	100.00%

续表

变量	分类	频数	百分比
教育背景	高中及以下	74	8.19%
	本专科	558	61.79%
	硕士	211	23.37%
	博士	60	6.64%
	总计	903	100.00%

表 7-5　　　　　　　　　　　样本背景分布情况表（二）

所在地区	频数	百分比	所在地区	频数	百分比
安徽	74	8.19%	吉林	10	1.11%
北京	76	8.42%	辽宁	16	1.77%
重庆	14	1.55%	内蒙古	1	0.11%
福建	28	3.10%	宁夏	1	0.11%
甘肃	8	0.89%	山东	49	5.43%
广东	110	12.18%	上海	66	7.31%
广西	16	1.77%	山西	8	0.89%
贵州	4	0.44%	陕西	5	0.55%
海南	4	0.44%	四川	22	2.44%
河北	16	1.77%	天津	10	1.11%
黑龙江	4	0.44%	新疆	1	0.11%
河南	22	2.44%	云南	2	0.22%
湖北	32	3.54%	浙江	206	22.81%
湖南	21	2.33%	其他国家/地区	3	0.33%
江苏	62	6.87%	总计	903	100.00%
江西	12	1.33%			

表 7-6 样本背景分布情况表(三)

职业分类	频数	百分比	职业分类	频数	百分比
党政机关事业单位领导干部	28	3.10%	制造生产型企业工人	10	1.11%
党政机关事业单位一般职员	79	8.75%	个体户/自由职业者	34	3.77%
企业/公司高层管理人员	35	3.88%	农村外出务工人员	4	0.44%
企业/公司中层管理人员	146	16.17%	农林牧渔劳动者	1	0.11%
企业/公司一般职员	186	20.60%	退休	1	0.11%
专业技术人员(教师/科研人员/医生/律师/记者/图书馆员等)	166	18.38%	无业/下岗/失业	9	1.00%
军人	3	0.33%	其他	15	1.66%
全日制学生	170	18.83%	总计	903	100.00%
商业服务业职工	16	1.77%			

关于教育背景,接受问卷调查的人中,本专科占到 61.79%,其次是硕士占到 23.37%。

关于地区分布,接受问卷调查的人中,浙江、广东、北京、安徽、上海、江苏、山东等地区占的比例较高。

关于职业分布,接受问卷调查的人中,企业/公司一般职员、全日制学生、专业技术人员、企业/公司中层管理人员等占的比例较高。

② 接触过政府开放数据问卷调查者的背景信息分布情况。

接受问卷调查的人群按照是否接触和使用过政府开放数据资源分成两类。在 903 位接受问卷调查的人中,登录过政府信息门户或者政府数据开放平台等网站,接触和使用过政府数据资源的为 646 人,占 71.54%。接下来,本研究将对这 646 个样本数据进行统计分析。

第一,接触和使用政府开放数据的主要目的。

由表 7-7 可知,从接触政府开放数据的目的来看,排在第一位的是"日常生活"(58.36%),其次是"工作任务"(53.87%),最后是"学术研究"(45.67%)。

由此可见,人们接触和使用政府开放数据的首要目的是为了解决生活中遇到的问题;为完成工作或研究中的任务也是使用政府开放数据的主要动机之一。

表 7-7   接触过政府开放数据的样本背景分布情况表(一)

变量	分类	频数	百分比
您是否登录过政府信息门户、政府数据开放平台等网站,浏览、下载或利用政府开放数据资源	是	646	71.54%
	否	257	28.46%
	总计	903	100.00%
接触政府开放数据的主要目的	日常生活	377	58.36%
	兴趣爱好	287	44.43%
	学术研究	295	45.67%
	工作任务	348	53.87%
	技术研发	129	19.97%
	公共决策	198	30.65%
	商业开发	136	21.05%
	咨询建议	145	22.45%
	其他目的	12	1.86%
	总计	646	100.00%
登录政府信息门户、政府数据开放平台等,浏览、下载、利用政府开放数据资源的年限	半年以下	151	23.37%
	半年至1年	150	23.22%
	1年至2年	158	24.46%
	2年至3年	71	10.99%
	3年以上	116	17.96%
	总计	646	100.00%

第二,接触和使用政府开放数据的年限。

由表 7-7 可知,从接触和使用政府开放数据的时间长短来看,1 年以内的占 46.59%,2 年以内的占 71.05%,3 年以内的占 82.04%,3 年以上的则只有 17.96%。

在我国,政府数据开放是近三年来才被重点关注的领域,特别是随着《促进大数据发展行动纲要》的出台,各级政府开始增强数据开放的力度,数据开放门户网站也逐步增加。

第三,基本背景信息分布。

由表 7-8、表 7-9 和表 7-10 可知,在各因素项上,接触过政府开放数据的样本与整体样本总体上状态与趋势一致。

表 7-8 接触过政府开放数据的样本背景分布情况表（二）

变量	分类	频数	百分比
性别	男	327	50.62%
	女	319	49.38%
	总计	646	100.00%
年龄	19 岁及以下	6	0.93%
	20~29 岁	224	34.67%
	30~39 岁	301	46.59%
	40~49 岁	93	14.40%
	50~59 岁	20	3.1%
	60 岁及以上	2	0.31%
	总计	646	100.00%
教育背景	高中及以下	35	5.42%
	本专科	411	63.62%
	硕士	154	23.84%
	博士	46	7.12%
	总计	646	100.00%

表 7-9 接触过政府开放数据的样本背景分布情况表（三）

所在地区	频数	百分比	所在地区	频数	百分比
安徽	52	8.05%	江西	9	1.39%
北京	64	9.91%	吉林	7	1.08%
重庆	6	0.93%	辽宁	14	2.17%
福建	20	3.10%	内蒙古	1	0.15%
甘肃	7	1.08%	山东	28	4.33%
广东	83	12.85%	上海	42	6.50%
广西	11	1.70%	山西	7	1.08%
贵州	3	0.46%	陕西	3	0.46%
海南	1	0.15%	四川	16	2.48%
河北	14	2.17%	天津	8	1.24%

续表

所在地区	频数	百分比	所在地区	频数	百分比
黑龙江	2	0.31%	新疆	1	0.15%
河南	17	2.63%	云南	1	0.15%
湖北	25	3.87%	浙江	131	20.28%
湖南	16	2.48%	其他国家/地区	2	0.31%
江苏	54	8.36%	总计	646	100.00%

表 7-10　　　　接触过政府开放数据的样本背景分布情况表 (四)

职业分类	频数	百分比	职业分类	频数	百分比
党政机关事业单位领导干部	26	4.02%	制造生产型企业工人	5	0.77%
党政机关事业单位一般职员	62	9.60%	个体户/自由职业者	25	3.87%
企业/公司高层管理人员	29	4.49%	农村外出务工人员	2	0.31%
企业/公司中层管理人员	127	19.66%	退休	1	0.15%
企业/公司一般职员	137	21.21%	无业/下岗/失业	1	0.15%11
专业技术人员 (教师/科研人员/医生/律师/记者/图书馆员等)	120	18.58%	其他	11	1.70%
全日制学生	89	13.78%	总计	646	100.00%
商业服务业职工	11	1.70%			

在接触过政府开放数据的样本中，男女基本平衡 (男女分别占 50.62% 和 49.38%)。

样本的年龄处于 30~39 岁区间的最多，占 46.59%；其次是 20~29 岁区间，占 34.67%；然后是 40~49 岁区间，占 14.40%。CNNIC 第 41 次《中国互联网络发展状况统计报告》显示，我国网民以 10~39 岁群体为主，占整体的 73.0%，其中 20~29 岁年龄段的网民占比最高，达 30.0%，10~19 岁、30~39 岁群体占比分别为 19.6%、23.5%。① 本研究获取的调查样本年龄结构分布基本与我国网民年龄结构总体一致。

---

① 第 41 次《中国互联网络发展状况统计报告》[EB/R]. [2018-02-26]. http：//www. cnnic. net. cn/hlwfzyj/hlwxzbg/hlwtjbg/201803/t20180305_70249. htm.

关于接触过政府开放数据样本的教育背景，本专科占到 63.62%，其次是硕士占到 23.84%，博士占到 7.12%。

关于接触过政府开放数据样本的地区分布，浙江、广东、北京、安徽、上海、江苏、山东等地区占的比例较高。2016 年，CNNIC 的《国家信息化发展评价报告》①对我国大陆地区 31 个省份的信息化水平进行了评价，北京、上海、广东、浙江、江苏、福建、山东等省市信息化发展水平处于领先地位。总体来看，我国信息化发展水平从东部沿海地区向西北、西南、东北三个方向依次呈现逐步递减的态势。根据相关研究，我国地方层面共有不同级别政府数据开放平台 17 个，其中 13 个在东部地区。② 本研究获取的调查样本在地区分布方面，比例较高的都来自于信息化水平较高的地区。

关于接触过政府开放数据样本的职业分布，企业/公司一般职员、全日制学生、专业技术人员、企业/公司中层管理人员等占的比例较高。

③ 参与行为量表各变量描述统计。

表 7-11　　　　　　　　　　　参与行为量表各变量描述统计

	N	极小值	极大值	均值		标准差	方差	偏度		峰度	
	统计量	统计量	统计量	统计量	标准误	统计量	统计量	统计量	标准误	统计量	标准误
1. 您提交了有关数据需求的建议或申请	646	1	5	2.74	0.045	1.141	1.301	-0.019	0.096	-0.918	0.192
2. 您提交了可以开放的数据或应用程序 APP	646	1	5	2.59	0.050	1.272	1.618	0.187	0.096	-1.136	0.192
3. 您参与了政府开放数据的组织与分类	646	1	5	2.52	0.048	1.226	1.503	0.188	0.096	-1.152	0.192
4. 您通过转发功能将政府数据在社交媒体上进行了传播和分享	646	1	5	3.12	0.043	1.098	1.205	-0.244	0.096	-0.607	0.192
5. 您对政府数据进行了开发利用	646	1	5	2.96	0.046	1.159	1.342	-0.164	0.096	-0.824	0.192

① 国家信息化发展评价报告（2016）［EB/R］.［2017-09-26］. http：//www. cnnic. cn/hlwfzyj/hlwxzbg/hlwtjbg/201611/t20161118_56109. htm.

② 张勇进. 我国地方政府数据开放现状研究［J］. 中国行政管理，2016(11)：19-23.

	N	极小值	极大值	均值		标准差	方差	偏度		峰度	
	统计量	统计量	统计量	统计量	标准误	统计量	统计量	统计量	标准误	统计量	标准误
6. 您提供了改善数据平台服务功能、完善数据资源建设的建议意见	646	1	5	2.66	0.047	1.185	1.405	0.060	0.096	-1.049	0.192
7. 您对政府数据进行了纠错	646	1	5	2.41	0.048	1.226	1.504	0.422	0.096	-0.904	0.192
8. 您对政府数据的形式、内容以及质量等状况发表了文字评论	646	1	5	2.80	0.046	1.174	1.379	-0.020	0.096	-0.942	0.192
9. 您对数据开放情况、内容质量等进行了评分	646	1	5	2.83	0.046	1.177	1.385	-0.065	0.096	-0.901	0.192
10. 您参与了对政府数据开放相关主题的研究活动	646	1	5	2.69	0.048	1.216	1.478	0.131	0.096	-0.959	0.192
11. 您为政府数据开放相关政策法规等提供建议意见	646	1	5	2.63	0.047	1.206	1.456	0.095	0.096	-1.125	0.192

由表 7-11 可知，参与行为分为 1~5 个等级，中等水平计分为 3。从均值来看，除了"您通过转发功能将政府数据在社交媒体上进行了传播和分享"之外，其他参与行为各个变量的均值均小于 3，位于中等水平之下。这说明了在接触政府开放数据资源的公众里，真正参与到政府数据开放中的用户相对较少。各参与行为项的均值处于 2.41~3.12（总体在"很少"与"偶尔"之间），说明公众的参与行为还是有提升的可能和空间，需要进一步形成系统性和针对性的激励机制。

④ 激励因素的变量描述统计。

由表 7-12 可知，激励因素分为 1~5 个等级，中等水平计分为 3。从均值来看，激励因素各个变量的均值均大于 3，超过了中等水平，说明接触过政府数据资源的公众对这些激励因素较为认可。

认知度较高的激励影响因素项目为"通过参与政府数据开放活动，我可以节省所需数据的搜寻成本""参与政府数据开放活动，是因为我认同开放共享精神""通过参与政府数据开放活动，可以促进我所从事事业的发展"。

表 7-12　　　　　　　　　　　　　**激励因素变量描述统计**

	N	极小值	极大值	均值		标准差	方差	偏度		峰度	
	统计量	统计量	统计量	统计量	标准误	统计量	统计量	统计量	标准误	统计量	标准误
1. 通过参与政府数据开放活动，我可以获得物质奖励	646	1	5	3.36	0.039	1.000	0.999	-0.660	0.096	-0.003	0.192
2. 通过参与政府数据开放活动，可以促进我所从事事业的发展	646	1	5	3.72	0.033	0.849	0.721	-0.890	0.096	1.384	0.192
3. 通过参与政府数据开放活动，我可以节省所需数据的搜寻成本	646	1	5	3.89	0.032	0.818	0.669	-0.912	0.096	1.583	0.192
4. 在兴趣爱好的驱动下，我参与政府数据开放活动	646	1	5	3.65	0.035	0.890	0.792	-0.856	0.096	0.842	0.192
5. 参与政府数据开放活动，我能够为优化数据开放的过程与效果做出贡献	646	1	5	3.70	0.035	0.886	0.785	-0.781	0.096	0.873	0.192
6. 在责任感的驱动下，参与政府数据开放活动	646	1	5	3.69	0.035	0.889	0.790	-0.804	0.096	0.794	0.192
7. 参与政府数据开放活动，是因为我认同开放共享精神	646	1	5	3.82	0.032	0.816	0.666	-0.951	0.096	1.644	0.192
8. 在挑战与探索精神驱动下，参与政府数据开放活动	646	1	5	3.45	0.037	0.935	0.874	-0.408	0.096	-0.080	0.192
9. 通过参与政府数据开放活动，能够与其他参与者进行交流	646	1	5	3.71	0.033	0.839	0.704	-0.716	0.096	0.826	0.192
10. 参与政府数据开放活动，能够获得网络社群认可	646	1	5	3.57	0.036	0.912	0.832	-0.679	0.096	0.515	0.192

续表

	N	极小值	极大值	均值		标准差	方差	偏度		峰度	
	统计量	统计量	统计量	统计量	标准误	统计量	统计量	统计量	标准误	统计量	标准误
11. 参与政府数据开放活动，能够获得荣誉感	646	1	5	3.59	0.036	0.910	0.829	-0.636	0.096	0.457	0.192
12. 参与政府数据开放活动，能够获得网络社群的权威地位	646	1	5	3.43	0.038	0.973	0.947	-0.588	0.096	0.093	0.192

（2）信度与效度分析

① 参与行为与激励因素的信度分析。

表 7-13   参与行为的信度检验

政府数据开放阶段	参与行为	Cronbach's α
政策法规规划等的制定	A1 为相关政策法规等制定提供反馈意见建议	0.840
	A2 对政府数据开放相关主题进行研究	
数据计划	A3 建议、推荐或申请开放政府数据的种类与类型	0.951
数据收集	A4 提交数据或应用程序 APP	0.950
数据组织	A5 为数据集标注标签	0.949
数据发布	A6 将政府数据在社交媒体上进行了传播和分享	0.825
	A7 提供改善数据平台服务功能、完善数据资源建设的建议意见	
	A8 在线纠错	
数据利用	A9 对政府数据进行了开发利用	0.952
数据评价	A10 在线发表评论	0.861
	A11 在线评分	
整体信度		0.955

表 7-14   激励因素的信度检验

激励因素	激励项目	Cronbach's α
金钱(Money)	B1 获得物质奖励	0.701
	B2 推进事业发展	
	B3 获取有用资源	
爱(Love)	B4 兴趣爱好	0.861
	B5 精神追求	
	B6 责任激励	
	B7 理念认同	
	B8 任务目标挑战与探索	
	B9 人际关系	
荣誉(Glory)	B10 获得认可	0.829
	B11 获得荣誉	
	B12 获得权威	
整体信度		0.910

信度能够反映问卷测试结果受随机误差影响的程度,是评价问卷结果质量的最基本指标之一。信度分析(Reliability Analysis)被用来测量问卷的一致性程度,即调查数据的稳定性和可信度。目前,克朗巴哈系数(Cronbach's alpha 或 Cronbach's α)是最常用的信度系数,通过这个系数来衡量同一变量下各个问题的一致性。通常 Cronbach's α 系数的值在 0 和 1 之间,如 α 系数不超过 0.6,一般认为内部一致信度不足;达到 0.7~0.8 时表示量表具有相当的信度,达到 0.8~0.9 时说明量表信度非常好。

由表 7-13 和表 7-14 可知,通过对参与行为与激励因素的信度检验,各个变量的克朗巴哈系数都在 0.7 以上,同时,问卷总体信度达到 0.955 和 0.910,说明问卷测项内部一致性较好,本研究开发的问卷具有良好的信度。

② 参与行为与激励因素的效度分析。

效度(validity)是指测量工具能够准确测出所需测量的事物的程度。因子分析(Factor Analysis)可以将为数众多的变量项目转换为少数几个因子,从而起到简化数据的目的。使用因子分析法进行效度分析,指在同一构面中,如果因子负荷值越大,则表示收敛效度越高,同时符合这个条件的测量项目越多,则问卷的区别效度越高。

第一，适切性检验。

在进行因子分析之前，需要考察数据是否适合进行因子分析。本研究采用 KMO(Kaiser-Meyer-Olkin)和 Bartlett's 球形度检验。KMO 值越接近 1，表明这些变量越适合进行因子分析。一般来说，KMO 值大于 0.7 时才可以进行因子分析，KMO 值大于 0.9 时表示数据非常适合进行因子分析。Bartlett's 球形度检验用于确定所检验数据是否取自多元正态分布的总体，如果值的显著性小于 0.001，说明该样本数据具有高度的相关性，适合因子分析。[①]

由表 7-15、表 7-16 可知，参与行为数据的 KMO 值为 0.965，激励因素数据的 KMO 值为 0.935，皆在 0.9 以上，说明该样本非常适合进行因子分析。同时，样本分布的球形度 Bartlett 检验统计显著性 P 值均是 0.000，表明样本数据适合因子分析，也表明本研究收集到的样本数据达到了非常好的建构效度。

表 7-15　　　　　参与行为效度分析

KMO 和 Bartlett 的检验

取样足够度的 Kaiser-Meyer-Olkin 度量		0.965
Bartlett 的球形度检验	近似卡方	5900.178
	df	55
	Sig.	0.000

表 7-16　　　　　激励因素效度分析

KMO 和 Bartlett 的检验

取样足够度的 Kaiser-Meyer-Olkin 度量		0.935
Bartlett 的球形度检验	近似卡方	3715.434
	df	66
	Sig.	0.000

第二，因子分析。

以下将对参与行为与激励因素进行因子分析，以此验证其效度。

[①]　沈大庆. 数学建模[M]. 北京：国防工业出版社，2016：81-83.

表 7-17 参与行为因子分析解释总方差

成分	初始特征值			提取平方和载入			旋转平方和载入		
	合计	方差的%	累积%	合计	方差的%	累积%	合计	方差的%	累积%
1	7.569	68.807	68.807	7.569	68.807	68.807	3.568	32.440	32.440
2	0.560	5.087	73.895	0.560	5.087	73.895	3.317	30.155	62.596
3	0.525	4.772	78.667	0.525	4.772	78.667	1.768	16.071	78.667
4	0.420	3.816	82.483						
5	0.343	3.118	85.601						
6	0.331	3.007	88.608						
7	0.308	2.803	91.410						
8	0.274	2.494	93.905						
9	0.232	2.113	96.018						
10	0.221	2.012	98.030						
11	0.217	1.970	100.000						

表 7-18 参与行为量表旋转后因子负荷矩阵

	成分		
	1	2	3
A10 您对政府数据的形式、内容以及质量等状况发表了文字评论	0.757		
A2 您参与了对政府数据开放相关主题的研究活动	0.746		
A11 您对数据开放情况、内容质量等进行了评分	0.739		
A1 您为政府数据开放相关政策法规等提供建议意见	0.699		
A8 您对政府数据进行了纠错	0.646		
A7 您提供了改善数据平台服务功能、完善数据资源建设的建议意见	0.590		
A4 您提交了可以开放的数据或应用程序 APP		0.787	
A3 您提交了有关数据需求的建议或申请		0.749	
A5 您参与了政府开放数据的组织与分类		0.723	
A9 您对政府数据进行了开发利用		0.539	
A6 您通过转发功能将政府数据在社交媒体上进行了传播和分享			0.865

其一，参与行为。

对拥有 11 题项的参与行为采取主成分分析方法和最大方差旋转法来辨析其多维结构。表 7-17 显示了参与行为因子分析的贡献率，前 3 个主成分能够解释全部数据的 78.667%，说明这 3 个主成分具有较强解释度，因子分析结果较好。

对自变量进行因子分析后的旋转载荷矩阵见表 7-18。可以看出，每个因子的载荷值均在 0.5 以上，说明收敛效度非常好。

根据测量的内容对 3 个因子进行命名，分别为"政府数据开放的评价与研究"（因子 1）、"政府数据开放的促进与发展"（因子 2）、"政府数据开放的传播与推广"（因子 3）。3 个因子的方差特征值分别为 3.568、3.317、1.768。因子 1 解释 32.440%，因子 2 解释 30.156%，因子 3 解释 16.071%。

其二，激励因素。

对拥有 12 题项的激励因素采取主成分分析方法和最大方差旋转法来辨析其多维结构。由表 7-19 可见，前 3 个主成分能够解释全部数据的 66.657%，说明这 3 个主成分的解释度可以接受，因子分析结果较好。

表 7-19　　　　　　　　　激励因素因子分析解释总方差

成分	初始特征值			提取平方和载入			旋转平方和载入		
	合计	方差的%	累积%	合计	方差的%	累积%	合计	方差的%	累积%
1	6.056	50.467	50.467	6.056	50.467	50.467	3.253	27.106	27.106
2	1.156	9.631	60.098	1.156	9.631	60.098	3.020	25.163	52.268
3	0.787	6.559	66.657	0.787	6.559	66.657	1.727	14.388	66.657
4	0.620	5.168	71.825						
5	0.570	4.747	76.572						
6	0.515	4.295	80.866						
7	0.448	3.737	84.603						
8	0.424	3.533	88.137						
9	0.394	3.285	91.422						
10	0.376	3.134	94.556						
11	0.331	2.762	97.318						
12	0.322	2.682	100.000						

对自变量进行因子分析后的旋转载荷矩阵见表 7-20。可以看出，每个因子的载荷值均在 0.5 以上，说明收敛效度非常好。

根据测量的内容对 3 个因子进行命名，分别为"荣誉与尊重"（因子 1）、"认同与兴趣"（因子 2）、"利益与发展"（因子 3）。3 个因子的方差特征值分别为 3.568、3.317、1.768。因子 1 解释 27.106%，因子 2 解释 24.162%，因子 3 解释 14.389%。

综上所述，从结果来看，参与行为、激励因素的因子划分与分析和问卷的分类大体上是一致的，说明收集的样本数据具有良好的效度。

表 7-20 　　　　　　　　　　激励因素量表旋转后因子负荷矩阵

	成　　分		
	1	2	3
B12 参与政府数据开放活动，能够获得网络社群的权威地位	0.844		
B11 参与政府数据开放活动，能够获得荣誉感	0.731		
B10 参与政府数据开放活动，能够获得网络社群认可	0.717		
B8 在挑战与探索精神的驱动下，参与政府数据开放活动	0.709		
B7 参与政府数据开放活动，是因为我认同开放共享精神		0.756	
B6 在责任感的驱动下，参与政府数据开放活动		0.714	
B5 参与政府数据开放活动，我能够为优化数据开放的过程与效果做出贡献		0.661	
B4 在兴趣爱好的驱动下，我参与政府数据开放活动		0.616	
B9 通过参与政府数据开放活动，能够与其他参与者进行交流		0.558	
B2 通过参与政府数据开放活动，可以促进我所从事事业的发展			0.738
B1 通过参与政府数据开放活动，我可以获得物质奖励			0.699
B3 通过参与政府数据开放活动，我可以节省所需数据的搜寻成本			0.607

（3）差异性分析

本研究有 6 个特征问题：性别、年龄、教育背景、职业、接触政府开放数据的时间、地区。本研究依据样本的基本情况，以 6 个特征问题作为控制变量，检验变量对激励因素和参与行为是否存在区别。

本研究主要采用的检验方法是单因素方差分析(ANOVA)。由于ANOVA分析对样本数量有一定的要求,因此在以下分析中删除了样本数量较少的题项。

① 性别与激励因素和参与行为的方差分析。

由表7-21可知,性别在政府数据开放参与行为的"评价与研究"维度上的显著性分数为0.044,即不同性别的社会公众在开展政府数据开放的"评价与研究"行为方面存在显著的差异。性别在社会公众参与政府数据开放激励因素的"利益与发展"维度上的显著性分数为0.008,即不同性别的社会公众在对激励因素感知的"利益与发展"方面存在显著的差异。

利用Scheffe事后比较法进一步分析发现,在"您对政府数据进行了纠错""您对政府数据的形式、内容以及质量等状况发表了文字评论""您对数据开放情况、内容质量等进行了评分""您为政府数据开放相关政策法规等提供建议意见"题项上,男性分数明显高于女性。"通过参与政府数据开放活动,我可以获得物质奖励""通过参与政府数据开放活动,可以促进我所从事事业的发展"题项方面,男性分数明显高于女性。

在其他参与行为与激励因素感知方面,社会公众的性别对其没有显著的影响。但从数据来看,无论是参与行为,还是对激励因素的感知,男性都要略高一些。

表7-21　　　　　　　　　性别与参与行为及激励因素的方差分析量表

			样本	均值	标准差	F 值	Sig.
参与行为	政府数据开放的评价与研究	男	327	2.77	1.173	4.087	0.044
		女	319	2.59	1.215		
	政府数据开放的促进与发展	男	327	2.80	1.177	1.898	0.169
		女	319	2.61	1.216		
	政府数据开放的传播与推广	男	327	3.17	1.119	0.278	0.599
		女	319	3.07	1.075		
激励因素	荣誉与尊重	男	327	3.53	0.921	0.451	0.502
		女	319	3.48	0.946		
	认同与兴趣	男	327	3.72	0.863	1.072	0.301
		女	319	3.71	0.865		
	利益与发展	男	327	3.71	0.859	7.186	0.008
		女	319	3.60	0.916		

注: * $p<0.05$, ** $p<0.01$, *** $p<0.001$

② 年龄与激励因素及参与行为的方差分析。

由表 7-22 可知，年龄在政府数据开放参与行为的"评价与研究"和"促进与发展"维度上的显著性分数为 0.001 和 0.015，即不同年龄段的社会公众在开展政府数据开放的"评价与研究"行为以及"促进与发展"方面存在显著的差异。

表 7-22 年龄与参与行为及激励因素的方差分析量表

			样本	均值	标准差	F 值	Sig.
参 与 行 为	政府数据开放的评价与研究	20~29 岁	224	2.78	1.137	4.431	0.001
		30~39 岁	301	2.75	1.258		
		40~49 岁	93	2.27	1.065		
		50~59 岁	20	2.41	1.104		
	政府数据开放的促进与发展	20~29 岁	224	2.80	1.174	2.843	0.015
		30~39 岁	301	2.79	1.231		
		40~49 岁	93	2.37	1.079		
		50~59 岁	20	2.46	1.193		
	政府数据开放的传播与推广	20~29 岁	224	3.19	1.092	1.522	0.181
		30~39 岁	301	3.21	1.087		
		40~49 岁	93	2.81	1.076		
		50~59 岁	20	2.90	1.071		
激 励 因 素	荣誉与尊重	20~29 岁	224	3.51	0.990	1.205	0.305
		30~39 岁	301	3.56	0.913		
		40~49 岁	93	3.42	0.816		
		50~59 岁	20	3.64	0.886		
	认同与兴趣	20~29 岁	224	3.71	0.921	1.762	0.119
		30~39 岁	301	3.75	0.858		
		40~49 岁	93	3.62	0.730		
		50~59 岁	20	3.87	0.636		
	利益与发展	20~29 岁	224	3.65	0.924	1.812	0.108
		30~39 岁	301	3.71	0.878		
		40~49 岁	93	3.51	0.819		
		50~59 岁	20	3.62	0.753		

注：* $p<0.05$，** $p<0.01$，*** $p<0.001$

利用 Scheffe 事后比较法进一步分析发现，在这 2 个维度的 10 个题项上，20~39 岁年龄段的得分明显高于其他年龄段。

在激励因素感知方面，社会公众的年龄都没有显著的影响。但从数据来看，在激励因素的感知方面，30~39 岁相对于其他年龄段稍微高一些。

③ 教育背景与激励因素及参与行为的方差分析。

由表 7-23 可知，教育背景在政府数据开放参与行为的"促进与发展"和"传播与推广"维度上的显著性分数皆为 0.000，即不同教育背景的社会公众在开展政府数据开放的"促进与发展"以及"传播与推广"方面存在显著的差异。教育背景在激励因素感知的"荣誉与尊重"维度上的显著性分数为 0.000，即不同教育背景的社会公众在对激励因素感知的"荣誉与尊重"方面存在显著的差异。

利用 Scheffe 事后比较法进一步分析发现，在政府数据开放参与行为"促进与发展"和"传播与推广"2 个维度的 5 个题项上，大学本专科学历的社会公众得分明显高于其他教育背景的公众，说明大学本专科学历的社会公众在参与各类政府数据开放活动方面较为积极。

表 7-23　　　　教育背景与参与行为及激励因素的方差分析量表

			样本	均值	标准差	F 值	Sig.
参与行为	政府数据开放的评价与研究	高中及以下	35	2.58	1.091	1.889	0.130
		大学本专科	411	2.84	1.192		
		硕士	154	2.39	1.139		
		博士	46	2.17	1.184		
	政府数据开放的促进与发展	高中及以下	35	2.57	1.043	7.324	0.000
		大学本专科	411	2.90	1.183		
		硕士	154	2.41	1.191		
		博士	46	2.03	1.000		
	政府数据开放的传播与推广	高中及以下	35	3.00	1.029	13.204	0.000
		大学本专科	411	3.34	1.046		
		硕士	154	2.81	1.079		
		博士	46	2.33	1.055		

续表

			样本	均值	标准差	F 值	Sig.
激励因素	荣誉与尊重	高中及以下	35	3.64	0.788	8.956	0.000
		大学本专科	411	3.60	0.917		
		硕士	154	3.40	0.938		
		博士	46	3.03	0.987		
	认同与兴趣	高中及以下	35	3.64	0.802	2.522	0.057
		大学本专科	411	3.79	0.849		
		硕士	154	3.59	0.846		
		博士	46	3.39	0.995		
	利益与发展	高中及以下	35	3.55	0.832	1.070	0.361
		大学本专科	411	3.70	0.873		
		硕士	154	3.64	0.861		
		博士	46	3.35	1.069		

注：* $p<0.05$，** $p<0.01$，*** $p<0.001$

在激励因素感知的"荣誉与尊重"维度的 3 个题项上，博士学历的社会公众得分明显低于其他教育背景的公众。说明博士学历的社会公众在参与政府数据开放活动中，对得到网络社群认可和权威地位、获得荣誉感等方面的激励因素不敏感，其参与行为更主要是从实用主义的目的和认同开放共享的理念层面出发。

④ 职业与激励因素及参与行为的方差分析。

由表 7-24 可知，职业在政府数据开放参与行为的 3 个维度上的显著性分数分别为 0.000、0.006 和 0.000，即不同职业背景的社会公众在参与政府数据开放活动方面存在显著的差异。职业在激励因素感知的"荣誉与尊重"和"利益与发展"维度上的显著性分数分别为 0.001 和 0.008，即不同职业背景的社会公众在对激励因素感知的"荣誉与尊重"以及"利益与发展"方面存在显著的差异。

利用 Scheffe 事后比较法进一步分析发现，在政府数据开放参与行为"评价与研究""促进与发展""传播与推广" 3 个维度的 11 个题项上，职业为公司管理层的社会公众得分明显高于其他职业背景的公众，说明来自于营利性机构的管理者在参与各类政府数据开放活动方面较为积极。

在激励因素感知的"荣誉与尊重"和"利益与发展" 2 个维度的 7 个题项上，

职业为公司管理层的社会公众得分明显高于其他职业背景的公众，说明来自于营利性机构的管理者对"荣誉与尊重"以及"利益与发展"方面的激励因素较为敏感。

表7-24 职业与参与行为及激励因素的方差分析量表

			样本	均值	标准差	F 值	Sig.
参与行为	政府数据开放的评价与研究	企业/公司一般职员	137	2.86	1.141	2.295	0.006
		企业/公司中层管理人员	127	3.18	1.181		
		专业技术人员	120	2.19	1.101		
		全日制学生	89	2.29	11.077		
		党政机关事业单位一般职员	62	2.49	1.207		
		企业/公司高层管理人员	29	3.39	1.185		
		党政机关事业单位领导干部	26	2.68	1.112		
		个体户/自由职业者	25	2.55	1.180		
	政府数据开放的促进与发展	企业/公司一般职员	137	3.00	1.101	7.496	0.000
		企业/公司中层管理人员	127	3.24	1.114		
		专业技术人员	120	2.22	1.117		
		全日制学生	89	2.16	1.044		
		党政机关事业单位一般职员	62	2.58	1.287		
		企业/公司高层管理人员	29	3.48	1.130		
		党政机关事业单位领导干部	26	2.55	1.104		
		个体户/自由职业者	25	2.55	1.094		
	政府数据开放的传播与推广	企业/公司一般职员	137	3.33	1.008	3.289	0.000
		企业/公司中层管理人员	127	3.61	1.001		
		专业技术人员	120	2.79	1.036		
		全日制学生	89	2.60	1.030		
		党政机关事业单位一般职员	62	2.92	1.135		
		企业/公司高层管理人员	29	3.72	1.099		
		党政机关事业单位领导干部	26	3.12	0.993		
		个体户/自由职业者	25	2.92	1.288		

			样本	均值	标准差	F 值	Sig.
激励因素	荣誉与尊重	企业/公司一般职员	137	3.52	0.913	2.860	0.001
		企业/公司中层管理人员	127	3.77	0.864		
		专业技术人员	120	3.32	0.914		
		全日制学生	89	3.39	1.011		
		党政机关事业单位一般职员	62	3.40	0.921		
		企业/公司高层管理人员	29	3.81	0.932		
		党政机关事业单位领导干部	26	3.29	0.802		
		个体户/自由职业者	25	3.55	1.020		
	认同与兴趣	企业/公司一般职员	137	3.76	0.844	1.292	0.212
		企业/公司中层管理人员	127	3.95	0.785		
		专业技术人员	120	3.60	0.859		
		全日制学生	89	3.57	0.945		
		党政机关事业单位一般职员	62	3.62	0.846		
		企业/公司高层管理人员	29	3.80	0.995		
		党政机关事业单位领导干部	26	3.56	0.823		
		个体户/自由职业者	25	3.78	0.809		
	利益与发展	企业/公司一般职员	137	3.62	0.900	2.204	0.008
		企业/公司中层管理人员	127	3.88	0.791		
		专业技术人员	120	3.62	0.849		
		全日制学生	89	3.54	0.950		
		党政机关事业单位一般职员	62	3.62	0.904		
		企业/公司高层管理人员	29	3.78	0.946		
		党政机关事业单位领导干部	26	3.67	0.847		
		个体户/自由职业者	25	3.73	0.843		

注：* $p<0.05$，** $p<0.01$，*** $p<0.001$。

⑤ 时间与激励因素及参与行为的方差分析。

由表7-25可知，接触和使用政府开放数据的时间在政府数据开放参与行为的3个维度上的显著性分数皆为0.000，即不同时间接触和使用政府开放数据的社会公众在参与政府数据开放活动方面存在显著的差异。

接触和使用政府开放数据的时间在激励因素感知的 3 个维度上的显著性分数分别为 0.000、0.002 和 0.001，即不同时间接触和使用政府开放数据的社会公众在对激励因素感知的"荣誉与尊重""认同与兴趣""利益与发展"方面存在显著的差异。

利用 Scheffe 事后比较法进一步分析发现，在政府数据开放参与行为 3 个维度的 11 个题项上，接触和使用政府开放数据"1 年至 2 年"和"2 年至 3 年"的社会公众得分明显高于其他时间段的公众，说明接触和使用政府开放数据 1~3 年的社会公众，在参与各类政府数据开放活动方面较为积极。在激励因素感知 3 个维度的 12 个题项上，接触和使用政府开放数据"1 年至 2 年"和"2 年至 3 年"的社会公众得分明显高于其他时间段的公众，说明接触和使用政府开放数据 1~3 年的社会公众对各类激励因素较为敏感。

表 7-25　　　　　　　时间与参与行为及激励因素的方差分析量表

			样本	均值	标准差	F 值	Sig.
参与行为	政府数据开放的评价与研究	半年以下	151	2.07	1.047	10.822	0.000
		半年至 1 年	150	2.59	1.114		
		1 年至 2 年	158	3.15	1.170		
		2 年至 3 年	71	3.22	1.142		
		3 年以上	116	2.60	1.161		
	政府数据开放的促进与发展	半年以下	151	2.13	1.050	15.103	0.000
		半年至 1 年	150	2.76	1.094		
		1 年至 2 年	158	3.20	1.168		
		2 年至 3 年	71	3.26	1.165		
		3 年以上	116	2.56	1.193		
	政府数据开放的传播与推广	半年以下	151	2.58	0.962	9.979	0.000
		半年至 1 年	150	3.00	1.030		
		1 年至 2 年	158	3.40	1.100		
		2 年至 3 年	71	3.75	1.038		
		3 年以上	116	3.23	1.050		

			样本	均值	标准差	F 值	Sig.
激励因素	荣誉与尊重	半年以下	151	3.26	0.957	9.806	0.000
		半年至 1 年	150	3.51	0.818		
		1 年至 2 年	158	3.72	0.895		
		2 年至 3 年	71	3.82	0.866		
		3 年以上	116	3.36	1.017		
	认同与兴趣	半年以下	151	3.46	0.916	4.252	0.002
		半年至 1 年	150	3.63	0.806		
		1 年至 2 年	158	3.92	0.806		
		2 年至 3 年	71	3.93	0.748		
		3 年以上	116	3.75	0.907		
	利益与发展	半年以下	151	3.38	0.923	4.899	0.001
		半年至 1 年	150	3.63	0.790		
		1 年至 2 年	158	3.80	0.852		
		2 年至 3 年	71	3.82	0.926		
		3 年以上	116	3.75	0.906		

注：* $p<0.05$，** $p<0.01$，*** $p<0.001$

⑥ 地区与激励因素及参与行为的方差分析。

由表 7-26 可知，来源地区在政府数据开放参与行为的 3 个维度上的显著性分数分别为 0.000、0.003 和 0.009，即不同来源地区的社会公众在参与政府数据开放活动方面存在显著的差异。来源地区在激励因素感知的"荣誉与尊重"维度上的显著性分数为 0.003，即不同来源地区的社会公众在对激励因素感知的"荣誉与尊重"方面存在显著的差异。

利用 Scheffe 事后比较法进一步分析发现，在政府数据开放参与行为 3 个维度的 11 个题项上，来自于北京、广东、江苏、山东、湖北、福建的社会公众得分明显高于其他教育背景的公众，说明来自这些地区的社会公众在参与各类政府数据开放活动方面较为积极。

在激励因素感知的"荣誉与尊重"维度的 2 个题项"参与政府数据开放活动，是为了挑战自我"和"参与政府数据开放活动，能够获得网络社群的权威地位"上，来自北京、上海、山东、江苏的社会公众得分明显高于来自其他地区的公众。

表 7-26 地区与参与行为及激励因素的方差分析量表

		地区	样本	均值	标准差	F 值	Sig.
参与行为	政府数据开放的评价与研究	浙江	131	2.11	1.074	2.598	0.000
		广东	83	2.92	1.192		
		安徽	52	2.43	0.927		
		北京	64	2.92	1.281		
		江苏	54	3.01	1.160		
		上海	42	2.62	1.238		
		山东	28	3.06	1.082		
		湖北	25	3.04	1.079		
		福建	20	2.80	1.295		
	政府数据开放的促进与发展	浙江	131	2.18	1.095	1.922	0.003
		广东	83	2.98	1.172		
		安徽	52	2.50	1.141		
		北京	64	3.13	1.291		
		江苏	54	2.83	1.034		
		上海	42	2.63	1.214		
		山东	28	2.85	01.191		
		湖北	25	2.79	1.125		
		福建	20	2.80	1.259		
	政府数据开放的传播与推广	浙江	131	2.32	1.104	1.752	0.009
		广东	83	3.20	1.079		
		安徽	52	2.98	0.896		
		北京	64	3.53	1.234		
		江苏	54	3.44	1.003		
		上海	42	3.10	1.185		
		山东	28	3.29	1.049		
		湖北	25	3.20	0.957		
		福建	20	3.00	1.170		

续表

		地区	样本	均值	标准差	F 值	Sig.
激励因素	荣誉与尊重	浙江	131	3.34	0.876	1.908	0.003
		广东	83	3.47	0.964		
		安徽	52	3.37	0.942		
		北京	64	3.75	0.950		
		江苏	54	3.73	0.798		
		上海	42	3.65	0.859		
		山东	28	3.80	0.871		
		湖北	25	3.27	0.855		
		福建	20	3.48	1.157		
	认同与兴趣	浙江	131	3.69	0.784	1.286	0.146
		广东	83	3.68	0.898		
		安徽	52	3.55	0.916		
		北京	64	3.91	0.741		
		江苏	54	3.93	0.835		
		上海	42	3.70	0.844		
		山东	28	3.83	0.864		
		湖北	25	3.66	0.807		
		福建	20	3.83	0.903		
	利益与发展	浙江	131	3.56	0.903	1.043	0.405
		广东	83	3.53	0.959		
		安徽	52	3.61	0.890		
		北京	64	3.82	0.901		
		江苏	54	3.83	0.789		
		上海	42	3.59	0.869		
		山东	28	3.81	0.917		
		湖北	25	3.65	0.694		
		福建	20	3.88	0.900		

注: * $p < 0.05$, ** $p < 0.01$, *** $p < 0.001$

(4)相关性分析

相关性分析(Correlation analysis)主要用来探讨两个或两个以上变量之间的相关性。本研究使用 Pearson 系数考察参与政府数据开放活动中社会公众对激励因素的感知与参与行为之间的相关性与关联程度。

表 7-27 　　　　　　　　　　　　　相关分析结果

		评价与研究	促进与发展	传播与推广
荣誉与尊重	Pearson 相关性	0.341**	0.327**	0.155**
	显著性(双侧)	0.000	0.000	0.000
	平方与叉积的和	220.118	211.126	99.954
	协方差	0.341	0.327	0.155
	N	646	646	646
认同与兴趣	Pearson 相关性	0.089*	0.044	0.215**
	显著性(双侧)	0.024	0.259	0.000
	平方与叉积的和	57.214	28.674	138.424
	协方差	0.089	0.044	0.215
	N	646	646	646
利益与发展	Pearson 相关性	0.128**	0.121**	0.108**
	显著性(双侧)	0.001	0.002	0.006
	平方与叉积的和	82.469	78.341	69.855
	协方差	0.128	0.121	0.108
	N	646	646	646

注：*. 在 0.05 水平(双侧)上显著相关。**. 在 0.01 水平(双侧)上显著相关。

由表 7-27 的相关分析结果可知，激励因素的"荣誉与尊重"维度与参与行为"评价与研究""促进与发展""传播与推广"之间的相关系数检验的显著性水平皆为 0.000，Pearson 系数分别为 0.341、0.327 和 0.155。分析结果说明激励因素"荣誉与尊重"与"评价与研究""促进与发展"以及"传播与推广"之间呈显著的正相关，但相关性较弱。

激励因素的"认同与兴趣"维度与参与行为"评价与研究""促进与发展""传播与推广"之间的相关系数检验的显著性水平为 0.024、0.259、0.000，Pearson 系数分别为 0.089、0.044 和 0.215，说明激励因素"认同与兴趣"与"评价与研究""传播与推广"之间呈现显著的正相关，但相关性较弱；激励因素"认同与兴趣"与"促进与发展"之间相关性不显著。

激励因素的"利益与发展"维度与参与行为"评价与研究""促进与发展"以及"传播与推广"之间的相关系数检验的显著性水平为 0.001、0.002 和 0.006，Pearson 系数分别为 0.128、0.121 和 0.108，说明激励因素"利益与发展"与"评价与研究""传播与推广"之间呈现显著的正相关，但相关性较弱。

7.2.3　讨论分析

根据上文基于 646 个样本数据所做的描述性、差异性以及相关性等分析，我们可以发现：

① 据表 7-11 和表 7-12，社会公众的政府数据开放参与行为各项得分最高只有 3.12，大部分题项均值小于中位数 3，整体均值只有 2.72；社会公众参与政府数据开放行为状态总体处于"偶尔"和"很少"之间。

而同时，社会公众关于各项激励因素的感知均值最高达到了 3.89，所有题项均值得分皆在中位数 3 之上，整体均值也达到了 3.63；社会公众对参与政府数据开放激励因素感知状态整体接近"同意"，较为认可，认为这些因素可以很好地激发自己的参与行为。

通过对参与行为与激励因素两组数据的比较可知，社会公众在参与政府数据开放的行为方面还未达到普遍的状态，可能的原因是：

其一，我国政府数据开放是近年来才开始逐步发展起来的工作，人们对其还不了解和熟悉，参与其中更需要一个过程。

其二，我国政府数据开放还处于规划设计、搭建平台、整合数据资源的阶段，还未深入地考虑通过构建激励机制吸引社会公众参与其中，发挥各种社会力量，激发群体智慧促进数据的开发利用。

社会公众对参与政府数据开放的激励因素感知程度较高，而参与程度不高，可能的原因是：

其一，虽然目前政府数据开放中提供的激励机制不完善或者激励手段实施不到位，有待加强，但社会公众对相应的激励因素是认同的。

其二，随着互联网的普及，社会公众参与网络活动的行为越来越普遍和深入，特别是 Web2.0 的发展，社会化网络增强了人们对网络活动的依赖和黏性。社会公众参与网络活动也受到各种激励因素的影响。政府数据开放是一种具体的网络活动形式，因此，在本研究中调查对象对激励因素的感知很可能是来自于对整体网络活动的认知。

② 在差异性分析中，本研究将样本中接受调查对象的性别、年龄、教育背景、

职业、来自地区、接触和使用政府开放数据的时间等背景信息作为变量，与社会公众参与行为的 3 个维度、激励因素的 3 个维度进行了 ANOVA 分析。

由获取的数据可知，无论是参与行为，还是激励因素，社会公众的不同性别、年龄、教育背景、职业、来自地区、接触和使用政府开放数据的时间等，之间存在着普遍的和显著的差异。因此，政府数据开放工作中，为激励社会力量的参与，针对不同的群体需要采取不同的激励方式和策略才能达到良好的效果。在具体实践中，要实施相应的政府数据开放参与激励政策，就需要先分析政府数据开放主要面向的社会群体的背景信息，不能无的放矢地推行"一刀切"策略。

此外，政府数据开放平台建设水平存在差异性，有些数据开放平台在构建中已经较为全面地考虑了社会公众参与功能的设计，而有些则只是单纯的数据资源发布与展示的平台。

③ 在相关性分析中，社会公众参与政府数据开放的行为与社会公众感知的各个激励因素之间主要呈现显著的正相关，但是相关性比较弱。出现这种情况说明：

其一，对于社会公众来说，"荣誉与尊重""认同与兴趣""利益与发展"3 个维度的 12 项激励因素对其参与政府数据开放活动具有一定的促进作用。

其二，社会公众对激励因素的感知程度较高，认同各个激励项的激发作用，但由于现实中政府数据开放工作并未充分实施激励的方式方法，因此，造成社会公众参与政府数据开放活动的程度与其对激励因素感知程度并不匹配，进而造成了两者之间的弱相关。

④ 整体而言，社会公众对激励因素 3 个维度的感知和认可程度从高到低分别为："认同与兴趣"得分均值为 3.71，对应 Malone 群体智慧模型中的激励因素"爱"；"利益与发展"得分均值为 3.66，对应 Malone 群体智慧模型中的激励因素"金钱"；"荣誉与尊重"，得分均值为 3.51，对应 Malone 群体智慧模型中的激励因素"荣誉"。但从激励因素的 12 个题项来看：得分均值最高的是"通过参与政府数据开放活动，我可以节省所需数据的搜寻成本"，该项属于"利益与发展"维度，对应 Malone 群体智慧模型中的激励因素"金钱"；其次是"参与政府数据开放活动，是因为我认同开放共享精神"，均值为 3.82，该项属于"认同与兴趣"维度，对应 Malone 群体智慧模型中的激励因素"爱"；"通过参与政府数据开放活动，可以促进我所从事事业的发展"均值为 3.72，该项属于"利益与发展"维度，对应 Malone 群体智慧模型中的激励因素"金钱"。

如果按照物质激励和非物质激励的标准进行划分，"利益与发展"可以对应于物质激励，"荣誉与尊重"和"认同与兴趣"则对应非物质激励。从获取的调查数据来看，社会公众对物质激励和非物质激励的各种因素的感知差异性并不大，因此在制定和实施相应激励策略时需要将两者结合起来。

政府数据开放以开发利用为导向，数据资源有用性的提升和数据平台易用性的提高，从"利益与发展"维度激发社会公众参与数据开放活动的动机。政府数据开放工作还需要构建和形成可以交流和分享的网络社区空间，增强数据开放平台的社交功能，进而从"荣誉与尊重"维度激发社会公众参与数据开放活动的动机。政府数据开放工作还需要宣传传播相应的开放共享精神、公众参与理念等，从"认同与兴趣"维度影响和激发社会公众参与数据开放活动的动机。

7.3 群体参与政府数据开放的激励机制构建

在组织系统中，激励主体为了达成组织意图、实现组织目标，系统运用激励手段与激励客体相互作用、相互影响、相互制约，并使之规范化和相对固定化，这些系统化的激励方式方法、结构关系以及演变规律的总和就是激励机制（Motivate mechanism）。① 激励机制是组织将远景目标转化为具体实施操作的连接方法与手段。在政府数据开放管理中，管理层主要是鼓励、调动和激发群体参与的积极性，所以在激励机制中约束的成分较少。

政府数据开放是一项综合系统性的工程，在群体参与行为中，参与主体具有广泛性和多样性的特征，参与内容和环节也具有丰富性和差异性。前文阐述了激励与政府数据开放之间的关系，并通过一定样本量的问卷调查与分析，对激励因素进行了定量化的分析研究，为构建政府数据开放群体参与激励机制提供了基础。接下来，本研究将对群体参与政府数据开放激励机制进行具体的设计和优化。

7.3.1 激励机制的内容设计

前文阐述了激励机制主要包含了诱导因素集合、行为导向制度、行为幅度制度、行为时空制度、行为规划制度五个要素。在政府数据开放的管理中构建群体参与的激励机制，先要以管理目标为指导，根据参与主体（激励客体）的需求特征，制定出实施激励的规范和制度，实现激励主体与激励客体之间的良性互动。那么，在激励机制设计中，需要考虑以下四个方面的问题：设计目的、设计需求、设计激励规范、激励绩效等。

（1）设计目的

在政府数据开放的管理中设计激励机制，其根本的目标与基本原则是激发和调动社会群体的参与主动性和积极性，充分发挥群体的智慧和创造性，推进数据的开放与开发利用。无论是激励主体，还是激励客体，都应该将激励根本目标作为行为准则。

① 李录堂，丁森林. 管理学原理[M]. 北京：中国农业出版社，2009：287-290.

（2）设计需求

可以从主体和客体两个方面审视群体参与政府数据开放激励机制的设计需求。在第4章，我们已经详细地阐述了群体参与政府数据开放管理的主体。在群体参与政府数据开放中，激励主体主要是指"管理层"，即政府及其负责数据开放的部门。他们对激励机制的设计需求，主要在于吸引更多的公众参与，通过顺畅的信息交流和互动，获得高质量的信息反馈，以此提高政府数据开放的水平。激励客体是参与政府数据开放活动的各种社会群体，群体的需求则具有复杂性，各个个体所处的环境和状态不同，有着不同的需求。因此，激励机制的设计需要考虑需求的多元化。

（3）设计激励规范

激励规范是实施激励手段遵循的依据，对激励主体来说，可以以此管控激励过程；对激励客体来说，是对其参与行为的一种规定和约束，并不是任何参与行为都可以得到激励，只有符合相应规范的参与行为才能得到激励。

（4）激励绩效

任何组织的管理行为都必须考虑成本与绩效的问题。采用任何一种激励机制，其目的都是为了提高组织的绩效，因此，需要考虑投入产出问题。在政府数据开放的管理中，激励群体参与，需要尽量降低激励成本，实现激励所能达到的管理效率的提高。

7.3.2　激励机制的具体设计

综合前文的调查数据与分析结论，"管理层"在群体参与政府数据开放激励机制的建设方面，需要根据激励客体的不同身份背景等，对所采用的激励策略、方法与手段进行有针对性的规划设计。此外，"管理层"还要对激励行为进行绩效评估分析，以便对激励策略和方式进行调整，形成动态、开放的激励机制，促进群体更好地参与政府数据开放。图7-2为群体参与政府数据开放的激励机制设计示意图。

（1）确立群体参与激励的目标导向

政府数据开放工作的基本目标是实现数据资源的开发利用，使其价值得到发挥和增长。那么，激励社会群体参与政府数据开放活动，就是为了更好地服务于这个目标。在制定激励策略过程中，激励主体（管理层）必须明确目标导向的原则，社会群体开展的不符合基本目标的行为得不到激励。

英国政府在发布的《2015 年地方政府透明度代码》（Local Government Transparency Code 2015）中，提出激励地方政府的合作者以及民众参与政府数据开

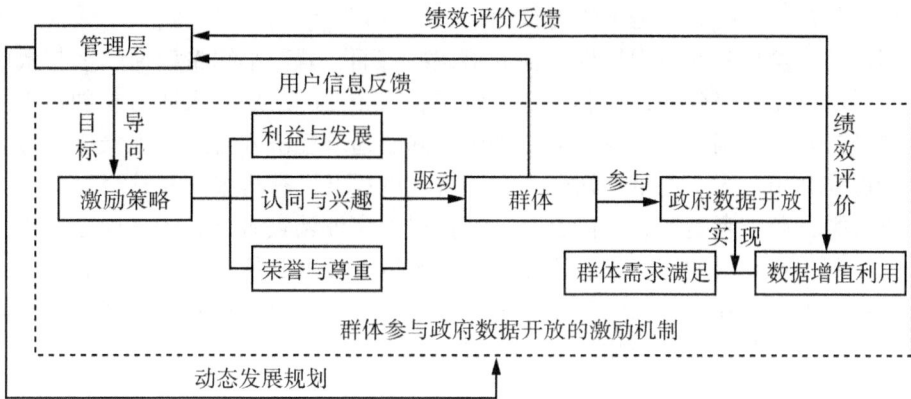

图 7-2　群体参与政府数据开放的激励机制设计示意图

放工作，体现了以充分利用政府数据资源为目标。① 2016 年 2 月，中共中央办公厅和国务院办公厅印发了《关于全面推进政务公开工作的意见》，明确提出"支持鼓励社会力量充分开发利用政府数据资源，推动开展众创、众包、众扶、众筹，为大众创业、万众创新提供条件"。② 由此可见，我国国家层面也明确了激励群体参与政府开放数据利用的目标导向。

（2）形成基于差异性的群体参与激励体系

在第 4 章群体参与政府数据开放的主体分析部分，本研究曾对众多参与主体进行了阐述和分析。政府和数据开放的执行部门是实施激励的主体，在群体智慧管理模型中担负"管理层"的角色。他们是政府数据开放活动的倡导者和组织者，通过构建数据开放机制，吸引公众用户浏览和使用数据资源，通过激励手段激发公众参与到数据的开放中。同时，他们也是激励的客体，此时激励的主体可能是更高一级的政府及其相关部门，也可以将社会看作激励的主体，他们关注的是上级认可与赞扬（政绩）、社会认可与荣誉（口碑）等。因此，对他们的激励以非物质的长期激励为主，辅助以物质激励和短期激励。

参与政府数据开放活动的社会群体分成两类：一类参与者代表着所在的组织机构，其参与行为是组织机构意志的体现，体现出的需求也是组织机构的需求，如开

---

① Local Government Transparency Code 2015 ［EB/OL］. ［2018-02-03］. https：//www. gov. uk/government/publications/local-government-transparency-code-2015.

② 中共中央办公厅 国务院办公厅印发《关于全面推进政务公开工作的意见》［EB/OL］. ［2018-02-03］. http：//www. gov. cn/xinwen/2016-02/17/content_5042791. htm.

发利用数据的企业，参与政府数据开放的开源系统的提供者等；另一类参与者就是社会个体公众，其行为就是个体的行为。

第一类，参与者是组织机构，在需求偏好方面，营利组织希望通过参与政府数据开放活动，能够充分地开发利用数据资源，为企业的发展注入活力和创新力，从而获取经济效益；当然，在参与的过程中，除了追求经济利益外，也希望通过参与数据管理和利用，为企业带来知名度和美誉度的提升，获得荣誉和社会尊重。

第二类，参与者是社会个体公众。根据以上实证调查研究分析，社会个体公众不同的性别、年龄、教育背景、职业、来自地区、接触和使用政府开放数据的时间等，对激励因素存在着普遍的和显著的差异。因此，政府数据开放管理层要根据主要参与者的身份背景，制定相应的激励策略。

(3) 采取多元化的群体参与激励策略

激励策略的多元化源自参与个体需求的多样性。从参与个体自身具体情况来看，不同文化环境、教育背景、经济条件、年龄层次等的参与个体对于激励因素的需求偏好存在一定的差异。在政府数据开放的不同生命周期阶段，参与个体的需求偏好也存在不同。因此，在激励机制设计中要充分地考虑参与个体需求偏好的差异性，提高激励的效率。鉴于参与个体需求偏好的差异性，在设计激励策略时，应将物质激励与非物质激励、长期激励与短期激励、隐性激励与显性激励等结合起来，才能达到预期的效果。

在上节实证调查的数据分析中，通过因子分析凝练了激励因素的三个因子"利益与发展""认同与兴趣""荣誉与尊重"，可以对应物质激励因素和非物质激励因素，还可以与 Malone 群体智慧管理模型中的激励因素"金钱""爱""荣誉"进行对应。

根据需求层次理论，人的需求是多元化的，某一个行为的实施可能是由多种需求和动机驱动的。因此，在构建群体参与的政府数据开放激励策略时，应将多元化的激励因素考虑在内。

激励因素"利益与发展"源于人们对经济利益以及未来发展可能性预期的追求。这一类的激励因素涵盖了物质激励因素(金钱)，同时也是对物质激励因素内涵的发展。社会公众参与政府数据开放活动的动机有物质奖励(金钱)；也有能够以较低成本获取数据资源，节省搜寻信息的费用；还有通过参与行为推进事业的发展和进步。仅仅用物质激励难以全面地概括。在政府数据开放工作中，如果要利用好"利益与发展"这一激励因素，最重要的是提升数据资源本身的价值，并能匹配社会公众的信息需求。

激励因素"认同与兴趣"源于对相关理念的认同以及兴趣爱好的契合，吸引人们自觉地从事某种行为。在开展政府数据开放工作中，通过相关活动或专题宣传和普及开放政府、开放数据、公共参与、大数据战略、信息共享、互联网精神等与时代发展和政府数据开放主题紧密结合的知识与理念，引起社会公众的内心共鸣，使其认识到参与政府数据开放活动是公民的责任，是一种与时俱进的行为。

激励因素"荣誉与尊重"源于人们对自身价值实现以及人际交往中获得肯定和尊重的追求。在政府数据开放工作中，构建一个围绕开发利用政府开放数据的网络社区，社会公众参与其中，并以其对数据资源开放利用的贡献程度获取网络社区的认可以及荣誉和尊重。

（4）参考社交网络的群体参与激励方法

社交媒体为提升用户的参与度和提高网站的黏性，采用了各种激励方式，形成了较为成熟并得到市场检验的激励机制和方法。相对而言，政府数据开放平台由于其自身的职能和特征，并不会像社交媒体那样在意社会群体的参与度，对用户参与行为与动机的深入分析有待提升。

为激发公众参与政府数据开放，在物质奖励和非物质奖励相结合方面，可以参考社交网站或者网络论坛中管理注册用户的方式。为了激发网络用户登录网站、参与相关活动，持续为网站提供内容，增加网站的人气，社交网站或网络论坛的管理方设计了增加用户归属感、形成用户成长体系的积分机制和等级机制，以用户参与和完成任务难度的高低，给予一定的积分，以活跃程度、参与的多少和贡献的高低给予相应的身份属性，按照用户级别提供不同的权限。用户通过等级的提高获得网站平台中更多的操作权利，通过积分可以换取一定价值的奖励物品，提升积分和等级的实际价值。积分和等级的设置还可以更加的趣味化，让用户在参与过程中获得荣誉感。用户的行为与积分、等级的具体关系如图 7-3 所示。

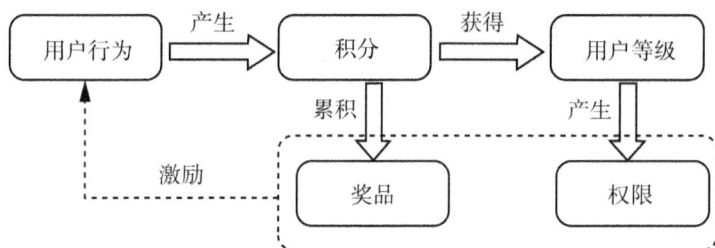

图 7-3　用户行为与积分、等级关系图

以国内较为流行的社交网络人人网为例。2010 年 3 月，人人网开始推出用户成长体系，用户通过登录人人网、发表日志、上传照片、发表状态分享内容等行为获取积分，随着积分的增加，用户等级会不断得到提升。具体行为与获取积分情况如图 7-4 所示。

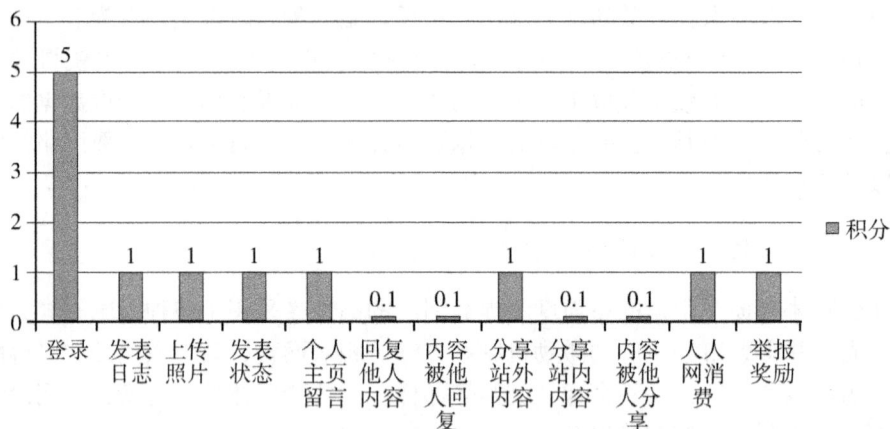

图 7-4 人人网用户各种行为产生积分示意图

用户随着积分的累积和等级的提升将有机会得到人人网提供的各种奖励，以及使用相关特权。奖品和特权一般包括 VIP 会员、礼券、专属主页装扮、人人网 T恤衫等。

Facebook、YouTube、新浪博客、新浪微博、QQ 空间等社交媒体都有各自的积分和等级机制，通过物质与精神激励相结合的方式提升了网站的黏性，增强了用户参与的趣味性。

虽然政府数据开放平台与社交媒体的性质、功能、定位存在明显的不同，但同在网络环境下，面向的目标群体存在很大的重合，用户的网络行为与激励因素也存在相似之处。因此，在政府数据开放平台建设和管理中，也可以引进和参考社交媒体的积分与用户等级机制和运行经验，构建适合数据开放平台健康成长的积分规则和等级体系。

(5) 开展群体参与激励的绩效评价

在政府数据开放的管理中建立群体参与激励机制的目的在于提高管理的效率，共同贡献智慧，促进组织目标的实现。同时，在管理实践中采用激励手段推进群体参与需要一定的成本投入，管理层应尽量地降低激励成本，实现管理效率的提升。因此，"管理层"需要围绕激励行为和结果进行绩效评价，分析哪些激励策略和方法是有效的，投入产出比如何，等等。

在群体参与政府数据开放的激励绩效评价方面，"管理层"需要关注 4 个方面的问题：一是实施的激励策略和方式是否契合了相对应群体的需求；二是哪些群体参与行为是在激励措施激发下产生的；三是受到激励的群体参与行为是否与管理目标一致；四是受到激励的群体参与多大程度促进了管理目标的实现。

开展群体参与政府数据开放的激励绩效评价建立在数据分析的基础上，数据包括：一是群体参与行为数据；二是参与群体的反馈信息；三是政府开放数据的开发利用数据等。

（6）构建群体参与激励的信息反馈渠道

在政府数据开放的群体参与激励机制中，激励客体信息反馈是不可或缺的环节。通过与激励客体的信息交流，"管理层"才能了解和掌握对方真正的需求和参与动机，为完善激励策略提供参考信息。

（7）制订动态发展的群体参与激励规划

政府数据开放是一个开放的系统，其群体参与激励机制也是动态的。在激励机制的规划设计方面，始终要将动态和发展作为基本原则：其一，从微观层面来看，要注重激励客体的反馈信息，调整完善激励策略与方式；其二，从宏观层面来看，要关注所处环境因素，随着政策法规、技术条件、社会认知等外部环境因素的变化调整发展激励的目标和方向。

8 总结与展望

本研究将群体智慧理论应用于政府数据开放的管理，在系统回顾政府数据开放以及群体智慧相关研究成果的基础上，以 Malone 的群体智慧管理模型为范本，设计了群体参与政府数据开放的管理模型。本书所开展的研究既是对政府数据开放实践活动中的群体参与现象的系统阐述和理论提炼，也是对政府数据开放的管理方法的一次探索和尝试。

本研究以政府数据开放活动为研究对象，以群体智慧理论和管理模型为指导，全面梳理和分析政府数据开放实践活动中的群体参与现象，运用文献调研、比较分析、调查分析、案例分析等研究方法，开展了群体参与政府数据开放管理模型的构建研究。经过较为系统的探索和分析，本研究获得了一些成果和发现，同时由于主客观因素也存在一些缺憾和不足。

8.1 结论与贡献

本研究基于群体智慧的理论视野，综合了公共管理、信息资源管理、管理学、社会学等学科的成果，并结合国内外政府数据开放的实践活动展开分析。通过研究，本研究取得了一些结论，可以为政府数据开放的深入开展提供对策参考，同时也在理论上获得了一定程度的创新。

8.1.1 主要结论

本研究的结论和发现主要有以下三点：

(1)社会群体的力量在政府数据开放中已经发挥一定的作用

通过对国内外各级政府在数据开放领域实践的调研发现，2009 年以来，随着大数据技术的发展和开放政府实践的推进，政府数据开放工作得到较快的推进，开放数据门户得到积极的建设，成为开放数据的主要载体。在政府数据开放活动中，政府机构处于主导地位，不同社会群体通过各种途径以不同形式参与其中，贡献力量与智慧。社会群体的参与，能够以较低的成本实现社会组织和公众对政府数据资源的需求与政府供给之间的匹配。由于政府数据开放是以数据的开发利用为导向的，因此，各种社会群体的参与是形成良好数据开放生态环境的基础。

（2）群体智慧理论与政府数据开放实践具有契合性

互联网倡导的开放与分享精神激发了群体智慧的空前释放和汇聚。群体智慧理论以及群体智慧管理模型成为互联网环境下一种研究和分析管理问题的方法和框架。政府数据开放是互联网与大数据环境下政府信息公开工作的发展，要求以开发利用为导向，实现数据增值，那么，社会群体的力量就成为开发利用开放数据的重要主体。通过应用群体智慧理论方法，梳理和厘清了政府数据开放管理中的相关问题，可以更好地促进群体力量的参与和群体智慧的激发。因此，群体智慧理论与方法契合了政府数据开放的管理需要。

（3）以群体智慧理论指导政府数据开放的管理工作具有必要性

目前，在社会群体参与政府数据开放机制的构建方面，不同政府以及不同数据开放门户之间存在差异、发展不均衡，并且在参与的深度和广度方面有待加强，亟需用相应的管理理论与方法对其进行规范和引导，深入推进社会群体的参与，通过激发群体智慧实现数据资源价值的最优化。群体智慧理论与管理模型可以为政府数据开放管理提供系统的分析框架和管理方法。

（4）以群体智慧理论指导政府数据开放的管理工作具有可行性

群体智慧并不是一个新生的概念，更不是一种刚出现的现象，人们很早就发现群体智慧的价值，但一直到互联网的普及和 Web2.0 的兴起才促使群体智慧成为社会发展变革的重要力量。近年来，国内外关于群体智慧理论与应用的研究成果也为其应用到政府数据开放的管理实践奠定了理论基础。并且，在国内外相关政府数据开放的政策文件中，经常会出现类似"鼓励和推进社会公众或社会力量参与"的表述，由此可见，决策者已经认识到群体参与在政府数据开放中的重要作用。此外，各种社会群体也有积极参与政府数据开放活动的热情和愿望。因此，将群体智慧理论应用于政府数据开放的管理实践具有可行性。

8.1.2 主要贡献

本书对群体参与政府数据开放进行了系统的研究，无论在理论方面，还是在实践对策方面，都做出了一定的贡献，主要集中在以下三个方面。

（1）探索将群体智慧理论方法与政府信息资源管理理论实践紧密结合

在网络环境下，政府信息资源管理中用户参与的行为与现象大幅度的增加，针对该类行为和现象应该应用相关的管理理论进行分析和指导。本研究系统梳理了国内外关于群体智慧的研究成果,将群体智慧理论方法与政府数据开放的管理实践相结合,以指导群体参与政府数据开放的管理活动,实现群体智慧在政府数据开放中的激发和汇集,进而促进数据的开发利用和价值实现。将两者结合,既是对群体智慧理论方法应用的拓展,也是对信息资源管理理论方法的丰富。从现有研究文献来看,还没有研究将群体智慧理论系统地应用于政府数据开放的管理中,通过本书的研究与分析,群体智慧的适用边界得到延伸。信息资源管理理论更多侧重于对信息资源组织与利用的研究和分析,而对人以及环境因素关注不足,群体智慧理论的融入一定程度上弥补了这个缺口。

(2)构建了群体参与政府数据开放的管理模型

选择麻省理工学院 Malone 的群体智慧管理模型为框架,构建了群体参与的政府数据开放管理模型,并对模型框架中的四个基本模块"Who""What""How""Why"进行了解释认定和分析,分别为:"Who"对应群体参与政府数据开放的主体;"What"对应群体参与政府数据开放的内容;"How"对应群体参与政府数据开放的技术保障方法与途径;"Why"对应群体参与政府数据开放的激励机制。

(3)系统分析了群体参与政府数据开放的管理模型的实现

在群体参与政府数据开放的管理模型基础上,从主体、内容、技术以及激励机制四个方面对该模型的实现进行了系统、全面地阐述和探索。

第一,在群体参与的主体方面,应用利益相关者理论和模型分析了政府数据开放的四类 10 种利益相关者,并分析和阐述了他们的角色与职能。

第二,在群体参与的内容方面,将政府数据开放实践活动分成规划设计和实施操作两个层面,并应用数据生命周期理论分析了政府数据开放的具体阶段和环节,提出将群体参与政府数据开放的生命周期划分为 6 个逻辑上相互关联的阶段和环节,包括数据计划、数据收集、数据组织、数据发布、数据利用、数据评价,并分析和阐述了群体参与的内容。

第三,在群体参与的技术保障方面,从数据、平台和服务三个层面分析了支持群体智慧在政府数据开放中发挥的实现技术与方法。

第四,在群体参与的激励机制方面,通过实证调查分析了影响群体参与行为的激励因素,并提出了促进群体参与政府数据开放活动的路径。

8.2 研究不足与展望

无论在实践方面,还是理论研究层面,国内外相关实务人员和学者在政府数据开放主题领域的探索时间并不长,虽然已经取得一定数量的研究成果,但还未完全形成成熟的理论体系和实践框架，这种情况一方面为本研究提供了拓展空间，但另一方面也是本研究推进的障碍和挑战。特别是关于群体参与政府数据开放的问题，我们更多的是基于经验的理解和判断，对其认知也是分散的、不成体系的。本研究试图通过群体智慧理论及其模型对群体参与政府数据开放的主题进行分析和阐述，以形成一个具有理论支撑的管理框架与体系。回顾全文，在取得一些成果和贡献的同时，毫无讳言地说，本研究还存在一些局限之处，需要在未来的研究中进一步改进和完善。

8.2.1　研究不足

由于主客观因素，本书的研究存在一些局限和不足之处，主要有以下两个方面：

（1）实证研究未全面、深入展开

本研究以 Malone 的群体智慧管理模型为框架和蓝本构建了群体参与政府数据开放的管理模型，该模型能够较为全面地解释和分析群体参与政府数据开放的各个模块，可以帮助管理者较为直观地进行管理和分析问题。该模型涉及多个模块、众多因素，但对其定量的实证研究并未全面、深入地进行，只是对激励机制模块进行了相关的实证分析。

由于客观条件限制，目前为止还未将本研究获取的成果系统性地应用于具体某个政府部门关于开放数据的管理实践中。

（2）技术实现未能整体实施

本研究从三个层面分析了群体参与政府数据开放的技术实现与保障，绘制了相应的管理系统与主要模块。但由于研究主客观条件的制约，未能整体构建基于群体参与的政府数据开放系统，并通过对数据资源的管理与运行进行验证。

8.2.2　未来展望

针对以上研究不足与局限，在接下来的研究工作中，需要进一步探索以下内容：

（1）进一步完善现有研究成果，弥补本书研究局限与不足

在接下来的研究中，需要深入理解群体智慧理论与政府数据开放实践活动，验证本书的研究成果和观点。

对群体参与政府数据开放的管理模型进行全面的定量和实证分析，进一步凝练理论成果，总结推进群体参与政府数据开放的对策。

（2）继续关注新技术在政府数据开放中的应用，推进群体智慧的汇聚

进一步研究和探索新的信息技术与管理方法在群体参与政府数据开放中的应用，如区块链技术、人工智能技术、物联网技术等。区块链是去中心化的分布式账本技术，适合应用于去中心化的、多方参与、共同维护以增强信任的应用场景，①基于区块链技术构建群体参与政府数据开放的治理生态系统是值得进一步关注和探索的研究方向。移动互联网促进了"万物互联"，人工智能、物联网技术与群体智慧理论紧密结合，也是群体参与政府数据开放研究的切入点。

（3）深入探索发现政府数据开放理论实践中的问题，发掘新的研究方向

政府数据开放主题是一个新兴的研究领域，涉及信息资源管理、公共行政、管理学、社会学以及信息技术等多种学科的融合，结合社会发展现实，通过深入地思考和发掘，新的研究视角将会呈现。本研究只是一个起点，关于群体智慧与政府数据开放相关的研究与探索将会不断深入进行下去。

---

① 范灵俊，洪学海 . 政府大数据治理与区块链技术应用探析［J］. 中国信息安全，2017（12）：89-91.

附　　录

附录1　主要的政府数据开放门户网站

表1　　　　　　　　　　部分国家/地区政府开放数据网站列表

序号	国家/地区	网　　址
1	阿根廷(Argentina)	http：//datos. argentina. gob. ar/
2	澳大利亚(Australia)	http：//data. gov. au/
3	奥地利(Austria)	http：//data. gv. at/
4	巴林(Bahrain)	http：//www. bahrain. bh/wps/portal/data/
5	比利时(Belgium)	http：//data. gov. be/
6	巴西(Brazil)	http：//dados. gov. br/
7	加拿大(Canada)	http：//open. canada. ca/en
8	智利(Chile)	http：//datos. gob. cl/
9	中国内地(China)	http：//govinfo. nlc. gov. cn/
10	哥伦比亚(Colombia)	https：//www. datos. gov. co/
11	哥斯达黎加(Costa Rica)	http：//datosabiertos. gob. go. cr
12	丹麦(Denmark)	http：//digitaliser. dk/
13	爱沙尼亚(Estonia)	http：//pub. stat. ee/px-web. 2001/Dialog/ statfile1. asp
14	芬兰(Finland)	https：//www. avoindata. fi/
15	法国(France)	http：//data. gouv. fr/
16	德国(Germany)	https：//www. govdata. de/
17	加纳(Ghana)	http：//data. gov. gh
18	希腊(Greece)	http：//geodata. gov. gr/geodata/

续表

序号	国家/地区	网　址
19	中国香港(Hong Kong)	https：//data. gov. hk/
20	印度(India)	http：//data. gov. in/
21	印度尼西亚(Indonesia)	http：//satupemerintah. net/
22	爱尔兰(Ireland)	http：//www. statcentral. ie/
23	意大利(Italy)	http：//www. dati. gov. it/
24	日本(Japan)	http：//www. data. go. jp/
25	肯尼亚(Kenya)	http：//opendata. go. ke/
26	墨西哥(Mexico)	http：//datos. gob. mx/
27	摩尔多瓦(Moldova)	http：//data. gov. md/
28	摩洛哥(Morocco)	http：//data. gov. ma/
29	荷兰(Netherlands)	http：//data. overheid. nl/
30	新西兰(New Zealand)	http：//www. data. govt. nz/
31	挪威(Norway)	http：//data. norge. no/
32	阿曼(Oman)	http：//www. oman. om/opendata
33	秘鲁(Peru)	http：//www. datosperu. org/
34	菲律宾(Philippines)	http：//data. gov. ph/
35	葡萄牙(Portugal)	http：//www. dados. gov. pt/pt/inicio/inicio. aspx
36	韩国(Republic of Korea)	http：//www. data. go. kr/
37	罗马尼亚(Romania)	http：//data. gov. ro/
38	俄罗斯(Russia)	http：//opengovdata. ru/
39	沙特阿拉伯(Saudi Arabia)	http：//www. data. gov. sa/
40	塞拉利昂(Sierra Leone)	http：//opendata. gov. sl/
41	新加坡(Singapore)	http：//data. gov. sg/
42	斯洛伐克(Slovak Republic)	http：//data. gov. sk/
43	南非(South Africa)	http：//data. gov. za/
44	西班牙(Spain)	http：//datos. gob. es/
45	瑞典(Sweden)	https：//oppnadata. se/
46	坦桑尼亚(Tanzania)	http：//opendata. go. tz/

续表

序号	国家/地区	网　　址
47	东帝汶(Timor Leste)	http：//www. transparency. gov. tl/
48	特立尼达和多巴哥（Trinidad and Tobago）	http：//data. gov. tt/
49	突尼斯(Tunisia)	http：//www. data. gov. tn/
50	乌克兰(Ukraine)	http：//data. gov. ua/
51	阿联酋(United Arab Emirates)	http：//opendata. nbs. gov. ae/
52	英国(United Kingdom)	http：//data. gov. uk/
53	乌拉圭(Uruguay)	http：//datos. gub. uy/
54	美国(United States)	http：//data. gov/

表 2　　　　　　　　　　**美国各州政府开放数据网站列表**

序号	州名称	网址
1	阿拉巴马州(Alabama)	http：//open. alabama. gov/
2	亚利桑那州(Arizona)	http：//openbooks. az. gov/app/transparency/index. html
3	加利福尼亚州(California)	http：//data. ca. gov/
4	科罗拉多州(Colorado)	http：//www. colorado. gov/data/
5	康涅狄格州(Connecticut)	http：//transparency. ct. gov/html/main. asp
6	特拉华州(Delaware)	http：//www. delaware. gov/data/
7	哥伦比亚特区(District of Columbia)	http：//data. dc. gov/
8	佛罗里达州(Florida)	http：//www. floridahasarighttoknow. com/
9	格鲁吉亚州(Georgia)	http：//www. open. georgia. gov/
10	夏威夷州(Hawaii)	http：//data. hawaii. gov/
11	伊利诺伊州(Illinois)	http：//data. illinois. gov/
12	印第安纳州(Indiana)	http：//www. stats. indiana. edu/
13	爱荷华州(Iowa)	http：//data. iowa. gov/
14	堪萨斯州(Kansas)	http：//www. kansas. gov/KanView/
15	肯塔基(Kentucky)	http：//opendoor. ky. gov/search/Pages/spendingsearch. aspx

续表

序号	州名称	网址
16	路易斯安那州(Louisiana)	http：//wwwprd. doa. louisiana. gov/LaTrac/portal. cfm
17	缅因州(Maine)	http：//www. maine. gov/data/
18	马里兰州(Maryland)	https：//data. maryland. gov/
19	马萨诸塞州(Massachusetts)	https：//wiki. state. ma. us/confluence/display/data/Open+Data+Initiative+Home
20	密歇根州(Michigan)	http：//www. michigan. gov/data/
21	明尼苏达州(Minnesota)	http：//mn. gov/portal/
22	密苏里州(Missouri)	http：//data. mo. gov/
23	蒙大拿州(Montana)	https：//data. datamontana. us/browse
24	内布拉斯加州(Nebraska)	http：//www. nebraska. gov/data/
25	新罕布什尔州(New Hampshire)	http：//nhopengovt. org/
26	新墨西哥州(New Mexico)	http：//www. sunshineportalnm. com/
27	纽约州(New York)	https：//data. ny. gov/
28	北卡罗来纳州(North Carolina)	http：//www. ncopenbook. gov/
29	北达科他州(North Dakota)	http：//www. nd. gov/gis/
30	俄亥俄州(Ohio)	http：//transparency. ohio. gov/
31	奥克拉荷马(Oklahoma)	http：//www. ok. gov/about/data. html
32	俄勒冈州(Oregon)	http：//data. oregon. gov/
33	罗得岛州(Rhode Island)	http：//www. ri. gov/data/
34	南达科他州(South Dakota)	http：//open. sd. gov/
35	田纳西州(Tennessee)	http：//www. tn. gov/opengov
36	得克萨斯州(Texas)	http：//www. texas. gov/en/Connect/Pages/open-data. aspx
37	犹他州(Utah)	http：//www. utah. gov/data/
38	佛蒙特州(Vermont)	https：//data. vermont. gov/
39	弗吉尼亚州(Virginia)	http：//data. virginia. gov
40	华盛顿州(Washington)	http：//data. wa. gov/

表 3　　　　　　　　　　　**美国部分县市政府开放数据网站列表**

序号	县市名称	网址
1	阿尔伯克基(Albuquerque)	http：//www. cabq. gov/abq-data/
2	安阿伯(Ann Arbor)	http：//www. a2gov. org/data/
3	阿瓦达(Arvada)	http：//arvada. org/opendata/
4	阿什维尔(Asheville)	http：//opendatacatalog. ashevillenc. gov/
5	亚特兰大(Atlanta)	http：//gis. atlantaga. gov/
6	奥斯丁(Austin)	http：//data. austintexas. gov/
7	巴尔的摩(Baltimore)	http：//data. baltimorecity. gov/
8	贝尔维尔(Belleville)	https：//data. illinois. gov/belleville
9	波士顿(Boston)	https：//data. cityofboston. gov/
10	伯灵顿(Burlington)	https：//data. burlingtonvt. gov/
11	厄巴纳-香槟(Champaign-Urbana)	https：//data. illinois. gov/champaign
12	芝加哥(Chicago)	http：//data. cityofchicago. org/
13	库克县(Cook County)	http：//data. cookcountyil. gov/
14	丹佛(Denver)	http：//data. denvergov. org/
15	丹佛地区委员会(Denver Regional Council)	http：//data. opencolorado. org/group/drcog
16	吉尔平县(Gilpin County)	http：//data. opencolorado. org/group/gilpin-county
17	夏威夷(Hawaii GIS)	http：//gis. hicentral. com/
18	火奴鲁鲁(Honolulu)	https：//data. honolulu. gov/
19	休斯敦(Houston)	http：//data. codeforhouston. com/
20	伊利诺斯南部郊区(Illinois South Suburban)	https：//data. illinois. gov/ssmma
21	堪萨斯市(Kansas City)	https：//data. kcmo. org/
22	金斯县(King County)	http：//www. datakc. org/
23	拉斯维加斯(Las Vegas)	https：//opendata. lasvegasnevada. gov/
24	莱克星顿(Lexington)	http：//www. lexingtonky. gov/index. aspx？page=416
25	洛杉矶(Los Angeles)	https：//controllerdata. lacity. org/browse

序号	县市名称	网址
26	路易斯维尔(Louisville)	http：//portal. louisvilleky. gov/service/data
27	麦迪逊(Madison)	https：//data. cityofmadison. com/
28	蒙哥马利县(Montgomery County)	https：//data. montgomerycountymd. gov/
29	新奥尔良(New Orleans)	http：//data. nola. gov/
30	纽约市(New York City)	http：//www. nyc. gov/data/
31	帕洛阿尔托(Palo Alto)	http：//data. cityofpaloalto. org/
32	费城(Philadelphia)	http：//www. opendataphilly. org/
33	波特兰(Portland)	http：//civicapps. org/datasets/
34	普罗维登斯(Providence)	https：//data. providenceri. gov/
35	罗利(Raleigh)	http：//www. raleighnc. gov/open/
36	罗克福德(Rockford)	https：//data. illinois. gov/rockford
37	旧金山(San Francisco)	http：//www. datasf. org/
38	圣马特奥县(San Mateo County)	https：//data. smcgov. org/
39	圣克鲁斯(Santa Cruz)	http：//data. cityofsantacruz. com/
40	斯科茨代尔(Scottsdale)	http：//data. scottsdaleaz. gov/
41	西雅图(Seattle)	http：//data. seattle. gov/
42	萨默维尔(Somerville)	http：//data. somervillema. gov/
43	南本德(South Bend)	https：//data. southbendin. gov/
44	韦克县(Wake County)	http：//www. wakegov. com/data/Pages/default. aspx
45	韦瑟福德(Weatherford)	http：//tx-weatherford2. civicplus. com/index. aspx? NID=1448
46	惠灵顿(Wellington)	https：//data. wellingtonfl. gov/

表4　　　　部分国家地方政府或机构开放政府数据网站

序号	区域名称	国家/地区	网址
1	奥胡斯(Aarhus)	丹麦	http：//www. odaa. dk/
2	阿尔伯塔(Alberta)	加拿大	http：//data. alberta. ca/

序号	区域名称	国家/地区	网址
3	阿尔克马尔(Alkmaar)	荷兰	http：//www. alkmaar. nl/opendata
4	阿勒代尔(Allerdale)	英国	http：//datacatalogs. org/catalog/allerdale
5	阿姆斯特丹(Amsterdam)	荷兰	http：//www. os. amsterdam. nl/
6	昂热(Angers)	法国	http：//data. angers. fr/
7	安特卫普(Antwerp)	比利时	http：//opendata. antwerpen. be/
8	阿基坦-吉伦特(Aquitaine and Gironde)	法国	http：//datalocale. fr/
9	阿拉贡(Aragon)	西班牙	http：//opendata. aragon. es/
10	阿斯图里亚斯(Asturias)	西班牙	http：//risp. asturias. es/catalogo/index. html
11	澳大利亚首都特区(Australian Capital Territory)	澳大利亚	https：//www. data. act. gov. au/
12	巴达洛纳(Badalona)	西班牙	http：//badalona. cat/portalWeb/badalona. portal? _nfpb = true&_pageLabel = opendata
13	巴登-符腾堡州(Baden-Wÿrttemberg)	德国	http：//opendata. service-bw. de/Seiten/default. aspx
14	布兰卡港(Bah'a Blanca)	阿根廷	http：//bahiablanca. opendata. junar. com/home/
15	巴利阿里群岛(Balearic Islands)	西班牙	http：//www. caib. es/caibdatafront/
16	巴塞罗那(Barcelona)	西班牙	http：//w20. bcn. cat/opendata/
17	巴里(Bari)	意大利	http：//opendata. comune. bari. it/
18	柏林(Berlin)	德国	http：//daten. berlin. de/
19	伯明翰(Birmingham)	英国	http：//www. birmingham. gov. uk/open-data
20	博洛尼亚(Bologna)	意大利	http：//dati. comune. bologna. it/
21	巴西联邦参议院(Brazilian Federal Senate)	巴西	http：//dadosabertos. senado. gov. br/
22	不来梅(Bremen)	德国	http：//www. daten. bremen. de/

序号	区域名称	国家/地区	网址
23	布里斯班(Brisbane)	澳大利亚	http：//data. brisbane. qld. gov. au/ index. php/datasets
24	不列颠哥伦比亚(British Columbia)	加拿大	http：//www. data. gov. bc. ca/
25	不列颠哥伦比亚地方政府 (British Columbia Local Government)	加拿大	http：//www. civicinfo. bc. ca/
26	布宜诺斯艾利斯(Buenos Aires)	阿根廷	http：//data. buenosaires. gob. ar/
27	伯灵顿(Burlington)	加拿大	http：//cms. burlington. ca/ Page7429. aspx
28	卡斯蒂利亚-拉曼恰(Castilla-La Mancha)	西班牙	http：//opendata. jccm. es/
29	加泰罗尼亚(Catalonya)	西班牙	http：//dadesobertes. gencat. cat/
30	意大利众议院(Chamber of Deputies)	意大利	http：//dati. camera. it/it/
31	大草原县(County of Grand Prairie No. 1)	加拿大	http：//www. countygp. ab. ca/EN/main/ community/maps-gis/open-data/data. html
32	CSIRO	澳大利亚	https：//data. csiro. au/dap/home? execution＝e1s1
33	大连(Dailan)	中国	http：//zwgk. dl. gov. cn/default. jse
34	北温哥华区(District of North Vancouver)	加拿大	http：//geoweb. dnv. org/data/
35	埃德蒙顿(Edmonton)	加拿大	http：//data. edmonton. ca/
36	艾米利亚-罗马涅大区(Emilia-Romagna)	意大利	http：//dati. emilia-romagna. it/
37	恩斯赫德(Enschede)	荷兰	http：//opendata. enschede. nl/
38	Environmental Portal	德国	http：//www. portalu. de/portal/default- page. psml
39	欧洲联盟(European Union)	欧洲	http：//open-data. europa. eu/
40	巴斯克(Euskadi Basque Country)	西班牙	http：//opendata. euskadi. net/
41	芬戈尔(Fingal)	爱尔兰	http：//data. fingal. ie/
42	佛罗伦萨(Florence)	意大利	http：//dati. comune. firenze. it/

续表

序号	区域名称	国家/地区	网址
43	弗雷德里克顿(Fredericton)	加拿大	http：//www. fredericton. ca/en/citygovern-ment/DataMain. asp
44	加利西亚(Galicia)	西班牙	http：//abertos. xunta. es/portada/
45	格拉茨(Graz)	奥地利	http：//data. graz. gv. at/
46	大曼彻斯特(Great Manchester)	英国	http：//www. datagm. org. uk/
47	圭尔夫(Guelph)	加拿大	http：//guelph. ca/services. cfm？itemid=78870&smocid=1550
48	哈利法克斯(Halifax)	加拿大	https：//www. halifaxopendata. ca/
49	汉堡(Hamburg)	德国	http：//daten. hamburg. de/
50	汉密尔顿(Hamilton)	加拿大	https：//www. hamilton. ca/city-initiatives/strategies-actions/open-accessible-data
51	上塞纳省(Hauts-de-Seine)	法国	http：//opendata. hauts-de-seine. net/
52	赫尔辛基(Helsinki Region Infoshare)	芬兰	http：//www. hri. fi/en/about/open-data/
53	意大利议会(Italian Parliament)	意大利	http：//dati. camera. it/it/
54	意大利参议院(Italy Senate)	意大利	http：//dati. senato. it/
55	卡斯蒂利亚-莱昂政府(Junta de Castilla y Le-n)	西班牙	http：//www. datosabiertos. jcyl. es/
56	于韦斯屈莱(JyvŠskylŠ)	芬兰	http：//data. jyvaskyla. fi/
57	肯特(Kent)	英国	http：//www. kent. gov. uk/your_council/open_data. aspx
58	拉罗谢尔(La Rochelle)	法国	http：//www. opendata. larochelle. fr/
59	兰利(Langley)	加拿大	http：//www. tol. ca/Services-Contact/Open-Data/Open-Data-Catalogue
60	勒芒(Le Mans)	法国	http：//www. lemans. fr/page. do？t=2&uuid=16CB26C7-550EA533-5AE8381B-D7A64AF8
61	莱比锡(Leipzig)	德国	http：//www. apileipzig. de/
62	智利国会图书馆(Library of the National Congress)	智利	http：//datos. bcn. cl/es/

序号	区域名称	国家/地区	网址
63	利奇菲尔德(Lichfield)	英国	http：//lichfielddc. gov. uk/
64	利马(Lima)	秘鲁	http：//www. munlima. gob. pe/datos-abiertos-mml. html
65	林茨(Linz)	奥地利	http：//data. linz. gv. at/
66	莱里达(Lleida)	西班牙	http：//cartolleida. paeria. es/lleidaoberta/inici. aspx
67	大西洋卢瓦尔省(Loire-Atlantique)	法国	http：//data. loire-atlantique. fr/
68	伦巴第(Lombardy)	意大利	https：//dati. lombardia. it/
69	伦敦(London)	英国	http：//data. london. gov. uk/
70	卢卡(Lucca)	意大利	http：//opendata. provincia. lucca. it/
71	曼彻斯特(Manchester)	英国	http：//www. manchester. gov. uk/info/500215/open_data
72	梅迪辛哈特(Medicine Hat)	加拿大	http：//data. medicinehat. ca/
73	默顿(Merton)	英国	http：//www. merton. gov. uk/council/dp-foi/opendata. htm
74	日本经济产业省(METI)	日本	http：//datameti. go. jp/
75	米兰(Milan)	意大利	http：//dati. comune. milano. it/
76	俄罗斯财政部(Ministry of Finances)	俄罗斯	http：//www1. minfin. ru/ru/
77	米西奥内斯省(Misiones Province, Argentina)	阿根廷	http：//www. datos. misiones. gov. ar/
78	密西沙加(Mississauga)	加拿大	http：//www. mississauga. ca/portal/residents/publicationsopendatacatalogue
79	默尔斯(Moers)	德国	http：//www. offenedaten. moers. de/
80	蒙得维的亚(Montevideo)	乌拉圭	http：//www. montevideo. gub. uy/institucional/datos-abiertos/introduccion
81	蒙彼利埃(Montpellier)	法国	http：//opendata. montpelliernumerique. fr/
82	蒙特利尔(Montreal)	加拿大	http：//donnees. ville. montreal. qc. ca/
83	莫斯科(Moscow)	俄罗斯	http：//data. mos. ru/

续表

序号	区域名称	国家/地区	网址
84	莫斯曼(Mosman)	澳大利亚	http：//data. mosman. nsw. gov. au/
85	纳奈莫(Nanaimo)	加拿大	http：//www. nanaimo. ca/datafeeds
86	南特(Nantes)	法国	http：//data. nantes. fr/
87	纳瓦拉(Navarre)	西班牙	http：//www. navarra. es/home_es/Open-Data/
88	新南威尔士州(New South Wales)	澳大利亚	http：//data. nsw. gov. au/
89	尼亚加拉大瀑布(Niagara Falls)	澳大利亚	http：//www. niagarafalls. ca/services/open/data
90	尼亚加拉区(Niagara Region)	加拿大	http：//www. niagararegion. ca/government/opendata/default. aspx
91	北奥肯纳根(North Okanagan)	加拿大	http：//www. rdno. ca/index. php/maps/digital-data
92	新汉堡(Novo Hamburgo)	巴西	https：//dados. novohamburgo. rs. gov. br/
93	安大略(Ontario)	加拿大	http：//www. ontario. ca/government/government-ontario-open-data
94	阿姆斯特丹开放地理数据(Open GEO-Data (Amsterdam))	荷兰	http：//maps. amsterdam. nl/open_geodata/
95	Open Government	俄罗斯	http：//opendata. bigovernment. ru/results/
96	开放肯特(Open Kent)	英国	http：//www. openkent. org. uk/
97	瑞典国际发展合作署(OpenAid. se)	瑞典	http：//openaid. se/
98	经济合作与发展组织(OECD)	国际组织	http：//stats. oecd. org/
99	渥太华(Ottawa)	加拿大	http：//data. ottawa. ca/
100	潘普洛纳(Pamplona)	西班牙	http：//pamplona. es/
101	巴黎(Paris)	法国	http：//opendata. paris. fr/
102	皮埃蒙特(Piedmont)	意大利	http：//www. dati. piemonte. it/
103	乔治王子城(Prince George)	加拿大	http：//data. cityofpg. opendata. arcgis. com/
104	普利亚(Puglia)	意大利	http：//www. dati. puglia. it/

序号	区域名称	国家/地区	网址
105	昆士兰(Queensland)	澳大利亚	https：//data. qld. gov. au/
106	魁北克市(QuŽbec(City))	加拿大	http：//donnees. ville. quebec. qc. ca/
107	魁北克省(QuŽbec(Province))	加拿大	http：//data. gouv. qc. ca/? node＝/accueil
108	雷德迪尔(Red Deer)	加拿大	http：//www. reddeer. ca/
109	雷德布里奇(Redbridge)	英国	http：//data. redbridge. gov. uk/
110	里贾纳(Regina)	加拿大	http：//openregina. cloudapp. net/
111	皮尔区(Region of Peel)	加拿大	http：//opendata. peelregion. ca/
112	雷恩(Rennes)	法国	http：//www. data. rennes-metropole. fr/
113	澳大利亚研究数据(Research Data)	澳大利亚	http：//researchdata. ands. org. au/
114	莱茵兰-普法尔茨州(Rheinland Pfalz)	德国	http：//www. daten. rlp. de/
115	罗马省(Rome(Province))	意大利	http：//www. opendata. provincia. roma. it/
116	罗斯托克(Rostock)	德国	http：//datacatalogs. org/catalog/rostock
117	鹿特丹(Rotterdam)	荷兰	http：//rotterdamopendata. nl
118	俄罗斯公开预算(Russian Open Budget)	俄罗斯	http：//budget. gov. ru/data/opendata
119	俄罗斯开放警察(Russian Open Police)	俄罗斯	http：//data. openpolice. ru/
120	萨尼奇(Saanich)	加拿大	http：//www. saanich. ca/data/catalogue/index. php
121	索尔福德(Salford)	英国	http：//www. salford. gov. uk/opendata. htm
122	圣保罗(Sao Paulo)	巴西	http：//www. governoaberto. sp. gov. br/view/
123	撒丁岛(Sardinia)	意大利	http：//www. sardegnageoportale. it/
124	萨斯卡通(Saskatoon)	加拿大	http：//www. saskatoon. ca/
125	索恩-卢瓦尔省(Sa^{TM}ne-et-Loire)	法国	http：//www. opendata71. fr/
126	首尔(Seoul)	韩国	http：//data. seoul. go. kr/

续表

序号	区域名称	国家/地区	网址
127	静冈县（Shizuoka Prefecture）	日本	http：//open-data. pref. shizuoka. jp/htdocs/
128	南澳（South Australia）	澳大利亚	http：//data. sa. gov. au
129	斯德哥尔摩（Stockholm）	瑞典	http：//open. stockholm. se/
130	萨里（Surrey）	加拿大	http：//www. surrey. ca/city-services/658. aspx
131	萨顿（Sutton）	英国	https：//www. sutton. gov. uk/
132	坦佩雷（Tampere）	芬兰	http：//tampere. fi/avoindata
133	塔斯马尼亚（Tasmania）	澳大利亚	http：//www. dpipwe. tas. gov. au/sif
134	特拉萨（Terrassa）	西班牙	http：//opendata. terrassa. cat/
135	多伦多（Toronto）	加拿大	http：//www. toronto. ca/open
136	图卢兹（Toulouse）	法国	http：//data. grandtoulouse. fr/
137	特拉福德（Trafford）	英国	http：//www. trafford. gov. uk/opendata/
138	特伦蒂诺（Trentino）	意大利	http：//dati. trentino. it/
139	特伦托（Trento）	意大利	http：//www. territorio. provincia. tn. it/
140	都灵（Turin）	意大利	http：//www. comune. torino. it/aperto
141	托斯卡纳（Tuscany）	意大利	http：//dati. toscana. it/
142	蒂罗尔（Tyrol）	奥地利	http：//www. tirol. gv. at/applikationen/e-government/data/
143	乌迪内（Udine）	意大利	http：//www. comune. udine. it/
144	联合国（United Nations）	国际组织	http：//data. un. org/
145	温哥华（Vancouver）	加拿大	http：//data. vancouver. ca/
146	威尼托（Veneto）	意大利	http：//dati. veneto. it/
147	威尼斯（Venice）	意大利	http：//dati. venezia. it/
148	维琴察（Vicenza）	意大利	http：//www. comune. vicenza. it/
149	维多利亚（Victoria）	澳大利亚	http：//www. data. vic. gov. au/
150	维也纳（Vienna）	奥地利	http：//data. wien. gv. at/
151	福拉尔贝格（Vorarlberg）	奥地利	http：//data. vorarlberg. gv. at/

序号	区域名称	国家/地区	网址
152	沃里克(Warwickshire)	英国	http：//www.guardian.co.uk/world-government-data/
153	滑铁卢(Waterloo)	加拿大	http：//opendata.waterloo.ca/
154	西澳(Western Australia)	澳大利亚	https：//www2.landgate.wa.gov.au/
155	温莎(Windsor)	加拿大	http：//www.citywindsor.ca/opendata/
156	世界银行(World Bank)	国际组织	http：//data.worldbank.org/
157	怀尔(Wyre)	英国	http：//www.wyre.gov.uk/opendata
158	萨拉戈萨(Zaragoza)	西班牙	http：//www.zaragoza.es/ciudad/risp/
159	苏黎世(Zurich)	瑞士	http：//data.stadt-zuerich.ch/
160	联合国人居署(Open UN-Habitat Transparency Initiative)	国际组织	http：//open.unhabitat.org/

表5　　　　　　　　中国部分政府数据开放门户网站

序号	行政层级/区域	政府开放数据门户名称	网址
1		北京市政务数据资源网	http：//data.beijing.gov.cn/
2		上海市政府数据服务网	http：//data.sh.gov.cn/
3		浙江政务服务网开放数据目录	http：//data.zjzwfw.gov.cn/
4		广东省政府数据统一开放平台	http：//gddata.gd.gov.cn/
5		贵州省政府数据开放平台	http：//data.guizhou.gov.cn/
6	省级	重庆数据	http：//www.cqdata.gov.cn/
7		新疆维吾尔自治区政务数据开放网	http：//data.xinjiang.gov.cn/
8		四川省人民政府数据开放	http：//www.sc.gov.cn/10462/13797/index.shtml
9		江苏省人民政府数据开放	http：//www.jiangsu.gov.cn/col/col33688/index.html
10		山东省公共数据开放网	http：//data.sd.gov.cn/
11		陕西省公共数据开放平台	http：//www.sndata.gov.cn/

续表

序号	行政层级/区域	政府开放数据门户名称	网址
12	省级	江西省政府数据开放网站	http：//data. jiangxi. gov. cn/
13		河南省公共数据开放平台	http：//data. hnzwfw. gov. cn/
14		福建省公共信息资源统一开放平台	http：//data. fujian. gov. cn/
15		海南省政府数据统一开放平台	http：//data. hainan. gov. cn/
16		天津市信息资源统一开放平台	https：//data. tj. gov. cn/
17		开放宁夏	http：//ningxiadata. gov. cn/
18		青海省人民政府政府数据	http：//data. qinghai. gov. cn/
19	副省级	广州市政府数据统一开放平台	http：//data. gz. gov. cn/
20		深圳市政府数据开放平台	http：//opendata. sz. gov. cn/
21		武汉市政府公开数据服务网	http：//www. wuhandata. gov. cn/
22		哈尔滨市政府数据开放平台	http：//data. harbin. gov. cn/
23		济南市政府数据开放平台	http：//www. jndata. gov. cn/
24		青岛市政府数据开放网	http：//data. qingdao. gov. cn/
25		南京市人民政府数据开放	http：//data. nanjing. gov. cn/
26		成都市公共数据开放平台	http：//www. cddata. gov. cn/
27		宁波市政府数据服务网	http：//www. datanb. gov. cn/
28		厦门市大数据开放平台	http：//data. xm. gov. cn/
29	地市级	苏州市政府数据开放平台	http：//www. suzhou. gov. cn/dataOpenWeb/index
30		无锡市数据开放平台	http：//etc. wuxi. gov. cn/zfxxgk/sjkf/index. shtml
31		扬州政务数据服务网	http：//data. yangzhou. gov. cn/
32		常州市政府数据开放平台	http：//opendata. changzhou. gov. cn/
33		连云港市公共数据开放网	http：//www. lyg. gov. cn/data/
34		南通市公共数据开放网	http：//data. nantong. gov. cn/
35		佛山市数据开放平台	http：//www. foshan-data. cn/
36		数据东莞	http：//dataopen. dg. gov. cn/
37		梅州市政府开放数据	https：//www. meizhou. gov. cn/opendata/

序号	行政层级/区域	政府开放数据门户名称	网址
38	地市级	肇庆市人民政府"用数据"	http：//www. zhaoqing. gov. cn/sjkf/
39		珠海市民生数据开放平台	http：//data. zhuhai. gov. cn/
40		惠州市政府数据开放平台	http：//data. huizhou. gov. cn/
41		中山市政府数据统一开放平台	http：//zsdata. zs. gov. cn/
42		茂名市人民政府数据开放	http：//www. maoming. gov. cn/zwgk/sjkf/
43		江门市数据开放平台(开放江门)	http：//data. jiangmen. gov. cn/
44		阳江市人民政府数据开放	http：//www. yangjiang. gov. cn/sjkf/
45		汕尾市政府数据统一开放平台	http：//www. shanwei. gov. cn/u/sjfb/shanwei/index
46		蚌埠市信息资源开放平台	http：//data. bengbu. gov. cn/
47		黄山市人民政府开放数据	http：//www. huangshan. gov. cn/DataDevelopment/
48		宣城市政府数据开放平台	http：//sjkf. xuancheng. gov. cn/open-data-web/
49		阜阳市公共数据开放平台	http：//www. fy. gov. cn/openData/
50		马鞍山人民政府开放数据	http：//www. mas. gov. cn/content/column/4697374
51		六安市信息资源开放平台	http：//data. luan. gov. cn：8081/dop/
52		威海市公共数据开放网	http：//whdata. sd. gov. cn/
53		滨州公共数据开放网	http：//bzdata. sd. gov. cn/
54		东营市公共数据开放网	http：//dydata. sd. gov. cn/
55		潍坊市公共数据开放网	http：//wfdata. sd. gov. cn/
56		淄博市公共数据开放网	http：//zbdata. sd. gov. cn/
57		德州市公共数据开放网	http：//dzdata. sd. gov. cn/
58		枣庄市公共数据开放网	http：//zzdata. sd. gov. cn/
59		临沂市公共数据开放网	http：//lydata. sd. gov. cn/
60		菏泽市公共数据开放网	http：//hzdata. sd. gov. cn/
61		济宁市公共数据开放网	http：//jindata. sd. gov. cn/
62		烟台市公共数据开放网	http：//ytdata. sd. gov. cn/

序号	行政层级/区域	政府开放数据门户名称	网址
63		日照市公共数据开放网	http：//rzdata. sd. gov. cn/
64		聊城市公共数据开放网	http：//lcdata. sd. gov. cn/
65		泰安市公共数据开放网	http：//tadata. sd. gov. cn/
66		长沙市政府门户网站数据开放平台	http：//www. changsha. gov. cn/data/
67		常德市人民政府数据开放	http：//dataopen. changde. gov. cn/
68		贵阳市政府数据开放平台	http：//www. gyopendata. gov. cn/
69	地市级	遵义市政府数据开放平台	http：//www. zyopendata. gov. cn/
70		铜仁市政府数据开放平台	http：//www. gztrdata. gov. cn/
71		黔东南州人民政府网数据开放平台	http：//www. qdn. gov. cn/zfsj/
72		石嘴山政府数据开放平台	http：//szssjkf. nxszs. gov. cn/
73		佳木斯市公共数据开放网	http：//data. jms. gov. cn/
74		湖州市公共数据开放平台	http：//data. huzhou. gov. cn/
75		荆门市人民政府数据公开	http：//data. jingmen. gov. cn/
76		雅安市人民政府数据开放	http：//www. yaan. gov. cn/shuju. html
77		鹰潭市政府数据开放平台	http：//218. 87. 176. 158：8080/opendata/
78		银川市城市数据开放平台	http：//data. yinchuan. gov. cn/
79		宁波市海曙区数据开放平台	http：//data. haishu. gov. cn/
80		常州市天宁区政府数据开放平台	http：//opendata. cztn. gov. cn/
81		佛山市南海区"数说南海"	http：//data. nanhai. gov. cn/
82		佛山市顺德区政务数据服务网	https：//data. shunde. gov. cn/
83	县级	深圳市坪山区数据开放	http：//apps. szpsq. gov. cn/apps/opendata/home
84		深圳市福田区数据开放	http：//www. szft. gov. cn/data/
85		哈尔滨市道里区政府数据开放平台	http：//218. 7. 29. 112/index. jsp
86		威海市文登区公共数据开放平台	http：//www. wendeng. gov. cn/col/col50150/index. html
87		南宁市马山县数据开放	http：//msx. nanning. gov. cn/sj/sjkf/

序号	行政层级/区域	政府开放数据门户名称	网址
88	县级	铜仁市德江县数据开放	http：//www. dejiang. gov. cn/zfsj/
89		惠州市龙门县数据开放	http：//zwgklm. longmen. gov. cn/longmen/sjkf/sjkf. shtml
90	港台	香港资料一线通	https：//data. gov. hk/
91		香港开放数据	https：//opendatahk. com/
92		台湾政府开放资料平台	http：//data. gov. tw/
93		台北市政府开放资料平台	http：//data. taipei. gov. tw/
94		新北市政府开放资料平台	http：//data. ntpc. gov. tw/
95		桃园市政府开放资料平台	http：//data. tycg. gov. tw/
96		台中市政府开放资料平台	http：//data. taichung. gov. tw/
97		台南市政府开放资料平台	http：//data. tainan. gov. tw/
98		高雄市政府开放资料平台	http：//data. kaohsiung. gov. tw/Opendata/

附录 2　政府数据开放利益相关者特征调查问卷

尊敬的各位先生/女士：

您好！

政府数据开放与个人、社会组织等息息相关。在数据开放过程中，参与其中的利益相关者在参与程度、具有的影响力以及获得的利益方面存在差异。因此，本研究对政府数据开放的利益相关者在参与程度、权力以及利益三个维度上的特征进行调研。

我们诚挚地请您花费 5~10 分钟的时间参与本次调查。我们郑重地承诺本调查完全匿名，所获数据仅用于科学研究活动。感谢您的支持！

一、相关概念

政府数据开放——是指政府将所掌握的，可以开放的，有益于公共决策、商业开发、便民服务等的数据资源放在网络平台上，提供给用户浏览、下载以及开发利用。

二、政府数据开放网站举例

美国联邦政府数据开放门户（http：//www. data. gov）

英国政府数据开放门户（http：//www. data. gov. uk）

上海市政府数据服务网（http：//www. datashanghai. gov. cn）

北京市政务数据资源网（http：//www. bjdata. gov. cn/）

三、填表说明

参与——是指各利益相关者参与、介入政府数据开放活动的程度。

权力——是指利益相关者对政府数据开放活动决策、实施的影响力。

利益——是指政府数据开放对各利益相关者带来有形或无形的回报。

本问卷采用李克特五点量表（Likert scale），对每个问题有五种回答，分别记为 5、4、3、2、1。

第一部分　基本信息

（1）您的教育背景

　　高中及以下

　　本专科

　　硕士

博士
（2）您所从事的职业
政府机构工作人员（公务员）
事业编制人员
公司职员
私营业主
科研人员
研发人员
技术工人
学生
军人
自由职业
其他

第二部分　政府数据开放利益相关者的参与程度评分

请您对以下利益相关者在政府数据开放中的参与程度进行评分：（1. 表示参与程度非常低；2. 表示参与程度低；3. 表示参与程度一般；4. 表示参与程度高；5. 表示参与程度非常高）

政府数据开放利益相关者	参与程度				
	1	2	3	4	5
政府机构					
国际组织					
公共机构（非政府部门）					
民间机构					
开源软件提供方					
商业机构					
信息技术提供商					
相关领域专家					
个体信息技术开发者					
一般个体公众					

第三部分　政府数据开放利益相关者的权力评分

请您对以下利益相关者在政府数据开放的决策与实施中的影响力进行评分：（1. 表示影响力非常低；2. 表示影响力低；3. 表示影响力一般；4. 表示影响力高；5. 表示影响力非常高）

政府数据开放利益相关者	影响力				
	1	2	3	4	5
政府机构					
国际组织					
公共机构(非政府部门)					
民间机构					
开源软件提供方					
商业机构					
信息技术提供商					
相关领域专家					
个体信息技术开发者					
一般个体公众					

第四部分　政府数据开放利益相关者的利益回报评分

请您对以下利益相关者在政府数据开放中获得有形或无形的利益回报进行评分：（1. 表示获取的利益非常低；2. 表示获取的利益低；3. 表示获取的利益一般；4. 表示获取的利益高；5. 表示获取的利益非常高）

政府数据开放利益相关者	利益回报				
	1	2	3	4	5
政府机构					
国际组织					
公共机构(非政府部门)					
民间机构					

续表

政府数据开放利益相关者	利益回报				
	1	2	3	4	5
开源软件提供方					
商业机构					
信息技术提供商					
相关领域专家					
个体信息技术开发者					
一般个体公众					

本次问卷调查到此结束，感谢您耐心地填写！

本研究再次承诺对信息的保密。

祝您幸福、安康、快乐！

附录 3　公众参与政府数据开放行为与激励因素调查

尊敬的先生/女士：

您好！

政府数据开放与社会公众息息相关。公众参与政府数据开放，能够激发和汇聚群体智慧，是形成良好数据开放生态系统的重要基础。本研究调研公众参与政府数据开放的行为与激励因素，探索激发公众广泛、深入参与政府数据开放活动的对策。

我们诚挚地请您花费 10~15 分钟的时间参与本次调查。我们郑重地承诺本调查完全匿名，所获数据仅用于科学研究活动。感谢您的支持！

一、相关概念

政府数据——是政府机构所产生、采集和保存的数据资源，如：政务、交通、教育、商业、气象、人口等数据。这些数据资源具有开发利用价值。

政府数据开放——是指政府将所掌握的，可以公开的，有益于公共决策、商业开发、便民服务等的数据资源放在网络平台上，提供给用户浏览、下载、调用以及开发利用。

二、政府开放数据来源举例

各级政府及部门门户网站
上海市政府数据服务网(http：//www. datashanghai. gov. cn)
北京市政务数据资源网(http：//www. bjdata. gov. cn/)
浙江政务服务网公共数据开放目录(http：//data. zjzwfw. gov. cn)
贵州省政府数据开放平台(http：//www. gzdata. gov. cn)
贵阳市政府数据开放平台(http：//www. gyopendata. gov. cn)
深圳市政府数据开放平台(http：//opendata. sz. gov. cn)
广州市政府数据统一开放平台(http：//www. datagz. gov. cn)
武汉市政府公开数据服务网(http：//www. wuhandata. gov. cn)
青岛市政府数据开放网(http：//data. qingdao. gov. cn/data)
无锡市政府数据服务网(http：//opendata. wuxi. gov. cn)
美国联邦政府数据开放门户(http：//www. data. gov)
英国政府数据开放门户(http：//www. data. gov. uk)

三、填表说明

本问卷第三、四部分采用李克特五点量表(Likert scale)，每个问题有五种回答，请选其一。

第一部分　您的基本信息

(1)您的性别

　　男　　　　女

(2)您的年龄：

　　19 岁及以下　　　20~29 岁　　　30~39 岁　　　40~49 岁　　　50~59 岁

　　60 岁及以上

(3)您所在地区

安徽	北京	重庆	福建	甘肃	广东	广西	贵州	海南
河北	黑龙江	河南	湖北	湖南	江苏	江西	吉林	辽宁
内蒙古	宁夏	青海	山东	上海	山西	陕西	四川	天津
新疆	西藏	云南	浙江	港澳台	其他国家/地区			

(4)您的教育背景

　　高中及以下　　　　大学本专科　　　　硕士　　　　博士

(5)您的职业

　　党政机关事业单位领导干部

　　党政机关事业单位一般职员

　　企业/公司高层管理人员

　　企业/公司中层管理人员

　　企业/公司一般职员

　　专业技术人员(教师/科研人员/医生/律师/记者/图书馆员等)

　　军人

　　全日制学生

　　商业服务业职工

　　制造生产型企业工人

　　个体户/自由职业者

　　农村外出务工人员

　　农林牧渔劳动者

　　退休

　　无业/下岗/失业

　　其他(　　　　　　　)

第二部分　您对政府数据开放的认知

(6)您是否登录政府信息门户、政府数据开放平台等网站，浏览、下载、利用政府开放数据资源？

是　　　　否

（提示：如果选项为"否"，本次调查结束）

(7)您持续浏览、下载或利用政府开放数据资源的时间是多少？

半年以下　　半年至1年　　1年至2年　　2年至3年　　3年以上

(8)您浏览、下载、利用政府开放数据资源的主要目的是？（可多选）

日常生活(如获取交通出行数据)

兴趣爱好(如获取历史、地理信息数据)

学术研究(如撰写学术论文、研究报告)

工作任务(如获取与工作相关数据)

技术研发(如开发应用工具)

公共决策(如提供决策参考)

商业开发(如分析市场和用户数据)

其他目的(　　　　　　　　　　)

第三部分　您对参与政府数据开放行为的认知

(9)请您对以下参与行为描述与您实际情况的符合程度作出判断

描　　述	五选一				
	从不	很少	偶尔	经常	总是
您提交了有关数据需求的建议或申请 (例如：您需要的数据没有被开放，因此通过在线表单提交开放该数据的申请)					
您提交了可以开放的数据或应用程序APP					
您参与了政府开放数据的组织与分类 (例如：通过社会化标签Tag)					
您通过转发功能将政府数据在社交媒体上进行了传播和分享 (例如：将数据页面通过转发按钮转发到微信、QQ空间、QQ好友等处)					

续表

描　　述	五选一				
	从不	很少	偶尔	经常	总是
您对政府数据进行了开发利用 （例如：利用政府数据分析形成信息产品；通过数据调用开发信息应用等）					
您提供了改善数据平台服务功能、完善数据资源建设的建议意见 （例如：通过在线表单、电子邮件等提交建议意见）					
您对政府数据进行了纠错 （例如：发现错误时，利用网站提供的纠错功能进行纠错）					
您对政府数据的形式、内容以及质量等状况发表了文字评论 （例如：利用网站提供的评论功能进行评论）					
您对数据开放情况、内容质量等进行了评分 （例如：利用网站提供的打分功能进行评分）					
您参与了对政府数据开放相关主题的研究活动 （例如：参与相关主题项目，撰写论文、研究报告等）					
您为政府数据开放相关政策法规等提供建议意见 （例如：针对《XX市政府数据开放条例（草案）》征求意见稿，提供自己的认识和见解）					

第四部分 您对参与政府数据开放激励因素的感知

（10）您觉得可能因为什么因素促使您参与政府数据开放活动？
请对以下描述与您感知的符合程度作出合理的判断。

描述	五选一				
	非常不同意	不同意	不一定	同意	非常同意
通过参与政府数据开放活动，我可以获得物质奖励 （例如：我参加类似于上海 SODA 开放数据竞赛，有希望获得奖金）					
通过参与政府数据开放活动，可以促进我所从事事业的发展 （例如：我所在企业利用开发政府开放数据，带来利润增长，获得融资等）					
通过参与政府数据开放活动，我可以节省所需数据的搜寻成本 （例如：通过数据开放申请，获得急需数据，从而节约搜寻成本）					
在兴趣爱好的驱动下，我参与政府数据开放活动 （例如：我通过数据的收集与分析能够有所发现，满足求知欲与好奇心）					
参与政府数据开放活动，我能够为优化数据开放的过程与效果做出贡献 （例如：我认为政府数据开放是社会活动，能为此做贡献，很开心、很满足）					
在责任感的驱动下，参与政府数据开放活动 （例如：我觉得作为公民有责任参与到像政府数据开放这样的公共事务中去）					

续表

描述	五选一				
	非常不 同意	不 同意	不 一定	同意	非常 同意
参与政府数据开放活动，是因为我认同开放共 享精神 （例如：我支持互联网的开放精神和政府数据开 放运动，所以参与相应的活动）					
在挑战与探索精神的驱动下，参与政府数据开 放活动 （例如：我认为对政府开放数据进行分析和开发 是有一定挑战性的任务和目标，能够完成就能 够得到内心的满足）					
通过参与政府数据开放活动，能够与其他参与 者进行交流 （例如：我在政府开放数据相关的网络社区中可 以与其他用户进行交流）					
参与政府数据开放活动，能够获得网络社群认 可 （例如：我经常参与政府数据开放活动，提供有 用建议或资源，获得参与者的普遍赞同，有获 得感）					
参与政府数据开放活动，能够获得荣誉感 （例如：我经常参与政府数据开放活动，感觉自 己的价值得到发挥，也得到大家的尊重，有荣 誉感）					
参与政府数据开放活动，能够获得网络社群的 权威地位 （例如：我经常参与政府数据开放活动，提供有 用的建议或资源，经过长时间的积累，在相关 网络社群中扮演着专家的角色）					

本次问卷调查到此结束，感谢您耐心地填写！

本研究再次承诺对信息的保密。

祝您幸福、安康、快乐！

附录 4　我国主要涉及"政府数据开放"的科研项目（2014—2017 年）

年度	国家社科（重大）	国家社科（重点）	国家社科（一般）	国家社科（青年）	教育部重大攻关项目	教育重点研究基地重大项目	教育部人文社科(规划)	教育部人文社科(青年)	国家自然科学基金
2014	大数据国家战略研究（国家信息中心，倪光南）	—	基于关联数据的政府数据开放研究（华南理工大学，赵龙文）	数据开放环境下政府数字信息资源质量保障研究（河北大学，白献阳）				—	开放数据下公共信息资源再利用体系的重构研究（武汉大学，夏义堃）
2015			大数据时代政府数据开放制度设计及实现路径研究（成都信息工程学院，赖廷谦）	—				政府数据开放面临的法律问题研究（西南政法大学，汪梦）	大数据背景下开放政府数据的因素与机理研究：系统动力学建模与政策仿真（复旦大学，郑磊）
			开放数据安全与数据协同研究（黑龙江大学，马海群）					我国政府数据开放保密审查体系构建及保障研究（西安石油大学，赵需要）	政府数据开放对大众创业的影响研究（清华大学，张涵）

续表

年度	国家社科（重大）	国家社科（重点）	国家社科（一般）	国家社科（青年）	教育部重大攻关项目	教育重点研究基地重大项目	教育部人文社科（规划）	教育部人文社科（青年）	国家自然科学基金
2015	—	—	大数据环境下政务信息资源优化配置与服务模式创新研究（湘潭大学，毛太田）	—	—	—	—	群体智慧视野下政府开放数据开发利用管理研究（温州大学，周志峰）	
2016	面向国家大数据战略的政府数据开放共享对策研究（武汉大学，黄如花）	—	政府数据开放利用的评创效应用及其优化机制研究（中共上海市委党校，李平）	大数据环境下政府数据资产可持续运营评估研究（上海社科院，范佳佳）	大数据驱动的城市公共安全风险研究（兰州大学，沙勇忠）	大数据资源规划理论与统筹发展研究（武汉大学，周耀林）；大数据资源的智能化管理与跨部门交互研究——面向公共安全领域（武汉大学，曾子明）	—	—	我国政府开放数据的质量保障机制研究（郑州航空工业管理学院，莫祖英）

续表

年度	国家社科(重大)	国家社科(重点)	国家社科(一般)	国家社科(青年)	教育部重大攻关项目	教育重点研究基地重大项目	教育部人文社科(规划)	教育部人文社科(青年)	国家自然科学基金
2017	—	政府数据治理与统一开放平台一体制机制研究（中国行政管理学会，鲍静） 基于全生命周期的政府开放数据整合利用模式研究（华中师范大学，段尧清）	政府开放数据生态链演化机制优化策略研究（西安石油大学，赵需要） 大数据时代公共数据开放中个人数据保护制度研究（广西民族大学，陈星）	开放政府数据对腐败的防治作用及对策研究（清华大学，赵需乔）	—	大数据资源的制度规制和国家治理研究（武汉大学，冉从敬）	大数据背景下政府开放数据的因素与机理研究：生态系统的视角（广东科技大学，胡海波） 国家大数据战略下的政府开放数据的目录体系构建研究（大连海事大学，霍朝军）	—	—

本研究根据项目立项数据编制。

附录 5 美国联邦政府数据开放门户数据开发利用案例汇编

序号	名称	网址	简介	数据来源	就业岗位
1	City-Data	http://www.city-data.com	City-Data 收集、整合和分析来自于政府和私人来源的数据,为美国的每个城市提供了详细的概况信息,包括了人口统计(demographics)、犯罪率(crime rates)、天气模式(weather patterns)、家庭价值观(home values)、生活成本(cost of living)等。2016 年的数据显示,City-Data 每月的用户超过 1400 万	American Community Survey; Bureau of Labor Statistics; National Weather Service; US Census TIGER Database; Federal Housing Finance Agency Mortgage Data; Federal Communications Commission Antenna Registration Data; National Bridge Inventory; U. S. Department of Agriculture Food Environment Atlas; U. S. Environmental Protection Agency Ground Water and Drinking Water; U. S. Fire Administration Incident Reports; Internal Revenue Service SOI Tax Stats; Federal Aviation Administration; U. S. Geological Survey Census of Agriculture	21
2	Spot Crime	https://spot-crime.com	SpotCrime 从各地警察部门获取治安数据,从当地新闻报道及时更新各地区具体地点的犯罪记录,并以不同的图标在 Google 地图上表示出来。任何人都可以访问这些地图,并且注册后就可以通过电子邮件免费获取指定区域内的地图以及曾经发生的犯罪细节。用户还可以通过 crimetip. us 匿名在线报告他们所在区域内发生的犯罪。2015 年 11 月,SpotCrime 注册用户就超过了 100 万,每月发	U. S. Census Bureau TIGER Products-Maps; Zillow API Neighborhood Boundaries; Philadelphia Police Crime Map Statistics; City of Chicago Public Safety Crimes	—

续表

序号	名称	网址	简介	数据来源	就业岗位
2	Spot Crime	https://spotcrime.com	送1000万封电子邮件，每月浏览网站100万次。SpotCrime还开发了不同的版本和应用，如适应移动通信工具的SpotCrime.info。SpotCrime覆盖了美国500多个城市，加拿大10个城市以及英国伦敦		
3	HD Scores	http://hd-scores.com	HD Scores(Health Department Inspection Scores)可以帮助用户搜索和发现餐馆、教堂、医院、酒店、便利店以及超市等；并且可以根据来源于全美87.9万家机构的注册/待牌健康检查人员收集的餐厅检测数据(检测报告已经超过800万个)，帮助用户做出更好的决策	OSHA Compliance Food Service; Bureau of Labor Statistics-Maps; HD Scores Data Access-U.S.; U.S. Census Bureau TIGER Products-Maps	4
4	Esir	http://www.esri.com	Esir将地图与数据进行了很好的融合，为地图带来了意义，可帮助人们以更加智能的方式看世界。Esir创建功能强大的地图软件ArcGIS，可进行地图的创建和数据可视化，帮助人们更好地进行地理空间数据分析	U.S. Census; Bureau of Labor Statistics; FBI; EPA; HHS	3000
5	Trulia	https://www.trulia.com	Trulia通过利用开放数据，为用户提供丰富的图形化信息，例如社区犯罪率地图，以及一个包含1.1亿房产信息的数据库。通过Trulia，用户可对潜在的邻里环境和住房选择有一个超本地化的视野以及了解房市行情。2014年7月28日，Trulia以35亿美元被Zillow收购	NOAA; US Forest Service; US Geological Survey's Earthquake Map; FEMA's Flood Map	500

续表

序号	名称	网址	简介	数据来源	就业岗位
6	Kayak	https://www.kayak.com	Kayak是美国旅游搜索引擎服务商，通过网站以及APP提供服务。可以同时搜索上百家旅行网站，将结果按多种方式排列，产品主要包括航班、酒店、汽车、旅行社等。估值达到2.29亿美元	Federal Aviation Administration	330
7	Enigma网站与APP	http://enigma.io	Enigma帮助组织与个人对数据进行融合、组织以及分析，以便于做出明智的决策。Enigma数据仓库包含10余万数据集，来源于超过1000个的政府机构、公共机构以及企业，值得关注的是这些数据里面有来自于美国海关的所有货运提单、游客到白宫的日志以及竞选财务记录等	Government Spending Data; Bureau of Labor Statistics; Federal Energy Regulatory Commission; Automated Manifest System; Transportation Research and Data; Lobbying Disclosure Act Data; EDGAR; National Agricultural Statistics Service; NOAA's National Climatic Data Center	15
8	Foursquare	https://foursquare.com	Foursquare是一家基于用户地理位置信息（Location Based Service, LBS）的手机服务网站，鼓励手机用户同他人分享自己当前所在地理位置等信息	U.S. Global Positioning System; U.S. Census TIGER Database	170
9	Alltuition	https://www.alltuition.com	Alltuition可帮助大学生对财政援助的过程进行管理，包括跟踪财政援助的期限、用户具有哪些贷款的资格，可以获取多少财政援助等	National Center for Education Statistics' Integrated Postsecondary Education Data System	8
10	LinkedIn	https://www.linkedin.com	LinkedIn（领英）是全球最大的职业社交网站，会员人数在世界范围内已超过3亿，致力于向全球职场人士提供沟通平台	Department of Labor; Department of Education	4812
11	Climate Corporation	https://www.climate.com	Climate Corporation是孟山都公司（Monsanto Company）旗下的天气大数据公司，建立在美国政府开放数据的基础上，这些数据包括农作物收成数据、土壤质量数据、100万余个气象监测站的气象数据	National Weather Service; U.S. Geological Survey; Natural Resources Conservation Service; NASA	160

续表

序号	名称	网址	简介	数据来源	就业岗位
11	Climate Corporaiton	https://www.climate.com	等22个数据集。该平台每天要利用22个数据集经过高级数据分析产生的300万份数据限制因素，帮助农民确定潜在的种植物产量参考信息。Climate Corporation平台上的核心产品"全气候保险"（Total Weather Insurance），该产品将在系统预测有恶劣天气时自动赔付农民的损失，而不需要其举证实际损失		
12	FarmLogs	https://farmlogs.com	FarmLogs对土地和作物进行了可视化，帮助农民更好地耕作。FarmLogs的工具可以提供及时、公正的信息与数据，帮助用户以最小的成本提高产量和消除浪费	NOAA	9
13	Panjiva	http://www.panjiva.com	Panjiva为全球贸易提供了数据驱动，该平台拥有900万个公司超过6亿的出货记录，以及全球贸易流量95%的宏观数据，以及全球贸易量35%的交易数据，采用机器学习和数据可视化技术，为用户呈现出与国际贸易密切相关的、非常清晰且极具操作性的解析	—	34
14	Realtor.com	http://www.realtor.com	Realtor.com是新闻集团（News Corp）旗下的在线房地产服务提供商，为房子的买家、卖家和租户提供信息、工具以及发现和创造完美美家的专业知识。Realtor.com已为美国和加拿大出售数以百万计的房屋	FHFA House Price Indexes；U.S. Census Bureau TIGER Products-Maps；U.S. Census Bureau Characteristics of New Housing	1000

续表

序号	名称	网址	简介	数据来源	就业岗位
15	Zillow	http://www.zillow.com	Zillow 创建于 2006 年，是一家提供免费房地产估价服务的网站，主要向用户提供各类房地产信息查询服务。Zillow 可以直接在网页上缩放卫星地图，还可以利用邮政编码和街道进行搜寻	Bureau of Labor Statistics; Federal Housing Finance Agency; Census Bureau; American Community Survey	850
16	Estately	http://www.estately.com	Estately 是房地产数据搜索网站，帮助用户搜索、选择合适的房子	Bureau of Labor Statistics-Maps; U. S. Census Bureau Characteristics of New Housing; U. S. Census Bureau TIGER Products-Maps; FHFA House Price Indexes	10
17	Mapbox	https://www.mapbox.com	Mapbox 是一个关于地图开发的开源平台，帮助用户对地形数据进行可视化，设计和发布出地图	US Census TIGER; USGS Landsat Imagery; USGS National Elevation Dataset; MODIS on NASA's Terra and Aqua Satellites; NASA SRTM; National Land Cover Data（DOI/USGS）	47
18	Palantir	http://www.palantir.com	Palantir 是硅谷的科技公司，开发能处理巨大复杂的数据库软件，可以帮助用户对数据进行筛选和可视化分析与处理。Palantir 拥有近 90 亿美元估值，在过去十年中获得了近 10 亿美元的风险投资	—	1000
19	Mercaris	http://www.mercariscompany.com	Mercaris 为农产品供应链上的公司提供市场数据服务，发现有机产品的真正市场价值	USDA Market News Reports; USDA Foreign Agricultural Service's Global Agricultural Trade System	4

353

续表

序号	名称	网址	简介	数据来源	就业岗位
20	BillGuard	https://www.billguard.com	BillGuard是一家为个人信用卡提供安全监管服务的创业公司，帮助用户信用卡免遭隐形收费、错误收费和信用卡诈骗等。BillGuard可以监测、分析数百万个用户信用卡交易，并从中搜索欺诈类型，当它监测到信用卡发生了有问题的收费时，就会给用户实时发送报警提示	CFPB's Consumer Complaint Database	30
21	Carfax	http://www.carfax.com	Carfax是美国一家车辆历史信息提供商，拥有超过60亿条历史数据记录。通过输入汽车VIN可以查到该车的历史纪录，有无交通事故、里程数以及经手情况	Department of Transportation-State Traffic Records Assessment Process; Department of Transportation-Vehicle Safety Research and Development Database; Department of Transportation New Car Assessment Program 5-Star Safety Ratings	700
22	Calcbench	https://www.calcbench.com	Calcbench提供了在美国证券交易所上市的8500家公司的详细信息，可以为用户商业策略制订、退休投资等决策提供信息基础	Securities and Exchange Commission	5
23	Accu Weather	http://www.accuweather.com	AccuWeather气象预报公司是业界先驱，于1962年由知名气象学教授麦尔斯(Joel Myers)所创，为知名媒体、能源公司、滑雪等顾客，量身定做他们需要的气象预报数据。在网络上、手机网络上，AccuWeather是一款主要应用于手机平台气象的天气预报软件，拥有最大数量的预测气象数据，包括详细的天气情况预报、15天总体天气概况、卫星雷达信息等。AccuWeather为美国政府以及付费机构提供气象信息	Department of Commerce-NOAA-Internet Weather Source; Department of Commerce-NOAA -24-Hour Forecast of Air Temperatures; Department of Commerce-NOAA-National Weather Center	1324

续表

序号	名称	网址	简介	数据来源	就业岗位
24	Propeller Health 网站与 APP	http://propellerhealth.com	Propeller Health 是一家提供呼吸系统健康管理解决方案的公司，它有一个包含传感器、移动和服务应用程序、分析和服务移动平台，帮助患有哮喘或慢性阻塞性肺病的患者进行呼吸健康的管理	U.S. Global Positioning System （GPS）；AirNOW；EPA；NOAA；NPS	18
25	Humetrix	http://www.humetrix.com	Humetrix 提供了 iBlueButton App，用户可以通过手机、平板电脑等移动设备下载、查看和存储个人健康信息，并可以方便地进行分享	National Drug Code Directory；the RxNorm database developed by the National Library of Medicine for drug information；the MedLine Plus service offered by the National Library of Medicine；and from the National Provider Identifier Registry from the Centers for Medicaid and Medicare	—
26	ZocDoc	http://www.zocdoc.com	ZocDoc 是在线医生预约服务平台，用户可以通过 ZocDoc 网站或移动端针对病患搜索对口医生，再根据显示的医生日程表和相关资质信息选择最好的医生、敲定看病的时间段，在地图上查找医生的地理位置，填写医疗保险项目等，轻松完成预约。ZocDoc 在美国 2000 多个城市中，每月有超过 500 万人使用其服务，市场估值约为 15 亿美元	U.S. Census Bureau-TIGER Maps；Fee Schedules General Information；Bureau of Labor Statistics-Maps	1000
27	Archimedes	http://archimedesmodel.com	Archimedes 可以帮助用户发现医疗保健和模拟数据，使用户可以作出个性化的医疗保健快定。Archimedes 现已被 Evidera 收购	U.S. Department of Health & Human Services	130

355

续表

序号	名称	网址	简介	数据来源	就业岗位
28	Simple Energy APP	http://simpleenergy.com	Simple Energy 是一家"软件即服务"（Software-as-a-service，SaaS）公司，通过用户参与，促使能源节约。其将用户能源消耗数据转化成用户体验数据，用户可将自己的消耗与邻里比较，激发开展节能环保行为。数据显示，用户使用 Simple Energy，可节约 6.7% 的能源，在能源使用高峰期可达到 10%。其还建设了电子商务平台，通过提供个性化的节能提示和建议，使客户减少能源消耗，并作出明智的购买决策	U. S. Census；Electricity Power sales，revenue，and energy efficiency data	27
29	Opower	https://opower.com	Opower 是一家 SaaS 公司，通过收集能源使用数据，可让用户跟踪家庭能源使用情况，降低能源消耗，减少碳排放。Opower 模式是家庭能源管理领域最成功的模式。Opower 结合行为科学与大数据分析，为用户提供用能服务，帮助售电公司建立更稳定的客户关系并实施需求响应	U. S. Census Bureau-Statistical Abstract of Energy Use；Department of Energy-Residential Energy Consumption Survey	560
30	Clean Power Finance	http://www.cleanpowerfinance.com	清洁电力金融公司（Clean Power Finance）是一家服务于住宅太阳能产业的金融服务和软件公司，通过在太阳能专业人士、制造商、分销商以及投资人之间建立联系，以向太阳能光伏客户提供融资方案	National Renewable Energy Lab's solar photovoltaic data	120

续表

序号	名称	网址	简介	数据来源	就业岗位
31	Cattlefax	http://www.cattlefax.com	Cattlefax 通过获得每日牛肉市场的收盘价格、牛肉产业与市场的信息，并对获取的数据相关进行分析，为用户提供关于未来市场参考信息，帮助用户制订营销计划和进行风险管理	Livestock & Meat International Trade Data	12
32	SoFi	https://www.sofi.com	SoFi 将在校生、应届毕业生与校友和投资者之间建立联系，帮助学生用户通过 P2P 贷款平台（peer-to-peer loan platform）获取学生贷款	Department of Education	75

参 考 文 献

1. 中文著作

[1] 电子政务理事会. 中国电子政务年鉴 2013[M]. 北京：社会科学文献出版社，2014.

[2] 靖继鹏，马费成，张向先. 情报科学理论[M]. 北京：科学出版社，2009.

[3] 李堂军，等. 服务型政府效率评价体系与应用研究[M]. 济南：山东大学出版社，2015.

[4] 马费成，等. 信息管理学基础[M]. 武汉：武汉大学出版社，2002.

[5] 孟广均，等. 信息资源管理导论[M]. 北京：科学出版社，2003.

[6] 邱章乐，程跃. 智慧信息[M]. 北京：光明日报出版社，2014.

[7] 涂子沛. 大数据：正在到来的数据革命[3.0升级版][M]. 桂林：广西师范大学出版社，2015.

[8] 王万华. 知情权与政府信息公开制度研究[M]. 北京：中国政法大学出版社，2013.

[9] 夏书章. 行政管理学[M]. 广州：中山大学出版社，2008.

[10] 徐继华，冯启娜，陈贞汝. 智慧政府：大数据治国时代的来临[M]. 北京：中信出版社，2014.

[11] 杨孟辉. 开放政府数据：概念、实践与评价[M]. 北京：清华大学出版社，2017.

[12] 赵国栋，等. 大数据时代的历史机遇：产业变革与数据科学[M]. 北京：清华大学出版社，2013.

[13] 朱晓峰. 政府信息资源生命周期管理[M]. 南京：南京大学出版社，2009.

[14] [美]R. 爱德华·弗里曼. 战略管理：利益相关者方法[M]. 王彦华，梁豪，译. 上海：上海译文出版社，2006.

[15] [美]乔尔·古林. 开放数据：如何从无处不在的免费数据中发掘创意和商机[M]. 张尚轩，译. 北京：中信出版社，2015.

[16] [美]凯文·凯利. 必然[M]. 周峰，董理，金阳，译. 北京：电子工业出版社，2016.

［17］［美］詹姆斯·索罗维基. 群体的智慧：如何做出世界上最聪明的决策［M］. 王宝泉，译. 北京：中信出版社，2010.

［18］［英］维克托·迈尔-舍恩伯格，肯尼思·库克耶. 大数据时代：生活、工作与思维的大变革［M］. 盛杨燕，周涛，译. 杭州：浙江人民出版社，2013.

2. 中文期刊论文

［19］John Carlo Bertot，郑磊，徐慧娜，等. 大数据与开放数据的政策框架：问题、政策与建议［J］. 电子政务，2014（1）：6-14.

［20］蔡婧璇，黄如花. 美国政府数据开放的政策法规保障及对我国的启示［J］. 图书与情报，2017（1）：10-17.

［21］陈传夫，鲜冉，王迪. 我国公共部门信息资源增值利用的政策趋势分析［J］. 信息资源管理学报，2015，5（2）：4-10.

［22］陈婧. 协同机制对政府开放数据的影响分析［J］. 情报资料工作，2017（2）：43-47.

［23］陈丽冰. 我国政府数据开放的推进障碍与对策［J］. 情报理论与实践，2017，40（4）：16-19，31.

［24］陈涛，李明阳. 数据开放平台建设策略研究——以武汉市政府数据开放平台建设为例［J］. 电子政务，2015（7）：46-52.

［25］陈志成，白庆华，李大芳. 电子政务系统建设研究——基于利益相关者理论［J］. 情报科学，2011，29（3）：440-445，450.

［26］崔洪铭，白文琳. 政府信息公开对地理信息资源开发利用的影响——基于NYC open data 计划的案例研究［J］. 图书情报知识，2014（3）：35-40.

［27］戴旸，周磊. 国外"群体智慧"研究述评［J］. 图书情报知识，2014（2）：120-127.

［28］迪莉娅. 国外政府数据开放研究［J］. 图书馆论坛，2014（9）：86-93.

［29］丁楠，王钰，潘有能. 基于关联数据的政府信息聚合研究［J］. 情报理论与实践，2015（7）：76-79，85.

［30］杜妍洁，顾立平. 国外开放政府数据政策以及图书馆作用的综述［J］. 图书情报工作，2015，59（17）：141-148.

［31］范灵俊，洪学海. 政府大数据治理与区块链技术应用探析［J］. 中国信息安全，2017（12）：89-91.

［32］方陵生. 蜂群理论与群体智慧［J］. 世界科学，2007（11）：37-39.

［33］顾铁军，夏媛，徐柯伟. 上海市政府从信息公开走向数据开放的可持续发展探究——基于49家政府部门网站和上海政府数据服务网的实践调研［J］. 电子政务，2015（9）：14-21.

[34] 侯人华，徐少同. 美国政府开放数据的管理和利用分析——以 www. data. gov 为例[J]. 图书情报工作，2011(4)：119-122，14.

[35] 黄璜，赵倩，张锐昕. 论政府数据开放与信息公开——对现有观点的反思与重构[J]. 中国行政管理，2016(11)：13-18.

[36] 黄如花，陈闯. 美国政府数据开放共享的合作模式[J]. 图书情报工作，2016 (19)：6-14.

[37] 黄如花，何乃东，李白杨. 我国开放政府数据的价值体系构建[J]. 图书情报工作，2017，61(20)：6-11.

[38] 黄如花，赖彤. 利益相关者视角下图书馆参与科学数据管理的分析[J]. 图书情报工作，2016(3)：21-25，89.

[39] 黄如花，李楠. 澳大利亚开放政府数据的元数据标准——对 Data. gov. au 的调研与启示[J]. 图书馆杂志，2017，36(5)：87-97.

[40] 黄如花，林焱. 国外开放政府数据描述规范的调查与分析[J]. 图书情报工作，2017，61(20)：37-52.

[41] 黄如花，刘龙. 英国政府数据开放的政策法规保障及对我国的启示[J]. 图书与情报，2017(1)：1-9.

[42] 黄如花，苗淼. 北京和上海政府数据开放政策的异同[J]. 图书馆，2017(8)：20-26.

[43] 黄如花，王春迎. 英美政府数据开放平台数据管理功能的调查与分析[J]. 图书情报工作，2016，60(19)：24-30.

[44] 黄如花，王春迎. 我国政府数据开放平台现状调查与分析[J]. 情报理论与实践，2016，39(7)：50-55.

[45] 黄如花，温芳芳. 我国政府数据开放共享政策问题的构建[J]. 图书情报工作，2017，61(20)：26-36.

[46] 黄晓斌，周珍妮. Web2. 0 环境下群体智慧的实现问题[J]. 图书情报知识，2011(6)：113-119.

[47] 刘炜. 关联数据：概念、技术及应用展望[J]. 大学图书馆学报，2011(2)：5-12.

[48] 罗博. 国外开放政府数据计划：进展与启示[J]. 情报理论与实践，2014(12)：138-144.

[49] 马费成，望俊成. 信息生命周期研究述评(Ⅰ)——价值视角[J]. 情报学报，2010(5)：939-947.

[50] 马海群，唐守利. 基于结构方程的政府开放数据网站服务质量评价研究[J]. 现代情报，2016(9)：10-15，33.

[51] 钱国富. 基于关联数据的政府数据发布[J]. 图书情报工作，2012(5)：123-

127.

[52] 钱晓红，胡芒谷. 政府开放数据平台的构建及技术特征[J]. 图书情报知识，2014(3)：124-129.

[53] 冉从敬，刘洁，刘琬. Web2. 0 环境下美国开放政府的政策评述[J]. 图书与情报，2013(5)：78-83, 125.

[54] 沈晶，胡广伟. 利益相关者视角下政府数据开放价值生成机制研究[J]. 情报杂志，2016，35(12)：92-97.

[55] 盛铎，王芳，孟旭. Web2. 0 时代的政府治理：郑州市网络问政平台 ZZIC 案例研究[J]. 电子政务，2012(6)：92-101.

[56] 司莉，李鑫. 英美政府数据门户网站科学数据组织与查询研究[J]. 图书馆论坛，2014(10)：110-114.

[57] 宋刚，等. 从政务维基到维基政府：创新 2. 0 视野下的合作民主[J]. 中国行政管理，2014(10)：60-63.

[58] 谭军. 基于 TOE 理论架构的开放政府数据阻碍因素分析[J]. 情报杂志，2016(8)：175-178, 150.

[59] 王本刚，马海群. 开放政府理论分析框架：概念、政策与治理[J]. 情报资料工作，2015，36(6)：35-39.

[60] 王芳，陈锋. 国家治理进程中的政府大数据开放利用研究[J]. 中国行政管理，2015(11)：6-12.

[61] 吴湛微，禹卫华. 大数据如何改善社会治理：国外"大数据社会福祉"运动的案例分析和借鉴[J]. 中国行政管理，2016(1)：118-121.

[62] 夏义堃，丁念. 开放政府数据的发展及其对政府信息活动的影响[J]. 情报理论与实践，2015(12)：1-6, 19.

[63] 夏义堃. 国际比较视野下我国开放政府数据的现状、问题与对策[J]. 图书情报工作，2016，60(7)：34-40.

[64] 徐慧娜，郑磊. 面向用户利用的开放政府数据平台：纽约与上海比较研究[J]. 电子政务，2015(7)：37-45.

[65] 杨东谋，等. 国际政府数据开放实施现况初探[J]. 电子政务，2013(6)：16-25.

[66] 姚乐，等. 政府开放数据与智慧城市建设的战略整合初探[J]. 图书情报工作，2013(13)：12-17, 48.

[67] 员巧云，Peter A G. Web2. 0 环境下网络知识创新螺旋转化模型 SE-IE-CI 研究[J]. 中国图书馆学报，2013(2)：63-70.

[68] 张成福. 开放政府论[J]. 中国人民大学学报，2014(3)：79-89.

[69] 张晓娟，孙成，向锦鹏. 基于开放数据晴雨表的我国政府数据开放提升路径

分析[J]. 图书情报知识，2017(6)：60-72.

[70] 张毅菁. 从信息公开到数据开放的全球实践——兼对上海建设"政府数据服务网"的启示[J]. 情报杂志，2014(10)：175-178，18.

[71] 张勇进. 我国地方政府数据开放现状研究[J]. 中国行政管理，2016(11)：19-23.

[72] 赵蕊菡. 政府类开放关联数据集调查研究[J]. 图书与情报，2016(4)：102-112.

[73] 赵润娣. 政府信息公开领域新发展：开放政府数据[J]. 情报理论与实践，2015(10)：116-121.

[74] 郑磊，高丰. 中国开放政府数据平台研究：框架、现状与建议[J]. 电子政务，2015(7)：8-16.

[75] 郑磊. 开放政府数据的价值创造机理：生态系统的视角[J]. 电子政务，2015(7)：2-7.

[76] 郑磊. 政府数据开放研究：概念辨析、关键因素及其互动关系[J]. 中国行政管理，2015(11)：13-18.

[77] 中国行政管理学会课题组. 我国政府数据开放顶层设计研究[J]. 中国行政管理，2016(11)：6-12.

[78] 周耀林，等. 论中国刺绣技艺的保护与传承——基于群体智慧的 SMART 模型[J]. 武汉大学学报(人文科学版)，2016(2)：100-112.

[79] 周志峰，黄如花. 国外政府开放数据门户服务功能探析[J]. 情报杂志，2013(3)：144-147，16.

[80] 朱晓峰，苏新宁. 构建基于生命周期方法的政府信息资源管理模型[J]. 情报学报，2005，24(2)：136-141.

[81] 庄子匀，等. 网络集体智慧质量的影响因素研究——基于英文维基、中文维基和百度知道的交叉实证[J]. 情报理论与实践，2014(7)：38-43.

[82] 张毅，肖聪利，宁晓静. 区块链技术对政府治理创新的影响[J]. 电子政务，2016(12)：11-17.

3. 中文学位论文

[83] 戴旸. 基于群体智慧的非物质文化遗产档案管理研究 [D]. 武汉：武汉大学，2012.

[84] 何文译. 群体智慧在社交媒体中的应用研究[D]. 大连：大连理工大学，2014.

[85] 黄陆斐. 我国地方政府开放数据平台评价体系研究[D]. 大连：大连海事大学，2017.

[86] 钱鹏. 高校科学数据管理研究[D]. 南京：南京大学，2012.

[87] 苏寒. Web 2. 0 环境下的群体智慧及其在决策中的研究［D］. 合肥：合肥工业大学，2013.

[88] 王慧贤. 社交网络媒体平台用户参与激励机制研究［D］. 北京：北京邮电大学，2013.

[89] 王胜. 社会用户利用视角的政府数据开放研究［D］. 大连：东北财经大学，2016.

[90] 徐慧娜. 用户利用导向的开放政府数据研究［D］. 上海：复旦大学，2014.

[91] 张子良. 我国政府数据开放平台利用效果比较研究［D］. 哈尔滨：黑龙江大学，2017.

4. 中文会议论文

[92] 周盛，陈国权. 建立开放式决策机制研究［C］. 2014 年政府法制研究，2014：61.

5. 中文报纸

[93] 贵阳市政府数据资源管理办法［N］. 贵阳日报，2017-12-02(003).

[94] 郭全中. 媒体应用大数据，先解决三大难题［N］. 光明日报，2016-07-16(006).

[95] 黄长著. 大数据时代需注重数据管控［N］. 人民日报，2015-10-21(007).

[96] 彭波. 如何打破"数据孤岛"［N］. 人民日报，2017-08-02(017).

[97] 孙建军. 大数据使社科研究不再"望数兴叹"［N］. 人民日报，2016-02-18(007).

[98] 张璁. 大数据，倒逼政务公开升级［N］. 人民日报，2015-11-18(017).

6. 中文研究报告

[99] 2017 国际数字政府评估排名研究报告［EB/R］.［2018-01-21］. http：//www. echinagov. com/report/172527. htm.

[100] G20国家数字经济发展研究报告(2017 年)［EB/R］.［2019-05-19］. http：//www. caict. ac. cn/kxyj/qwfb/bps/201712/t20171213_2225102. htm.

[101] 大数据安全标准化白皮书(2017 年)［EB/R］.［2019-06-29］. http：//www. tc260. org. cn.

[102] 第 41 次《中国互联网络发展状况统计报告》［EB/R］.［2018-01-31］. http：//cnnic. cn/gywm/xwzx/rdxw/201801/t20180131_70188. htm.

[103] 国家信息化发展评价报告(2016)［EB/R］.［2017-09-26］. http：//www. cnnic. cn/hlwfzyj/hlwxzbg/hlwtjbg/201611/t20161118_56109. htm.

［104］中国大数据发展调查报告（2017）［EB/R］.［2017-12-12］. http：//www. caict. ac. cn/kxyj/qwfb/ztbg/201703/t20170327_ 2190526. htm.

［105］中国地方政府数据开放平台报告 2017 ［EB/R］.［2019-06-29］. http：// www. dmg. fudan. edu. cn/wp-content/uploads/中国地方政府数据开放平台报告. pdf.

［106］中国数字经济发展白皮书（2017 年）［EB/R］.［2018-03-01］. http：//www. caict. ac. cn/kxyj/qwfb/bps/201707/t20170713_ 2197395. htm.

7. 中文网页

［107］《促进大数据发展行动纲要》解读［EB/OL］.［2016-06-29］. http：//www. miit. gov. cn/n1146295/n1652858/n1653018/c3780771/content. html.

［108］大数据发展迈入新征程：我国亟须从数据大国向数据强国转变［2018-03-05］.［EB/OL］. http：//jjckb. xinhuanet. com/2017-04/23/c_136230057. htm.

［109］发达国家如何布局大数据战略［EB/OL］.［2017-12-12］. http：//www. chinadaily. com. cn/micro-reading/dzh/2015-06-08/content_13812514. html.

［110］李克强：推动政府信息共享、打破“信息孤岛”［2018-03-05］.［EB/OL］. http：//news. cri. cn/20160526/85526ace-86cc-3d85-7d70-4407ffe73b86. html.

［111］实施国家大数据战略 建设数字中国［EB/OL］.［2019-05-18］. http：//news. gmw. cn/2018-01/28/content_27478633. htm.

［112］提升公众参与社会治理创新的积极性［EB/OL］.［2017-12-12］. http：// theory. people. com. cn/n1/2016/0925/c49154-28738484. html.

［113］推进“互联网+政务服务”开展信息惠民试点实施方案［EB/OL］.［2018-12-27］. http：//www. ndrc. gov. cn/zcfb/zcfbqt/201604/t20160426 _ 799767. html.

8. 外文著作

［114］Atlee T, Benkler Y, Homer-Dixon T, et al. Collective Intelligence：Creating a Prosperous World at Peace［M］. Oakton：Earth Intelligence Network, 2008.

［115］Bloom H K. Global Brain：The Evolution of Mass Mind From the Big Bang to the 21st Century［M］. New Jersey：Wiley, 2000.

［116］Bon G L. The Crowds：A Study of the Popular Mind［M］. New York：Dover Publication, 2002.

［117］Marchand D, Horton F W, Wilson T. Infotrends-Profiting From Your Information Resources［M］. New Jersey：John Wiley & Sons, 1986.

［118］Foulonneau M, Martin S, Turki S. How Open Data Are Turned into Services?

［M］. Basel: Springer International Publishing, 2014.

［119］ Joel Gurin. Open Data Now: The Secret to Hot Startups, Smart Investing, Savvy Marketing, and Fast Innovation［M］. New York: McGraw-Hill Education, 2013.

［120］ Chen H, et al. (eds). Digital Government: E-government Research, Case Studies, and Implementation［M］. Boston: Springer, 2008.

［121］ Reddick C G. Citizens and E-government: Evaluating Policy and Management ［M］. Hershey: Information Science Reference, 2010.

［122］ Fink A, Lausen B, Seidel W, Ultsch A. (eds). Advances in Data Analysis, Data Handling and Business Intelligence［M］. Berlin: Springer, 2009.

9. 外文期刊论文

［123］ Afful-Dadzie E, Afful-Dadzie A. Open Government Data in Africa: A Preference Elicitation Analysis of Media Practitioners［J］. Government Information Quarterly, 2017, 34(2): 244-255.

［124］ Attard J, Orlandi F, Scerri S, et al. A Systematic Review of Open Government Data Initiatives［J］. Government Information Quarterly, 2015, 32(4): 399-418.

［125］ Axelsson K, Melin U, Lindgren I. Public E-services for Agency Efficiency and Citizen Benefit: Findings from a Stakeholder Centered Analysis［J］. Government Information Quarterly, 2013, 30(1): 10-22.

［126］ Baker B. The Distributed Mind, Achieving High Performance Through the Collective Intelligence of Knowledge Work Teams［J］. Quality Progress, 1998, 31(11): 129.

［127］ Bates J. The Strategic Importance of Information Policy for the Contemporary Neoliberal State: The Case of Open Government Data in the United Kingdom［J］. Government Information Quarterly, 2014, 31(3): 388-395.

［128］ Bonabeau E. Decisions 2. 0: The Power of Collective Intelligence［J］. MIT Sloan Management Review, 2009, 50(50): 45-52.

［129］ Bonsónabbc E. Local E-government 2. 0: Social Media and Corporate Transparency in Municipalities［J］. Government Information Quarterly, 2012, 29(2): 123-132.

［130］ Bryson J M. What to Do When Stakeholders Matter: Stakeholder Identification and Analysis Techniques［J］. Public management review, 2004, 6(1): 21-53.

［131］ Bulazel A, Difranzo D, Erickson J S, et al. The Importance of Authoritative URI Design Schemes for Open Government Data［J］. International Journal of Public Administration in the Digital Age, 2016, 3(2): 1-18.

［132］ Chatfield A T, Reddick C G. The Role of Policy Entrepreneurs in Open

Government Data Policy Innovation Diffusion: An Analysis of Australian Federal and State Governments[J]. Government Information Quarterly, 2018, 35(1): 123-134.

[133] Chudnow C T. Information Lifecycle Management and the Government [J]. Computer Technology Review, 2004, 24(8): 25-26.

[134] Dawes S S, Vidiasova L, Parkhimovich O. Planning and Designing Open Government Data Programs: An Ecosystem Approach[J]. Government Information Quarterly, 2016, 33(1): 15-27.

[135] Fragkou P, Galiotou E, Matsakas M. Enriching the e-GIF Ontology for an Improved Application of Linking Data Technologies to Greek Open Government Data [J]. Procedia -Social and Behavioral Sciences, 2014, 147(147): 167-174.

[136] Galiotou E, Fragkou P. Applying Linked Data Technologies to Greek Open Government Data: A Case Study [J]. Procedia -Social and Behavioral Sciences, 2013(73): 479-486.

[137] Gonzalez-Zapata F, Heeks R. The Multiple Meanings of Open Government Data: Understanding Different Stakeholders and Their Perspectives [J]. Government Information Quarterly, 2015, 32(4): 441-452.

[138] Gregg D. Developing a Collective Intelligence Application for Special Education [J]. Decision Support Systems, 2009, 47(4): 455-465.

[139] Gurin J. Open Data Now: The Secret to Hot Startups, Smart Investing, Savvy Marketing, and Fast Innovation[M]. McGraw Hill Education, 2014.

[140] Hernon P. Information Life Cycle: Its Place in the Management of U. S. Government Information Resources[J]. Government Information Quarterly, 1994, 11(2): 143-170.

[141] Hey T, Tansley S, Tolle K. The Fourth Paradigm: Data-Intensive Scientific Discovery[J]. General Collection, 2009, 317(8): 1.

[142] Janssen K. The Influence of the PSI Directive on Open Government Data: An Overview of Recent Developments[J]. Government Information Quarterly, 2011, 28(4): 446-456.

[143] Kalampokis E, Tambouris E, Tarabanis K. A Classification Scheme for Open Government Data: Towards Linking Decentralized Data[J]. International Journal of Web Engineering & Technology, 2011, 6(3): 266-285.

[144] Kittur A, Chi E, Pendleton B A, et al. Power of the Few vs. Wisdom of the Crowd: Wikipedia and the Rise of the Bourgeoisie[J]. World Wild Web, 2007,

1(2): 1-9.

[145] Krause J, Ruxton G D, Krause S. Swarm Intelligence in Animals and Humans [J]. Trends in Ecology & Evolution, 2010(25): 28 – 34.

[146] Kuhn K. Open Government Data and Public Transportation[J]. Journal of Public Transportation, 2011, 14(1): 83-97.

[147] Laplume A O, Sonpar K, Litz R A. Stakeholder Theory: Reviewing a Theory That Moves Us[J]. Journal of Management, 2008, 34(6): 1152-1189.

[148] Lim S, Kwon N. Gender Differences in Information Behavior Concerning Wikipedia, An Unorthodox Information Source? [J]. Library & Information Science Research, 2010, 32(3): 212-220.

[149] Lorenz J, Rauhut H, Schweitzer F, et al. How Social Influence Can Undermine the Wisdom of Crowd Effect[J]. Proceedings of the National Academy of Sciences of the United States of America, 2011, 108(22): 9020-9025.

[150] Malone T W, Laubacher R, Dellarocas C. The Collective Intelligence Genome[J]. MIT SLOAN Management Review , 2010, 51(3): 21-31.

[151] Mann R P, Helbing D. Optimal Incentives for Collective Intelligence [J]. Proceedings of the National Academy of Sciences of the United States of America, 2017, 114(20): 5077-5082.

[152] Nam T. Government-Driven Participation and Collective Intelligence: A Case of the Government 3.0 Initiative in Korea[J]. Information, 2016, 7(4): 55.

[153] Nance W. Collective Intelligence In Computer-Based Collaboration-Smith, JB[J]. Journal of The American Society For Information Science, 1995, 46(10): 793-795.

[154] Ruhua Huang, Tong Lai, Lihong Zhou. Proposing a Framework of Barriers to Opening Government Data in China: A Critical Literature Review[J]. Library Hi Tech, 2017, 35(3): 421-438.

[155] Schedler K, Summermatter L. Customer Orientation in Electronic Government: Motives and Effects[J]. Government Information Quarterly, 2007, 24(2): 291-311.

[156] Sieber R E, Johnson P A. Civic Open Data at a Crossroads: Dominant Models and Current Challenges[J]. Government Information Quarterly, 2015, 32(3): 308-315.

[157] Solar M, Daniels F, Lopez R, et al. A Model to Guide the Open Government Data Implementation in Public Agencies[J]. Journal of Universal Computerence, 2014, 20(11): 1564-1582.

[158] Täuscher K. Leveraging Collective Intelligence: How to Design and Manage Crowd-based Business Models[J]. Business Horizons, 2017, 60(2): 237-245.

[159] Tolbert C J, Mossberger K. The Effects of E-Government on Trust and Confidence in Government[J]. Public Administration Review, 2006, 66(3): 354-369.

[160] Vetrò A, Canova L, Torchiano M, et al. Open Data Quality Measurement Framework: Definition and Application to Open Government Data[J]. Government Information Quarterly, 2016, 33(2): 325-337.

[161] Wang H J, Jin L. Adoption of Open Government Data Among Government Agencies[J]. Government Information Quarterly, 2016, 33(1): 80-88.

[162] Whitmore A. Using Open Government Data to Predict War: A Case Study of Data and Systems Challenges[J]. Government Information Quarterly, 2014, 31(4): 622-630.

[163] Wirtz B W, Piehler R, Thomas M J, et al. Resistance of Public Personnel to Open Government: A Cognitive Theory View of Implementation Barriers towards Open Government Data[J]. Public Management Review, 2016(9): 1-30.

[164] Wirtz B W, Weyerer J C, Rösch M. Open Government and Citizen Participation: An Empirical Analysis of Citizen Expectancy towards Open Government Data[J]. International Review of Administrative Sciences, 2017, 86(1): 1-21.

[165] Woolley A W, Chabris C F, Pentland A, et al. Evidence for a Collective Intelligence Factor in the Performance of Human Groups[J]. Science, 2010, 330 (6004): 686-688.

[166] YangT M, Jin L, Jing S. To Open or Not to Open? Determinants of Open Government Data[J]. Journal of Information Science, 2015, 41(5): 1-17.

[167] Zeleti F A, Ojo A, Curry E. Exploring the Economic Value of Open Government Data[J]. Government Information Quarterly, 2016, 33(3): 535-551.

[168] Zuiderwijk A, Janssen M. Open Data Policies, Their Implementation and Impact: A Framework for Comparison[J]. Government Information Quarterly, 2014, 31 (1): 17-29.

10. 外文会议论文

[169] Albano C S, Reinhard N. Open Government Data: Facilitating and Motivating Factors for Coping with Potential Barriers in the Brazilian Context[C]// 13th Annual International IFIP Working Group 8. 5 Electronic Government Conference, 2014: 181-193.

[170] Chan C M L. From Open Data to Open Innovation Strategies: Creating E-Services

Using Open Government Data[C]// Hawaii International Conference on System Sciences. IEEE, 2013: 1890 - 1899.

[171] Charalabidis Y, Loukis E, Alexopoulos C. Evaluating Second Generation Open Government Data Infrastructures Using Value Models[C]// Hawaii International Conference on System Sciences. IEEE Computer Society, 2014: 2114-2126.

[172] Das S, Lavoie A, Magdon-Ismail M. Manipulation among the Arbiters of Collective Intelligence: How Wikipedia Administrators Mold Public Opinion[C]// ACM International Conference on Conference on Information & Knowledge Management. ACM, 2013: 1097-1106.

[173] Kalampokis E, Hausenblas M, Tarabanis K. Combining Social and Government Open Data for Participatory Decision-Making[C]// Ifip Wg 85 International Conference, 2011: 36-47.

[174] Gholami B, Safavi R. Harnessing Collective Intelligence: Wiki and Social Network from End-user Perspective[C]// International Conference on E-Education, E-Business, E-Management and E-Learning. IEEE Computer Society, 2010: 242-246.

[175] Kalampokis E, Tambouris E, Tarabanis K. Linked Open Government Data Analytics[C]// 12th Annual International IFIP Working Group 8. 5 Electronic Government Conference (EGOV), 2013: 731-749.

[176] Sayogo D S, Pardo T A, Cook M. A Framework for Benchmarking Open Government Data Efforts[C]// 47th Hawaii International Conference on System Science, 2014: 1896-1905.

11. 外文研究报告

[177] 2016 UN E-Government Survey: E-government in Support of Sustainable Development [EB/R]. [2018-01-29]. http: //workspace. unpan. org/sites/ Internet/Documents/UNPAN96407. pdf.

[178] Big Data: Seizing Opportunities, Preserving Values [EB/R]. [2019-05-19]. https: //www. whitehouse. gov/sites/default/files/docs/big _ data _ privacy _ report_may_1_2014. pdf.

[179] Building Community around Open Government Data [EB/R]. [2018-12-28]. https: //www. europeandataportal. eu/sites/default/files/library/201409 _ building_community_around_open_government_data. pdf.

[180] Internet Trends 2017 [EB/R]. [2017-12-22]. http: //www. kpcb. com/file/ 2017-internet-trends-report.

［181］Seizing the Data Opportunity：A Strategy for UK Data Capability［EB/R］.［2017-12-30］. https：//www. gov. uk/government/publications/uk-data-capability-strategy.

［182］The Global Information Technology Report 2014［EB/R］.［2019-05-19］. https：//www. weforum. org/reports/global-information-technology-report-2014.

［183］The United States Government U. S. Open Data Action Plan［EB/R］.［2019-06-01］. https：//obamawhitehouse. archives. gov/sites/default/files/microsites/ostp/us_open_data_action_plan. pdf.

［184］UK Open Government National Action Plan 2016-18［EB/R］.［2019-05-20］. https：//www. gov. uk/government/publications/uk-open-government-national-action-plan-2016-18/uk-open-government-national-action-plan-2016-18.

［185］UN DESA. The UN E-Government Survey 2016［EB/R］.［2017-08-25］. https：//publicadministration. un. org/en/Research/UN-e-Government-Surveys.

［186］World Justice Project. Open Government Index 2015 Report［EB/R］.［2019-05-22］. https：//worldjusticeproject. org/our-work/wjp-rule-law-index/wjp-open-government-index-2015.

12. 外文网页

［187］Big data：The Next Frontier for Innovation, Competition, and Productivity［EB/OL］.［2019-05-18］. http：//www. mckinsey. com/business-functions/digital-mckinsey/our-insights/big-data-the-next-frontier-for-innovation.

［188］Cabinet Office. Open Government Partnership：UK National Action Plan 2013［EB/OL］.［2017-07-12］. https：//www. gov. uk/government/consultations/open-government-partnership-uk-national-action-plan-2013.

［189］Data Lifecycle Models and Concepts v12［EB/OL］.［2019-06-30］. http：//wgiss. ceos. org/.

［190］Delay Letter：4th U. S. National Action Plan for Open Government［EB/OL］.［2018-12-27］. https：//open. usa. gov/national-action-plan/4/delay-letter.

［191］G20/OECD Principles of Corporate Governance［EB/OL］.［2018-12-27］. http：//www. oecd. org/corporate/principles-corporate-governance. htm.

［192］G8 Open Data Charter and Technical Annex［EB/OL］.［2019-06-01］. https：//www. gov. uk/government/publications/open-data-charter/g8-open-data-charter-and-technical-annex.

［193］GLD Life Cycle［EB/OL］.［2019-06-30］. https：//www. w3. org/2011/gld/

wiki/GLD_Life_cycle.

[194] Global Open Data Index [EB/OL]. [2018-01-21]. https：//index. okfn. org.

[195] New UK Transparency Board and Public Data Principles [EB/OL]. [2017-12-28]. https：//blog. okfn. org/2010/06/28/new-uk-transparency-board-and-public-data-principles.

[196] Open Data Barometer Global Report Fourth Edition [EB/OL]. [2019-05-22]. https：//opendatabarometer. org/doc/4thEdition/ODB-4thEdition-GlobalReport. pdf.

[197] Open Government Partnership UK National Action Plan 2013 to 2015. [EB/OL]. [2018-12-27]. https：//www. gov. uk/government/consultations/open-government-partnership-uk-national-action-plan-2013/open-government-partnership-uk-national-action-plan-2013-to-2015.

[198] The Fourth Paradigm：Data-intensive Scientific Discovery [EB/OL]. [2019-05-19]. http：//www. microsoft. com/en-us/research/publication/fourth-paradigm-data-intensive-scientific-discovery.

[199] The Second Open Government National Action Plan [EB/OL]. [2018-12-27]. https：//obamawhitehouse. archives. gov/sites/default/files/docs/us _ national _ action_plan_6p. pdf.

[200] The Third Open Government National Action Plan [EB/OL]. [2018-12-27]. https：//obamawhitehouse. archives. gov/sites/default/files/microsites/ostp/final_us_open_government_national_action_plan_3_0. pdf.

后　记

　　本书是我独立撰写的第一本著作，由本人的博士论文修改而成。以下就以稍加修改后的博士论文致谢作为本书后记，以感恩之心结尾。

　　在读博的将近七年岁月里，曾经很多次想象完成论文稿、写下"致谢"时候的欣喜。当真正"大功告成"、要回顾这段刻骨铭心的求学路的时候，想象中的喜出望外之情却没有如期而至。一则，虽然我为本文的撰写投入了大量的时间和精力，但终究自身能力水平有限，自己对论文也没有达到完全满意；二则，随着读书学习的深入，越发感到自己的浅薄，在学术的道路上，这篇论文只能算是一个阶段性的作业，只是万里长征的第一步，"Stay hungry, stay foolish"才是应该持有的态度和心境；三则，怕一不小心欣喜中透出了骄躁，幸运就从指间悄悄地溜走，我得小心呵护。

　　在家中书房书桌正对面的墙上挂着一幅樱顶老图的油画，画中天高云淡，老图庄严神圣，这是我心目中神圣学术圣殿的象征。当年内心困顿、迷惘之时，向珞珈山一位校园小画家定制了这幅油画，挂于书房中，常看常思，不忘初心。回想起那些人静夜阑珊、独听窗外夜雨打银杏的笔耕时光，有"山重水复疑无路"的疑惑和苦闷，亦有"柳暗花明又一村"的豁然与喜悦，不免感慨与唏嘘。

　　此刻内心更多的感觉是庆幸，庆幸能遇良师，庆幸能结善缘，庆幸自己没有半途而废，庆幸自己虽遇坎坷挫折，但总体而言现世安稳、岁月静好，也庆幸生活中一切的美好……同时，我也深感所有的庆幸并不是无源之水、无本之木。一路走来，受人恩惠、帮助和教诲颇多，这些才是所有庆幸的源泉，我时刻心怀虔诚感恩之心。虽《大品般若经》有云："言说是世俗，事故若不依世俗，第一要义则不可说。"但人生很少有这样重要的场合和契机将内心的感恩外化表达成"言说"，我想，即便"世俗"些也无妨。

　　首先，要感谢我的导师黄如花教授。与黄老师相识于十年前，2011年承蒙老师提携，开始在老师门下攻读博士学位，实乃我人生之大幸，对黄老师深怀知遇之恩。黄老师治学严谨、才识广博、为人正直，具有前瞻性的学术眼光、敏锐的科研洞察力、精益求精的工作作风和朴实干练的人格魅力，这些永远是我学习的榜样和追寻的目标，更将是我受用一生的精神财富。我天资愚钝，读博延期多年，老师给予了足够的宽容、耐心和空间，经常提供最新的学术资料，让我重拾信心，继续前行。做博士论文期间,论文从选题到完成,其间的每次审阅,黄老师都提供了细密的批注,谆谆教诲无不令我感动。能够成为黄老师门下弟子,实属三生有幸!也希望自己能够勤学慎思、学有所成,不忝列门墙,不辱师门。

感谢武汉大学信息管理学院曾经为我授课的众多老师,他们是马费成教授、陈传夫教授、肖希明教授、司莉教授、李纲教授、邱均平教授、胡昌平教授、刘家真教授等。众教授皆为学界泰斗、翘楚,能聆听他们的课程和教诲是我一生的幸运!同时,还要感谢学院办公室王菲老师给予的帮助。

从幼时启蒙开始,漫漫三十余载的求学路上,我有幸遇到众多好老师,在此也一并致谢,他们是:启蒙恩师胡雄华老师;初中阶段,胡文君老师、胡春耘老师等;高中阶段,胡欣泉老师、吕开定老师、苏迎敏老师、黄卫三老师、董江明老师等;大学阶段,吴昌合老师、卢贤中老师、尹慧道老师、桑良至老师、储节旺老师、郭春侠老师、李敏老师等;硕士阶段,叶鹰老师、傅荣校老师、何家荪老师、李超平老师、潘有能老师等。解惑、授业之恩,没齿难忘。

感谢当年2011级一起读博的同学们,他们是丛挺博士、胡华博士、张建彬博士、邢文明博士、谢笑博士、徐雷博士、杨丹丹博士等,他们皆是青年才俊、栋梁之才,也都已经按期毕业,在各自的行业领域开疆拓土、大展才华。通过与他们的交流,开阔了视野,受益良多。

感谢师门的众多师弟师妹!师门人才济济,师弟师妹个个都是青春洋溢,他们的奋发向上和努力进步激励和鞭策我这个大龄师兄不可懈怠。春迎师妹为我办理众多事务提供了大力的帮助,在此特别感谢。

感谢大学同学戴旸博士和谷俊博士提供的支持和帮助。戴旸博士是徽州才女,我考博读博的全程都得到她的热心帮助,本书应用了群体智慧理论也来自于同她交流的灵感启发;谷俊博士是技术达人,热心为我解答了诸多技术方面的问题。

感谢在科研和学习道路上,好友周敬业博士、万荣根博士、桑大鹏博士、熊琳副教授的一路伴随,"学习小组"成员在一起相互鼓劲、纵论学术、启发灵感,不亦快哉!感谢好友波士顿大学李鹏飞博士给予本书写作的建议以及修改指正。感谢好友夏春雨博士一直以来给予的帮助。

感谢我的工作单位温州大学图书馆以及党委校长办公室领导和同事们给予的支持和帮助。在我工作、学习的成长道路上,得到原温州大学图书馆副馆长杨凌云博士的指导、帮助与鼓励,在此特别致谢。

感谢武汉大学图书馆和温州大学图书馆提供了丰富的文献资源,为本文的写作提供了坚实的文献保障。特别是武汉大学图书馆提供了便捷的校外访问数字资源的途径,为我论文的撰写创造了好的条件。

感谢参与和接受本文问卷调查的朋友们,其中有熟识的好友师长,更多的是未曾谋面的人,感谢朋友们提供给我无私的支持和帮助。本书引用了大量的参考文献，在此向所有的原著者和译者表示感谢。感谢三位匿名评审专家和五位答辩委员会专家给予的修改意见。

　　感谢教育部人文社会科学研究青年基金项目"群体智慧视野下政府开放数据开发利用管理研究"（项目编号：15YJCZH244）、浙江省哲学社会科学规划项目"智慧城市视域下政府开放数据服务研究：问题与路径"（编号：15NDJC099YB）对本研究的资助。

　　感谢父母含辛茹苦地养我长大、供我读书，养育之恩需要一生去感恩和回报。感谢岳父母来温照料生活、帮带幼子，二老勤劳持家，将一家子的生活安排得妥妥帖帖，让我过上了"衣来伸手，饭来张口"的好日子，也为我专心做论文创造了条件。祝愿四位长辈身体健康，美好与平淡的日子天长地久！

　　感谢我的妻子，与我共同努力奋斗经营家庭，在我苦闷与煎熬的时候给予理解和关心，红袖抚琴，亦为知音。同时，也要感谢家里的开心果小迪宝，在困顿、幽暗的时刻为我带来快乐和曙光，给了我努力进取、积极向上的意义、勇气与动力。

　　山水一程，三生有幸！武汉大学以及武汉大学信息管理学院已经将烙印打在我的心灵和灵魂深处，"自强 弘毅 求是 拓新"的校训精神以及"智慧与服务"的文华图专精神将是我未来人生前进路上的指路明灯！

周志峰

2018 年 5 月 24 日初写于武汉珞珈山下

2019 年 10 月 8 日修改于温州大罗山下